凤鸣高冈

吴金华先生纪念文集

《吴金华先生纪念文集》编委会 编

凤凰出版社

图书在版编目（CIP）数据

凤鸣高冈 ：吴金华先生纪念文集 / 《吴金华先生纪念文集》编委会编. -- 南京 ：凤凰出版社，2014.11
ISBN 978-7-5506-2062-9

Ⅰ. ①凤… Ⅱ. ①吴… Ⅲ. ①吴金华（1943～2013）－纪念文集 Ⅳ. ①K825.4-53

中国版本图书馆CIP数据核字(2014)第255076号

书　　名	凤鸣高冈——吴金华先生纪念文集
编　　者	《吴金华先生纪念文集》编委会
责任编辑	卞　岐　陆　扬
出版发行	凤凰出版传媒股份有限公司 凤凰出版社(原江苏古籍出版社) 发行部电话025-83223462
出版社地址	南京市中央路165号,邮编:210009
出版社网址	http://www.fhcbs.com
经　　销	凤凰出版传媒股份有限公司
照　　排	南京凯建图文制作有限公司
印　　刷	江苏凤凰通达印刷有限公司 南京市六合区冶山镇,邮编:211523
开　　本	890×1240毫米　1/32
印　　张	13.125
字　　数	353千字
版　　次	2014年11月第1版　2014年11月第1次印刷
标准书号	ISBN 978-7-5506-2062-9
定　　价	48.00元

(本书凡印装错误可向承印厂调换,电话:025-57572508)

吴金华教授(1943.11.27—2013.6.2)

20世纪90年代与徐复先生在复旦

20世纪80年代与郭锡良在南京中山陵

1986年在南师大西山半室斋

1988年与鲁国尧拜望吕叔湘先生

1993年在香港作学术报告

1993年与饶宗颐先生

1997年与徐老及首届博士生合影

1997年与王继如陪徐老登东方明珠

2001年拜访赵振铎先生

与章培恒先生在复旦古籍所

在《三国志》研究国际学术研讨会上讲话

第三届中古汉语国际学术研讨会合影

在浙大主持论文答辩（汪少华提供）

参加华学诚博士论文答辩

首届佛经音义研讨会（徐时仪提供）

在企玄室

2006年与夫人张敏文在挪威卑尔根

与长子葆勤在扬州

与次子葆雷在无锡太湖

用法相同。如果说，例（41）、（42）的“相”是具有指代作用的副词，那么例（16）的“见”字亦可作如是观。

4.2. 关于“为……见”式被淘汰的原因，《试论“R为A所见V”式》一文曾从它与“为……所”式语法意义相同的角度加以推测。这里也补充一点：“为……见”式可能受到潜在的内部形式的约制，其语法功能有不及“为……所”式之处。比如说，“为……所”式的“所”字后面可以是“V”，也可以是“不V”，如《三国志·魏书·杜畿传》注引《杜氏新书》：“由此为非所不善。”而“为……见”式的“见”字后面只是用“V”，未见用“不V”之例，这显然与“所”、“见”原先的语法功能有关。从“为……见”式、“为……所”式分别以“而”、“之”为衬字等语法现象来看，其中“见”字始终保持着只能紧附于动词之

生前手稿

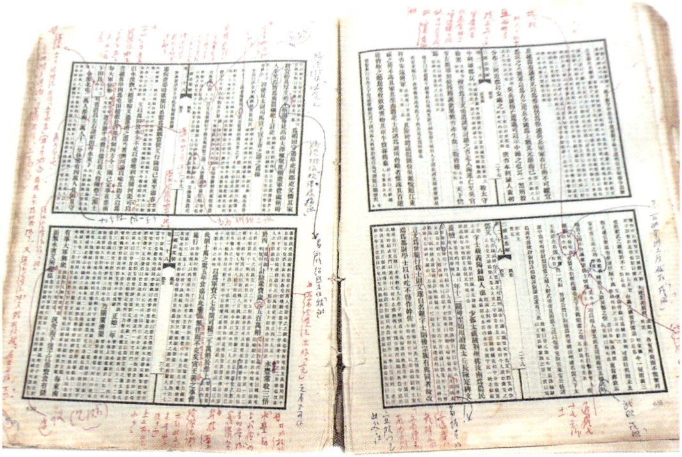

批注

三国志
三国志
三国志
三国志校诂
三國志叢考
古文献整理与古汉语研究
古文献整理与古汉语研究续集
世说新语考释
古文献

生前著作

目　录

附 录

凤鸣高冈

——说吴金华的学术成就(代序言)

鲁国尧

我敬重金华。

金华令我敬重。

金华是学者,我敬重他在学术上的高度成就。我认为,在我辈学人中,金华是佼佼者。佼佼者,出类拔萃之谓也,所以我用“凤鸣高冈”为题。

不似六十年前,学者是“稀有物种”,而今,博士、教授遍地皆是。鄙见:当今学者,大多数是“专家”,自青鬓而至皓首,所攻研者仅是一个学科的一个分支,甚或仅是其中的一段或一个专题,其弊病众所周知,此文不拟多言,总而言之,未免有井蛙之嫌。由于时代、环境、教育制度等诸多原因,在当今中国,“通人”则罕见,这一现象,是客观存在,否认不得。我所讲的“通人”,是指王充《论衡·超奇》所言“博览古今者为通人”,许慎《说文解字序》里的“博采通人”。

我推许、敬佩:金华是通人。我如此言,自有充分的证据。古汉语中有一成语“出将入相”,最有名的书证是《贞观政要·任贤》“才兼文武,出将入相”。我借用古代的这个“出 A 入 B”结构,对金华的学问作如下的评价:其大过人处即在“出语言学入文献学”,金华之为通人,正在此处。金华“两手硬”,学兼语言学及文献学,故能左右逢源,挹此注彼,挹彼注此,相得而益彰。

金华是训诂学名家,汉语词汇史名家。同时兼治汉语语法史,也颇有成就。他的几本专著,学界都给予很高的评价,近读华学诚教授的《吴金华先生的研究方法与治学精神》，可谓述论周详，得其肯綮。然而金华如若仅仅是汉语词汇史和训诂学的著名专家，这自然令人赞佩，但恕我不恭，这还不能算作登峰者，请试观海内外，这样的专家还是有若干的，数当以十计。

金华的更大的长处，或曰学术上更闪耀的亮点，是其“入文献学”。此处我引用杨绛先生（1911— ）在其期颐之寿时，与《文汇报》记者笔谈中的一段话：

> 美国哈佛大学英美文学与比较文学教授哈里·莱文(Harry Levin)著作等身，是享誉西方学坛的名家，莱文的高傲也是有名的，对慕名选他课的学生，他挑剔、拒绝，理由是“你已有幸选过我一门课啦，应当让让别人……”。就是这个高傲的人，与钱锺书会见谈学后回去，闷闷冒出一句：“我自惭形秽！”(I'm humbled!)陪同的朱虹女士问他为什么，他说：“我所知道的一切，他都在行。可是他还有一个世界，而那个世界我一无所知。”(上海《文汇报》2011 年 7 月 8 日《坐在人生的边上》)

犹如钱锺书先生，金华的“特色”即在于“他还有一个世界”，而他的那个世界是如此的斑斓多彩！

需要做些阐释。在当今中国语言学界，我认为，有三种人：今学学者，古学学者，西学学者。对于第一种人和第三种人，他们不读中国古书或对中国古文献所知不多，自是缺点，但似也应宽容，因为“术业有专攻”吧，同时反观治古学者，也往往不谙西学。就我浅闻，从事古汉语研究的学人，除个别者外，绝大多数对中国的古文献是有一定的素养的，但是如果与金华相比，还是不可以道里计，我在此处唐突诸公了，祈请原谅。谨试述理由如下，当今治古汉语文字、音韵、训诂、语法的专家，大多数只是利用古文献中的相关资料来做古汉语学的专门课题，只有极少数人对语言学的古文献有校勘、整理的专著。在学问里，语言学只是其中的一科，我常言,别信什么“语言学是领先的学科”这种自慰的说法,语言学只是个不大不小的学科,比起史学、文学、哲学来,应该屈居其下。而且,往往自我封闭,不肯越雷池一步。请看,近百年来,语言学人越出语言学而从事其他学科的古文献校理的有几多人?我现在能举出的,黄侃先生著《文心雕龙札记》、周祖谟先生作《洛阳伽蓝记校释》、徐复先生作《訄书详注》、吕叔湘先生撰《〈资治通鉴〉标点斠例》,屈指而数,如斯而已。

具这样的视野,方能真正认识、评估金华的学术成就。金华不止是在其词汇史、语法史的论著中娴熟地辨证、利用古代的语言、文学、历史古籍,以至汉译佛经的资料以证成其说,而且他深入版本、目录、校勘之学,成一家言,他以《三国志》的校理而显示了他在文献学上的杰出成就。上世纪五十年代末,中国大陆开启了一项大规模的文化工程,即中国史籍的经典《二十四史》与《清史稿》的校理,由著名史学家顾颉刚先生总其成,上百位专家参预,历二十年而成。由于学术的进步,本世纪初,再次启动校理的工程,各史点校的主持者都是文献学界的一时之选。金华膺选《三国志》,可以说,《三国志》的校理非金华莫属,他是当今《三国志》专家的第一人。

金华研究《三国志》凡三十五年,成就非凡,远迈前此专家。因为他在《三国志》版本、校勘方面的卓绩,称他为文献学家,优秀的文献学家,当之而无愧。金华的《三国志》的成就是语言学营垒中人所可望而不可及的“另一个世界”。

我打个未必恰当的比喻,以建筑为喻。当今的学者,车载斗量,其成绩或成就,犹如某种建筑,有的是“干打垒”,有的是砖木结构的平房,有的是钢筋混凝土的楼房,而金华则是连体塔楼,左是语言学,右为文献学,高矗、壮丽、辉煌,屹立于广袤的中华学术之园中。

2013年11月2日于武林

吴金华教授学术生平简介

吴金华(1943.11.27—2013.6.2),男,汉族,祖籍江苏南京。复旦大学特聘教授、古籍整理研究所汉语言文字学博士生导师、复旦大学特色学科中国古典文献学学科建设负责人、国家重点学科汉语言文字学专业学术带头人,中国语言学会理事、中国训诂学研究会常务理事、全国高等院校古籍整理研究工作委员会委员、浙江大学兼职教授、教育部普通高等学校人文社会科学重点研究基地浙江大学"汉语史研究中心"学术委员、复旦大学中国语言文学博士后流动站专家组成员,国家级有突出贡献专家。

吴金华先生 1943 年 11 月 27 日夜晚诞生于江苏南京,翌晨忽有卖报者连声高呼"金华大捷",尊人即以胜地名之,志喜也。

吴先生自幼喜读书,下笔每有不俗之文。就读城西初级中学时,知名老教师李国镳先生深爱之,曾有诗赠之云:"自愧此身无建树,欣看桃李放光芒。"十年浩劫结束后,先生以优异成绩考取南京师范学院研究生,师从著名语言文字学家徐鸣谦(复)教授攻读汉语史专业,为诸师所奖拔,特留校任教。及至年近知命,先生欲拟一笔名,求教于大师鸣谦先生,大师语之曰:"汉末魏晋之际,最可企慕者为二玄。一为郑玄,博通古今之大家也;二为玄学,富有时代精神之哲学也。又《世说新语·言语篇》载桓宣武云'时有入心处,便觉咫尺玄门',刘尹则云'自是金华殿之语'。君既取名'金华',宜可取字'企玄'矣。"先生之有字也,自此始。又《蜀书·向朗传》载朗讲论古义,不干时事,年逾八十,犹手自校书。先生慕其老而笃习，因以“慕朗”为号焉。

先生治学，志在攻坚，厚积而薄发，发必有中。在古汉语词汇研究及古文献校勘等方面多所创获，尤以魏晋语言研究闻名于世。1985年，论文《三国志解诂》获第一届江苏省哲学社会科学优秀论文奖[1]。1986年，《三国志考释》等系列论文获中国社会科学院“青年语言学家”奖。1990年，专著《三国志校诂》出版，旋获“全国古籍优秀图书奖”。1993年获“江苏省有突出贡献中青年专家”称号。1994年，专著《世说新语考释》出版[2]，同年，国家人事部授予其“国家级有突出贡献中青年专家”称号。1995年，《古文献研究丛稿》出版。2000年，《三国志丛考》出版。2001年，《古文献整理与古汉语研究》出版。2007年，《古文献整理与古汉语研究续集》出版。2010年，“曹操墓”问题引发热议，先生应报刊之约撰文多篇，从语言学、文献学角度分析论证，真知灼见，令人叹服。

先生治学，又特别注重研究领域之不断拓展。自1980年起，先生多次出席或主办国内及国际学术研讨会，每年均有学术论文问世，迄今已发表百余篇。进入新世纪以来，先生以《全球化背景下的古文献研究》、《网络时代的中古汉语研究》为题，演讲于上海、武汉、南京、长沙、桂林及韩国等高校，并主办“《三国志》研究第一届国际学术讨论会”及“中古汉语第三届国际学术研讨会”，为推进学术研究不遗余力。2005年，挪威科学院院士何莫邪(Christoph Harbsmeier)教授邀请先生合作，其项目为“《三国志》近义词的系统研究”及“《三国志》中英文对照译本”；2007年，先生受聘主持由国家教育部、新闻出版总署暨中华书局联合立项之点校本《三国志》修订工程，于此可见先生在海内外之积极影响。

先生长期从事文教工作，成绩卓著。大学毕业时，适逢动乱，先生被分配到赣榆县担任中学语文教师，以知识渊博、作风正派深受学生钦仰，以文笔精练、文章出色为当局者推重。攻读研究生期间，《三礼》专家钱小云(玄)先生为大学本科生讲授古代汉语，先生为助教，登台助讲，钱先生大为叹赏，即命先生为主讲。1982年，江苏人民出版社邀约钱先生编撰《古汉语概要》，钱先生特选先生为合作人。1985年,在创建南京师范大学古文献专业过程中有突出贡献,被评为省级劳动模范,省政府授予"江苏省优秀教育工作者"称号。从1992年起,因从事高等教育工作有突出贡献,享受国务院颁发之"政府特殊津贴"。自国家推行自学考试制度以来,多次主持《古代汉语》课程江苏省命题及全国命题,1993年,先生主编之《古代汉语自学指导》出版。此后又多次再版,在普及文化教育事业中贡献甚巨。1995年调复旦大学任教,致力于培养高级专业人才。先生教学,德业并重,讲求实效。鼓励学生政治上要求上进,科研上追求发明。迄今为止,除联系博士后7人以外,已招收海内外博士生34人,硕士生14人。已毕业之十二届博士生共30人,在学期间共发表论文100余篇,显示出国家重点高校应有之学术水平,故而均为高等院校、出版社及省市政府机关所欢迎。其中表现尤佳者,或荣获"上海市三好生"称号,或评为"复旦大学跨世纪优秀人才",或赢得"上海高校优质博士论文资助金",或受到"上海市研究生优秀论文"奖励。所联系之博士后,亦连续三届荣获国家教育部评发之"中国社会科学博士后基金",更有一人获得"中国社会科学院青年语言学家奖"和"北京大学王力语言学奖"。

先生在南京师范大学时,为中国古典文献学及汉语言文字学学术带头人,并担任系、所之行政工作。先生为人正直,教学认真,学风严谨。其《乐道铭》有云:"言不求美,有道则灵。文不求多,有见则名。堂堂学府,师德惟馨。"先生曾连续两届被推选为"江苏省人民代表大会代表"。到复旦任教以来,担任国家重点学科汉语言文字学汉语史研究方向学术带头人,任浙江大学兼职教授及南京师范大学兼职教授,全国高校古籍整理研究工作委员会委员、中国语言学会理事、中国训诂学研究会常务理事。先生刻苦自厉,与时俱进,从不满足于固有之成绩,1986年荣获"青年语言学家"称号后,发表《春草》诗云:"云峰望无极,更着祖生鞭。"1993年在香港应邀讲演,先生有诗云:"主人不我弃,勤勤谬推许。岂敢效井蛙,沾沾空自许。"先生热爱祖国,专心治学,淡泊荣利,奖掖后学,2003年所撰《六十杂咏》有云:"甘露温泉恒自乐,白云苍狗不相猜。""尤喜年年花事好，每逢佳节傍山开。”

注释：

[1] 中外学界关于吴先生《三国志》研究成果的评介略举如下：

日本汉学家高岛俊男在《三国志闪耀的群像》（日本筑摩书房2001年出版）一书的第47页谈到吴金华先生的《三国志》研究成果时说：“不仅内容引人入胜，更可以从中看出作者对学术的热心与执著。平素郁郁寡欢的我，在拜读该书的一个星期里面，内心始终充满着一种幸福感。”

中国秦汉学会会长、北京师范大学王子今教授在其著作《20世纪中国历史文献研究》（清华大学出版社2002年出版，二十世纪人文学术史研究丛书）的“《三国志》研究”一节，着重介绍了现代在《三国志》研究方面的学者，共有卢弼、沈家本、陈乐素、陈寅恪、缪钺、郭沫若、周一良、方诗铭、吴金华等人。

北京大学著名中青年学者罗新2006年9月19日23时17分在北大网站公布的《〈三国志〉卷一至卷九校点拾遗》的序言中说：“我认为，近70年来，读《三国志》最细、在训诂和校勘方面取得最大成绩的，是吴金华。”

[2] 关于吴先生《世说新语》研究成果的评介略举如下：

香港著名学者杨勇在近年出版的《世说新语校笺》修订本（中华书局2006年出版）《序》中说：“三十年来，海峡两岸研究《世说新语》之风盛甚，语言学、考释学最为勃兴，名贤辈出，胜义云涌，专门著述成书者不下十种，论文百有余篇，其治《世说新语》为博士论文者亦有数人，硕果累累，珠玉纷陈，质量之高，冠绝古昔。而以余嘉锡、徐震堮、江蓝生、郭在贻、吴金华、方一新诸氏最为突出。”

台湾政治大学唐翼明教授《魏晋文学与玄学》（长江文艺出版社2007年出版）一书附有《〈世说新语〉近代校笺注疏择要评议》，该文对刘盼遂、李详、沈剑知、张舜徽、陈直、王利器、周一良、杨勇、余嘉锡、徐震堮、朱铸禹、吴金华等十四人著作作了评价，他认为吴金华先生的《考释》“是一本研究《世说新语》训诂问题不可不读之书”，“此书考释《世说新语》疑难问题凡170处，内容牵涉到版本校勘（考异、献疑等）、语词训释（难解、歧义、似误而非误等）、名物考辨（社会制度、风俗人性、器具、专名等）等多方面的问题，而且都是前人未能解决或以为解决而实际上解错了的问题。作者往往在这些地方发难析疑，多所创获，其论辨精辟中肯，广征博引，不仅使人耳目一新，豁然开悟，而且连类贯通，受益良多”。该文在列举《考释》例证之后，还说“这样举证历历，令人心服”，“吴书所解170处，几乎条条可圈”等等。

悼老友吴君金华

王继如

五十四年旧交情，猝然诀别梦魂惊。
勇登崇峻传薪火，可蓄精神裕后程？
同住随园咏风物，共研故训撷琼瑛。
神游方外谁能悟，剩有文章慰此生。

此2013年6月3日所写悼念吴君金华之诗。然以今典难解，须自作注笺，遂有此回忆之作。去岁6月3日后即动笔，而心情不怡，时作时辍，迁延至今，已近四季。曾梦有一难题，余谓需询之吴君，而吴君遂现，滔滔作答，如平生之时。余极喜，以为吴君复活矣。醒后惆怅不已。斯人长逝，苍天难逭。

2013年5月29日晚8时半，余应吴君金华之邀，赴复旦主持博士生答辩，住燕园宾馆。其时吴君金华、方向东均已在宾馆中，与谈笑，乐融融。30日，雨。上午8时半，答辩于光华楼西主楼1615室举行。吴君介绍两生（毛娜、周典富），神采奕奕，毫无病态。毛娜之文，有外评者未见其精彩之处，余乃为阐扬之。午宴之后，余随方向东赴火车站，吴君招出租欲送至火车站。其时已是午后2时15分，而方之火车3时开出，司机谓出租车无法赶上，乃至江湾坐3号地铁，吴君尚欲上地铁送至火车站，余与方力劝其随出租车返府中。作别之时，余云："你老人家多保重。"吴君哂之。余云："徐老称老之时，五十馀龄而已。今吾侪已七十矣。"遂欢笑而别。当时行色匆匆，殊不知此为最后之告别也。余返家中，甚觉疲倦。6 月 1 日晚上 10 时许，学生吴新江忽来电话，谓君昏迷住院，危殆异常。余问其因，谓为参加社区乒乓球比赛引起心脏病发作。31 日晚，吴君所在社区与另一社区举行乒乓球赛。吴君所在社区已有数人败阵。吴君上场，对阵者为一年轻人。开局吴君败，为挽回败局，吴君奋力拼杀，终于直下二局。然此赢局，乃拼其生命所得。5 分钟后，昏倒，脉搏全无，呼吸停止。幸当场有医生，即做人工呼吸。送医院后，经过大力抢救，1 日晨 6 时，有心跳、血压，但极不稳定。呼吸赖吸氧。发烧达 41 度余。晚，复危殆。能否度过，当看当夜。余即谓吴新江，如有状况，及时通知。其时吴君之公子葆勤，其学生周典富等均在其侧。当夜，余睡中数醒，然未有电话，以为吴君或者可以度此危厄。至晨 8 时许，吴新江来电话，谓吴君金华于 0 时 50 分谢世矣。呜呼！

余与吴金华结识，在 1959 年 9 月入南京三中高中之时。其时均为十六岁之少年，而爱读古典亦有同好。吴君住马巷，余住天青街。两街连接，相距不过五百馀公尺。故放学回家，间亦同行。其时夫子庙有多家旧书肆，余不时前往，而数次遇吴君在彼。吴君读民国史，有私密之言，谓蒋公形象佳，非如漫画所画贴膏药、缠纱布者，其书法工整有力。余秘之，未扬言，遂忘却。至 1978 年读研，同住一室，相知既深，吴君偶然言及此事，谓余为好人，余方忆及，当年未晓“揭发”为何物也。然余高中三年，所致力者，在数理化，尤爱天文之学，与同学闵光地学观星，摹星图。语文则馀事也，以为有余力则可从事文学创作。吴君则已致力于古典之研读矣，非余所能及。余于古典，所凭借者，以家多藏书，小学时曾读《史记》数篇、《庄子·逍遥游》而已。至于所谓《水浒》等四大名著，则小学时所翻阅。至如《红楼》，虽曾读一两回，竟不能终篇。此书至高中时始读完。职是之故，余与吴君，相敬而已。吴君健硕，习拳。余自幼体弱多病。其时正值大灾之年，余屡病哮喘，浮肿荐臻，又早病牙。对吴君，健羡而已，以为可逾高峰也。余以体弱，高考遂选文科，以为不必费力也。数学教师罗少诚甚异之，曾问余何故。南京三中，其时教师均尽职，善教学，吾侪所得甚多。然班主任丁国瑜，高举阶级斗争之旗帜，所亲近者为干部子弟。余出身极差，父亲曾因莫须有之“反革命罪”劳改(后至1995年方平反)。吴君尊人曾开毛巾小作坊，被视为小业主(文革后又被南京市革命委员会根据中央文件的规定将其从工商业者中区别出来，明确其本来的劳动者成份)。吾二人，均在丁之另册中也。毕业时评操行，吾侪皆得乙等。能得甲等者，干部子弟及丁之亲信而已。而得丙等者，则高考无望矣。

1962年高考，百万高中应届生，取十万大学生而已。十人取一，似亦非难；然需高于九十万人之上，则诚属非易。吴君录取南京师院中文系。其成绩，或者当可进更好之学校，殆以家庭出身之影响也。余则迟迟未见录取通知，已准备赴苏北农场，而医生又谓余身体不足以经受农场之辛劳，出证明言其不可。此时忽谓三中校长室有余之录取通知，亦录取于南京师院中文系。为何通知如此迟来，当时固不知其因。至四年后“文革”风云起，始知内幕。谓当时有若干干部子女，以成绩低于分数线，而需照顾入学，为示公平，而搭配若干成绩颇佳而为家庭出身所累不得入学者，余幸得厕其中。今日思之，余之能入高校，不可不感戴吴天石也。其时吴为江苏教育厅长(吴与其夫人南师党委副书记李敬仪于1966年8月3日红色恐怖中被南师革命学生斗死)。余高考成绩，应该尚佳，所知俄语有98分之高。然当时所重者阶级路线，原不重成绩。余未得录取通知之时，亦无怨言，以事势本如此，如我者亦非一人，如同班苏彼得(苏后几经曲折，改名苏永进，为作曲家)即是。至得通知书时，则大喜过望矣。

如是，余与吴君同赴南京师院中文系就读矣。余在三班，吴在二班。1962年，以国家大困难，阶级斗争遂稍弱。余遂为班级学习委员，复为年级学习委员。南京师院中文系62届有三个班级，一百六十人左右。然以贯彻阶级路线之故，真于中文各学科有基础且愿致力者亦无多。余视同学之中，则吴君于古典卓然突出者也。余曾见其手持王力《汉语音韵学》，此同学辈均不欲读之书，吴君读之，可知其造诣矣。其后“四清”、“文革”迭起，人皆争“革”。

余以家庭之故，自我落寞。吴君则更老成，力避纷争。其性本发扬蹈厉，此时亦仅用于免受人害而已。然吴君亦有温婉宽厚之一面。其同班之女同学张蜀华，以与丁某恋爱之事，于镇江“三查”中被揭发，狼狈不堪。待“四清”后返校，张茕然孤立，人视为臭秽。而吴君与张同在宣传队，常手提二胡助其工作，使张脱孤立之态，殆以其宽厚之心以助张度过危厄之时也（张后为高官之夫人，经西藏，入京华。数年前，其同班同学、徐州师大古敬恒教授在京开《辞源》修订编纂会时曾往见之）。余尝谓吴云：此雪中送炭，积德多矣。1966年冬，长征蜂起，吾侪亦成立“赤遍环球”长征队，共八人：二班吴君、储道立，三班陶三泰、蔡镜浩、杨曙、倪金宝、邵鸿翥、余。二班二人，真能吃苦耐劳者。三班六人，则有人颇有娇气，为吴君、储君所不堪。当时为宣传故，携蜡纸、钢板、铁笔，间刻传单，所谓宣传毛泽东思想者也。人各背背包，内装棉被及换洗衣服。钢板甚重，决定轮流背负。后有不愿背负者，遂由余专任之。一日早起，余寻钢板不见。吴君云：“抛之矣！”人有呶呶者，吴君怒曰：“皆不愿背钢板，而唯赖王继如，何忍？”众喙随息。其助人及立事，有如此刚决者，非余所能及。

至1968年春，终于毕业分配，余偕杨墨秋赴湛江农垦学校任教，吴君一人赴苏北赣榆任教于海头。吴君与余皆为南京户口，然南京之指标皆为“红色种子”（即家为贫农者）所用，事势如是，不需有怨。余以离家甚远，求返江苏，曾致书吴君，问苏北可居否？吴覆书云：非佳处。

1978年，毛氏宾天之后，重开高考，遂招研生。余以地在粤，遂考中山大学潘允中先生，然不合其要求，转余之卷至南京师院，徐老阅余之卷，以为所言音韵，为众考生所不及，遂电报唤赴宁复试。复试前，遇吴君，大喜。吴君初试成绩为第一，而政治成绩低，甚以为忧。同时有一复试者，与吴君同为二班之同学，于吴君前自称“做团的工作”。吴君遂谓余云：“毁了！毁了！此人政治坚牢，吾侪何能比？”余则谓吴君必取，以其基础之坚实也。倘国家取士，唯重政治成绩或职掌，则于专业有何裨益？其时大热，复试有笔试与口试，皆为古代汉语之专业问题，非今日之敷衍者所能比拟。复试之后，吾侪各归任教之地。余则由广东海康之龙门而调徐闻之英利，以农垦成立重点中学，需余至该校任语文教研组之组长也。至10月间，录取通知到。其前，家母曾至南京师院教务处询问，云：通知已发。家母云：其时南师桂花馥郁无比。余既得录取通知，遂判定吴君亦当录取无疑。

余携爱女王亦蛮经广州赴南京。入学，与吴君、朱声琦同一室。据本师徐老言，其研生名额，本只一名，属吴君；后增一名，则余也；续争得一名，则为朱声琦。名额之所以有所增加，以当时有“早出人才，多出人才”之口号也。

荒废十年，重入黉门，争睹旧典，如饥似渴。宿舍下小书店中，一见古籍新印，则争购不遑。虽阮囊羞涩，购书唯赖省吃俭用之节馀，亦不以为苦。记得《辞海》新版，一抢而空。其时文化之饥渴与复兴有如是者。

吾侪三人共居一室，其始也融融。然入学之时，吾侪已步入中年，朱君则已三十九岁矣。名利之心，人所难除。朱君以在镇江中学任教时久，遂有中学文言文语法总结之作，拟出版，以求升斗之利。中文系副主任曹济平老师为此书取名《中学文言文语法举要》，朱君则自找门路自行出版并自办发行，其时未有出版法，无非法出版物之说。而处于文化复兴之时，销路颇佳。然朱君耻以著作人而兼作书商，遂盗用吴君之名以催书款。此事，同届研生皆无人知之。唯见朱君每日至系办公室取信皆甚积极，有如义务送信人。一日入夜，得一电报，收件人为吴君，而吴君适返马巷家中。其时非急事不用电报。吾侪研生数人商议，决定拆看，倘事急则赴马巷通知。电报拆开，谓书款早已寄出云云。有顷，吴君自家归来，见电报，亦不知何事，惑且怒。余与吴君归寝室，而朱君来，一问之下，方知盗名催款，而朱君尚欲解释。吴君怒甚，出手疾速，朱君面颊即中一拳。朱君尚不自省，至校医院擦药水又扬言“被揍”，事遂大起波谲。系遂不得不于数日后开生活会。然会上追根溯源，皆不直朱君。吴君赴复旦后有闲文，以艺术之笔述研生生活，所涉及诸人，皆有原型。朱君于 1999 年 10 月 25 日谢世，享年六十，吴君亦已不在人间，余不得不述此事颠末如上。

吴君读研，可谓如鱼得水，学术日进。与余亦有所切磋。吴君本拟研究魏晋间法帖语言，牵涉《三国志》。以《三国志》语言之富有研究价值，遂移师于此领域，终成领军人物。其毕业论文即为《三国志》之训诂与校勘研究，蒋礼鸿先生为答辩委员会主席，评价甚高。毕业后即以此一研究获吕叔湘青年语言学家奖，其学术位置遂奠定。然吴君之学，不以《三国志》为限也。有目为《三国志》专家者，吴君大不以为然。盖吴君于魏晋南北朝之语言，造诣綦深，于《世说新语》、《徐孝穆集》均有研究，有专著及论文问世，《徐孝穆集》则涉及典故词之问题，与某名家颇有争论，余读其文，以为所说皆是。于佛典之语言，吴君亦早于八十年代初即已着手，所谓开风气之先也。故客观而论，《三国志》之学，乃其学问之一隅尔。

1981 年秋吴君毕业后，即任教于南京师大中文系，以后顺利晋升副教授、教授，与徐老（士复）、钱老（小云）、张芷师开创古文献专业，遂成一格局。余则入江苏公安专科学校，1986 年复至武汉从张老（舜徽）攻读博士学位，1988 年入南京大学文献情报学系，辗转数校多年，所谓碌碌无为者也。在公安学校期间，徐老恐余之脱离学界，亦为人手之不足，借调余至南京师大编写《汉语大词典》，亦为古文献专业开课数门。每逢吴君，总可欢谈，无所避忌。时吴君可谓意气风发矣。至 1995 年，吴君调复旦大学，复开一局面。同年余调苏州大学，沉浮于无聊之事端之中，甚无谓也。

吴君到复旦未久，即邀徐老赴复旦讲学，来电话呼余至沪随侍。此为余第二次与徐老共处一室。徐老讲学之后，吴君雇车，与余侍徐老登东方明珠，俯视上海楼景。吴君有词作，颂徐老笑哈哈跨世纪。此情此景，恍如昨日。2001 年，余集部分旧文为《训诂问学丛稿》一书，而吴君有《古文献整理与古汉语研究》一书，徐老序余书有云："二贤竞爽，交相策励。"甚为欢忭。今弱一个，情何以堪！

吴君晚年，患高血压、糖尿病、心脏复安支架，然吴君以为运动可降血压、降血糖，故打乒乓，抖空竹，乐此不疲，且皆有相当水平。

唯激烈运动，恐妨心脏，而打乒乓已曾昏倒二次。余每见面，既服其拼搏之精神，亦劝之漫步以养生。然吴君不以为意。5 月 30 日答辩之时，吴君身着运动服。余微讽之云：“尚身着运动服邪？”吴君哂之。其发扬蹈厉，勇往直前，有如壮岁。

2013 年 5 月 31 日晚，得吴君当日 10 时 59 分 e-mail，主题云“把人间笑话都听尽”，文仅有《解佩令》一阕：

解佩令 仿小长芦钓鱼师自题《三国志论集》(最近汇编，即将交稿)

月低河汉，云流网络，把人间笑话都听尽。老去雕虫，无非是、神游方外，漫消磨、秃头星鬓。 不卑东学，不卑西学，奏新声、欲谁差近？魏晋风流，最难忘、何郎傅粉。到头来、芟夷有分。

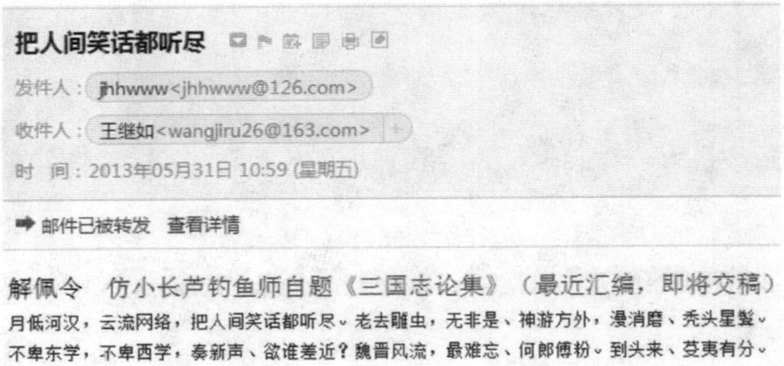
把人间笑话都听尽

发件人：jhhwww<jhhwww@126.com>

收件人：王继如<wangjiru26@163.com>

时 间：2013年05月31日 10:59 (星期五)

➡ 邮件已被转发 查看详情

解佩令 仿小长芦钓鱼师自题《三国志论集》（最近汇编，即将交稿）

月低河汉，云流网络，把人间笑话都听尽。老去雕虫，无非是、神游方外，漫消磨、秃头星鬓。不卑东学，不卑西学，奏新声、欲谁差近？魏晋风流，最难忘、何郎傅粉。到头来、芟夷有分。

此乃吴君绝笔也。故截取邮件页面，附之于此。

小长芦钓鱼师，清人朱彝尊晚年之号，其《曝书亭集》卷二十五有《解佩令》，云：

解珮令 自题词集

十年磨剑，五陵结客，把平生涕泪都飘尽。老去填词，一半是、空中传恨。几曾围、燕钗蝉鬓。　　不师秦七，不师黄九，倚新声、玉田差近。落拓江湖、且分付歌筵红粉。料封侯、白头无分。

吴君此词，为步韵之作。词中之意，余自意会。“人间笑话”者，时下之种种怪现状也。至于学术，则平视东西，不卑不亢，此吾侪十数年来之取向也。所不解者，朱彝尊词“一半是、空中传恨”之“恨”字入韵，而吴兄竟以“无非是、神游方外”步之，是照顾未周，抑或另有玄机，殊不可解。所谓诗谶也乎，所谓诗谶也乎！哀哉！

2014 年 5 月 2 日于三学堂

【作者简介】　王继如，苏州大学文学院教授，博士生导师。

学者吴金华的意义

储道立

我与吴金华先生相交半个世纪，谬托知己。窃以为吴金华一生的意义，要在学术、道德和人生三方面。

吴金华的学术成就最为有目共睹。1978年，他在徐复先生门下攻读汉语史硕士学位，于系统学习掌握训诂学理论之后，旋即将注意力放在《三国志》词语研究上。其时学术界有些议论，以为零星的词语考释算不得语言理论研究，但他在徐先生的支持下，不为所动，并以此作为硕士论文的选题，终于在汉魏语言研究上取得了一定的突破。其后的学术生涯，吴金华可谓一以贯之、终生不懈，由《三国志》词语考释进而占领中古汉语研究高地，由古籍点校进而形成既秉承传统又具有自家特色的古文献整理方法。他的学术价值，不仅在于在训诂和校勘两大领域不断发现问题，不断提出许多确凿可信的创见，也不仅在于兼及历史文化和典章制度等多项内容，而且在于他通过这些具体的大批量的学术成果，再现了训诂学和校勘学的科学价值和生命活力。吴金华读研究生期间以及后来的十多年间，正值语言学界大力引进西方的现代语言学理论，相形之下，传统的朴学似乎在理论上显得"贫乏"，以至许多学人热衷于种种西方语言学的研究和推介，而忘了应当把主要精力集中在汉语语料的认知上，以切切实实地解决前人犹有未竟的历史语言研究问题。吴金华则不同，数十年来，他始终坚信一条：古代汉语研究的重点是释疑定诂，也就是发现问题、解决问题。为此，长期以来，他十分重视古籍阅读的"功力"，并由此锻炼了对于中古语汇的异乎他人的“敏感性”，终于成为该领域的领军人物。一个语言学家，如果空有许多理论，而缺乏释读语料的功力，恐怕很难取得像他那样的创获。另一方面，吴金华也并不轻视理论和方法。他说过：“研究的方式方法多种多样，不应当厚古薄今，也不必喜新厌旧，我们应当充分运用最有效的方法；在攻坚式的学术研究中，只有能够不断发现问题并且能够大规模解决难题的方法才是有效方法。”（吴金华：《古文献整理与古汉语研究·自序》）他是这样说的，也是这样做的。譬如，对于西方的历史语言学，吴金华就能够结合古汉语研究，紧紧把握“因声求义”、“无征不信”这两条。在我看来，这与历史语言学在实质上是一致的，也是传统语言学的重要理论和方法。徐复先生曾说，朴学是朴朴实实的学问。吴金华也曾说，相对于其他社会科学，训诂学更讲究实证，近似自然科学。在语言学史的历史长河中，吴金华崇尚郑玄，熟悉清代的乾嘉学派，他的治学，深受传统朴学的影响，具体地说，他不仅了解我国历代语言学大师在文字声韵训诂方面的具体成就，而且洞察蕴含在这些大师们的具体成就中的语言学思想及研究方法，并把它融会贯通到自己的学术研究之中。如果仅仅记诵前人的考据结论，则多半只能人云亦云，而无法有新的发现或强有力的订正，唯有掌握前人建立的有效的理论和方法，才能把汉语史的研究由上古时期推向中古时期，才能把语言研究继续推向深入。当今在某些高校，训诂学的研究也许显得有点乏力，就中原因，古籍阅读的功力不足和继承传统的理论方法不够或许是两个因素，而吴金华的建树，则显示了传统朴学的鲜活生命力。

作为一名学者，窃以为，吴金华的道德意义主要体现在敬重师长、恪守学术道德和奖掖门生三个方面。

吴金华在大学阶段即曾和同班同学一起聆听过徐复先生的古汉语课，研究生期间又有幸在徐先生门下受业。徐先生给了吴金华深刻的影响，并给他留下了终生难忘的印象。例如，吴金华毕业留校工作时期，有一段时间曾在电视台讲授古代汉语，这在当时可说是个名利双收的事情，但是，当徐先生委婉劝告他应把主要精力放在科研上时，吴金华便很快遵循先生的这一教诲并终生践行。吴金华的一生可说不是教学型的教授而是研究型的学者，这与当年徐先生的忠告是分不开的，也是吴金华一生感激徐先生的一个重要原因。吴金华崇敬徐先生，除了学业上的受教之外，更有对先生人品道德方面的敬仰。用吴金华的话说，徐老是个"阿弥陀佛"式的先生，为人处世可以说到了"以德报怨"的程度。例如，个别学生"文革"时期曾经去他家抄走书籍手稿，改革之后却又恳请先生在考学或职称问题上帮忙，徐先生依然能不计前嫌，鼓励有加。鉴于徐先生的学术地位和人品道德，甚至一些与徐老同辈的老先生有时也会拜托他实现遗愿，面对这些问题，徐老虽无法做到件件有求必应，但可说真正到了"能应必应"的地步。此类事情使吴金华感动不已，终生不忘，并受到了潜移默化的影响。吴金华不但在读研期间敬重老师，执弟子礼，也不但在留校工作期间同样敬重老师，侍奉先生，而且在晚年依然念念不忘师德师恩，逢人必说先生之风。对比今天师生之间的种种不良现象，吴金华足以使我们奉为楷模。

吴金华的治学，不作秀，不喧哗，不趋时务，不赶热闹，透出一种传统的学德和古朴的学风。早在1994年，他曾希望徐复先生为之赐字(笔名)，因其爱好魏晋玄学，又企慕郑玄，徐先生便命其字曰"企玄"。从南京师范大学调到复旦大学后，吴金华便名其居曰"企玄室"。他在《企玄室记》中自述："企玄之学不在玄，在乎创新之义也。创新之作，得之静而出之勤也。"治学之心"静"而探索之力"勤"，不但道出了他在学术上能不断创新的原因，而且很能反映他的坚韧踏实学风，也与时下学术界的浮躁之气形成了鲜明对比。除此之外，吴金华的学术品德还表现在不掠人之美和不隐匿资料两方面。有件小事很能说明这点。早在上大学时，徐复先生曾指出："出东门，不顾归"中的"顾归"是个同义复合词，"顾"当作"归"解。十多年后，吴金华和我分别在《韩非子》中找到两条旁证："顾返"义同"顾归"，也是同义复合词，"顾"亦作"返"解。他把这两条书证抄给了徐先生，并特地注明其中一条是我找到的。近年来，我偶尔拜读他的大作,发现无论是训释词义,还是校勘文献,他都要首先交代前贤时彦的既有成果,然后再论证已见。遇有前人之见与已相合者,即便知之者甚少,也必予以明示。这种不欺世人、无愧学界的学术道德,较之于时下学术界的抄袭造假以骗取功名利禄之举,是很让人敬佩且足以引为榜样的。

这些年来,吴金华培养了许多学生,他以言传身教博得了许多学生的爱戴和仰慕,一如他对徐复先生那样。这方面的具体情形,我曾读过一些他的弟子门生叙述师生之谊的文章,就中感激之情,可谓溢于言表。吴金华确实在很多学生身上倾注了大量心血,除了传道授业,他甚至将自己治学的心得和成果无私地提供给学生参考;除了教学科研,他还关心学生的生活和健康,甚至为有些学生的工作安排而费心努力。相信在吴金华的纪念文集中,我们会读到不少这方面的文字。在吴金华的告别式上,有二三十位赶来的博士集体合影留念,这只是吴金华培养的部分研究生。看着这些年轻的学者,我想,这可说是吴金华为人师表的最好证明。

吴金华的一生是刻苦奋斗、自强不息的一生。青少年时期,虽说家境并不宽裕,出身也非书香门第,他却经常出入南京夫子庙的古旧书肆,翻阅并力所能及地购买一点文史旧籍。初中阶段,便能掌握诗词格律。大学阶段,他时常写些旧体诗词私下供我欣赏,或豪放或温婉,或哀伤或诙谐,可说酷肖诸体,每每令我羡慕不已。不过,或许是由于有意无意地回避彼时文艺战线意识形态斗争的缘故,也许更多的是天性使然,他的主要兴趣则在古汉语方面,因为语言学的基本理论告诉我们:语言是没有阶级性的。这一时期,他确实熟读了不少儒家经典和历史著作,许多篇章都能背诵。他甚至习练了一些传世书法,钻研了若干象棋古谱,学唱了几段传统京剧。大学毕业之后,他被分配至江苏赣榆教书,虽说一开始境遇并不好,但他并不消沉。习拳强身、学琴怡心之外,与我书信往来不断,内容多系探讨古汉语问题,并时常要我为他查阅有关资料。虽说当时正处“文革”,不仅资料匮乏,而且研究学术也不合时宜,但这一阶段他的学术水平显然有了明显提升,尤其在音韵学方面给我印象较深。“文革”结束之后，招收研究生的消息传来，他异常振奋，决心一搏。他在简陋的居室中，贴满了小篆和英语单词。和我散步，一路上见什么就尽力说出英文单词。因了这个缘故，他在1978年能极其顺利地拜在徐复老师门下，可说是水到渠成的事。但他并不满足于此，而是心无旁骛，拼了全力攀登学术高峰。他曾跟我说，“我们两人都考取研究生之后，可以说基本问题解决了。下面我的心愿是成为一名大家承认的语言学家。”为此，他可说是千方百计挤时间读书做学问。由于领导信任，他一度被任命为系副主任。白天行政工作繁忙，杂事很多，晚上也经常有教职员工登门谈事。无奈之下，他在系里一间堆放课桌椅的屋子里偷偷挪出一小块地方，每天晚上悄悄去看书写论文。一天晚上，我去他家拜访，碍于老友的面子，嫂夫人不得已，告诉我怎样去找他，并要我千万别告诉别人。吴金华的拼搏精神，于此可见一斑。除此之外，窃以为吴金华辛勤治学的一生还有一个特点，就是不惧强手，不甘人后，注重以实力超越同侪，这个“实力”，不是花拳绣腿，不是看着漂亮，套用兵家的话，是具有实战性。有两件事情很可以说明这一点。一个是打拳。吴金华少年时家住南京城南，周围有一种习武练拳的氛围，在种种拳术之中，吴金华独喜形意拳。他跟我说，比起其他武术，形意拳并不好看，貌似缩手缩脚的样子，其实有劲道，很厉害，真正打起架来很管用。另一个是打乒乓球。大学时，很多人乒乓球打得很好，吴金华虽然也喜欢打，但在众人眼中技艺平平，动作姿势绝不专业。他想挑战一位弧圈球拉得非常漂亮的高手，可是人家似乎觉得胜之不武，有点不屑的神情，但是吴金华竟然赢得了胜利。他对我说：花架子有什么用？好看而已。这两件事很能反映吴金华的性格，也很能说明他在治学上的一个重要特点：注重实战，不做表面文章。

【作者简介】 储道立，解放军国际关系学院国际关系研究所教授，博士生导师。

忆吴金华兄

杜　渐

6月3日晚10点多，忙了一天刚上床，忽然想起白天好像收到一个短信。打开一看，顿时呆住了，简直不敢相信自己的眼睛！我急忙打电话过去，电话那头传来贤侄吴葆勤哀痛的声音，这才确信，老同学吴金华走了，真的走了！可他才刚刚70岁呀！眼泪不觉顺着脸颊滚了下来。

这一夜我再没睡着，悲痛、哀思终于凝成了一首五言八句的挽诗《哭吴兄金华》，用短信发给了葆勤。真想立马赶到上海送金华兄最后一程，但第二天早上一量，血压蹿到了100/190，于是只好向东南遥以致祭了。

吴金华和我大学同班，又在一个宿舍住过。给我印象最深的是他很用功，国学功底好。记得大一的时候，有一阵我老看他嘴里似乎念念有词，早上起来念叨，走在路上念叨，睡觉前也在念叨。终于我实在忍不住，问他到底在念叨些什么。他憨厚地笑笑，略有点不好意思地说："背宋词。"这令我大为佩服。其实我们那时一早起来背古诗文的同学并不少，但像他这样早也背晚也背走在路上也背书的人还真不太多。以后接触多了，发现他的背功还真好，不仅唐诗宋词背得多，《论语》、《孟子》滚瓜烂熟，《诗经》、《楚辞》出口成诵，连一般人不大去背的汉乐府魏晋诗文也相当熟悉，令我辈自愧弗如。当然这得益于他超强的记忆力，据说也与他高中语文老师的指导有关，但归根到底还是靠他自己下了苦功。我相信，正是这样深厚的功底为他以后专攻古汉语奠定了良好的基础。

上大一时，像我这样糊里糊涂不知道学业上主攻方向的人不算少，但他似乎早就明确了方向，专攻古典文学与古代汉语。上大三不久，他已津津有味地读起了王力先生的《汉语诗律学》，而我若干年后还不大能读懂这本专著。

有一次，他的《白香词谱》落在床头，我拿过来随手翻翻，不觉大为吃惊。原来这本书的字里行间天头地脚几乎写满了他的批注。有的地方还贴一张纸进去，上面也写满了他工整的钢笔楷书字。仔细一看，都是古今不同学者对同一首词或词中某一句、某个词语不同的评注，间或也有他表明自己看法与依据的简要按语。看来他早已摸到了治学的门径。

吴金华并不是一个死读书读死书的人，他还有多方面的才能与情趣。让我印象尤深的是他的绘画才能。大约是上大一的时候，有一次他在宿舍里翻出一张画来，是一只工笔细描的白猫，晶亮的眼睛，粉红的鼻尖，长长的胡须，细细的茸毛，憨态可掬，活灵活现。我问谁画的，他说是他自己画的。我不信，他又拿出几张来，都画的猫，或一只，或两只，多是未完成的画稿，我这才信了。真没想到他还有这样的才能。他告诉我这是他上高中时画的。他哥哥在南京毛巾厂技术科，把这画稿寄给蚌埠一个厂家，很快被采用，还给了他一笔稿酬。这真让人刮目相看。

还有一次上课，我迟到了，老师也还没到。刚进门，一教室的人就都望着我笑，笑得我一头雾水。有人朝黑板努了努嘴，我扭头一看，黑板上有一个人的侧面漫画头像，哟，那不是我吗？那发型，那额头，那鼻子，那颧骨，那嘴巴，那下巴都画得很像，简直是神形毕肖，搞得我自己也忍俊不禁，一教室的人笑得更厉害了。正要问是谁画的，吴金华已站起来，他拿起黑板擦，一边把画擦去，一边笑着向我致歉。但我并不恼怒，想不到他还有这样的本事！更想不到一个埋头读书的人也有这样的幽默感！我向他笑笑，接受了这善意的谐谑。

当然，他不止是善画，也会写诗，写旧体诗词。我们班的刘德清也长于此道，下晚自习常来我们宿舍找他切磋。我那时暗地里也在学写旧体诗，但于格律尚未入门。有一次刘德清来同他讨论格律问题，我在一边旁听。待刘德清走后，我问他什么叫平仄，什么是对与粘。他简明扼要地给我点了一下，使我茅塞顿开，写旧体诗词从此才渐上规矩。毕业后我们各奔前程，他有时还寄点诗词给我。他的诗词严守格律，又很有自己的特色。

他是很念旧情的。八十年代初他应金湖电大之邀来金湖讲学，特地从电大打电话来与我联系。我邀他来家小酌，两人聊往事，叙旧谊。他当时已研究生毕业，留南师任教，而我只是苏北小县一个普通中学教员，但他谈吐之中毫无得色，依旧谦恭，依旧豪饮，依旧谈笑风生，让我仿佛又回到了大学时代。从此我们恢复了联系，时有书信往还，他还把他的新著寄给我。但也许是大家都忙，以后书函渐少。2011 年 4 月初，我忽然接到一个电话，电话那边他兴奋地说："总算又找到你了，还以为你调走了呢！亏了祁大成这本新编的老同学通讯录，真是功德无量！"我们在电话里聊了半天。他邀我便中到上海小聚，我一口答应。此后他在网上给我发了不少信函，有时一天二三封，但我却始终没能到上海去履约，因为我知道他太忙，身体也不算太好，生怕去打扰他，耽误他宝贵的时间。我知道他七十周岁退休，心想等他退休了，轻松了，再去看他，也可以邀请他来我们这个苏北小县小住，但再也没想到他竟然这么早就走了，永远地走了，走得这么匆忙，使我这未兑现的承诺成了心中永远的痛！

半年来吴兄那谦和的笑容常常浮现在眼前，那一口老南京话也常常在耳边响起。他出身寒微，没有任何家庭背景，能有后来的学术成就与学术地位，虽然有历史的机遇(不是所有人都能抓住这样的机遇)，也得益于有徐复先生这样的恩师，但主要还是靠他自己的勤奋踏实，孜孜不倦，刻苦努力。他的一生为后人留下了一个典范。

愿吴兄在天堂里快乐！

2013 年 12 月 17 日

【附录】

痛哭吴金华学兄

噩耗传申沪，犹闻霹雳惊。
阴风摧大木，学海折贤英。
永夜难成寐，苍天岂有情。
悲思焚五内，抚膺泪如倾。

金湖杜渐痛挽

【作者简介】 杜渐，江苏省金湖县教育局教研室前主任，中学高级教师。

翘楚的殒落

——悼吴金华学兄

祁　峰

一

6月2日，余正住昆山三院，凌晨2时，遽然而醒，浑身透汗，心跳不止，呕吐顿生，夜班护士给测了血压、心跳，均处“运动状态”：脉膊近百，血压甚高，护士当即叫醒值班医生，给予针药处理，折腾至天明方安。后来，医生以64排螺旋CT冠脉造影的依据，给了我一个“冠心病”的结论，把这次凌晨突来的表现称为一次“犯病”。

这天下午2时刚过，手机铃讯响起，一条怎么也想不到的短讯跳入眼帘：

> 家父吴君金华先生于2013年6月2日0点50分于上海病逝，享年70岁。现定于6月4日上午9时在上海宝山殡仪馆垂青厅举行告别仪式。长男吴葆勤泣告。

大惊，愕然，至此方觉余之“犯病”，恰类于《三国》中屡见不鲜的“遥感”之景：亲者归天，必有异象，如帅旗吹折，夜星殒落，闯梦相见之类。余四更之“犯病”，莫非心灵“遥感”所致？只是因我辈太过“无神”，金华兄之走太过意外，当时浑然不觉而已。

二

人生苦短，稍纵即逝。金华兄为余之大学同窗，一生交往，仅留得以下寥寥数幕：

五年多里，金华兄给我的印象定格在一张尖下巴的小圆脸和一对小酒窝上，还有从不过激的那一口南京腔。到了 1967 年冬，因“文革”而延搁了年馀的我辈分配在即，一日，金华兄告余，晚间他和道立兄将共尽南京地主之谊，在新街口某巷内酒家设宴，为同窗好友送行。其晚临席者恰一桌 10 人，皆平日与二兄同舍或亲善的小字辈学生。此乃余记忆之中人生首番酒店会餐，故老而不忘。去岁我俩邮件来往，还说起那个酒家的店名，金华兄曰“富强酒家”也。

十年后的 1978 年 5 月，我俩同考徐复老的古汉语专业研究生，赴宁复试当日，余在南师招生处查得初试成绩，方知我俩初试成绩分居第一、二名，“状元”为金华兄，遥先于余。钦佩之情，油然而生。复试日见面问起，方知其是从苏北赣榆来的，十年未见，音容依旧。此后便是三十馀年各自忙碌无暇晤面的人生，其间时为金华兄学术做强徐复老后继有人的消息而高兴。2011 年春余赋闲后编纂全班同窗通讯录，和金华兄重续联系，对当年考研前后事及徐复老的印象，余以《忘不了考研路》（见新浪博客“平常旅程”）一文相赠，金华兄阅后大喜，即嘱助理以“要件”存档备用，且立邀余赴沪相见，云“我要请你吃饭”。其后我俩电邮往来渐频，兄且告余以明年三四月间，其新校勘的《三国志》修订版将出。我答应彼时赴沪面贺，顺取其亲笔签赠的“镇室书宝”，兄欣然相允。

去岁新春，余宁游归，以《汉宫春·龙年新春》一词就教于金华兄，兄不厌其烦逐字校核平仄，评点，回赠以《沁园春·赞邓玉娇》（胡体）等大作，又复函详述其对古体诗词创作的见解（见附录）。兄之才也，落笔成章，真知灼见，尽显其中。不日，兄又以《集外集》及数篇未发表的忆及同窗及赣榆往事的电子文档相赠，读之掩卷，方知兄虽为学界巨子，著作等身，但其繁忙于学术活动后面的那个身影，内心之喜怒哀乐、好恶爱憎，一如我辈同窗草根。

今年四月，余川游归，五月接待宿迁来访的同窗天佑，下旬因恙入院，念及与金华兄相约之期会已受延搁，即于住院次日（27日）发出《就教吴兄》函，随发《虚度七十，登峨眉金顶》五言一首，希冀在获得指点的同时敲定出院后聚首事宜。孰料数日未得回函，继而便是2日凌晨那一幕“遥感”的情景。

呜呼，兄弟欲见而不得者，天意也。在天公面前，生命显得何等脆弱和渺小。

三

此时此刻，重温金华兄所赠之《集外集》，见有《关于休克前后的回忆》一文，写于2010年7月12日新华医院，发现金华兄对生死有着惊人的淡定。这种淡定的精神力量，非来自平日概念中的英雄，而是他涉猎的学问，是三国时的古人。兹引如下：

> 当我在救护车上感到有点作恶心的时候，我什么也没有想，就是屏住气努力控制自己，暗暗地说：“没关系，能坚持到医院。”
>
> 当小荣、葆雷，陪着推车人把我从急诊大厅送到核磁共振室的时候，那段露天通道好像出奇的长，而且气温也低，我身上挂着水，动弹不得，只能仰着脸望着天上的星斗，幸好，雨刚刚停止。当时，我只是默诵《蜀书·先主传》注中刘备临终前的一段话：“人五十不称夭，年已六十有馀，何所复恨！”我今年六十七，从过了六十岁起，这段话我至少已背诵两回了。第一回是六年前被新华医院定为“高血压病分子”之时，第二回是两年前被新华医院以“治疗糖尿病”为名强迫住院期间。记得早年因“腮腺混合瘤”躺在南京口腔医院手术台上的时候，只能默诵《牛虻》主人公最后寄给琼玛的信，大意是“明天早晨太

阳升起的时候，我就要被枪毙了……"，那封信很长，是大学生时代背诵的，四十多岁时大体上还背得出，现在不行了……

这，也许正是金华兄此番远行之际的所思所念吧，然而这种淡定，落下的是中国古文字学、古音韵学、古文献学业界的巨大损失，是南师大1966届中文系最优秀的学术翘楚的永远殒落，悲夫！

金华兄安息！

2013年6月10日

【附录】

吴金华遗函一篇（2012年2月18日电邮）

修改件拜读。古云"一诗千改始心安"，总归是越改越好。老而好学，佩服。

关于来件谈到的"思"。此字古代两读，诗词随便取那一读，不计较意义。比如"看"，平声是"看守"之意，而仄声才表"看见"，但诗词不管意义，只根据需要取声音，如杜甫"今夜只独看"与"未解忆长安"的"安"（平声）为韵，毛泽东词"今朝更好看"与"装点此关山"的"山"（平声）为韵，你一查《诗韵》，就清楚了。这类平仄两用的字，如"望""教""醒"等等，都是常见的，喜欢作旧体诗词的人必须死记，否则很吃亏。

从汉语音韵发展史看，所谓"两读字"，早先只有一读，应是平声，最迟到了中古（六朝、唐、五代），春秋、战国、秦、汉发展出来的仄声定型了，"两读字"就进入辞书（如《广韵》）了，作诗的人或用古音，或用"今音"，是随便的。但到了明清、近现代，格律成了科举制度考试的评分依据之一，"旧体诗"以是否"出韵"、是否"失粘"、"失对"（指上下两句"平"、"仄"不调和了）为是否合格的标准，这样一来，后来作旧体诗的人，只好自觉受格律束缚了。

有一点很有意思：在格律方面，喜欢造反的毛泽东竟然是守旧派。他跟陈毅说，不讲平仄，就不算律诗。而后来的××比毛泽东更有"造反"精神，他第一次公布的《沁园春·××词》就不受平仄束缚、不受《词韵》束缚、也不受《词律》"句读"的束缚,现在看来……这些都跟不喜欢受"传统"约束有关。以老兄之灵性,只要把喻守真《唐诗三百首详析》随便翻翻,平仄(都加了黑白点)、"韵脚"等等,都不成问题。

自从1978年徐老叫我一心"做语言文字学的学问",我就不敢"从文学角度"认真读旧诗、旧词了,曲不离口,拳不离手,这方面的事情,同学中大概应推杜甫的后代——杜渐最有干劲,他著有《诗词创作略说》,要我作序,我因为一时没有足够的时间和精力,还没有读完。你如果读完了,能不能把心得传授给我?我也想写篇读书笔记。

【作者简介】 祁峰,江苏省昆山中学高级教师,江苏省语言学会会员。

忆同铺吴金华同学

齐永戴

惊闻吴金华同学遽尔辞世，怎么也料想不到。据说，他白天还兴致勃勃地参加乒乓比赛，到深夜心脏病突发，竟抢救无效而走。以他原有壮实的体质底子，应该再为学术贡献至少二十年。唉，天有不测风云，生命竟如此脆弱，在他学术鼎盛之际，英才竟陨落夜空。老同学们无不为之惋惜，无不为之痛悼！

金华兄是我大学同学，同窗五年，同室三年，又是睡上下铺位，接触自然更多。他为人憨厚，也不太修边幅，很欣赏朱彤教授的“邋遢美”，床铺凌乱也不大整理，所以得了个雅号“懒大哥”。

“懒大哥”做学问可不赖，是极认真的。他常独自躲在宿舍里，研究他的《诗经》和诗词，不紧不慢，一首一首地读抄，文字也端端正正，看似办法“笨”，却已养成了踏踏实实的学风。

在政治上，他也积极求进步。可在“文革”中却不是红卫兵，逍遥起来，与我一样常回家去。我到过他三山街的家。他父亲很是憨厚，金华兄是子承父相啊！

到了毕业分配的1967年秋，班级已是一盘散沙，分配方案一公布，大家作鸟兽散，连毕业照都照不成。他和我一样，都不是根正苗红，被发配外地，南京名额宁空馀也轮不到我们。宿舍里最后走的是我俩。到学院附近的小餐馆，邀上另班分回射阳的林褒才(那时改名林继彪)共小酌，前途渺茫，不知胡聊些什么话。

真是一别音容两渺茫啊！直到1979年秋，我才知悉他以第一名考取徐复老师的研究生。从此我留意了他，从报刊上知道他：在省图书馆刻苦攻读，在电视台播讲古汉语博得好评，成为学术骨干成为先进工作者。作为老同学，我能不高兴吗？

我俩久别重逢是在1989年初冬，我到南京参加江浙沪百校中语研讨会，特意赶到母校他家会他。他穿着一件中式棉衣，仍是那么朴实，在摊堆文稿的书桌上找申报教授的材料。“喝酒！”他在苏北练出了豪爽，举杯话往昔话同学话友谊。想不到这一次竟是我们今生唯一的重逢，今思之好不黯然！

金华兄的著述甚多，我读到的第一篇是在《语文学习》上关于互文、合叙的学术论文，编者誉他为徐复老师“高足”。后来他转进复旦大学，晋升为博导，成为古文献研究领域的学者名流。《文汇读书周报》2006年9月1日号登载《训诂学家的乐趣》，字里行间洋溢着他对已故业师徐复先生的深厚感情。

近两年，我和祁峰都开通了E-mail和博客，我们仨彼此信息交流就频繁了。他的随笔，标题前上方，往往冠以古籍名言，行文中多广有引证，古文献家之文，真别具一格。去年他在纪念徐复老师会上的演讲，引证精粹，阐发深刻，高手妙文，令人叫绝。原来金华兄不仅是古籍专家，也是学贯中西的文章家啊！我曾以初试《七十初度自咏》就教于金华兄，他殷勤细细点评再三，并以“格调不俗”相鼓励，老同学的交情啊！

他的博客首页上有夫妻合照，夫人容貌端丽。难怪在他学生文章中，描述他当年追慕她时会搔首踟蹰一日三顾，成为美谈。其实，在他憨厚外貌之下也蕴藏着浪漫，我在分配前夕才发现。他的浪漫灵感，是否源于他钟爱的《诗经》的“关关雎鸠，在河之洲”“所谓伊人，在水一方”？复旦老人幸福伉俪，他们也是典范，令人称慕。

人生不相见，动如参与商。2002年我中二班同学回母校大聚会，他虽人未到，也发来赠诗一首。昆山毗邻上海，往年我往上海曾两次打电话给他，近年我和祁峰又邀他来昆山去阳澄湖品大闸蟹。上个月，陪宿迁周天佑去无锡，南京丁建农也赶来小聚会，我发E-mail，请他也往。我们这些老同学都入古稀，今夕不知明夕，当为相聚加一分，为友谊添一笔。惜乎时不人待。珍惜馀生，珍惜友谊，愿与在世老同学们共勉之。

金华兄的一生虽有过曲折，总体是大完美，事业的和家庭的。孰料人生却以大缺憾谢幕，他应该还有至少二十年的生命，去开拓学术领域的新辉煌，最遗憾，竟然未来得及抚摸自己心血凝聚的新校新注《三国志》巨著。唉，造化莫测，令人痛惋啊！

老同学走得突然，走得匆忙，我和祁峰正在抱病，遗憾竟不能送他最后一程。静夜追忆，往事似在眼前，最深刻最清晰的莫过于此：他临窗伏案抄读他钟情的《诗经》和诗词，偶尔抬头憨厚一笑，两颊露出小小的酒窝……

2013 年 6 月 9 日

【作者简介】 齐永戴，昆山市第一中学高级教师。

忆同桌的你

余炳年

吴兄金华仙逝的信息是从其公子葆勤来的手机短信中惊悉的。太突然了。惊愕中顿感悲凉和惋惜。

他是我们同班同学中的佼佼者。

我们当时是怎样分手的，已经没有印象了。因为没有分手的仪式。1967 年秋，正是“文革”的第一个高潮后的落潮期，杂乱，怨恨，落寞，不知命运将如何漂泊的环境和氛围，第一分配的是六六届的毕业生，像一群乌合之众经过一次劫难而后作鸟兽散一样，各奔东西，自谋生路，没有时下大学毕业时的多组合照相，多组合宴会，欢笑、泪水、拥抱，千叮万嘱，依依不舍。我们那时甚至是抱着对立情绪走出校门。

其时的吴兄和几个南京籍的同学，当属“文革”中的逍遥派，不问政事，不谈派别，只顾埋头读书，在汹汹的造反洪流中一直不起眼。那里可以说是被遗忘的角落。听说分配时，他去了还属贫困、偏僻地区的苏北。再后听说考回母校读研，留校，最后调去复旦，开创了属于他自己的汉语言文字学的新天地，啧啧称羡后肃然起敬。

我们两人曾经同桌过，给我留下印象最深的是，他操一口浓浓的南京方言。慈怀谦和，不与人纷争，同学间的交往只有亲疏之分，却从不树敌。在学习上，对古代汉语，我们似乎都只是应付过去，他却相反，情有独钟。一本书在他手里，翻来倒去，怀有极大的兴趣和热情。他的笔记尤为认真，书写工整，近乎刻板。虽是同桌，也只是上课同来，下课就各自东西。文娱、体育诸类，总是见不到他的身影。更没有什么思想交流之说。我来自扬中县的乡村中学，其时尚不会骑自行车，听他讲的有关南京市区轶闻趣事中，至今留下的唯一记忆，就是他说的有关骑自行车撞翻马桶的事。

他说："骑自行车也不都是爽爽的。尤其在小巷内，屋檐下布满了家家的马桶，路又窄，稍不留神，就把人家的马桶撞翻了。"

我说："那不下来推着车走？"

他说着浓重的南京话："骑在车上，哪个也不肯半路下来。"

如今，小巷内已不见马桶了，吴兄也走了。只有这个小故事记录了南京六十年代的街巷趣闻。

本有去复旦一聚之念，还未成行，兄已驾鹤西去，驷马难追今失友，怎能忍，泪飞顿作倾盆雨。随即复信于葆勤，表示慰问，并撰挽联致意。

金辉南师翘楚留绝唱
华落复旦同窗永悲歌

吴兄仙逝亦为本班健在同学中的大事。此短信也同时发其他人，以传递信息，表达感情，紧密同窗之谊。南京储道立兄见到后立即书写，并带上这副挽联，乘火车赶赴上海，亲临吴兄的追悼会现场。

吴兄金华，业界不朽，硕德长存。

【作者简介】 余炳年，石家庄市报告文学协会会长，市民间文学协会秘书长，市第九、十届政协常委，中国作家协会会员。

忆金华兄二三事

郑荣馨

吴金华是我大学同窗，同住一个宿舍，多有往来。金华兄在古汉语方面成就卓著、辉煌，是著名专家、学者。吴金华1966年毕业于南京师范学院，1981年在该校中文系获文学硕士学位，留校任教至1994年。期间，1991年晋升教授。1995年调入复旦大学古籍整理研究所任教授，并任复旦大学中国古典文献学学科建设负责人、汉语言文字学科汉语史研究方向学术带头人、中国语言文学博士后流动站专家组成员。主要从事汉语言文字学、中国古典文献学的研究，侧重于"中古汉语"的词汇研究，学术研究领域主要是训诂学与校勘学。

金华兄在南京时，我们多有往来。有机会去南京出差，我一般都会去他在南京师范学院的家里小坐。沏杯茶，几碟小菜、一壶小酒，谈兴甚浓。最初，他住的房子还比较小，是一室半吧，一间卧室，一间很小的书房——只能放一张单人床、一张书桌，兼做金华兄的卧室。靠墙书橱里装满了书，粗粗扫视，绝大多数是古籍。他很自信地指着书橱里的全套二十四史，对我说，你只要说出需要哪篇文章，我马上就可以从哪册中给你找出。我没有尝试，但深信无疑。看着书稿堆积如山的书桌，想象着他埋头读书、刻苦钻研的情景，心中不由得涌起对老同学的深深敬意。他说，这房子虽然小了点，对当时的他来说，已经非常好的了，至少有条件静下心来做学问。爱人已经调到学校的图书馆工作，家务事可以不烦心了。他还说起，学校没有给他房子之前，孩子要读书，他带着两个孩子住在只有两间半的老式房子里(爱人尚未从苏北调来南京),这房间只能放一张床、一张写字台。晚上,两个孩子要做作业,他就不能做事。等到孩子睡觉了,他才能开始批改作业、读书做学问。说起来今日的人们或许不会相信,他连学生的作业本也没有多馀的地方存放,竟然是吊在梁上!要批改了,就将吊本子的绳子放下来,批改好,再拉上去!中文系的领导到他家实地调查,连声说道:“应该尽快给吴金华解决住房问题!太困难了!”后来,就有了这套小房子。

金华兄的古典文学的功底大学时就扎实。谈起考研究生一事,他说,“文革”刚刚结束,知识分子、知识的地位都很低,其实考研究生并不是很难。但考上研究生却改变了他一生的命运。他笑谈苏北乡村从教生活,聊起包括谈恋爱等许多生活细节,我们都哈哈大笑起来。金华兄师从古汉语专家徐复教授,受益巨大。一次,我看到他在《语文学习》杂志上发表的一篇关于《桃花源记》的文章,角度虽小,但颇有见地,便称赞了几句。没想到,他连着摆手,说道:“不足挂齿!不足挂齿!”两三年之间,金华兄竟然在各类杂志上发表了两三百篇文章!在当时,按照一般人的眼光,已经是非常了不起的成绩了!他说,他将这些文章给徐复导师看时,徐复教授却并没赞扬他,而是颇为严厉地告诫他,少写一些这样的文章,好好研究研究《三国志》,踏踏实实搞训诂!从此以后,金华兄就将主要精力用在了《三国志》的研究上,成果迭出。

还有一次,去时,他说正在研究佛经。这令我惊讶,老同学怎么研究起佛经来了?金华兄给我解释了原因。古汉语重在严谨考证,孤证不足为证,必须收集详实、可靠的语料。魏晋南北朝的词语、句式,不少研究者有所发现,但苦于找不到足量的语料证明。一次偶然的机会,他翻阅《大藏经》,从中发现了大量迫切所需的语料,欣喜若狂,须知,《大藏经》当时整个江苏省也只有四部,金华兄每天早上去学校图书馆,图书馆关门才回家。认真阅读,认真做札记,直至100卷全部读完。如此的治学精神,岂不令人感动、钦佩!是时,他已经着手写好了两篇基于《大藏经》语料的文章,他说,这篇投给《中国语文》肯定会录用，因为这是有创新的。我说，那你赶快投啊！他说，要从全局考虑，我如果马上发表，他人必然会对《大藏经》同样引起重视，我要发就几篇连着发表。金华兄的学术研究具有战略、战术眼光啊！几个月后，我果然在《中国语文》上看到了金华兄的那篇文章。

上世纪80年代，有一次，我带学生去常熟石梅小学实习。该校的特级教师王美卿曾向我问过一个貌似很小的问题，“啥”的读音。字典上注音都是第四声，而人们实际上都习惯于读第二声。这是为什么呢？王老师教学十分认真、执着，曾经向电台、电视台等部门多方请教，但都得不到回音。我为此，也写信给金华兄，希望他能够从训诂角度帮助寻找答案。他还特地写信给我谈自己的看法。我在《江苏教育》上的一篇《一字师》文章中，述说了这个“啥”字读音的来龙去脉，其中说到曾经向高校的老师请教，就是指的金华兄。

人生总有遗憾，有的遗憾却永远无法弥补。2012年12月初，我去上海复旦大学参加一个学术会议，住在复旦大学校内的宾馆里，这是与金华兄见面的一个极好的机会。当时，身边未带金华的电话号码。这可以解决，只要向其他同学打听一下就行。第一天报到，已经傍晚，晚上给武汉江汉大学的潘兄拉去喝茶、喝咖啡，潘兄正好住在我对面，几年未见了，盛情难却，只得应承。第二天学术会议，晚上在外边用餐，又没空。第三天上午开会，下午会议安排参观活动，我因为买的是傍晚的火车票，时间估计来不及，就没去参观。我想与金华联系，但正值午睡之际，生怕影响了金华兄的休息，一犹豫，就没有设法联系，三时多，就乘车去火车站了。会议期间，碰到刘大为教授，我曾向他问起吴金华的情况，他说，不久之前，曾经看到过他。谁会想到呢？几个月之后，2013年6月2日，金华兄会因心脏病突发去世！为此留下了终生遗憾！

金华兄作为一个学人，治学的品格、精神、经验、方法都值得后人学习、借鉴，我也从他身上学到许多东西，我在校内外作讲座时，也每每提及金华兄的治学的故事，特别是“钉子精神”。人的基础、水平、能力有高低，但就像敲钉子进木头一样，只要用力，钉子只会向木头旦钻进去，越来越深，绝对不可能反过来往外边退。做学问也是这样，只要有目标、恒心、毅力，无论什么困难都可以克服都可以取得成绩。希望大家能够从中汲取宝贵治学的品格、精神、经验、方法。

早就想写一些文字，表达表达同学之情，学兄之谊，谨以此短文纪念金华兄，金华兄永远活在同学们的心中！

【作者简介】 郑荣馨，无锡高等师范学校高级讲师，语文特级教师。江苏省修辞学会副会长，无锡市语言学会副会长兼秘书长，无锡市哲学社会科学联合会理事。

怀念老友吴公金华

汪维懋

走了！老友走了！老友吴兄走了！

突然！太突然了！5 月 30 日晚上吴兄还给我发来一封电子邮件，解释《三国志·蜀书·先主传》中的“未发”是“‘谋未发’的省略语，就是谋划尚未付诸实行的意思”，而不是“没有卷入此案”的意思。我在 6 月 1 上午发给他一封电子邮件，向他请教《三国志》中的几个问题，后来得知他自 5 月 31 日晚从小区活动室乒乓球桌旁倒下后，就被送到医院抢救，直至 6 月 2 日零时 50 分驾鹤西去，就再也没有回家，再也没有打开电脑——他永远也不可能打开电脑，永远也看不到我发给他的电子邮件了，也永远不会为我解释《三国志》和其他学术上的疑难问题了。我们再也不可能在一起切磋琢磨研精究微，再也没有机会在一起推心置腹纵论古今，也永远没有可能再在一起开怀畅饮、谈诗论文了。老友吴兄真的真的走了。

我与吴兄相识、交往四十五年，四十五年中的一件件往事在脑海翻腾，一幕幕影像在眼前展现……

一

吴兄，你记得吧：

1968 年 10 月，根据中央“大学毕业生要接受工农兵再教育”的指示精神，已经分配到江苏省赣榆县各个单位工作的我们——

66 届的高校毕业生——被一纸通知，从各自单位召集到县良种场报到，“接受再教育”。几天的集中学习后，四十余人大部分留在青口总场，我们八个人分到赣马分场。南大政治系的刘一亭，南师中文系的你、数学系的管峰，江苏师院物理系的我，我们四人同住在赣马分场的一间斗室里。同是天涯客，相逢分外亲。虽然原先我们大多互不相识，但随着朝夕相处，在劳动中、生活中，大家心往一处想，劲往一处使，汗往一处流，互相关心，互相体贴，很快我们就成了相见恨晚的好朋友。

你是城里人，很少参加田间劳动。但你虚心好学，割稻、挑稻、脱粒、扬场、堆垛，这些农活，你看着场里老工人怎么干，记在心里，一遍遍模仿，很快就学会了。场里工人都说你干农活像模像样，根本不像从未干过农活的城里人、读书人。

苏北农村的运输工具独轮车，你过去除了在电影上偶尔见过，并没有亲眼见过实物，更没有使用过。冬季农闲季节，场里安排我们用独轮车推土垫打谷场。独轮车不易掌握，一不小心车就翻倒了，人也往往会跟着倒下。从取土的沟沿到场上远的有百米多，近的也有五六十米，你不怕翻车，不怕摔跤，硬是学会了推独轮车。从开始的一二百斤一车，到后来的近千斤一车，你都能平平稳稳地把土运到场上。你的手上因为紧握车把磨出了血泡，你的肩、臂因为车襻的摩擦而红肿凸起，可你从没叫过一声苦，说过一声累。就是靠你、靠我们大家的双手双肩，用独轮车运土，把农场的一千多平米的打谷场堆高了三四十厘米。

我们在赣马良种分场劳动了一年，后来县里政权改组，新上任的领导认为我们是“一派掌权”下的“接受再教育”，不算数。于是我们 66 届的大学生又和分配到赣榆的 67 届、68 届的大学生一起重新分配“接受再教育”。你，我，还有管峰夫妻俩，我们一起和其他二十馀位同学又到城南公社碱滩大队劳动了一年。

二

吴兄，你记得吧：

“接受再教育”的那两年，我们无忧无虑。在学校工作时，上课前要备课，上完课要批改作业，还有没完没了的“形势”学习和“大批判”会议，忙得不亦乐乎。可在农场、大队劳动，除了偶尔集中到县开会学习，平常收工后就没事了。在农场我们住的那间斗室里，收工后你喜欢拉京胡，隔壁住的南师美术系的朱红喜欢唱歌，一拉一唱，余音绕梁；刘一亭和隔壁的扬师化学系的张国连喜欢下棋，楚河汉界，争斗不休，互不服气，甚至争得面红耳赤；有时大家在一起打扑克，玩升级游戏……场里的一些临时工都是些小青年，也喜欢到我们屋里，或者观棋，或者听歌，或者聊天，小屋里常常挤得满满的，充满了欢声笑语。

星期天，是我们难得的休闲日子。分场到县城青口有十里远，我们或步行，或乘坐场里的小驴车，高高兴兴地到青口去，去澡堂泡个澡啊，去饭店小酌啊！你还记得汽车站旁边的那个“车站饭店”吧，菜便宜又有味道，炒猪肝三毛钱一小盘，五毛钱一大盘，一顿饭连酒带菜也就两三元钱，我们经常在那里过酒瘾。有一次你过生日，在那里喝酒庆贺，我和刘一亭轮番向你敬酒，想让你多喝几杯，可我们找出敬酒的每一个理由都被你一一化解，自始至终，你也没比我们多喝一杯酒。

有时，你还带我去看望在青口几个单位劳动锻炼的你的南京专科生老乡——县烟酒公司的小严、小殷，县百货公司的小朱，县酱油厂的小刘、小张。大家远离家乡，来到江苏这最偏远的地方，所以见面都很热情，相处得如兄弟姐妹一样。那时每月每人供应一斤酒，我们酒不够喝，超出供应的酒可都是从小严、小殷那里“开后门”打的呀。

县化肥厂的老陈、县供电局的老梅、县大修厂的老孙，他们也都是 66 届的大学生，因为分在工厂，没有和我们一起劳动，他们那里也都是我们星期天经常光顾的地方。有时天上地下吹牛，有时提前一天到县城，通宵打扑克，天亮到街头小摊上吃着新出炉的烧饼和刚出锅的油条，喝着热乎乎的豆浆，满脸冒汗，一夜的困倦顿时消失……

三

吴氘，你记得吧：

你多才多艺，作为南师中文系的高才生，不仅能写得一手好文章，而且古典诗词造诣极高，还拉得一手好京胡，下得一手好棋。但你从来不炫耀自己。你乐于助人，只要自己能做到的，无不尽心尽力帮助别人。那时盛行学唱“样板戏”，无论是公社，还是大队，需要伴奏的，你都是随叫随到，从不讲条件。对于你的学识、才艺和人品，所有和你接触过的人都极为钦佩。

你不藏人善，对五湖四海来的同学的优点、长处，你常常挂在嘴边，如你认为南大的刘一亭稳重大方、李从东正直不阿，扬师的张国连严肃认真，南师的管峰聪明机警、朱红能写会画，等等。

你看不惯那些自以为是、浮华不实的人。有一位毕业于某名牌大学文科的同学，平时言行举止总显得高高在上自命不凡的样子。你对这位同学的表现就很不以为然。后来县里抽调大学生中的笔杆子写“积代会”材料，这位同学虽然参加了写作班子，但写出来的东西并不怎么样，一下子掉了价。

你最瞧不起那些好表现自己甚至自我吹嘘的人。那时提倡学雷锋、做好事，这本是一件弘扬社会新风尚的好事，但有些人想通过“做好事”扬名，然后飞黄腾达。有的人把做的好事写在日记本上，怕人看不到，就把日记本放在显眼的地方；有的人做了件好事，被领导发现了，便到处去讲心得，讲体会，拔高自己。你认为这哪里是“做好事”，分明是别有用心。这样的人迟早有一天要露出马脚。后来的许多事实证明，你的观点是正确的。

四

吴兄，你记得吧：

我是学物理的，但喜好旧体诗词，爱读古典文学著作，所以你对我特别关心。我不懂乐器，不会下棋，除了偶尔打打扑克外，就唯有看书之好了。你知道我的爱好后，就从家里带来了你在南师中文系上学时的讲义，我在劳动之余，就钻在这些书本里，“关关雎鸠，在河之洲”，“道可道，非常道；名可名，非常名”，我一边学习，一边抄写，遇到不懂的地方，就向你请教。每次，你都不厌其烦地讲解。可惜，在一起劳动的时间太短，要是时间长一些的话，我也就能从你那里学完全部大学中文系的课程了。

自从我和你认识后，你对我就像亲兄弟一般的关心。我在学习上稍有点进步，你就给以鼓励。记得在赣马劳动期间，一次看过电影芭蕾舞剧《红色娘子军》后，我写了篇几百字的短文在地区小报上发表了，你高兴地向我祝贺，并对其他同学说：“老汪会写文章，能抓住要点，是我们同学中第一个发表文章的。”由于你的说项，我才受到同学们的高看。后来还被县报道组找去帮了几天忙。

你对我生活上也极为关心。有一段时间，我因眼睛患玻璃体出血症离开劳动的地方，住到一位朋友在县城的空闲房子中，一边治疗，一边休养。你担心我一个人寂寞，一有空闲就从乡下跑十几里路来看我。后来你被抽调到县里写“积代会”发言材料，从夹山公社调查回来后，县里为你在招待所安排了住处，但晚上你并没有到那里去住，而是来到我的住处，和我聊了两三个小时；等我睡着后，你在灯光下辛辛苦苦整理材料，直到天要亮时才躺下休息。

劳动结束后，你被分配到位于赣榆东北部的海头中学，我则到位于南部的墩尚中学，两地相距六十多里。一次，你带学生去抗日山拉练，绕道二三十里到墩尚来看我；我也曾到海头去看望你。我们一直保持着紧密的联系。

后来你回南京读研究生，继而留校工作。我在赣榆则先后调城南中学、赣榆县中学，不久又调离学校到县里专门搞地方文史工作。我每次去南京，你都热情接待。记得 1979 年春，我因事去南京，当时你不顾学习紧张，带我到三山街品尝南京特色面点，陪我游览玄武湖、莫愁湖、雨花台、随园、石头城等名胜古迹。1988 年夏，我被借调到江苏少儿出版社协助编辑《现代汉语用法词典》，一个人住在新模范马路附近宿舍里，你怕我一个人在南京孤单，经常在下课后或在南图回家途中骑着自行车绕道来我这里，每次来时都抱着挺大的西瓜，两人一边吃西瓜，一边叙说各自的见闻、感慨。1992 年夏，我因公出差到南京，你安排我住到南师宾馆里。有一天下午，我突然发高烧，躺在住所里。你晚上来看我，发现我生病，立即领我到校医务室检查、治疗。医生认真验血检查后，确认只是重感冒，没有其他病症。你这才放了心。你执意为我付了医疗费用，并执意要我住到你家里，以便照顾。在你和张老师的精心照顾下，我很快恢复了健康。

五

吴兄，你记得吧：

你不仅像亲兄弟一样关心我，也关心着我们全家。

1988 年暑假，利用我在江苏少儿出版社帮忙的机会，内人携两个孩子一起来到了南京。你听说我家里人到了南京，非常高兴，在最短的时间内，把我们一家接到你在南师的寓所，摆了一桌丰盛的家宴款待我们全家。内人和你家张老师是海州师范的校友，我家的两个孩子和你家的两个孩子年龄相仿，两家人在一起就像一家人一样，其乐融融。饭后两家人一起游览美丽幽雅的南师大校园和清凉山公园，合拍了许多张照片。想着两家人在一起的幸福情景，看着照片上神采奕奕的身影，怎能叫人不百感交集五内崩裂呢！

1991 年，我家汪涛考入南京大学商学院，小涛在南京上学期间，你和张老师就像对待自己的孩子一样，小涛也把你们的家当成自己的家。每当星期天小涛来时，都买鱼、买肉、买南京特产板鸭，给小涛补身体，很怕小涛在学校吃不好，影响身体成长。小涛入学后，有一段时间对所学专业没有兴趣，想换专业，你得知后又苦口婆心地做思想工作，解除了他的思想顾虑，坚定了学好专业的信心，终于顺利完成了学业。这一段经历深深地印在了小涛的脑海里，也刻在了我们全家人的心坎里。

六

吴兄，你记得吧：

近二三十年来，我在文史领域取得一些成果，也是与你的鼓励、支持、指导、帮助分不开的。

上世纪八十年代初，我试着把自己阅读文史书籍的一些学习心得写成文字，向一些学术刊物投稿，先后有几篇小文章被《历史研究》、《学术月刊》、《文史知识》等刊物采用，你知道后，立即鼓励我，说能在这些刊物上发表文章是很不容易的。我编的一本《儿童古诗选读》被江苏人民出版社出版，以后又出增订本，又改由江苏少儿出版社重印了好几次，你也为我高兴，并告诉我说，一次你到苏州开会，和少儿社的一位编辑同住一室，那位编辑说这本书一印再印，取得了可观的效益。

当你发现我编写的书稿中有错误或不足后，你也会毫不客气地指出。如上世纪九十年代我应江苏少儿出版社之邀，与姚祖望先生共同编注中小学生《古诗文诵读范本》时，定稿前，我向你请教一个语句如何理解的问题。你看了我寄给你的材料后立即给我回信，说那一语句稿中的理解是对的，同时指出我自以为正确而没问题的稿中一个注释是错误的，我根据你的解说改正了原稿，避免了一次大的失误。我参与编写的一套丛书，其中的一本，你翻阅后连说，“太差，太差”。至今想起你的话我还为自己编过一本质量不高的书而感到惭愧。

在过去相当长的时间内我曾注重重言词的搜集和整理。你得知后，告诉我，你读研期间在南图研读《大藏经》时，发现佛经中有许多现今词书中未收的重言词，要我注意搜集。你还带我到南师中文系资料室，把我介绍给有关老师，让我随意阅看新引进的大藏经。正是在你的指导下，我翻检了《一切经音义》及部分佛经，补充了一些新的重言词。你还带我多次拜见你的恩师、著名语言学家徐复教授，徐老每次都热心地给予指导。在书稿完成后，我想请徐老写序言，又担心水平差，不好意思张口，经过你的帮助，徐老不仅为该书写了序言，还写了一首四言诗附在序末，对我进行鼓励。书稿中要有一篇论述重言词的文字，我想请你写，因你太忙，我不敢打扰你，就自己草拟了《重言词略说》一文，你精心修改了两次，保证了这篇《略说》的质量。《汉语重言词词典》这部书由军事谊文出版社出版后，1993 年你应邀到香港大学讲学时，你在讲坛上向学生和听众介绍了《汉语重言词词典》和作者，并板书了"重言词典"、"汪"、"物理"等字样；2001 年，你又与在复旦学习的韩国学者崔泳准教授联名在《南京师范大学文学院学报》上发表了《略论汪维懋〈汉语重言词词典〉》一文，揭示该书发掘新词、丰富书证和重视溯源、分析义项等三方面的特色，肯定其填补汉语重言词研究和词典编纂空白的意义；同时也提出修改意见。崔泳准教授学成回国后，又在韩国的学术刊物上发表了这篇文章，扩大了这部书的影响。《汉语重言词词典》先后获得了第三届中国人民解放军图书奖，江苏省哲学社会科学优秀成果三等奖，这里都有你的一份心血啊！

2003 年春，出版社约请你编写中学生古汉语学习词典，你向出版社推荐我协助你工作。该书出版时，你执意将我和你并列为主编，我再怎么推辞也不行。你是著名的语言学家，在编写过程中我只是做了些具体工作，我的作用怎么能和你相并，所以至今还为此事感到不安。

2007 年夏，辞书出版社修订《大辞海》语词部分，请你参与编写工作，你知道我多年来在搜集重言词和编写古汉语学习词典过程中积累了不少语词资料，又一次推荐我参加编写工作。我们两人一起，共提供了 50 多万字的语词原始材料，其中有 30 多万字被增补到新版《大辞海》(语词卷)中。如果不是你的推荐和指导,像我这样名不见经传的人,怎么可能有机会为这部权威的汉语词书贡献绵薄之力呢!

2012 年 10 月,辞书出版社全面启动我国最大规模的汉语工具书《汉语大词典》第二版的编纂、修订工作。出版社有关负责人请你"鼎力相助《汉语大词典》修订工作,并提供具体材料"。你再一次推荐了我。根据出版社的要求,我草拟了《〈汉语大词典〉(第二版)修订内容几点设想》一文,经你润色后发给了出版社。之后,我搜集你发表过的订补原版《汉语大词典》的有关词目,连同我原来搜集的补遗词目,按部首笔画顺序编排,共 200 余万字,按你的意见发给了出版社。出版社邀我参加了 2013 年 3 月在上海召开的华东地区专家专题会议,我在小组会上以《〈汉语大词典〉修订五议》为题作了发言。我能参加这样高级别的辞书专家会议,并且还有发言的机会,这都是因为你的推荐啊!8 月,《辞书研究》编辑部来信,认为"发言稿材料详实,见识深刻",要求将发言稿"进一步充实材料,提炼观点,润色文字,按学术规范撰写成严谨的学术论文,篇幅一般为 6000—10000 字"。这篇发言稿在起草时曾得到你的帮助和指导,现在要扩充为近万字的论文,却再也得不到你的帮助和指导,让人情何以堪!我勉为其难,按规定时间修改完文稿,临发稿时心里还七上八下,担心文中有这样那样的不足之处。你知道吧,我多么希望你能一直为我的学术文章把关啊!

七

吴兄,你记得吧:

你在赣榆工作整整十年,那是你一生中最美好的年华。这里依山傍海,享山川之饶,受渔盐之利,文化积淀丰厚,风光秀美奇特。你在这里洒下劳动的汗水,你在这里培育乡村的学子;你在这里走访过夹山、海头淳朴勤劳的农民、渔民,你在这里游览过子贡山、文峰塔等历史文化遗迹,你的足迹遍布赣榆的山山水水;更重要的，你在这里结识了毕业于海州师范学校的贤慧端庄、鄙夷世俗的张敏文女士，组成了幸福家庭，诞育了岐嶷双珠……

赣榆是你一生中难以忘怀的地方。

1991 年 6 月，你作为江苏省人大《义务教育法》检查团成员，视察连云港市、赣榆县等地，28 日在《连云港报》上发表了《贺新郎》词，书写“不胜今昔之感”，你在词中回忆了“十载斯文颓废”、“读书无味”的荒乱岁月，赞美了“学府宏图重绘”、“育多少芬芳桃李”的新气象，对赣榆县教育事业翻天覆地的变化表现出由衷的喜悦。1993 年 4 月至 8 月，你在香港大学讲学，在讲坛上娓娓介绍赣榆悠久的历史文化，并详尽讲述赣榆子贡读书台的来历，让香港的学子和听众认识赣榆，了解赣榆，扩大赣榆在海内外的影响和知名度。

2005 年，我应赣榆县政协文史委之约，编写《赣榆诗词集萃》现代卷，因为你在赣榆工作过，便发信向你征稿。你很快就寄来了你在赣榆期间和以后所作的与赣榆有关的作品，你的诗作使这本书大为增色。特别是其中长篇古风《唐咨歌》，歌颂了三国时期曾经叱咤风云三十余年的军事家、赣榆历史上的一位杰出人物唐咨。此前，赣榆的文史工作者并不熟悉唐咨这位古代名将，你的这篇古风以及诗后辑录的所有《三国志》中有关唐咨的文字资料，填补了赣榆历史研究上的一段空白。赣榆搞文史的人都极为高兴，感激你为地方史研究所作出的贡献，在随后的一期赣榆文史资料中就专文介绍了你提供的有关唐咨的文献资料，记下了你的这一贡献。

晚年，你整理旧稿，你在赣榆期间写的几篇文稿，包括那时在一定范围内颇有些影响的大字报、“积代会”材料，你反复校阅、作注，要把它们保存下来。说实在的，这些文字在你的学术研究的生涯中并没有什么特别的意义，也谈不上是什么学术成果、有什么学术价值，但你就是不忍舍弃。你说，这是那时的真实历史啊！其实，这是你对赣榆的忆念和割舍不断的情怀啊！

你是不忘旧的，你记住了赣榆，赣榆人也永远记住了你。

八

吴兄，你记得吧：

去年下半年，你邀我协助你搞《三国志》的译注工作。你说，现在关心、阅读、研究《三国志》的人愈来愈多，但至今还没有比较好的全注、全译本。你打算花些时间把这部书搞出来，给不同需要的读者使用。你希望我在阅读、注释、翻译《三国志》的过程中，把遇到的难点、疑点或者搞不清楚的东西全都列出来，这样你就能有的放矢地研究。这些难点、疑点，能解决的就解决，不能解决的就存疑，留给后人解决。让后人一看到书就知道《三国志》哪些疑难问题已经解决了，还有哪些疑难问题没有解决，以后搞研究的人也就有了明确的方向。一般的读者，因为有全注、全译，阅读、欣赏《三国志》也就容易多了。尽管我以前没有系统研读过《三国志》，但跟着你能学到许多知识，又能把《三国志》从头到尾细细过一遍，弥补自己史学上的不足，于是我接受了你的邀请，在你的指导下，参与到这一工作中来了。

你的计划是先让我把裴注中没有任何参考译文的诏、令、表、诔、信、诗等内容找出来，并把这些篇章翻译出来；再根据现有陈著、裴注各种译文，初步搞出一个全译底本，然后逐卷认真修改，吸取各家译本的长处，纠正不当或不妥之处，形成初步的修改本。你打算利用今年暑假，撰写每一卷的题解，根据传主不同情况，多则数千字，少则数百字，在题解中将把你多年来研究《三国志》的心得、体会、新的发现、新的观点全都融汇进去，预计在八万字左右；写好题解后我们再一起修改译文、一起搞注释，准备在年底至迟到明年夏天完成全部书稿。

你通晓汉魏六朝语境、熟悉佛学语言，从语言学家、文献学家的角度研究《三国志》，达到了前所未有的高度。你的计划切实可行，在时间上也留有馀地。只要再有一年，不，再有半年多时间，你就能把你多年来研究《三国志》的所有新发现、新成果，你在脑海中已经解决但还没有形成文字的各个疑难问题转化为文字，贡献给学界，传示于世人。可你就这么走了，把这些新发现、这些新成果、这些将要解决的疑难问题，统统又交回给历史，统统又变成不可知的问题留给了后人。后人要解决这些疑难问题又不知要走多少弯路、付出多少艰辛啊！

老天爷，你怎么这样无情、这样不理解天下的学人之心啊！

九

吴兄，你记得吧：

你在学术研究中，特别尊重别人的发现和成果，鄙视学界的抄袭、作假之风。记得你在撰写《〈逸子吟草〉小札》一文时，对一首词中的一个词语未交代出处，我在拜读时，根据网上的资料说明这个词语曾出现于唐代高僧惠能的偈语中。你在修改稿中，赫然写上"汪维懋先生发现"云云，我看到这几个字很突兀，颇觉不安，就发了封短信给你："您不必提我的名字。四十余年的朋友，这点微不足道的事，您实在没有必要把它记到文字中。直接叙述，文简意顺，多干脆利落。"想不到你给我发来 1000 多字的长信，详述业师徐老的教导："徐老说过不止一次，别人发现的东西——指带有原创性意义的论点、论据，你要用，一定要说明，这样对双方都有好处。第一，人家今后自己还要用，现在让你先用了，你不提名，人家以后再用时，反而有抄袭的嫌疑了。第二，让你先用，你交代了人家提供的东西，人家也就等于同时发表了自己的东西，这叫互相帮助；这样，人家今后还会乐意帮助你。你不提，人家以后不爱理你是小事，自己降低了自己的人格就不好了。"看罢信，我实在说不出别的话，只有感动而已。你对自己这样严格，对弟子的要求也同样严格，你对他们是"年年重提徐老的话，年年强调'不准抄袭'，'不要暗引别人提供的观点或资料'"。对于弟子中偶尔出现"暗引别人提供的观点或资料"、"自降人格"的现象，你毫不留情，给予严厉的批评。所以你的弟子都能"恪守师训"，发表的学术成果都能经受住时间和历史的考验。

你“恪守师训”，一以贯之。记得你邀我参加搞《三国志》全注、全译本时，你就强调指出，迄今海内外已有多种《三国志》陈著注本、白话译本和部分裴注白话译本，我们要吸收各注译本的长处，避免其中的一些错误。凡参考过的注译本，不仅要在前言或后记中一一列出书名、作者、出版社、出版时间，而且要将原书拍成清晰的彩色照片，作为插页，置于卷首，向这些注译本的作者和读者表明，我们的全注、全译本是在前人和已有成果的基础上搞出来的。不久前这些照片已经拍好、而且也已经洗印出来，我正准备带给你看呢。可你就这么匆匆地走了！你再也看不到这些尊重前人已有成果的照片了，你呕心沥血筹划的《三国志》全注、全译本，你再也没有可能对它进行推敲、修改，人们永远也看不到由你亲自定稿、吸收了现有注译成果、代表《三国志》注译最新成果的全注、全译本了。

十

吴兄，你记得吧：

你以学识渊博、多才多艺著称。人们都认为你天资聪明，过目不忘。可我感到除了你的天赋之外，更主要、更关键的是你的勤奋。

一般人是用眼看书、看事，所以看过也就成为过去了，留下的印象不深。而你是用心看书，用心记事，所以你看的书记得住，记的事忘不了；学一样专一样，都能达到很高的水平。

你说过：小时候喜欢到街边书肆、书摊上看野史、看名家诗词，看着看着就入了迷，每每忘了吃饭时间，要大人去叫才回家。你的许多文史知识就是从那些地方得来的。

你说过：小时候喜欢到巷头地摊看大人津津有味地对弈，自己渐渐入了门，但水平一直提不高，直到后来看到一本棋谱，自己钻研后，棋艺才大有长进。

你说过：小时候跟哥哥学武术，哥哥是严师，教得一丝不苟；弟弟学得认真,不敢稍有懈怠。由于基本功扎实,直到晚年,你的臂力仍然惊人,甚至敢于和年轻人较量腕力。

你在学习技艺方面,只要对方有一技之长,你就虚心求教,不耻下问,拜其为师。早年在赣榆学习京胡,你作为当地中学的一名老师,甘愿拜一位被管制的"五类分子"琴师"老鸠"学艺。当时正是"天下大乱"、"人妖颠倒"的"文革"时期,你不便公开和"老鸠"来往,便通过信得过的学生在假日把他请到学校来,关起门来学艺。"老鸠"被你的虚心、真诚感动,把几十年积累的技艺诀窍全都传授给了你。京剧《红灯记》、《沙家浜》曲谱你能从头一拉到底,都是你勤奋努力、下苦功夫才达到的啊。晚年你为锻炼身体,学习"抖嗡",身为名牌大学名教授,拜了两位普通工人为师,你对两位老师傅极为尊重,请到家里,敬如上宾。"老师"悉心教,"学生"虚心学,很快你就掌握了"抖嗡"的要领和技艺。看你"抖嗡"时得心应手的样子,观看的人就像在欣赏艺人表演一样,令人眼花缭乱。

你在学业上的勤奋和执着更是感人至深。

"文革"时期的学校,"读书无用论"盛行,"白卷英雄"得势,原来的各种参考书、词典都被"破四旧"烧了,教语文的甚至在学校里都找不到一部古汉语方面的词书。记得徐州地区教育部门当时辑录了一本《古汉语常用词》发给各校作为语文老师的参考书。这本书你翻了多少遍我不知道,但我听赣榆县中学的陈凤銮老师说过,他在地区一次集中改卷时曾与你在一起交谈,并当场测试,说你对某一词及其义项、书证在书中哪一页都记得清清楚楚,由此可见你的古汉语功力和所下的功夫之深。

1978年你准备考研,按规定,除了考专业课程和政治,还要考一门外语。你为了恢复并提高英语水平,便在居室四面白色石灰墙壁上,用墨笔全都写上了英语单词。在室内,你无论是抬头、低头,吃饭、做事,触目都是英语单词。这是那年初夏我到海头去看望你时亲眼见到的情景。你就是靠这样的勤奋和毅力,顺利地通过英语、政治和其他专业考试,以第一名的成绩成为徐老的研究生。

你读研时,为了研究汉魏六朝语言、研究《三国志》,你在导师的指导下，认真研读那一时代中外学者和佛学大师翻译的佛学经典，以期全面、深入地了解汉魏六朝时的语境。由于南师当年还没有《大藏经》，只有南京图书馆有一部，于是你天天跑南图，每天中午两块烧饼一碗白开水，数月如一日，硬是把有关的佛经研读了一遍。这要有多么大的毅力才能坚持下来呀。

事实说明，你的渊博的学识、你的多才多艺，是你一生孜孜不倦、刻苦勤奋、虚心学习、不断积累得来的呀！

学识在于积累，成功出于勤奋。你用自己一生的实践证明了这一道理，这是你留给后人的又一笔宝贵财富。

……

四十五年，岁月如流，无论是朝夕相处，还是天各一方，无论你是普通的中学、大学老师，还是成了名满天下的大家，我们之间始终心灵相通，亲如兄弟。万千往事，一齐涌上心头，深切的悲痛，无尽的哀思，是任何语言都难以表达，任何笔墨都难以形容的。

走了！老友走了！老友吴兄走了！老友吴兄真的走了！

没走！老友没走！老友吴兄没走！老友吴兄真的没走！

吴兄的音容笑貌将永远留在他的家人、他的亲属、他的弟子的心中，也永远留在我和我的家人的心中，永远留在和他相识的所有朋友的心中。

吴兄高尚的道德风范、严谨的治学精神，将永远是当代和后世学人的榜样。

吴兄的一部部大著，一篇篇论述，化解了文史典籍中一个个难题，详释了古代汉语语言文字中的一个个疑点，展示了一位开拓者勤奋探索的历程，闪耀着一代大师智慧的光芒。这些不朽著作，将提供更高的平台，启示并指引后世学人不断登攀新的高峰。

2013 年 6 月 15 日写于沪上半岛花园

2013 年 10 月 15 日改于多伦多渔人村

2013 年 11 月 15 日再改于多伦多渔人村

【附录一】

痛悼吴公

云黯安波路[①],文星落九天[②]。
小球真可恶[③],大命竟难延[④]。
笔下千堆锦[⑤],胸中万斛泉[⑥]。
哀哉哲人去[④],垂裕永斯年[⑧]。

二〇一三年六月四日

① 安波路:吴公家住沪上安波路265弄兰花教师公寓,小区乒乓球活动室即在公寓大门口右侧楼内。

② 文星:即文昌星,又名文曲星。相传文曲星主文才,后亦指有文才的人。唐元稹《献荥阳公》诗:"词海跳波涌,文星拂坐悬。"

③ 小球:指乒乓球。公因打乒乓球突然发病。

④ 大命:天年,寿命。《左传·哀公十五年》:"使人逢天之慼,大命陨队(坠)。"

⑤ 千堆锦:形容著述极多,辞章华美。金施宜生《题壁》诗:"文章笔下千堆锦,志气胸中万丈虹。"

⑥ 万斛泉:本指泉源丰富,比喻知识渊博,文思敏捷。宋苏轼《文说》:"吾文如万斛泉源,不择地皆可出。"宋胡仲弓《读杜牧之诗》:"风流不减晋诸贤,涌出胸中万斛泉。"

⑦ 哲人:智慧卓越的人。《礼记·檀弓上》:"孔子蚤作,负手曳杖,消摇于门,歌曰:'泰山其颓乎,梁木其坏乎,哲人其萎乎!'"唐王绅《周氏墓石》:"哀哉哲人,何为不寿。"

⑧ 永斯年:犹永远,言年代的久长。《诗·大雅·下武》:"于万斯年,受天之祜。"唐陆敬《游隋故都》诗:"则百昌厥后,于万永斯年。"

【附录二】

遥送老友吴公归金陵祖山

生恻恻兮恋故山,魂茕茕兮驾西还。

天昏昏兮哀诀别，风惨惨兮步维艰。
瘦累累兮何憔悴，路迢迢兮摧胆肝。
江滔滔兮迎骄子，山崇崇兮伴慈颜。
望遥遥兮悲长夜，寝谧谧兮灵永安。

汪维懋　冬至前夕

【作者简介】 汪维懋，原江苏省赣榆县史志办公室编辑、徐福研究会副秘书长。现已退休。

金华老师　追求完美

——追思吴金华先生

陈凤桐

我和吴金华老师初次相识是1983年，那一年我在南师大美术系高校书法教师进修班学习。南师大图书馆有我在海州师范工作时的学生张敏文，张敏文的夫君吴金华先生是该校中文系的老师，于是我在和吴老师的经常接触中成了朋友。后来，吴老师调到复旦大学，举家迁往上海，因为我的爱孙陈翰婴在上海同济大学上学和在上海工作的关系，又有机会和吴老师经常见面。前后算起来有三十多年的朋友情谊了。

吴老师给我的第一感觉是朴实。在我没见到吴老师之前，想象中的他身材伟岸，西装革履。但初次见面，吴老师在我脑海里留下的印象至今未忘，他中等身材、微胖、圆方脸、两腮有浅浅的小酒窝、未留长发，上身穿褪色的中山装，纽扣未全扣、下身浅蓝色长裤、脚穿普通运动鞋。他面带笑容迎上前来和我握手，并执意留我在他家午餐。中午饭虽然不是大鱼大肉盛宴，但菜蔬等满满一小桌五色俱全，非常合口味，我们还对饮了两杯小酒。饭后，他和我聊起当年在苏北赣榆县农村一所中学任教时的艰苦生活，又是怎样和做小学教师的张敏文结婚的。他说，现在情况变了：虽然是住在这筒子楼里，但毕竟比在苏北的条件好。我能在导师徐复先生身边助教很满足；敏文在校图书馆工作很顺心。特别是有敏文不辞劳苦带好两个孩子，并悉心照顾我神经不太正常的老母亲，让我心无挂碍，全力以赴投入自己钟爱的事业。

吴老师给我的第二感觉是谦和。因为张敏文是我的学生，实际年龄我比他们大不了几岁，但吴老师总是对我以“老师”、“大师”相称；有时我带老伴去南京、上海，吴老师也是师母长师母短地和她聊一些社会见闻。我在南师大进修期间，有一次，吴老师说，我现在参与创建的古文献专业班，他们需要学点书法，想请您每周利用课余时间来给他们上上课。他似乎看到了我有为难之处。接着吴老师又说，您的字写得好，有教学经验，一定会受到学生欢迎的。是吴老师的谦和与鼓励感动了我。

2006 年的教师节前夕，吴老师发来一篇文稿《小诗小词寄陈凤桐老师》，文中说：“……教师节的前后……每到这个时候，我跟‘张老师’——张敏文总会谈起我们都熟悉的陈凤桐老师。……如果说，陈老师早年留给张敏文的最深印象是朝气蓬勃，思想进步，那么，在我的心目中，他的突出特点是书法出名，教学有方。……陈老师对我的工作很支持，他讲课态度认真，内容丰富，凡是听过课的学生都感到受益终身。……几十年过去了。我们和陈老师虽然见面的机会不多，但师生之谊却随着时间老人的步伐而增进。记得前几年我们回连云港探亲时，亲戚问我们想探望哪些师友？我们说，第一个就是陈老师！……适值今年的教师节即将来临，我们奉寄小诗小词，权当一束鲜花，祝陈老师节日快乐，全家幸福。”

忆前年访陈大师家

近海有名家，望山揽翠霞。神龙笔藏尾，妙句舌生花。
乍访留专宴，临行赠好茶。归来常自鬻，每每向人夸。

鹊桥仙

笔走玄龙，口腾奇句，淮海久驰高誉。一门风雅溢书香，
更唱和，祖孙成趣。　　白下寒门，苍梧新路，长忆有缘相聚。
欣闻诒厥又登科，问何日，申城重遇？

接到这封信，我如坐针毡，感到无限欣慰，事后我写过一首小诗回赠：

有感吴金华、张敏文贤伉俪教师节前夕寄赠诗文(2006年9月8日)

平凡小事蒙君忆,荏苒光阴数十秋。
的是师生情义重,鲜花一束慰心头。

吴老师给我的第三感觉是学富五车,难望其项背。多年来,吴老师每有大作出版,总是寄下一册,每有重要文章,总要通过电子邮件传送。吴老师的专著和文章,使我受益多多。吴老师的大部分专著,限于识浅,还一时难于卒读。丙戌(2006年)孟冬,余自宁波来沪,看望在同济求学的爱孙陈翰婴,宿金华先生府上,得与吴老师尽兴彻夜长谈社会、人生,以及著书立说诸多方面的话题。先生之言令我"胜读十年书"。临别,先生赠我大著《世说新语考释》(吕叔湘题签、徐复作序)、《吴金华集外集·学海拾贝》等书。回连后拜读大作,深悟先生坐拥书城做真学问之甘苦,曾得一绝呈吴老师教正:

赠吴金华先生

人坠书城书醉人,修绠汲古见精神。
玄君大著疏疑处,不蹈陈言贵拓新。

在我的心目中,吴老师是位达人,也是位很风趣的人。记得2009年,他有《书怀》诗并序相寄,原玉录如下:

做学问的老书生,降血糖的新球迷,小动物的好朋友,虚年六十七,足龄六十六。在老伴和孩子们看来,像一个无忧无虑的愚公。近来重伤风,咳嗽,喉咙里有一堆老痰,呼噜呼噜地作怪,鼻涕断断续续,手帕必须常换。最糟糕的是,眼睛发涩,身上也不对劲。正经事是干不成了,只好"赋闲"。闲着无聊,顺便诌几句韵文,算是一段"日记"。俗语"穷开心"者,此之谓乎?

无风无雪暖融融,年向古稀心尚童。

书满床头梦自好，球飞台上兴尤浓。
窗前群鸟追黄叶，镜里重纹画老翁。
沙发蓬蓬方一憩，笑看扁扁跃怀中。

读来令人感怀不已，我也次韵《书怀》原玉，并寄赠吴老师及张敏文伉俪：

有随有唱乐融融，矍铄精神未逊童。
焖肉烹虾厨愈巧，式微探奥兴方浓。
不除庭草留生意，爱养瓶鱼戏醉翁。
笑语声声嫌日短，春风荡漾在胸中。

哪知“天有不测风云，人有旦夕祸福”。2013 年 6 月 2 日，惊闻吴老师病逝。我立时写下了一副挽联寄托哀思：

学富五车，著作等身，幸有锦章垂后世；
道传九野，清风两袖，管教厚德式同侪。

其实，短短两行字怎能表达我欲哭无泪、欲说无词的悲痛心情呢。

此后，我又揪心地读了吴老师曾经预先起草的“遗嘱”：“一旦气绝，烦直系亲属按照当时最简便的方法尽快处理，不通报，不收礼，不设灵堂，不开追悼会，更不须香火供奉、佛事超度之类的无益之举，简便的处理一结束，膀上的小黑布一除，万事大吉……”以及长子吴葆勤写的“悼词”：“您的一生充满阳光。……您的一生，是勤奋的一生，夜晚不灭的灯光可以证明；您的一生，是清白的一生，学生心目中最正面的导师形象可以证明；您的一生，是对学术研究有重大贡献的一生，今天来这里为您送行的学生、学界的友朋可以证明……”

是的，吴老师，您的一生是努力“追求完美”的人生。

【作者简介】 陈凤桐，原连云港市文联副主席、书法家协会主席。

缅怀之馀

俞润生

吴金华教授走了，走得太匆忙，使人感到意外。复旦大学古籍整理研究所在网上发布的《讣告》写得清清楚楚：

> 著名语言学家、文献学家、教育部全国高等院校古籍整理工作委员会委员、复旦大学特聘教授、复旦大学古籍整理研究所汉语言文字学博士生导师吴金华先生，因病医治无效，于2013年6月2日零时50分在长海医院逝世，享年70岁。
>
> 吴金华先生遗体告别仪式定于2013年6月4日上午9时，在上海宝山殡仪馆（宝安公路111号）垂青厅举行。

他真的走了，和他爱妻张敏文没有说上话，和儿子葆勤、葆雷没有交代后事，没有和学生布置作业，书案上的书还这么摊着……他走得太匆忙了。他的学生回忆说：吴老师"参加了5月27日的校庆学术报告会，还打了乒乓球，据说是在打乒乓球的时候发病的"。

他近几年身体不好，2008年因糖尿病住进新华医院，从此告别了"酒是亲朋烟是友"的不良嗜好中的"亲朋"，他戒酒了，烟还抽两口，后来也戒了。他热衷于乒乓球，或楚河汉界"杀"两盘。从紧张的教学工作，到一丝不苟的古籍研究，到"弧旋球"，到"两军对垒不用刀"，都是紧张的劳作，从未松弛过。吴老师啊，吴老师，你读了那么多古书，可就忽视了这一条："一张一弛，天之道也。"我建议他改“乒乓”为散步，散步好啊，快慢自我控制，还可驻足听听新闻，二三友好，边走边聊，儒雅之风，依稀可见。他对我的建议并不在意。可能是嫌速度太慢了。他们在岗的人，尤其是上海人，是很讲究速度的，和我们退休的人懒懒散散不同。

2009 年 8 月，我专程从南京去上海看望他，短短的两天，我深深地感到他的紧张。2010 年 7 月，突然晕倒，送到医院抢救，装了支架，捡了一条命。但是，他还是玩命工作，并没把自己的健康放在心上。他自己却很乐观地说：“(2010)暑假，上海中山医院以最先进的医术为我的心血管装上了一个最新型的支架。医生说，今后的体育活动不宜激烈，伏案工作的时间不宜过长。这样一来，我今后玩乒乓球时，就只宜用长胶板子轻击；上电脑时，不宜长坐久视。此外，据肺科医院的医生说，家中，特别是寝室中，不能存放太多的旧书旧稿，免得影响空气的质量。最近又听人说，在现代都市中，上述生活、工作方式都是先进的，故模仿蹇斋先生(即周本淳教授，1921—2002)用俗语作曲，副标题为《自嘲》：乒乓怪拍弄长胶，旧稿旧书多远抛，支架拓宽心管漕，赶时髦，一半儿顽童一半儿老。”可见他没有把病放在心上，仍很乐观。

2012 年 3 月，吴金华的助手何凌霞博士编印了洋洋 34 万字的《吴金华集外集选编》，我匆匆浏览以后，写了一篇《春暖芸窗》的读书笔记，吴金华阅读以后，于 2012 年 3 月 31 日给我回信说：

> 谢谢你通过《春暖芸窗》送来的浓浓的友情。
>
> 同事何君，看到我两次休克住院，急于为我编《集外集》，无非是预防万一的意思。其实，我觉得编《集外集》实在太早，因为按照我的计划，今年，才是我推出大型成果的开端。从现在起，《文史》将刊出 5 万字的《宋书校议(下)》，中华书局出版《三国志论集》，年底中华书局新校本《三国志》将付印，明年江苏古籍出《三国志今注》，几百万字的《三国志点校长编》也将修订出版；此后，《三国志全译》也跟着扫尾，拟 70 岁时完成上

述计划；然后，再回头修定早年的《三国志语言研究》，整理杂七杂八的讲义和杂稿。所以，在这些计划没有全部完成之前，编《集外集》实在太早。

是啊，《集外集》编得太早，他弦绷得太紧。在吴金华的信函中，字频最高的是“忙”。

回顾吴金华的一生，1978 年考取南京师院徐复先生的研究生是他的人生转折点。他在《踏莎行·回南京读研究生》中有句：“不是乔迁，非同鹏徙，更非衣绣还桑梓。恍如山口豁然开，秦人重返桃源里。”这里的“桃源”，似乎是他的想像，但这里绝不是“不知有汉，无论魏晋”的世外桃源，而是进入了新境界，“二十世纪七十年代后期，文化荒芜的时代刚刚结束，在导师徐鸣谦（复）先生指导下，我进入了训诂学、校勘学的研究领域。徐先生说，训诂的重点是解析古书疑义，训诂的生命在于创造发明，即不断发现问题、不断破译难题，将古汉语的研究推向纵深；校勘的目的是扫除文本讹误，浩如烟海的古书积误是永远扫不完的，积累校勘的经验，丰富校勘的方法，这是古籍整理工作中历久弥新的课题。训诂与校勘虽然是两种学问，但这两种学问以及与此相关的各种学问必须结合起来，也就是把古文献整理与古汉语研究结合起来，合之则双美，离之则两伤。在谈到研究方法时，先生说，科研的方式方法多种多样，不应当厚古薄今，也不必喜新厌旧，我们应当充分运用最有效的方法；在攻坚式的学术研究中，只有能够不断发现问题并且能够大规模解决难题的方法才是有效方法”（吴金华《〈古文献整理与古汉语研究〉自序》，江苏古籍出版社 2001 年版）。1995 年调往上海，如雄鹰展翅，飞向更广阔的学术天空，他接收了西方解释学的元素，雄辩地指出：训诂学绝不是像某些目光短浅的人说的钻故纸堆的残阳景象，不能对中国历史文化抱虚无主义的态度，而应当不断进取，不断开拓，像徐复先生所说：“世纪行将更新，不失旧学之精义，勇于前途之开拓，实吾侪当务之急。”他秉承师训，为章（太炎)黄(季刚)之学的理论化、系统化,继往开来,殚精竭虑,一直到他的生命最后一刻。

他1990年出版《三国志校诂》(江苏古籍出版社),到上海以后,1995年修订重印《世说新语考释》(安徽教育出版社);同年出版《古文献研究丛稿》(江苏教育出版社);2000年出版《三国志丛考》(上海古籍出版社);2001年出版《古文献整理与古汉语研究》(江苏古籍出版社);2008年出版《古文献整理与古汉语研究续集》(凤凰出版社)。参加古籍整理与辞书编纂的成果有:2002年全面修订出第二版《〈三国志〉校点本》(岳麓书社);1995年与储道立合作出版《〈吕氏春秋〉注译》(载许嘉璐主编《文白对照诸子集成》〔中册〕,广西教育、广东人民、陕西人民出版社);2002年参与点校《全唐文》(山西教育出版社)。1995年以来发表论文《新世纪之初〈三国志〉校勘问题的思考》等近八十篇。可以看出,在古籍整理领域,他无域不与,从微观到中观,再到宏观,微观是字的结构、来源、笔顺、本义、引申义等等,中观是版本、丛书,宏观是研究方向、学科发展趋势的预测和展望,他都有所体验,有所发现,有所发明。

忙,是他的生活内容的全部。2012年4月8日我给他的信中说:"从您的计划安排看,似乎是过于紧张了。弦绷得太紧,会断的!建议稍缓一些,节奏松弛一些,要把身体健康因素摆在首位。"一周以后,他回信说:"谢谢您关照'弦不可紧',实际上,弟很松,见下《金缕曲·去秋今春连获复旦"优秀博导"奖金,以词志感》(2012年3月初):咄我金陵叟。悦浮生、银球巧击、空钟(空竹,上海叫"铃",南京叫"嗡")妙抖。典籍万千皆束阁,独与史家为友。看不够、白衣苍狗。何况中华(中华书局)《三国志》,但催吾点校难停手。半纵逸,半搔首。　一从前岁衰衰后,断豪情、闭门谢客,戒烟逃酒。六十九年蝴蝶梦,长向徐门(导师徐先生绛帐)奔走。更谁料、人称教授。自笑鸿庠犹特聘,但五三同学杏坛守。剩只剩,谈天口。"

在此期间，复旦大学两位知名的先生走了。一位是章培恒先生（1934—2011），一位是历史系朱维铮先生（1936—2012），吴金华认识这两位先生，都写了悼念文章。可是，泪水化作墨水，墨迹虽在，两位先生年逾七旬的健康教训并未引起吴金华先生的高度重视，在他的生活辞典里，最频繁的一个字，仍然是“忙”，忙啊，忙。

2013 年 5 月 20 日，他发邮件给我，称：“素爱朱彝尊《解珮令》，故不避套用之讥，仿小长芦钓鱼师自题《三国志论集》（最近汇编，即将交稿），调寄《解佩令》：画皮千种，魔云万叠，把人间笑话都听尽。老去雕虫，无非是、神游方外，漫消磨、秃头星鬓。　不卑东学，不卑西学，奏新声、欲谁差近？魏晋风流，最难忘、何郎傅粉。到头来、芟夷有分。”

朱彝尊（1629—1709），清代文学家。字锡鬯，号竹垞，浙江秀水（今嘉兴）人。著有《经义考》、《日下旧闻》、《曝书亭集》等。编有《词综》、《明诗综》等。他编定《曝书亭词集》以后，填了一首词，题曰《解珮令 · 自题词集》，词云：“十年磨剑，五陵结客，把平生、涕泪都飘尽。老去填词，一半是、空中传恨。几曾围、燕钗蝉鬓。　不师秦七（观），不师黄九（庭坚），倚新声、玉田差近。落拓江湖，且分付、歌筵红粉。料封侯、白头无分。”对照阅读吴金华的和作，读罢此信，我又惊又喜，不知说什么好。喜的是他完成了一项重要工程，和小长芦钓鱼师的作品恰到好处，庄谐并存，韵味十足。我等待着《三国志论集》的出版。我惊的是怎么能说“把人间笑话都听尽”呢？怎么能说“神游方外”呢？这是诗谶啊，是不祥之兆啊！朱彝尊活了八十岁，吴金华才七十周岁啊！

果然，6 月 2 日中午接到了噩耗，我惊诧，我泪水直滴，我哽咽，我无言！吴金华走了，他 11 月份刚满七十周岁啊！

我老泪纵横，妻儿劝我不要去上海送别，我只得电话和金华的长子葆勤联系，请他转告吴金华先生的夫人张敏文女士，我只得在秦淮河畔,面东而立,默送英灵远去!

我缅怀金华兄,钦敬金华兄,也为他遗憾!他走得早了一些,如果他步伐稍慢一点,自己珍惜一点健康,自己稍加注意一点,不至于走得这样太匆忙。金华兄走了,匆匆地走了,留给我们的却是无尽的思念。

2013 年 9 月 2 日吴金华逝世三月挥泪书

【附录】

春暖芸窗

——喜读《吴金华集外集选编》

俞润生

在上海,复旦大学特聘教授、博士生导师吴金华先生,从书案上站起来,推开窗户,面对春风杨柳,深深地吸了口气,吟出诗句:"编成〈集外〉情难了,百感交凝一炷香。"——这是我阅读《吴金华集外集选编》后的想像。

此书由何凌霞编,约 35 万字,自费印刷。全书除"编者语"和"附录"外,分两编,上编"鸣谦室学记",收吴先生师从语言学家、南京师大教授徐复先生的学习体会和笔记 16 篇;下编为"企玄室杂稿",散文 12 篇、诗词 11 题、笔记 6 篇、书信 3 则、小说 2 篇。这些作品有别于学术论著,故称之为"集外"。何凌霞在"编者语"说:"如果说学术论著是璎珞庄严、清净自在的世外仙姝,那么日常札记则是荆钗布裙、神清气朗的邻家女子。细读先生的学术论著,我们深深地为先生的澡雪精神所感动,但总觉得与先生似乎隔着很远很远的距离,想亲近也难;而日常札记的出现拉近了我们与先生之间的距离,先生所爱好的、所欣赏的、所憎恶的渐次铺展在眼前,先生思想深处的美随之次第绽放。基于上述认识,我决意将先生学术论著之外的文字汇拢起来,辑录成编,此番想法幸而最终为先生首肯。于是,就有了这部《集外集》。"

我们从集外集中看到了一个学者的生活起居,看到他青鞋布袜;看到他“乒乓怪拍弄长胶,旧稿旧书多远抛,支架拓宽心管漕,赶时髦,一半儿顽童一半儿老”;看到他的喜怒哀乐,他的思想作风和思想境界。他把学术研究、教学和日常生活融为一体,和中国传统文化交融在一起,使我们看到了中国传统知识分子的风采。

作为传统知识分子的金华先生很讲究尊师重道,从“鸣谦室学记”中我们看到他对徐复先生(号鸣谦)的深厚而真挚的感情。鸣谦先生是一代硕儒,2006 年辞世,今年是他 100 年诞辰。南京师范大学文学院为他塑像。3 月 10 日举行纪念会暨塑像揭幕仪式。吴金华先生在会上发言,以尼采名言“人的伟大之处,在于他是一座桥梁而不是一个终点”,强调鸣谦先生的学术地位和学术影响。在《集外集》中他又以相当具体事例重温师训,认识先生的高德和博学,这是金华先生对传统的继承和发展。

金华先生多才多艺,他把对师友、对事物的情感抒之于笔端,这就是我们在《集外集》中看到的散文、小说和诗词。在他的书斋里,我们可以看到他在观看中央电视台播放的《百家讲坛》,可以看到他在听音乐《潇洒走一回》,“天地悠悠,过客匆匆,潮起又潮落。……”可以看到他在读报,对报载邓玉娇事迹,拍案而起,奋笔写下《沁园春 · 赞邓玉娇》词:“面对贪官,面对馋虫,猛捅一刀。……新时代,数红颜烈节,谁比玉娇。”

《企玄室记》是仿欧阳修《醉翁亭记》的一篇小文章,作者的情趣盎然:“若夫早晨而园林旷,夜晚而球室狭,观感之变化者,教寓之朝暮也。……至于古籍乱于橱,新书散于架,荧屏亮,键盘响,电脑嗡嗡,室有人而无人声者,教授忙也……”这是吴金华先生的自画像。最饶有趣味的是他对爱犬的描写:“门铃未断,汪汪震耳,客人来而爱犬乐也。然而爱犬知迎客之乐,而不知客之乐;客知与教授谈而乐,而不知教授之乐其乐也。闲能同其乐,忙能述其文者,教授也。教授谓谁? 金陵吴金华也。”

我读罢《集外集》,掩卷推窗遥望,似与金华先生相对而笑。通过电脑,我把自己的想法告诉他:“攀古及今集外集,字字珠玑笑声稀。先贤传统处处见,新雨旧朋情依依。於戏,释卷推窗春阳熙。”他一定会淡然一笑,拍拍我的肩膀说:“老兄,见笑……”

【作者简介】 俞润生,原南京师范大学《文教资料》副主编,《江苏教育学院学报》(社会科学版)副主编,编审。现已退休。

远逝的友谊

——记与金华交往二三事

李建国

电子信箱显示：

发件人:jhhwww〈jhhwww@126.com〉
发送日期:2013—05—31 10:58:32

我知道,这是金华传来的邮件。再往下看:

主题:把人间笑话都听尽

解佩令 仿小长芦钓鱼师自题《三国志论集》(最近汇编,即将交稿)

月低河汉,云流网络,把人间笑话都听尽。老去雕虫,无非是、神游方外,漫消磨、秃头星鬓。 不卑东学,不卑西学,奏新声、欲谁差近?魏晋风流,最难忘、何郎傅粉。到头来、芟夷有分。

素爱朱彝尊《解佩令》,故不避套用之讥,2013 年 5 月 20 日。

从十天前写就的这首词中不难读出,几经琢磨,毕生心得的结晶《三国志论集》汇编成书,即将付梓,年届古稀的他,心情是愉悦的,但“烈士暮年,壮志未已”,他的心性却丝毫不曾稍减。当时只是觉得词的主题有点儿绝对,人生忽忽,犹如朝露,谁能将人间笑话都听尽？“解佩令”的词牌也有违他的真性情，金华岂是自甘消停、置身方外者乎？原拟稍待宽暇，将我的意思回复于他。不料时隔一日，6 月 2 日的上午，即惊闻他的噩耗！我不敢相信这是真的，发短信给汪少华君求证，回复证实：金华当真地走了，非常突兀且永远地走了！

一　同门情深

算起来，我与金华结交也已三十余年了。我们是同龄人，有着大体相同的经历和际遇。他是南京城里人，我是北方农村汉子，在神州大地空前的饥饿年代求取功名，同一年他入南京师院学习，我进北京师大修业。在梦魇般的“文革”之中，他下放到江苏东海之滨农村进行改造，我则分配到内蒙古边陲工厂接受再教育。上世纪七十年代末，高考恢复，不甘沉沦的我们，又先后考回母校读研，他师从徐复（士复）先生学习文献考据，我师从陆宗达（颖民）先生研究文字训诂。陆、徐二先生同为国学大师黄侃先生的入室弟子，属近代史上的章黄学派，所以我与金华自然就成了同派同门的师兄弟。1981 年 5 月初，由陆、徐等先生发起在武汉成立中国训诂学研究会的时候，我在游学途中列席会议，不记得有无金华参加，但因徐复先生的关系，得知徐门弟子中有吴金华其人。研究生毕业后，金华留校任教，我则中道改行，步入“为人作嫁”的编辑行当，与金华南北远隔，无缘相识。直到有一次在杭州开会，才见到了金华。其时他因研究《三国志》疑难词语成绩卓著，获得青年语言学家奖，已是蜚声学界的后起之秀，但我们似乎心心相印，一见如故。他操着南京口音的普通话，不紧不慢，细声细气，在我听来，略比乃师的常州话好懂多了；说话的时候，圆圆的脸上露出浅浅的小酒窝，带着天然的笑模样和亲和力。此后每有大作，总要赠书予我，我也回赠过他，但无论著作的质量、数量，都不可同日而语：他的书是学问精深的专著，而我的只不过是业余操觚的急就章而已。

1996 年秋，因工作关系，许嘉璐先生辞去中国训诂学研究会的兼职，由我忝列会长。我自知才疏学浅，任重而道远。训诂学会是一个纯学术的群众团体，既无公费拨款支撑，亦无会员收费积存，过往的活动经费，几乎都由会长与秘书处筹措。而我无论学术声望，还是办事才干，与历任会长陆、徐、许三先生相比，不能望其项背。接手后的学会如何开展工作呢？我想，只有秉持"尊贤而容众，嘉善而矜不能"的古训，团结和依靠同道师友一法。记得翌年九华山的理事会上，也是徐门弟子的王继如兄建议像申办奥运会一样，由会员代表所在单位申办年会。这个建议得到与会理事一致赞同，南京师大率先响应，后来的学会活动大抵依此路径而行。也是在此次会议上，金华被选为学会理事兼学术委员。

金华执着于自己心爱的专业研究，且因身体的原故，难得参加学会活动。但他心系学会，不忘尽其所能发展会员，壮大学术队伍。2000 年南师会议期间，曾就学会工作给了我许多建议，比如创办中国训诂学报，由学术委员会专司其事；又如发展会员，着重培养和提携年轻学者，等等。我知道，他这是以"善继人之志，善述人之事"的精神，在极力呵护和支持由自己的师长所创建的学术事业。

二　难忘的竟日游

大约是 2007 年 6 月吧，我到南方开会后途经上海，下榻浦东亲戚家。晚上打电话给金华。我知道他是忙人，电话必由夫人接后再决定是否通知他，所以先自报家门。一听是我的来电，夫人即刻就叫金华。"有朋自远方来，不亦乐乎？"电话里传来掩饰不住的兴奋和喜悦，他毫不犹豫地决定，明午浦东聚首。第二天双休日，他儿子开车，将我们送到浦东一家清静典雅的饭店后就自行其便，我俩也乐得率性畅饮，海阔天空，任情发挥。后来听人说，金华仗义豪情，喜酒能诗，无奈心脏欠佳，医嘱戒酒，平日家人是禁止他喝酒的。这次之所以出来会我，就是想借机与老友饮酒为乐，一吐块垒。这我是知道的，在我们的国度里，经过多年"斗争哲学"的熏陶和磨炼，同单位的人际间，仿佛隔着层不透明的纱，很难掏心吐肺说说真心话，反倒与外单位乃至远隔千里的同道同行，可以畅开心扉，无所顾忌地谈个痛快。从上午十一点到下午两点，我们边饮边聊。金华谈了他的家世，他的学历，他在东海之滨的艰苦生活和独特婚姻，还有他在南师读书、教学生涯中的人和事，以及后来调往复旦的原原本本。特别说到在人生的十字路口上，业师徐复先生是如何教导和引领他步入学术殿堂、专心致志从事教学和科研的，感激之情，溢于言表。他是不枝不蔓，娓娓道来，亲情、爱情、友情，情真意切，说得多，喝得少；我则平心静气，洗耳恭听，偶作回应，说得少，喝得多。不知不觉三个钟头过去了，他意犹未尽，提议再去喝茶。于是打车到离我下榻不远处的茶艺馆，坐下来开始饮茶弈棋。

围棋是一种极能消磨时间的智慧游戏，必须花时间琢磨切磋，日就月将，才能谙其道，增其艺。我接触黑白子还是在内蒙古包钢“接受工人阶级再教育”的时候，来自南北东西各名牌大学的单身“臭老九”们，在工馀的闲暇里，百无聊赖，于是乎在棋盘上摆开阵势，展开激烈的角逐。看着人们攻城掠地、你争我夺、彼此忘情的游戏，一来二去，不由地也试将起来。但入门不久，即觉下棋太费时日，渐渐与之疏离。再后来，各自成家立业，快乐的单身游戏也便慢慢地淡忘了。一晃三十多年过去了，本不高明的棋艺，早已被时间老人消磨殆尽。但为了助兴，便摆子布阵，开始与金华对奕。在我的友人中，师兄孙雍长先生是极好奕棋的，并且极端较真，如遇高手，虽屡战屡败，若不赢一盘是决不善罢甘休的。金华亦喜奕，与他之为学一样，也是极其认真的。一局下来，棋艺的高下已不言自明。我三盘皆输，金华让我两子，仍然败在他手下。时间就在棋盘上的厮杀中悄然流过，天空雷鸣电闪，早已下起瓢泼大雨，而我们却浑然不觉。直到他儿子车到楼下，我们才结束了这次忘情的竟日游。

三 斯人也而有斯疾也

中国是具有五千年农耕文明的国度，中国人世世代代，祖祖辈辈，面对黄土背朝天，靠着辛勤的耕耘，向土地讨生活，一分耕耘一分收获，来不得半点虚假，所以勤劳认真是世代相传的做人的基因。而我们这一代人，除了传统的基因外，从启蒙时期又接受了理想主义的教育，对于事业的认真虔诚近于痴迷犯傻的地步。金华就是这种极端认真的人，下棋如此，做学问如此，为人处世亦复如此。

金华做学问的认真扎实而富有成果，在同辈学人中鲜有其匹。1981 年行将不惑时留校任教，仅用十年时间，即晋升教授。接踵而来的是一系列的荣誉：1992 年享受国务院特殊津贴；1993 年获江苏省有突出贡献的中青年专家称号；1994 年由国家人事部授予有突出贡献的中青年专家称号。支持这些荣誉的，是多部富于创新的学术专著：《三国志校诂》、《世说新语考释》、《古文献研究丛稿》、《三国志丛考》、《古文献整理与古汉语研究》、《三国志论集》等。二十年教学之余出版这些著作，所付出的艰辛，如鱼饮水，只有过来人才体会得到："老去雕虫，无非是、神游方外，漫消磨、秃头星鬓。"今年以来，他着手编订《三国志论集》，常将他的自得之作传我求正，每每头天传来原件，改日又收到他的定稿。所论问题，虽是三国时事，往往广征博引，由晋唐明清，以迄于晚近现今，将历代史家的论述比对贯通，纵横捭阖，从容自如，自立新说，真正是："不卑西，不卑东，奏新声、欲谁差近？"金华称得上是当今少有的甘坐冷板凳的读书种子，是一位难得的为学纯正的专门家。

据我的经验，做学问和做人是不同的。研究学问，尤其是古典文献研究，面对的是死材料，所谓的学问，无非是从死材料中发现新问题，归纳新方法，创发新观点，得出新结论，一句话，是将"死"的做"活"。为人处世则不然，所面对的是变动不居的人和事，要想做好人，必须学会察言观色，知人论世，能将他人“运之掌上”、“入我彀中”，使之心悦诚服，才是做人的真本事。读书人往往以做学问的方式方法待人处事，常常陷入被动。金华为人仗义，疾恶如仇，但有时太过认真，不免偏执。记得有一次，他从邮箱发信，揭露和批评参评论文的某教授极不负责的行为，言辞颇为苛刻，我读后觉得大可不必。孔子曰：“君子之于天下也，无适也，无莫也，义之与比。”在无可无不可时以最适宜的方法求得价值的最佳化，这是中庸的用世智慧，凡事总有恰切的解决办法，一味固执、以己律人、较真而不知权变，必然趋于偏激而于事无补的。

“天命之谓性”，性格决定命运。金华的认真是天性使然。具有这种性格的人，大都求胜心切，永不服人。在争强求胜的反复运作、潜移默化中，精力消耗，生命透支，病魔趁势而入。他长期忘我地超负荷工作，累出心脏病，动过手术，却又轻忽保养。前年我到上海，约请沪上的朋友一起聚聚，金华说好要来的，但临时爽约，又忙他的工作去了。我总觉得，大凡家国天下之事是做不完的，也不是靠一个人去做的，离开谁也都行。学问之道更是如此。人生苦短，又何必汲汲于一时一事而轻弃难得的人生快乐呢？金华自以为活得潇洒，“魏晋风流，最难忘、何郎傅粉”，其实他活得很累很累。

我是不信天人感应的，但世间事冥冥中又似乎真有所谓神灵操控似的。当年黄侃先生五十寿辰时，太炎先生赠联曰：“韦编三绝今知命，黄绢初裁好著书。”黄先生接到这副寿联后，脸上骤然变色，内心很不高兴，以为联文嵌有“绝”“命”“黄”三字大不吉。果然一联成谶，当年9月12日，即因醉酒吐血，与世长辞。我5月31日收读金华的《解佩令》时心有戚戚，活得好好的，何以要“解佩”？你真能放下《三国志》研究的系列性项目颐养天年吗？不然，又说什么“把人间笑话都听尽”呢？不幸一词成谶，金华果真就此“解佩”而息了。孔子曰：“命矣夫！斯人也而有斯疾也！斯人也而有斯疾也！”呜呼，夫子不幸而言中，悲夫！

谨以此文纪念我与金华曾经的渐渐远逝的友谊。

2013 年 12 月 1 日于北京居易斋

【作者简介】 李建国，语文出版社原副总编辑、编审，原中国训诂学研究会会长。现北京师范大学人文宗教高等研究院、西南交大艺术与传播学院兼职教授。

遗容渴想哭秋风

——忆吴金华教授

徐宗文

吴金华教授是我一生中相知最深的人之一。他是我最要好的朋友，更是我最值得尊敬的老师。

想当年他还在南京师范大学做教授的时候，我所在的出版社刚好要出版一部《通鉴大词典》。原稿基本上是一堆丰富的语言史料库，以标准的语言辞书要求，需要做大量的删减、调整、规范工作。这个任务不仅庞大(初稿约有八百万字)，而且在去留之间，还需要真正的学问作支撑，否则，即使"瘦身"了，也难免"手术"失当。我们需要找一位值得信赖的学者来主持这项工作。应该说，南京地区不乏这样的人选，但是找来找去，合适的人选都很忙，更重要的这样一个类似"为他人作嫁衣裳"的编辑工作，一般人是不屑于做的，除非是很要好的朋友才会帮忙，而吴老师正是这样一位愿为朋友两肋插刀的"哥们"。当我找到他的时候，他二话没说就爽快地答应了，这让我喜出望外。其实，他那时还身兼南京师范大学中文系的领导职务，平时工作繁重，放暑假也不能休息。他能答应，不由得我对他拱手作揖，千恩万谢！

那是一个自然条件怎样艰苦的年代？夏天没有空调，南京更是有名的火炉，动一动就要挥汗如雨。我去他家里看他，他正赤裸上身，穿一短鼻裈，聚精会神地伏案改稿。见他如此一副"斯文扫地"的样子，我有些忍俊不禁。他的夫人张老师面显尴尬，他却毫不在意地说："佛印和尚不也一副坦胸露乳的形象吗？苏学士写到文章里也没有觉得不妥呀？文人就一定任何时候都要峨冠博带吗?"你听听,一连三个问号,多么豪爽!多么心安理得!

就是凭着这样一种精神,又过了好几个月,《通鉴大词典》的"手术"终于做完了。他的热诚感动了我,在交稿的那天中午,我执意要招待他。他开始怎么也不愿意,经不住我再三劝说,只好勉强答应。那个年头,所谓招待,就是在基本饭食之外再加一两份大肉和一瓶小酒而已。所谓酒也不过是当时最普通的一种粮食白酒,二两五一小瓶。在我点菜的当儿,他拿起玻璃杯,将酒咕噜噜一气倒入其中,不由分说,又仰起脖子,咕噜噜一干而尽。我起先以为他喝的是白开水,饭前嘛,先倒杯水解解渴。等到我知道是酒,简直有点傻眼了。他见我惊讶的样子,把嘴抹一抹,笑问我:"酒不就这样喝?咪来咪去多没劲?早点喝完去干活。"——他就是这样一位视时间为生命的人。为了我的事情,他耽误了自己许多的正常研究。现在,他只有把时间从饭桌上省下来。

其实,吴教授之所以对我拜托的事如此慷慨相助,除了他的性格有侠士之风外,更多的恐怕还是出于我们之间那一份类似"同学"和地道的"师生"之谊。早在上世纪八十年代初,南京大学受教育部委托,举办了一期训诂学研究班,授课的教师皆为当时全国训诂学界的一时之杰,如南京大学的洪诚教授、南京师范大学的徐复教授、山东大学的殷孟伦、殷焕先教授等,学员则有许嘉璐、王宁、吴金华、薛正兴等二十几人。我当时身为出版社的"小编",因为种种因缘,也申请参加了旁听。整整一个学期,洪诚先生系统地讲授了训诂学(后来此讲稿经薛正兴等人整理由江苏人民出版社正式出版),其他先生也就他们的独门绝活进行了讲座(如徐复教授比较完整地讲授了文字学)。在这期间,我们学员之间必然有交流;而我,由于基本功较差,自然更多的是在交流中向其他学员进一步讨教。由此,我认识了许嘉璐、王宁、吴金华、薛正兴教授等一批学人,也与他们建立了不同程度的联系——这就是所谓的类似"同学"之谊。再后来,教育部出于国家培养古籍整理人才的需要,干脆审批南京师范大学等有关高校开办古文献培训班,而南京师范大学的课程则由徐复、钱小云、吴金华等人作为指导老师系统开设。我因为仍然感到基础薄弱，故再次申请插班听课。整整四年，除了文选等极少数选修课之外（在此之前，我作为责任编辑系统地参与过十三校合作编选的《中国古代文学作品选》的工作，并且至少三次校读过该作品），我几乎每课必到。在这四年中，吴教授和其他几位授课教师成了我的地道老师，我们之间无疑建立了“师生”之谊。有了这样的关系和友情，吴教授就把我的事情视为自己的事情了；而我，则因为这样的原因，也把吴教授当成朋友，更当成先生而倍加敬重了。

众所周知，吴金华教授师承徐复教授，徐复教授为章黄的嫡传门人，由是吴教授的学问渊源深厚。他是当代学界语言文字训诂研究的名家，更是《三国志》研究的专家。正因为如此，复旦大学知名教授章培恒先生将其由南京师范大学聘请至该校古籍研究所工作，在新的岗位上吴教授培养了许多博士、硕士研究生，包括数量不少的外籍学生，将中国的传统文化传播至了海外。在我看来，他的学问与功绩今天学界的大多数人都望尘莫及，未料英年早逝，诚可痛哉！当我从葆勤的电话里突然得知这一噩耗，真如五雷轰顶，悲痛不已，几至泣不成声。一年多来，回想金华先生既往对我的友情与支持，特别是他对学界的贡献与功绩，因成七律一首，以为永久之纪念：

斯人已去邈朦胧，胜事犹存合表崇。
松寿千年逢郢质，章黄九壤识才雄。
旧京问道承宗老，新埠传经播海东。
后嗣而今谁继者？遗容渴想哭秋风。

【作者简介】 徐宗文，江苏教育出版社原编审，已退休。

纪念金华师兄二三事

方向东

9月23日，收到东南大学王华宝教授转来的邮件，内容是复旦大学古籍所为吴金华先生出版逝世一周年纪念文集的稿约，心头为之一震，因为他才离开不久，怎么转眼就一年了，在为师友陆续离去的悲恸思绪中还没有摆脱，又增加了一种莫名的悲伤。台湾南怀瑾先生曾说，人到年龄大了，最好住得离殡仪馆近些，告别方便些。虽是一种调侃，却是人世的事实。思来想去，觉得应该写点什么。

但凡纪念，要么写学术文章，要么写生平追思。写学术文章，金华师兄的学术，如日悬中天，学界熟知，敬仰依旧，若妄加评论，乃是曲隅之议；不如写些交往轶事，加上个人感触，外界少知，终是心曲之表。

1984年，30岁的我，投入徐复、钱玄、张芷三位先生门下，当时金华师兄已经毕业留校任教。41岁的他，大概由于用功之故，头发已经稀少，但行动敏捷，言谈犀利，诙谐机敏，令人钦服。他是徐复先生带硕士生的首届开门弟子，另有苏州大学的王继如和已故的江苏教育学院的朱声琦；第二届有常州工学院的马树杉、江苏教育出版社的钱兴奇、日本花园大学的梁晓虹；这两届都是汉语史研究方向。第三届有北京青年政治学院浦伟忠、苏州大学徐山、南京师范大学周先林和我，我们这一届是古典文献方向，算徐老师门的关门弟子，后来我才知道我们属于“章黄学派”。“章黄学派”重视师门,进入师门是要磕头的,听徐老说,吴金华就是磕过头的,我们后来是先生谦让不要我们磕头的。由于几位先生年事已高,徐老、钱老已过 70 岁,很少给我们上课,我们很多课程都是跟着 83 级古文献本科生一起上的,所以一直称金华师兄为"吴老师"。

当时的我,从偏僻的乡村而来,年不幼却无知,孤陋寡闻,所以硕士复试时徐老问我《四库全书》收了多少书,《四库全书》都没有见过,怎么知道收了多少书。吴老师那时已是饱读诗书,给我们的印象是无所不知,无所不晓,加上他兴趣广泛,酷爱围棋、象棋,很自然成为玩友,曾经在他家下棋下过通宵,他赢了就说"你不行啵",挑起别人斗志;他输了就说"再来再来",于是酣战不止。他的最大特点,就是做任何事情都非常投入,加上天资聪明,所以能做得特别好。在不了解他的人的眼中,他是一位聪明的怪人。

说他怪,就是他的生活很马虎,不讲究什么,有时思维不合常理,有几件事印象非常深刻。记得有一次,我到他家有点事找他,师母张敏文说他到系里去了,一会要回来。他回来后,我们发现他穿的裤子后面开了线,他拍拍屁股笑笑说:"没人讲嘛,没人讲嘛!"我心想,就是别人看见也不会讲呢,当时三人一笑了之。还有一次,我和他参加江苏省自学考试命题,住南大的西苑宾馆。第二天早晨起来,他一只袜子找不到了,房间只有那么大的空间,找来找去怎么也找不到,他说我脚上的袜子是他的,我的袜子跟他脚上穿的一只不一样,后来我发现他脚上穿了一只,手里握了一只,不是都在吗?相视大笑一场。至于丢掉茶杯乱拿茶杯的事,拿围棋子当蚕豆吃的事,已是司空见惯了。直到后来,我才明白了这层道理,《易经》所说的三易,易有三义,其中一义就是简易,简易就是不把生活这些小事放在心上,不必事事讲究。

说他怪,就是后来到复旦,性格似乎变得尖刻了。某高校有位先生去世了,他还讲得厉害;批评中华书局某位先生的古籍整理著作,言辞激烈,让人难以理解;《三国志》重新点校的书稿迟迟不交,让出版社为难。后来通过交谈才知道,讲某位先生的原因是因为那位先生"文革"期间造反把大学的老师打得要死;批评某位先生的理由是因为学界水平日下，水平不高的人却趾高气扬，没有人说话不行；书稿迟迟不交的原因是因为出版社看不起他的朋友不是名校教授；骂学生是恨铁不成钢关爱过至。据说学生很怕他，他会当着我们的面夸学生好，又会当着我们的面把学生批得一无是处，其实他是暗地关心，严格要求，希望他们都好。不了解的人认为怪，知情者却能从中品味出他对学术的执着，对品德的要求，对学风的维护，这正是学人应该具备的刚正不阿、明辨是非的品格。

南师大古文献专业1983年经徐复先生首创，张芷先生当过专业主任，后来由吴老师担任，由于人少事多，大事小事都要过问，学生最受益的是经常请学者讲学，像张舜徽、周秉钧、汤炳正、黄永年等学界元老，都使学生受益良多。直到1995年吴老师去复旦，其专业建设诸如教学体系、培养宗旨的确立，吴老师付出了很多心血，立下了汗马功劳，功不可没，至今仍是萧规曹随，省心省力。当时他任系副主任，要去复旦时，我当时的想法认为他是因为南师有人说他《三国志解诂》是一条一条的，不算学术，系里有领导在大会上宣布要砍掉古汉语课程，有年轻领导要改革等缘故，我内心还产生他对专业不负责任，丢下不管，有负徐老，后来才知道有更复杂的原因，他有不得不离开的苦衷。现在看来，去复旦，对弘扬学术、对培养学生、对传承"章黄学派"，都大有好处。我硕士毕业时，联系的单位是江苏古籍出版社，出版社待遇比高校好，社长薛正兴先生打电话告诉吴老师同意接受我时，我正在吴老师家，我亲耳听见他说方向东不去出版社要留校，竟然问也不问问我的意见，我觉得他太自作主张了，对我起码的尊重都没有。现在看来，是他认为我还能坚守这一块阵地，后来每次见面就老开玩笑说我是好人。

已不记得什么人当面对我说过：吴老师有学者的风范，有商人的精明，有政治家的头脑。在我们心中，更多的是佩服。师兄王继如也这样对我说，吴金华善于开拓进取，不服输，不达目的不罢休；他是狂，我是狷。所谓狂狷，狂者进取，狷者有所不为也。所以从中学开始，他们同学几十年，两人脾气性格不同，处事方式不同，思维方式不同，但没有红过脸，正所谓和而不同，恰好互补。

与吴老师在南师相处的 11 年，我们一起编写《周易辞典》和《古汉语词典》，皆因出版原因而夭折，我们一起爬过泰山，我们一起谈论学问，拉家常，一起喝茶，抽烟，喝酒，印象极深，感觉极好，无形中受到很大的影响，无意中学到很多东西，十分怀念那段时光。1995 年他去复旦后，联系少了，一开始过春节还打打电话问候，后来他似乎隐藏起来了，电话也难找到他，训诂学会议他也几乎不参加，见面的机会很少，转为一种暗地的关心和心中的祝福。记得他来过几次南师，徐复先生 90 寿辰来过，他的学生们为他过 60 岁生日来过，古文献专业成立 20 周年庆典来过，徐复先生诞辰 100 周年庆祝会来过，去年学生为他过 70 岁生日准备来而没有来。听说他也有高血压、糖尿病，烟也不抽了，酒也不喝了，先是在网上下棋，后来喜欢打乒乓球，晕倒过一次，又抖空竹，也晕倒过一次，心脏安了一个支架，去年见面时，他说遗书写好了，下次再晕倒就不行了，我们以为他是开玩笑，因为他喜欢开玩笑，并没有往心里去。到复旦我也只去过两次，参加他的博士答辩。今年 5 月 29 日去复旦，他依旧是那么神气，谈笑风生，穿着一身运动服，走路很快，俨然是一位运动员；我们还像 20 年前那样，抽烟，喝酒，聊天，我觉得他身体没什么问题，我希望他能像我们的老师辈那样健康长寿，出于好奇，我想看看他究竟能活到怎样的高寿，我发现他几乎没有眉毛，心中泛起一丝的疑惑，想再次劝他不要从事打乒乓这样的竞技运动，话到嘴边又回去了，因为我知道他听不进去，因为他说前不久还在中文系比赛拿了冠军。后来到房间与王继如师兄三人聊到十点多钟，他第二天说昨晚回去还打了一局乒乓球。我与继如师兄海谈人生，感叹一些人不能领悟老子的“生之徒十有三，死之徒十有三，动而之死地亦十有三”而过早地离开。第二天中午饭后他坚持要送我们去火车站，因下雨我们坚持劝他回家，没想到竟成永别(写到这里，眼泪夺眶而出而泣)，后成挽联一副：“才高八斗方圆周彻噩耗忽闻士林皆惊愕，学富五车内外洞明音容犹在桃园俱飘零。”

痛哉，吴老师！惜哉，金华师兄！

吴老师的一生，洒脱自如，离开时还是复旦大学特聘教授还没有退休，正值“六一”儿童节，人们曾戏称他“老顽童”。实际上，他是一位坚守“章黄学派”阵地的战士，驰骋学术沙场的勇士，振臂一呼冲锋陷阵的猛士，指挥有方的干将，他的精神，将激励无数后继者勇往直前！

【作者简介】 方向东，南京师范大学文学院教授，博士生导师，文献与信息学系副主任。

永成遗憾的约定

——怀念吴金华老师

张涌泉

吴金华老师是我十分敬仰的学术前辈。早在读硕士生时，就不止一次听郭在贻师介绍过他的学术成就，语气中满是赞许。1986 年，继在贻师和蒋绍愚、李家浩等先生之后，金华老师荣获中国社科院青年语言学家奖。在那百废待兴的年代，这是整个学术圈最为瞩目的一项殊荣。所以金华老师是读书人仰望的明星，我心中也充满了艳羡和崇敬，尽管当时并没有见过他。

1989 年初，在贻师不幸英年早逝，这使我感到无比悲痛，心情非常压抑。于是便打算换个环境。1991 年春夏之交，经鲁国尧先生推举，金华老师知道了这个信息。很快他便跟我联系，让我去南京面谈。那是我第一次踏入美丽的随园，古老的建筑，婆娑的大树，浓浓的学术氛围，那里的一切都让我心动。金华老师陪我参观了校园，又专门请我到附近的餐馆用餐。他介绍了南师大语言学科的基本情况，并谈了他对学科前景的忧虑，热情地邀请我加盟。他还说，如果我不去，他也准备调离。

回到杭州不久，南京师范大学便给我就职的学校发来了“商调函”。不过，当时主政杭州大学的是沈善洪教授，他是一个敢担当有作为的校领导，他坚决地否定了我请调的申请。当时的用人制度还比较死板，一个单位不放就意味着另一单位不能接受。于是我的随园梦便半路夭折了。为此，我只能向金华老师表示深深的歉意。此后不久，金华老师也真的离开了他眷恋的随园，到复旦大学古籍所任教。得知这个消息，在遗憾的同时，我也默默地在心中为金华老师祝福。

2005年,裘锡圭师回到他的母校复旦大学任教,让我协助组建出土文献与古文字研究中心。金华老师这时已在复旦工作多年,对学校的情况比较熟悉,他对中心的工作给予了热心的帮助。他还鼓励和支持他以前的学生施谢捷教授调到中心工作。施谢捷在复旦安顿好以后,裘老师专门让我约请金华老师一家一起聚了一次,以中心的名义表示我们的谢意。

去年10月22日,我应邀参加复旦大学出版社出版的《裘锡圭学术文集》的首发式,会议间隙,再次碰到金华老师。那段时间我正痴迷于"手写纸本文献学"这样一门新的学问,而金华老师对古典文献学和出土文献素有研究,于是便邀请他来年春暖花开的时候到杭州讲学,并到西湖边小住,以便就有关问题从容向他请教。金华老师当时很爽快地答应了。

今年三四月间,西湖水暖,白堤柳枝泛青,桃苞待放,春天已然来到杭城。于是我便给金华老师打电话,询问他何时成行。金华老师告诉我,他承担的点校本二十四史修订本之《三国志》修订工作正在进入扫尾阶段,等到五月底完稿后再定具体时间。六月初,我正打算与金华老师进一步商量杭州之行的细节,突然汪维辉兄给我电话,说吴老师去世了!这真是晴天霹雳!太意外、太突然了!昊天不淑,歼我哲人!如此充满活力的一个学者怎么能说去就去了呢?

心中敬仰的老师猝然辞世,理当去送最后一程。可那几天我身体欠佳,行走不便,只能遥对北天,在心中表示我深深的哀悼了。但不管什么理由,我仍为自己未能参加告别仪式而深感自责。10月26日晚上,借去上海参加第二届思勉原创奖学术研讨会的机会,我去看望了吴师母张敏文女士,并邀请她在方便的时候到杭州小住。我知道金华老师太忙,他没有时间到杭州来,我们原来的约定已成为永远的遗憾。金华老师去了远方的天堂,他太累了,他需要有一段长长的假期。

金华老师,您好好休息吧!

【作者简介】 张涌泉,浙江省特级专家,中国文字学会副会长、中国敦煌吐鲁番学会副会长、浙江省语言学会会长。

忆吴金华先生

方一新

一

知道吴金华老师的大名，大约是在三十多年前。1982 年夏天，我从杭州大学中文系本科毕业后，考取了本校汉语史专业的硕士生，师从祝鸿熹先生，并于当年秋季入学。读硕期间，就在《南京师范学院学报》、《中国语文》等刊物上拜读过吴老师的论文。吴老师文章中对“加诬”、“卒暴”等词的考释，翔实可信，纠正了时贤的误释，令人佩服。郭在贻老师在给我们上训诂学、《说文》研究等课程时，也时而会举吴老师考释《三国志》词语的例子，推崇备至。

初次与吴老师见面，是在留校工作以后。1985 年暑假，我和云路硕士毕业，我留在中文系，云路留在古籍研究所。两年后，1987 年 5 月，中国训诂学研究会在富阳召开学术年会，蜚声学界的几位先生——北京大学周祖谟先生、湖南师大周秉钧先生，以及本校蒋礼鸿先生、郭在贻老师等，都躬临盛会，真可谓群贤毕至了。吴金华老师也参加了这次会议。记得当时我去吴老师的房间见面，初次见到仰慕已久的吴老师，难免有些拘谨。没说几句话，吴老师就提起我对《世说新语》几条词语的校释（发表在《温州师范学院学报》1986 年第 3 期上），给予谬奖。一下子，就拉近了我们之间的距离，紧张的心情马上就松弛下来了。

从这以后，就一直与吴老师保持着学术及工作上的联系，这么多年，从未中断。

吴金华老师在学术上是前辈、老师，而在日常相处时，则是一位宽厚长者，对后学晚辈格外关照、提携，不遗余力。写这篇小文时，几件小事，几个场景，都涌上心头。

1995 年，全国高校古委会在杭州召开系列教材“古典文献专业基础教材”（全国高校古委会规划、设计，裘锡圭、杨忠两位先生主编）编委会，审议、确定这套教材的编写者。“训诂学”这门课，吴老师在南京师范大学开过多次，原已整理、准备了书稿提纲和课程讲义提供给会议，本是最合适的承担者；但当得知我也申报时，就马上推荐、提议由我承担。会议结束时，吴老师专门找我谈，说明原委，还慷慨地把讲稿提供给我参考，体现了对后进的提携和厚爱，令人感铭不已。

我和云路带的博士生多为历史词汇、训诂考释方面的，常请吴老师评阅他们的学位论文，多有烦劳。吴老师对年轻人的学位论文以褒奖为主，少有直截了当的批评。从本世纪初以来，浙大人文学院就改为双向匿名评审，尽管如此，但只要看到“评阅人认为……”这样的文字，以及熟悉的字体，就知道一定出自吴老师的手笔。在奖掖后学方面，吴老师像极了乃师徐复先生，甚至连“评阅人认为……”这样的话语，师徒二人也如出一辙，老师对弟子的影响是多方面的，此为一例。

我带的第一位博士生史光辉的博士论文答辩，就是请吴金华老师担任答辩委员会主席，来杭州主持答辩的。同场答辩的还有黄金贵老师的博士生阎艳。对史光辉的学位论文《东汉佛经词汇研究》，吴老师及答辩委员会各位先生给予了较高评价，认为选题切当，考证详密，是一篇较见功力的博士论文。我和史光辉都很感谢吴老师及几位先生的指点、鼓励。

多年前的一个夜晚，我接到了吴金华老师的电话，说他正在陪一位即将调离上海的朋友吃饭、喝酒。原来，那位老师因人事关系方面的原因，要调离上海一所高校，吴老师想把他引进到复旦，但未能成功；推荐给我们，也因故未能如愿。朋友将要离开，吴老师设宴饯行。电话中明显感到吴老师喝醉了，絮絮叨叨，辞不达意，其重情谊、惜才俊的古道热肠,令人记忆犹新。

圈内人都知道:吴老师是性情中人,爱憎分明。

去年5月下旬,我收到了吴老师发来的邮件——对某位高校教授的评阅意见非常不满:

> 说×××论文"须作重大修改"的"盲审专家""是个'错别字专家',短短的《评议书》竟然出现5处'须作重大修改'(见下面5句)的内容",如把"框架"说成"架框";把"总共"说成"政共";把"尽管"错成"仅管";把"本传"误成"本列",指出这样的"专家"连小学生的水平都没达到,"我们强烈要求:退回重写!"

这就是认真、执着的吴老师!对是对,错是错,直抒胸臆,毫不含糊,眼里容不得沙子。

二

吴金华老师原来在南京师范大学中文系工作,南师大与浙江大学(原杭州大学)从事语言学研究的学者有着传统友谊,前辈学者言传身教,作了很好的示范。

早在上世纪六七十年代,原杭州大学的蒋礼鸿先生与南师大的徐复先生,就是很好的朋友,时有切磋、探讨,情谊很深。蒋先生《敦煌变文字义通释》、《义府续貂》,都是徐复先生作的"序"。《诗经》上说"嘤其鸣矣,求其友声",蒋、徐两位先生,就是这样互相推崇、欣赏的好友。

作为徐复先生高足的吴金华老师,秉承了师辈的传统与风范,继续与浙大同行保持了密切的联系。吴老师与年龄相近的郭在贻老师,时有联系。

正因为有这样的传承与友谊,我明显体会到,吴金华老师对我们学校有着深厚的情谊和特别的关怀,对我和云路等晚学也十分厚爱，通过几件事情可见一斑。

2001 年 9 月 24—28 日，由汉语史研究中心主办的"第二届中古汉语国际学术研讨会"在杭州召开。吴金华老师应邀参会，并作大会报告。会议期间举行了《蒋礼鸿集》首发式，吴金华老师讲话时深情地回忆了蒋礼鸿先生在治学方面的引导与帮助。吴老师说，当年从徐复先生读研时，徐先生对好友蒋礼鸿先生的学问人品极为赞赏。吴老师曾应徐复先生之嘱，为《敦煌变文字义通释》写了一篇书评，蒋先生记在心上，数次提起。吴老师后来专程来杭拜访蒋先生，当面向蒋先生请益；蒋先生一句"话不要说死"的教诲给他留下了很深的印象。吴老师说，这句话看似平常，其实它概括了做学问的一种境界——学问是没有止境的。随着研究的深入，新材料的发现，原有的结论会不断得到修正。

我们汉语史研究中心是 1999 年成立的，并于次年入选教育部人文社科重点研究基地。根据重点基地建设的规定，2000 年 2 月，汉语史研究中心首届学术委员会成立，著名语言学家蒋绍愚先生担任学术委员会主任，鲁国尧、项楚、江蓝生、吴金华等先生受聘担任学术委员会委员。记得当时授聘仪式在西溪校区的邵科馆举行，由校党委副书记郑造桓主持，副校长胡建淼为各位先生颁发聘书，佩戴校徽。授聘仪式隆重而热烈。

作为中心首届学术委员和多年的老朋友、师长，吴老师参加了中心主办的历年会议，审议十五、十一五规划以及每年两个重大项目选题，为我们中心的建设发展出谋划策，给予了热情帮助和指导。师母张敏文老师是吴老师的贤内助，多年来琴瑟相和、默默奉献。中心每次会议，我们也都会请吴老师和师母一起参加，以方便照顾。

三

平时，我们与吴老师的联系不是很多，因为知道他忙，没有事不轻易打扰。我和吴老师主要通过电邮联系。吴老师出版大著后，总会惠赠给我和云路，我们有论著出版，也会寄给吴老师请正。

我撰写有关“护前”一词的考释文章，也曾经征求过吴老师的意见。

尽管与吴老师的联系不是那么密切，但事实上，我是在拜读、学习吴金华老师的著作过程中逐渐成长起来的。在研读吴老师著作以及与吴老师的接触中，我学到了很多。

首先，是吴老师对学术精益求精，不断完善的治学精神。

要提到吴老师的研究领域，就不能不提《〈三国志〉校诂》及相关的系列论文。

吴金华老师的《三国志》语言词汇研究独步学界，享誉海内外。上世纪八十年代初，就以系列论文的形式，发表了多篇有关《三国志》词语考释方面的成果。如《〈三国志〉解诂》(《南京师范学院学报》，1981.3)、《〈三国志〉考释》(《南京师范学院学报》，1983.5)、《〈三国志〉拾诂》(《南京师范学院学报》，1985.3)等。作者后在此基础上出版了《〈三国志〉校诂》(江苏古籍出版社，1990)一书，为这方面的研究作了小结。《校诂》按照《三国志》原书的卷次逐卷校诂，侧重于校正文字讹误、考证疑点难点、抉发魏晋口语等，颇多创获。凡所校、释，大都能细心分析，详举证据，令人折服。

平时与吴老师见面不多，印象中，吴老师并不经常外出开会。倒是我们中心开的历年会议，吴老师都会在百忙中莅临指导。每次与吴老师见面，闲聊之余，吴老师总会谈起他的研究计划和打算，基本上“三句不离本行——《三国志》”。吴老师对《三国志》的研究，历久弥新。诸如《三国志》点校、《三国志校注》、《三国志词典》等几大工程，都正在(或筹划着)做，生命不息，探索不止，使人肃然起敬。例如，早年吴老师在岳麓书社出版了《三国志》点校本，这是一部他花费大量时间精力整理的新校本，可惜因为排校等原因，错误不少。吴老师对此很不满意，数次说起，决意重做。[①]

其次，是吴老师触类旁通的研究方法和领域。

---

① 近年来，中华书局组织专家学者重新修订二十四史点校本，吴金华老师是《三国志》的当然人选。据说已经完成初稿。可惜未及最终完成、见书，吴老师就遽然去世，令人扼腕。

我与吴老师结缘的另一原因，就是《世说新语》了。

吴老师博学、扎实，涉猎甚广。除了《三国志》外，还涉及《世说新语》等中古名著。

对《世说新语》一书，我与吴老师有共同的爱好。我的博士论文就是《〈世说新语〉语词研究》。而吴老师在上世纪90年代中期，推出了《〈世说新语〉考释》(安徽教育出版社，1994年初版，1995年修订)一书。

吴老师《〈世说新语〉考释》按《世说》次第逐条疏证，对疑难词语进行了校订、考释，凡考释《世说》词语170条，21万字。在考释新词新义、校正衍脱讹阙、发明典物制度等方面均取得了很高的成就，令人瞩目。①

这里举两条有关《世说新语》的词语考释的例子，以见一斑。

《世说新语·栖逸》八："南阳刘驎之，高率善史传，隐于阳岐。"南朝梁刘孝标注引晋邓粲《晋纪》："居阳岐，去道斥近，人士往来，必投其家。"吴老师《考释》称：

> "斥"字费解。"斥"有远义、废弃义、充满义等等，均与本文不合。今疑"斥"当作"仄"，形近之误。"仄"是"侧"的古字(参见《汉书》卷七八颜师古注)。这可以从两个方面得到旁证：
>
> 居于阳岐，在官道之侧，人物往来，莫不投之。驎之躬自供给。士君子颇以劳累，更惮过焉。(《晋书》卷九四《隐逸·刘驎之传》)
>
> 换言之，"在官道之侧"就是"去道侧近"。这是参证之一。
>
> 孔宣父祠庙，本州取侧近三十户以供洒扫。(《旧唐书》卷七《睿宗本纪》)
>
> "侧近"犹言附近、邻近，这个同义复词虽然出自唐代文

---

① 参看拙撰《读〈世说新语考释〉》，《古籍整理研究学刊》1997年第2期。

献,但它在汉语史上必然前有所承。这是参证之二。”(173页)

很巧,我的博士论文《〈世说新语〉语词研究》(杭州大学,1989),当时也有“仄近”一条,释为附近,靠近。该条先举《栖逸》八注:“邓粲《晋纪》曰:‘居阳岐,去道斥近,人士往来,必投其家。’”然后考云:“‘斥近’一语费解,诸家无说。唯《辞源》‘斥’字下收有‘斥近’一条,举本例,释为‘贴近’。按:考‘斥’字众义,无一可训为‘近’、‘贴近’者;《辞源》盖随文生训耳,羌无实据。斥,疑为‘仄’字之形误。”下举北魏墓志、汉碑“斥”“仄”二字字形相近之例。(2—17页)

也就是说,在判断“斥近”应作“仄近”,“斥”为“仄”的“形误”这一点上,与吴老师“所见略同”。

当然,与吴老师也有不同。吴老师认为:“‘仄’是‘侧’的古字。”而愚见则认为:“仄”读为“侧”,举《尔雅·释水》:“穴出,仄出也。”《经典释文》:“仄,本亦作侧。”《汉书·夫躬传》:“躬既亲近,数进见言事,论议无所避。众畏其口,见之仄目。”颜师古注:“仄,古侧字也。”

“侧近”为魏晋以来习语。如《三国志·魏书·夏侯玄传》:“天台县远,众所绝意。所得至者,更在侧近,孰不修饰以要所求?”《晋诗》卷19《清商曲辞·青溪小姑曲》:“开门白水,侧近桥梁;小姑所居,独处无郎。”(《〈世说新语〉语词研究》2—17页)

又《排调》二六“谢公在东山”条:“(谢公)后出为桓宣武司马,将发新亭,朝士咸出瞻送。”对“瞻送”一词,吴老师的结论与我不同。

我在博士论文中,认为是应该作“赡送”(1989),略云:“‘瞻’盖‘赡’字之借,‘瞻送’即‘赡送’。古人送别,往往为出行者设宴饯行,称为‘祖’或‘祖道’……‘赡送’与‘祖’同义。”(同上2—136页)

而吴老师则认为原文不误,“瞻送”一词渊源甚早。《考释》称:

"瞻送",送别。这也是晋宋之语,但辞书迄未收录。又如:

及丧下江陵,士女老幼皆临江瞻送,号哭尽哀。(《晋书》卷七四《桓冲传》)

庐陵内史周朗以正言得罪,锁付宁州,亲戚故人无敢瞻送。(《宋书》卷五七《蔡兴宗传》)

旧本《宋书》原作"赡送",中华书局标点本校改为"瞻送",可从。

六朝文人创用新词,大抵多有典故可据。郊原送别谓之"瞻送",渊源很古:

燕燕于飞,差池其羽。之子于归,远送于野。瞻望弗及,泣涕如雨。(《诗经》卷二《邶风·燕燕》)

……其中"远送"和"瞻望",在咏唱中反复出现;"瞻送"连文,显然取义于此。(204 页)

显然,与拙文"改字说"相比,吴老师找到了该词的来源出处,无疑是正确的。纠正了拙文的疏漏。

我在拜读吴老师《〈世说新语〉考释》之余,也对个别条目提了一点意见,对此吴老师在 1995 年第 2 次印刷本"重印后记"中,也不忘提到一笔,"在这里,特向函示宝贵意见的徐复先生、项楚先生、李锄先生、方一新先生、阚绪良先生等表示衷心的感谢"。不隐匿他人劳动的情怀跃然纸上。

第三,是对学问认真、执着,一丝不苟。

记得 2008 年暑假快结束时的一天,8 月 26 日下午,我们中心与古籍所一起请吴老师来作过一场学术报告。

吴老师以中华书局 2001 年出版的《日藏弘仁本文馆词林校证》(下称《校证》)为例,就古籍整理的方法及原则问题作了讲演。

吴老师认为:从事古籍整理与研究,应该遵循相应的原则和方法,《校证》问题很多,大多与未能遵循这些原则和方法有关。

例如,不要轻下断语。吴老师指出,作《校证》者,不仔细检读

《词林》以外的文献，常说《词林》的内容在其他文献“无收”、“无载”，掩盖了文献真相，对从事古文献整理与研究的青年学者十分不利。

吴老师指出的这一点非常重要，恰好说明了“功夫在诗外”。整理一部古籍，不能只看这部古籍，而要触类旁通、举一反三，连带阅读、研究相关典籍。吴老师对《三国志》、《世说新语》的研究，就是如此，作了很好的示范。

又如，要尊重古写本，不可随意改字。吴老师指出，整理者在过录时不够仔细，覆校时粗枝大叶，时见该校的未校，不该改的改了。季忠平撰《〈文馆词林〉韵文的校点问题》一文，从“改错”、“补阙”、“正倒文”等方面列举了 9 例，就是例子。

吴老师论述了古籍整理的一个重要原则——尊重古本，不轻易改字。也就是说，在证据不充分，可改可不改的情况下，应该谨慎从事；可采取出校记的方式罗列异文，写出疑问，但不轻改原文。

再如，注重实证，避免臆断。吴老师指出，考校文献的时代也好，指出或订正文字讹误也好，都不能不提供本证或旁证。不提供证据就改动古书（所谓“以意改”），这不是严肃的古籍整理者应有的态度。

吴老师的意见很正确，也很重要。实事求是、无征不信，这是乾嘉学者的治学态度，到今天仍未过时。从事古籍整理与研究，就应该坚持有一分证据，说一分话；不作主观臆测，不为无根之谈。

以上对吴金华老师的片断回忆，拉杂写来，思绪时断时续，尽管如此，但在写作过程中，吴老师的音容笑貌、言行举止时时浮现在脑海里，不能自已。现在，吴老师驾鹤远行已经半年多了，但他为学界留下的煌煌著作和治学精神，将会长存人间。

二〇一四年元月于杭州闲林白云深处

【作者简介】 方一新，浙江大学人文学院教授，博士生导师，浙江大学汉语史研究中心主任。

三年共事的珍贵记念

刘晓南

当代中国著名语言学家、文献学家吴金华先生是我敬重和景仰的前辈学者。虽然早已认识，但称得上密切接触并亲炙教诲，还只能算几年前我从南大调入复旦工作至今的这段时间。我的这一次、应当说也是最后一次异地的工作调动，金华先生是大力引荐者之一。金华先生积极向古籍所相关领导介绍情况，表达引进意愿，取得所长章培恒先生的同意和支持后，他亲自撰写《推荐书》，向学校举荐，躬亲运作。正是在他大力引荐及相关人员的帮助下，我才得以顺利办妥调动手续；也正是承蒙章先生和金华先生不弃，我才得以进入复旦古籍所，有幸成为金华先生领导的学术团队中一员，有机会在他的领导下进行教学与学术研究。他的举荐与提携，高情盛意，铭感难忘。但每当我向他表示感谢之时，他却总是淡然地说，这是学科建设的需要。

从 2010 年 6 月我到复旦报到，直到金华先生离开我们，仅三年时间。短短三年工作上朝夕相处，学术上请益受教，凡是有不明白的地方，每向他请教，无不得到有益的教诲与合适的意见。由此深深感到金华先生不但是学富五车的老师宿儒，更是一位与人为善的君子长者。他渊博的学识和求实创新的学术精神，诚以待人处事方式，无一不是我学习与效法的楷模。

三年间，我们在工作之中互动频繁，尤其是研究生的培养方面。他吸纳我进入他的导师小组，具体参与博硕生毕业论文指导的开题、中期评讲到论文定稿成型的全程工作。从 2010 年到

2013年,我有机会协助他指导了三届硕博士生的毕业论文写作与答辩,共有5名博士生和3名硕士生以优异的成绩毕业,他们都在核心期刊公开发表了有影响的学术论文,并且其中一名获得校级优秀博士论文奖励,都成功地在重要文化事业单位如上海教育出版社和重点大学如苏州大学获取任职。学生们取得优异的成绩之中,无不浸透着金华先生的辛劳与汗水,充满着他的关怀与挚爱。他就像一位辛勤的园丁,浇灌着这些祖国文化学术园地未来的花朵,为传承和创新中国传统文化默默地奉献。

金华先生指导学生读书与科研,宗旨明确,方法科学,不但学生终身获益,我也从中得到巨大的教益与启发。打开我的电脑,还能找到多篇由他或他通过学生转发过来的指导学习和论文写作的帖子,内容涵盖学习目的、态度、学术视野、学习与科研的方法等等为人为学的方方面面,透过它们可看出金华先生在汉语史研究生教育方面的独特思考和成功实践,包含了许多新颖有益的构想,对于我们学科今后的工作仍然很有指导价值。因而略作删订整理,统一其体例,归类编辑,增加小标题并适当附上按语,以飨诸位同仁,同时也凭借这一组珍贵的资料,寄托我对金华先生的记念。

一 宗旨、态度、目的

原帖1:"创新、求实"、"德业并修"、"与人为善,与文为亲"。

本单位自1997年招收"汉语言文字学"博士生以来,前后已六届。指导教师期望研究生"德、业并修,三年丰收"。

本单位的教学与研究一向提倡创新、求实的精神。师生之间教学相长,勤奋治学、不尚空谈。研究生的教育,注重提高思想素质和业务素质,注重培养严谨的学风和独立从事科研工作的能力。我们要"读古代书,做现代人"。要遵纪守法、敬业、乐业,学风正派。要形成思想上要求进步、业务上刻苦钻研的良好风气。

我们必须不断增强实力,用高水平的学术成果说话,并严格遵守学术规范,不掠美,不攻讦。导师支持同学积极参加本校、本单位所提倡的各种有益活动。乐意扶助作风正派、专心治学、各科成绩优秀、科研成果丰富的同学。对认真撰写并达到发表水平的学术论著,任何时候都乐意审阅或推荐。在导师看来,同学的论文一旦在权威刊物或核心刊物上发表出来,那就是尊师重教的最珍贵礼品。导师提倡"与人为善"、"与文为亲"——前者指一个同学只要作风正派、专心治学、尽力而为,导师将根据实际情况尽可能地给予支持,绝不对同学提出超越其基础和能力的要求;后者指同学的科研成果(指达到发表水平的学术论文)是对祖国、对社会、对学校的回报与奉献,是先进思想、良好作风、奋斗精神的折射,是专业水平高、科研能力强的真正显示;凡属与此二者无关的事情,导师实在没有足够的时间与精力加以关注。

南按:本帖节选自金华先生在某次"迎新"会上对入学新生的讲话。该讲话后来形成文字,作为指导性的意见,发给本专业的全体师生。来帖在某些文字上作了加注红色以及加粗的处理。这些特殊处理过的文字是"创新、求实","导师支持同学积极参加本校、本单位所提倡的各种有益活动。乐意扶助作风正派、专心治学、各科成绩优秀、科研成果丰富的同学。""与人为善"、"与文为亲"。在"凡属与此二者无关的事情,导师实在没有足够的时间与精力加以关注。"句下不但加红色,而且特地将该句加粗,所谓"二者",一是指作风正派、专心治学的同学,二是指同学达到发表水平的科研成果,导师都将给予尽可能的支持,特别表明与此二者无关的事则导师没有时间关注。

原帖 2:做学问的格言 2 则

知"言"而不能"行",谓之"疾";此疾虽有天医,莫能治也。

——仲长统《昌言》

(知道"这么说,是对的",却不能"付诸实际行动",这叫做"有病";这种只懂得"说"而不肯"做"的"懒病",即使有"天医"来到你面前,也无法治疗。)

不学无术在任何时候,对任何人,都无所帮助,也不会带来利益。

——马克思

南按:这是由当时在读博士生于 2011 年 11 月 13 日转发学科师生的帖子,取中外名人语录 2 则,批评懒惰平庸,言而不行的不良学风,鼓励学生知言而能行,为学而至善。括号内的话是原帖附著的解语。

原帖 3:一心治学,最大的投入,心不旁骛,扎实地产出

希望每个学生在确保体魄健全的同时,在学习上全力以赴,写好各阶段的小型成果,写出高质量的学位论文。导师认为,写文章的目的,是为了解决现实中必须解决的理论问题或实践问题,决不能为了有点文章而杂抄乱凑。写作速度慢不要紧,要紧的是尽力而为,确保质量。决不能慌不择路,幻想有什么科研捷径或方便之门。文章写不多不要紧,要紧的是求新、求精。

导师希望研究生早出有质量的成果。从事汉语史研究的青年学者如果能够不受虚夸浮躁之风的影响,如果能够下笨功夫完成科研上那些无法回避的琐碎繁难的工作,一两年内肯定大有收获。作为研究生,只有将聪明才智花在本专业的科研上,才有可能早出科研成果。最忌讳的事情,莫大于心不静、思不专、学习上怕艰苦、科研上走邪路。最不好的状态,无

非是思而不学、浅尝辄止,把大量的时间和精力投入到私生活的小圈子或没有什么积极意义的社交活动上。最不受欢迎的思想状态,莫大于混毕业、混学位、贪小利而忘大局。最糟糕的事情,莫大于企图写自欺欺人的文章,甚至因饥不择食而剽窃他人成果。学术研究投入不足或无心投入的各种表现,做学问不肯踏踏实实的浮夸行为,无论用什么理由,在本单位都无法得到师、友的支持。

南按:在这里吴先生进一步强调要有苦干、实干的精神,下笨功夫的学习态度,用自己最大的投入,完成学习任务。强调要舍得大投入,对那些不好的学风或表现,使用了三个"最",鲜明地表达了对学风与作风的要求,明确地表示:学术研究投入不足或无心投入,做学问不肯踏踏实实的浮夸行为,无论用什么理由,在本单位都无法得到师、友的支持。此与前帖都针对某些不端正的学习目的与不良学风的作为,提出"导师实在没有时间和精力关注""本单位师友无法支持",虽然用语不无委婉,但杜绝不端、旗帜鲜明,要求树立正确的学习目的,摒弃不良学风的意志坚如钢铁,其气势不由使我联想起黄埔军校的门联,铿锵之声甚有异曲同工之处。

二　学风、视野、基础

原帖4:眼高,取法乎上;手低,精熟文献

在全球化背景下,我们必须开阔视野,确定自己在学术领域的立足点。首先有必要了解这样一点:"眼高手低"在学术研究中本属正常现象,要做到"眼高于顶,笔大如椽",其先决条件就是"眼高",也就是能够充分了解学术前沿的情况。当然,我们还应当注意到:立足点必须有厚实的基础,它是衍生学术成果的温床。这就要求我们不断地精读、熟读某些跟打基础有关的古代文献,特别是原典性的文献,藉以创建或强化自己的学术基地。很难设想,连一部古书都不熟悉的人却能在古汉语或古文献研究方面能写出有质量的论著。没有扎实的学术基地,就如同散兵游勇,难以进行攻坚之战。

南按:这里对“眼高手低”作了全新的诠说。“眼高”就是要志存高远,取法乎上,研习并熟习文献典籍,全面了解研究动态,掌握最新研究进展。“手低”可以理解为从“低级”做起,千里之行始于足下,这个“低”就是指基础,要充分打好基础,从基础作起,从基础文献读起,扎扎实实地进行科学研究。眼高才可以有远见,手低才可以有扎实基础。

关于如何打基础,哪些是基础文献?他让某博士生于2012年5月16日转发一帖文《徐复先生谈“八字铭”与“二十五书”》,用徐复先生的话回答了这个问题。该帖文前加“【吴金华笔记】”一段文字,说明本帖原委:

> 在徐老身边学习、工作期间,也就是自1978年10月到1995年4月,我多次听到徐老谈“八字铭”与“二十五书”,每次都有一点笔记。笔记中内容比较详细的,是徐老78岁那年在母校古文献专业师生座谈上的讲话,记录的日期是1989年9月18日。讲话的内容原有三部分:一是《古文献专业工作的回顾》,二是《我的老师的八字铭》,三是《做中国学问必读的基本书25部》。下面是二、三两部分。

“笔记”告诉读者,本帖是徐老谈话的记录中的第二、三部分。第二部分的标题“老师的八字铭”,第三部分的标题“必读的二十五部根柢书”。所谓“老师的八字铭”,就是徐老的老师黄季刚先生讲的,“在大学当老师的人,要讲究八个字:‘刻苦为人,殷勤传学。’”所谓“必读的二十五部根柢书”,徐老说:“这也是我的老师黄先生讲的。章太炎讲‘二十书’。章太炎跟孙中山、黄兴三人,是‘中华民国’的三位开国元勋。章太炎跟孙中山、黄兴这两个革命家不同的地方,就是,他不仅是革命家,又是国学大师。章太炎讲过'青年必读二十书'。黄先生在老师的基础上,增加到'二十五书'。"接着,徐老逐一讲了哪二十五部书,即十三经,外加经史子集四部12部典籍:1.《大戴礼记》2.《国语》以上经部3.《史记》4.《汉书》5.《资治通鉴》6.《通典》以上史部7.《庄子》8.《荀子》以上子部9.《文选》10.《文心雕龙》以上集部11.《广韵》12.《说文解字》以上小学。合计二十五书。对各书的特点也有论述,如:讲到十三经中的《周易》、《尚书》、《诗经》则说,《周易》是我国第一部哲学书,《尚书》是我国最早的史书,《诗经》是我国第一部文学作品总集,"《易》、《书》、《诗》,是文史哲的源头。"又如,说到《孝经》,徐老说:"这恐怕是在座年轻人不怎么熟悉的。'孝'不是糟粕。前一段时期社会上取消'孝'是不正常的。从天子到普通的老百姓,都没有'孝心',国家就不容易搞好。"《孝经》应当读。

这个帖子中,吴先生将笔记中三段话加上"徐复先生语录"的标识被特别提出置于帖首并加粗:

一、"学问做不好的主要原因,就是心静不下来。"

二、"现在有'统计学'。如果统计一下,恐怕古文献学界引用最多的书,基本是跑不出这二十五部。"

三、"所谓'万物之灵',靠的是什么?靠的是能够有所发明,能够有所创新。"

原帖5:专题与前沿

进入网络时代的"汉语言文字学"研究,必须围绕某个专题,充分了解本研究领域的历史和现状,使研究的出发点处于前沿位置。很难设想,一个不关心校内外学术活动、不关心校内外图书馆、对新旧杂志不感兴趣、怕花时间追踪学术信息的年轻学人,会有广阔的视野和深入的思考。少作空想多读书,少说空话多动笔,苦干实干,不忮不求,是思想进步、学业有成的先决条件。

南按:指出在汉语史的研究中,除了基础书、经典书系统阅读非常重要之外,既然是研究生,还得要对自己研究的专题作充分的了解,全面了解并把握研究专题,才能确保自己的研究处于前沿位置。

原帖6:了解新成果,吸收新理论,虚心问学,充实自身

1. 希望大家充分注意本专业的有关成果,例如前几年毕业的蔡××,他已经用"认知语言学"的理论研究中古语言,书已出版,我曾经为此书作了小序。你们在学习"认知语言学"理论的过程中,如果有疑问,是不是可以发邮件向蔡××等等用心请教?沈×在论文写作过程中,就多次向以前毕业的萧×同学请教,所以,她在"俗字"研究方面进步很快。我虽然老了,在文字学方面仍然经常向"学生辈"施老师(古文字中心的教授,是我的后辈)等等请教,你们能不能也向师兄弟多多请教?

2. 我过去读研究生时,凡是"书上"(或"教材上")的内容,都是自学,学不懂,就请教同学。因为当时我的导师徐先生已经快70岁了,我实在不忍心请他给我补"中学生"、"大学生"的课程,所以就到处请教年轻的教师和同学,我的体会是,只要肯花时间,只要反复读,"书上"(或"教材上")的内容总是能搞明白的,因为我毕竟是"研究生",对于研究生来说,如果中文写的专业书看不懂,那是必须自己想办法跨过阅读这一关的。

3. 蔡××、王××、何××博士,读了3年,姚×读了2年半,他们读认知语言学的书,似乎能懂,那么是否向他们请教一下:"你们自己阅读时,有什么诀窍?"我猜想,那诀窍,可能就是苦苦钻研,不怕花时间。在时间就是金钱的今天,在休闲就是快乐的今天,苦苦钻研这一点不容易做到啊。

南按:这里在 2011 年 1 月 4 日发学科师生的“关于认知语言学的理论学习给研究生的贴”,编辑时仅将原帖涉及的学生名字隐去,其他一依原样。当时吴先生有针对性地大力提倡学习新知识,研读新理论,试行新方法,扩大知识视野。西方认知语言学作为一种新的理论引入不久,他具体提出要求,在读诸生需研修认知语言学。为了帮助同学更有效地了解认知语言学的理论,他甚至在与单位领导沟通、取得支持后,特邀相关专家为本专业师生作出系列讲座。来帖以自己以及某些取得成功同学的经历反复告诫学生,要不断地扩大学术视野,吸收新的思维与理论、方法,为我所用。当然,这需投入时间和精力,需要有持之以恒的毅力。

三　论文写作:思路、方法、写作与修改

原帖 7:准备、起点、出发点

“开题”之前,先要具备“专题研究”的基本素养(对“文字”或“词汇”、“语法”等有系统的知识),具备“专书研究”的扎实基础(对某类专书有精读的经验),同时还要有一定的分析能力(发现问题、并用合适的方法去研究)和表达能力(发表过文章或所写的文章已达到发表水平)。科研如同接力赛跑,前人的终结点,就是后人的出发点。我们要使自己科研“出发点”尽量靠近自己所定的目标。如果出发点滞后,就等于重走前人走过的老路,这在科研上是毫无意义的浪费。所以,当我们研究某一点时,一定要站在这个“点”上回顾与前瞻,回顾是为了弄清这个“点”的研究历史和现状,前瞻是为了弄清这个“点”的研究前景和自己所追求的具体目标。博士论文及硕士论文开题时,首先应当交代课题的研究历史和现状,交代自己所追求的具体目标,也就是交代自己研究的起点与落点。只有把“起点”推向最前沿,才能确保“落点”能够刷新历史的记录。

在选题和研究方法上，要有意识地避免假、大、空。选题要“小”而“实”，这样才能够脚踏实地，在有限的时间内围绕着一个“点”展开穷尽性的资料调查，才能够在有限的时间内进行多角度、多层次比较分析，才有可能在这一“点”上获得有新意、有深度、有理论价值和实用价值的结论。须知这里所说的“小”是“专”的同义词，指的是研究的“出发点”，而不是“归宿点”。题目一旦“大”而“空”，文章就注定写不实、写不深。例如《中国“语言制度”研究》、《论汉语言文字学研究的思维模式》，按照这样的题目写出来的文章，充其量也不过是天马行空、中看不中用，难免要出现种种空话、假话。

南按：此帖原题为《略谈论文写作》，是吴先生为《复旦研究生》第二期“导师寄语”专栏而作的专题寄语，原作于 2001 年 6 月 28 日，于 2012 年某日重新发给各位同学。这里节选其中关于谈毕业论文选题问题的一段，涉及选题前的知识、能力等方面的准备，以及怎样选题，选什么样的题等具体的问题。帖子高屋建瓴，辩证地论述了选题中的“起点”与“终点”，“出发点”与“归宿点”，“小”与“大”等关系。

原帖 8：写作，钻进去、跳出来

必须认识到，开题工作没有做好，文章固然无法写好；但是，开题工作做好了，并不等于文章就能写得好。“专心”的程度、“投入”的程度，决定了论文的深度和广度。肯不肯老老实实地在“资料收集”阶段下死功夫钻进去，能不能在“综合分析”阶段跳出来反复思考，能不能在“写作阶段”耐着性子精益求精，是论文质量高低的关键所在。

南按：这里谈到做材料与形成观点、理论之间的关系。收集、整理与研究材料，需要沉下去，做琐碎的、繁杂的基础工作，所以要能够“钻进去”。但这只是一个基础，要通过丰富而扎实的材料，提炼思想，形成观点和理论，则一定要能宏观把握，通盘考察，这就需要“跳出来”。

原帖 9：论文修改三要点

增大信息量，增强可读性（提纲）

——论文修改的建议（2010.10.14 吴金华）

1. 论文的主题是不是鲜明？创新点是不是突出？论据是不是充分？这都是论文修改的着力点。所谓“鲜明”、“突出”、“充分”，是作者写作意识（指导思想）和表述能力（基础或学养）的外在表现。

除了极个别的天才（我今年 67 岁了，自恨至今还没有亲眼见过），没有人敢说，自己的初稿没有任何毛病。有了毛病是正常的，一时改不好也不要紧，要紧的是，针对那些毛病不断地改，不能灰心。周××去年发表的那篇文章，半年之间改了 20—30 遍，“初稿”与“刊出的文章”几乎没有一段相同，原先那些不通的语句不见了。记得那篇文章修改的宗旨，就是“增大信息量，增强可读性”。

2. “增大信息量”的要点

“解题”及各段的“概说”是不是到位了？读者会向我们提出什么疑问？换句话说，就是在“解题”、“概说”等等内容上，我们写到什么程度才算为读者提供了必要的信息？

总之，下笔时，要站在为读者服务的立场上。

3. “增强可读性”的要点

一字不漏地，自己大声地读一遍，能利索地读下去吗？把全文读给要好的同学听听，人家有没有听不懂的地方？

人家毕竟不是文盲。即使是文盲，话还是能听得懂的。文章中“不成话”的地方，人家还是能指出来的。

南按:该帖于2010年10月14日发学科师生,标题及署名一依原帖,只是原帖涉及到某些学生的姓名,略作隐去。该帖系统地从内容到形式提出论文修改提高的原则与方法。举一些同学的成功经验,说明反复修改对于提高论文质量的重要意义。全帖提出论文修改与提升的三个要点,一是着力检查论文的主题与创新点——这其实是论文的核心与灵魂,要求"鲜明、突出、充分"。二是内容是否充实,要求有大的信息量。最后是行文要通达,要增强可读性,建议同学们以诵读的方式来检验文章的可读性。这些要求非常具体,实在,具有可操作性,对于提升一篇论文的质量是很有意义的。

四 要求、目标

原帖10:客观、系统、实用

任何科学研究,都是为了在前人造就的基地上有所发明、有所突破。任何宏观的理论或微观的个案研究成果,如果要经得起科学的检验,就必须具备"客观"、"系统"、"实用"三个特征。

客观,指经得起客观事实的验证,这就要求我们详细调查所研究的对象,做到充分占有有关资料并能正确地加以分析,进而得出有理有据令人信服的结论;系统,指研究者能够在自己学科领域中围绕主题进行多角度、多层次、立体化的研究,把各种零星的、片段的研究联成一体,把对实际问题的探讨提高到理论分析的高度,从而使研究体现出前所未有的广度;实用,指研究成果不仅有助于解决当前存在的具体问题,而且有广泛的应用前景,这就需要联系现实问题进行研究,使研究对今后的工作有启发意义。

南按:此帖节选自《略谈论文写作》帖,主要论述研究生毕业论文的要求,所要达到的目标。提出“客观、系统、实用”三个质量要求,这个质量要求的“六字方针”不但要求论文的论据充实,论证有力,论点能够成立,使人信服,理论上有创新,还进一步提出研究成果要有社会应用价值的问题。

原帖 11:论“创新”二段

1. 严格意义的古汉语或古文献的学术成果,至少应具备下述特点:有新意,有深度,有理论价值或应用价值;它不是泛泛的文化知识的介绍,不是二手成果的概要综述,不是华而不实的商品,更不是庸俗社会学的附庸。要取得这样的学术成果,就必须在学术的前沿攻坚突固。

2. 论文的质量,主要在于“创新点”能否成立。新资料(过去人没有注意到的事实,也属于新资料的范畴)的发掘与鉴定、新方法的运用与成效、新观点的提出与论证,都属于创新。新视角、新方法有助于新资料的发现,新资料的发现可以催生新的观点。“有一分材料说一分话”,从这个意义上讲,在新视角、新方法指导下通过系统调查而发现新资料,提出新问题,是创新的基础。老一辈的学者总是一再强调“看书”,也正是这个意思。

南按:此两段文字综合“迎接新生”讲话帖的部分内容和《略谈论文写作》的部分内容而成,两段帖文的中心就是强调“创新”,论文的创新体现在“新资料、新方法、新观点”。论文的质量就是创新,这是作学术研究的目标。

上述帖子除个别在内部刊发过外,都是就某具体事情或解决某些问题而临时发出的指导意见,可以说都是非正式的随笔,不事修饰,随意挥洒,自由奔放,文笔活泼。但将这些孤立的帖子加以排比,其内容的连贯性,强烈地显现了金华先生关于研究生教育和科研能力培养的指导思想、基本宗旨与方法,体现了踏踏实实为人,扎扎实实读书,求实创新,服务社会与国家的精神。这应当也必然是我们学科学生培养工作中永远的指导思想。

2013 年 12 月 28 日

【作者简介】 刘晓南,复旦大学古籍整理研究所教授,博士生导师。

永远的良心
——纪念敬爱的吴老师

汪少华

上世纪80年代中，郭在贻、项楚、蒋绍愚、李家浩、吴金华先生相继获得中国社会科学院青年语言学家奖，在我这个留校青年教师兼在读汉语史专业硕士生心目中，他们是学术偶像。上世纪90年代第一次见吴老师，想不起来具体时间和地点。1999年秋起我执教于杭州师范学院(杭州师范大学)，吴老师几次到浙江大学汉语史研究中心或古籍所主持论文答辩，我有机会作为委员一起参加。论文答辩及其随后的聚餐，往往可以听到前辈学者在课堂上未必表达的见解，是个很好的学习机会。2007年1月我调入复旦大学，记得是清明前两天，我去拜访吴老师，吴老师和师母请我去餐馆吃饭表示欢迎，他的三位在读或毕业学生作陪。吴老师不仅富于才华，而且治学极其勤奋和投入，时间抓得很紧，我不敢贸然打扰，除了年末节前为数很少的看望、两三次陪他喜欢的外地学生登门，此后的六年半中与吴老师近距离在一起的场合，一是几乎每年参加吴老师指导的研究生论文答辩，也多次与吴老师同时参加外校的研究生论文答辩；二是吴老师2009年前后的一两年常常来光华楼27层出土文献与古文字研究中心打乒乓球。在吴家与吴老师和师母相处时，交谈的内容很日常，吴老师笑眯眯地谈着，不知不觉时间就过去了；一次还在他的客厅打了场乒乓，与所有场合打乒乓一样，圆嘟嘟的吴老师，灵活地腾挪跳跃，大力扣杀——这场景，“当时只道是寻常”。师母曾说：“吴老师经常说你为人忠厚，做学问肯下功夫。遇事他经常会想到你。”其实我对吴老师关心很不够,吴老师几次住院包括 2010 年暑期突然晕倒动手术,我都是事后才知道。

吴老师去世前几天和前一个月,有两件事令我不安或遗憾。其一是 5 月初,我申报教育部后期资助项目,请吴老师写推荐意见。2 日发出电邮,很快接到回复:"推荐没有问题。能不能给个推荐底子,我边抄边增补?最近应付交稿子,早起晚睡也难以保证如期,独立思维有困难,但抄抄补补是可以做好的。"我写了个客观介绍发给他,11 日收到 9 日落款的回复,吴老师在推荐意见中加上了主观评价"富有原创性特色的基础研究项目"。——事后想来不安:吴老师治学极其投入,说"早起晚睡也难以保证如期",其忙可想而知,我这是给他添忙;其二是大约 5 月 20 日上午,刘晓南教授来我工作室,告诉我吴老师的一名博士生对学位论文一外审意见提请复议。这名博士生曾选修我的训诂学,课程作业《"高结喉中"句读与训释》曾与我电邮往返修改,给我印象较好,限于评 A 比例给了 B+。我看了她的学位论文《〈徐陵集〉典故的语言学研究》,见外审意见没有指出一处错误或一条不成立,而是依据论文结构和见仁见智处作出否定。21 日我写了重审意见,建议提交答辩:"为古籍作笺注,是难度很大的学术工作;纠正前贤笺注中的错误,是知难而上、非细致扎实不能办的学术研究。作者认真细致地研读《徐陵集》,发现了吴兆宜《徐孝穆集笺注》和许逸民《徐陵集校笺》注释典故的许多错误,对这些错误的改正往往一锤定音,切理惬心,堪称《徐陵集》的功臣。作者进而探究产生这些错误的原因,在继承传统的典故训释研究成果的基础上,借鉴认知语言学的理论,探讨典故训释方法,将训释实践与语言学理论有机结合,成功地完成了这篇优秀的博士学位论文,篇幅不大,精彩纷呈,对古籍整理和汉语言文字学研究做出了独到的贡献。"我早已答应 30 日上午参加上海社科院的研究生论文答辩,而吴老师由于外请答辩主席时间冲突,答辩也调整到 30 日上午,作为答辩委员我无法分身,于是吴老师让学生请我写一份书面评阅,请另一位答辩委员施谢捷教授代为宣读。下午我打电话给吴老师,听出吴老师有些疲惫，就没有多聊。——事后想来遗憾：我错过了与吴老师最后一次在一起的答辩。

吴老师很看重“良心”，我曾不止一次在不同场合听他感慨道：“裘先生是一个良心，我们都只是半个良心。”“一个良心”表达了对裘锡圭先生的钦佩，“半个良心”是自谦；也曾听他赞扬某学生“有良心”。这感慨和赞扬中显示他对良心的追求和赞赏。吴老师的良心，我理解为：在做学问中体现为实事求是，注重原创，追求精品；在为人处事中体现为严于律己，以身作则，有正义感，知恩图报，提携青年。

吴老师的良心体现在感恩。据师母文章说：“吴老师的恩师是徐复老和钱老，人生旅途上的第二恩人是章培恒先生。”可见吴老师和师母是懂得感恩、看重感恩的老一辈；我也看出，他喜爱正派、勤奋、感恩的学生。师母曾对我说：“你送的乐扣乐扣套盒，我们用着就想起是你送的。”令我既惭且感：好几年前送的一点小用具他俩念念不忘，真让自己受教育。

吴老师的良心体现在对同门师兄弟情同手足。我见他常常请徐复老的高足王继如先生来复旦主持研究生论文答辩和讲学，讲学时坐在下面认真地听，不止一次听他笑眯眯地说“王继如一辈子没有做过坏事”；2009 年暑期正是他大忙季节，得知蒋礼鸿先生弟子祝鸿杰先生从杭州来了浦东女儿家，他邀我开车陪他去浦东，吴老师与小祝老师（大祝老师是祝鸿熹先生）谈得很愉快。小祝老师在附近的餐厅请客，吴老师坚持买单，小祝老师拗不过他，只好同意。聚餐后我们与小祝老师及其女儿女婿一块去小区活动室打乒乓。这次我用相机拍了照片、录了像。

吴老师的良心体现在实事求是，从善如流。我参加吴老师的研究生论文答辩，凡遇问题毫无保留，有时问得尖锐，吴老师从不介意，视为当然；“交绥”、“死绥”之“绥”，今人或训为“旗帜”，或以本义“挽以登车之绳索”视之。吴老师《〈三国志校诂〉外编》赞同“旗帜”说。拙作《“交绥”、“死绥”考辨》论证上述二说皆证据不足，当依旧注释为“退”。2008 年季忠平君遵吴老师指示向我索要拙作电子文本，说要据以修改，并注明出处。

吴老师的良心体现在爱憎鲜明，正义感强，喜恶溢于言表。大约是2001年浙江大学汉语史研究中心在杭州召开的中古汉语国际学术研讨会间隙，我近前与吴老师交谈，此时虽与他交往不多，但话题说起“博导”，他忽然重复反问句表达愤愤不平：“某某怎么不能做博导呢？某某怎么不能做博导呢？真不像话！”某次提及某某有才气，吴老师立即语气很重地说：“这人不行，把老师们当垫脚石。”

吴老师的良心当然不限于我管窥所及，熟悉他的朋友和学生会比我感受深。吴老师纪念他敬爱的徐复老师时曾深情地说：“每个学生心中都有一群永不消逝的老师，让你不忘美好的昨天，珍惜充满希望的今天，奔向老师们所向往的明天。”我们怀念吴老师，同样会深情地说：“敬爱的吴老师，您的良心如同灯塔，永远引导我们，奔向老师们所向往的明天。”

【作者简介】 汪少华，复旦大学出土文献与古文字研究中心教授、博士生导师，中国训诂学研究会副会长。

吴金华先生的研究方法与治学精神

华学诚

吴金华先生(1943.11—2013.6)是当代最优秀的语言学家、文献学家之一,他在汉语史研究领域和《三国志》等重要古籍的整理上做出了杰出贡献。吴先生的研究方法与治学精神,内涵非常丰富,本文拟从三个方面展开论述,即语言研究的文献方法、文献方法的运用特色和超越自我的治学精神。这些虽不能全面揭示吴先生治学的精髓,甚至未必能得其要领,但确实是我的真实体会,希望这些体会能够为全面总结吴先生学术的专家和撰写新中国语言学史的学者提供一点有价值的参考。

语言研究的文献方法

吴先生的汉语史研究,主要集中在训诂与历史词汇领域,兼及语法史。吴先生在汉语史研究中密切联系文献,而且特别重视运用文献方法解决问题。

关于训诂与历史词汇研究的重点,吴先生曾作过如下概括,一曰"古义时语,迄今未见注释者,试释之",二曰"古书疑义,众说纷纭者,试理之",三曰"古今注家偶有误解者,试辨之",四曰"句读之误以致文理不通者,试正之"[①]。词汇研究为什么必须与文献研究紧密结合?吴先生认为,从事古籍整理研究,"常常会碰到语词方

---

① 《三国志校诂·凡例》,江苏古籍出版社1990年版,第2页。

面的问题”，包括“文本鉴定”，“语词的判定”，和“古义、时语及孤例的求证”等①。语言与文献兼治这一重要研究方法，吴先生自谓得其师之传。吴先生回忆道：徐复先生说，“训诂的重点是解析古书疑义，训诂的生命在于发明，即不断发现问题、不断破译难题，将古汉语的研究推向纵深；校勘的目的是扫除文本讹误，浩如烟海的古书积误是永远扫不完的，积累校勘的经验，丰富校勘的方法，这是古籍整理工作中历久弥新的课题。训诂与校勘虽然是两种学问，但这两种学问以及与此相关的各种学问必须结合起来，也就是把文献整理与古汉语研究结合起来，合之则双美，离之则两伤”。徐复先生说：“科研的方式方法多种多样，不应当厚古薄今，也不必喜新厌旧，我们应当充分运用最有效的方法；在攻坚式的学术研究中，只有能够不断发现问题并且能够大规模解决难题的方法才是有效方法。”吴先生表示：“我愿意向这个方面继续努力。”②

下面举三个例子，两个词汇的，一个语法的，借此具体体悟一下吴先生运用语言与文献兼治的方法解决问题的过程。

六朝词语“护前”，吴先生认为释为“护短”是错误的，当释为“犹言争强好胜”。《三国志·吴书·朱桓传》：“（朱）桓性护前，耻为人下。”历来大型辞书均引此例为书证，把“护前”释为“护短”的同义词。吴先生首先考之有关史实，指出“但见朱桓任性使气，未见其人饰非护短”。接着检索六朝以来相关用例，举出四条，包括《三国志·蜀书·关羽传》：“（关）羽闻马超来降，旧非故人，羽书与诸葛亮，问超人才可谁比类。亮知羽护前，乃答之曰：‘孟起兼资文武……犹未及髯之绝伦逸群也。’羽美须髯，故亮谓之髯。羽省书大悦，以示宾客。”证明“护前”的内涵是“逞强好胜，不容许别人争先居前”。然后再举出充分的文献用例，从训诂上证实“护前”的“护”应理解为“提防、阻遏、排摒之义”，“前”是指“心目中或事实上

---

① 《三国志丛考》，上海古籍出版社 2000 年版，第 294 页。

② 《古文献整理与古汉语研究·序言》，江苏古籍出版社 2001 年版，第 1—2 页。

的竞争对手"[①]。徐复先生盛赞这一考释，认为"出色当行，可以解颐"[②]。

汉语词汇史上有这样一些词，如"侵润"、"袍泽"、"民献"、"乃心"、"疏附"、"将顺"、"昏作"、"致届"、"用舍"、"友于"、"孔怀"，等等，其中个别的如"友于"之类，以往虽曾有人提及，但基本上都是作为修辞现象来讨论的，并没有作为一类词汇现象予以系统、深入研究。吴先生敏锐地发现了这一语言事实，始称之为雅言词，后改称典故词。吴先生指出："在汉魏以来两千多年的汉语复音词中，跟俗语词相映成趣的雅言词，即利用传世文献中的词语或故实所构成的新词，是典故构词法的产物。"[③]"典故词，即历代文人利用古代典籍中的词语或故实所创造的新词，是特定时代所流行的经典文化的产物。"[④]王力先生从构成方式上把汉语复音词分为三类[⑤]，而"古汉语复音词中的典故词，在构成方式上不属于以上三类"[⑥]。吴先生在《古汉语研究》2007年第2期上发表的《〈三国志〉双音节雅言词散论》一文中第一次系统揭示了这一词汇现象。吴先生指出，"它不同于模仿古语或暗引古籍的古典词，也不同于成语"，其基本特点是，"跟原典的语词相比，形音义发生了或显或隐的变化"，"跟俗语词相比，内涵丰富是雅言词的又一特点"；这类词的构词方式有四类，即"截引式，缩略式，提要式，藏谜式"；其表意方式的基本规律就是所蕴涵的原典义，可大别为四类，即"对原典全篇主题的隐括"、"原典全句大意的隐括"、"是原典中通俗词语的

① 《古文献研究丛稿》，江苏教育出版社1995年版，第121—123页。又，王继如先生阅读拙文并详细批注提示："护前"的词汇义为"争强好胜"，没有异议；但"护"当作何解，则有不同意见，王继如、方一新等曾著文讨论。

② 徐复《古文献研究丛稿序》，吴金华《古文献研究丛稿》，江苏教育出版社1995年版，第1页。

③ 《古文献整理与古汉语研究续集》，凤凰出版社2007年版，第46页。

④ 《古文献整理与古汉语研究续集》，第20页。

⑤ 王力《汉语史稿》，中华书局1980年新1版，第346页。

⑥ 《古文献整理与古汉语研究续集》，第20页。

借代”和“原典义的正面发挥”;吴先生指出,“了解雅言词的性质和特点,有助于提高《三国志》整理研究的水平”,“有助于提高辞书编纂的水平”①。对于汉语词汇史来说,吴先生所揭示的这一词汇现象无疑是一项重大发现;所发现的这一词汇事实,在汉语词汇学上也有深入研究的意义与价值。如果不是从大量文献出发,如果不是从语言事实出发,永远也不可能有如此重要的发现;单纯从理论到理论,甚至只从西方理论出发,更是永远也见不到这一语言事实,当然也就谈不上发现,更谈不到据此去做理论分析和理论概括了。

“所见”等于“所”,“为……所见”的语法意义相当于“为……所”或“为……见”,这一重要语言事实是吴先生在研读《后汉书》、《三国志》、《晋书》等文献中发现的。这一组文章有七篇,吴先生介绍说:“《试论‘R为A所见V’式》及《〈试论‘R为A所见V’式〉补正》试图通过广泛调查文献资料,特别是汉译佛经中丰富的语言事实,对被动句‘为……所见’式作较为具体的描述;《南北朝以前的‘为……之所’式》也抱着填补汉语史空白的宗旨对被动句‘为……之所’式陈述一孔之见;《‘R为A见V’式述例》、《‘为……见’式两例商兑》及《古汉语被动句‘为……见’式补说》则本着‘例不十,不立法’的原则,在努力搜集中、外文献资料的基础上,探测被动句‘为……见’式及其相关的‘被……所’式等等在汉语史上的源流,并对‘为……见’式的变式及其同形异实之例加以考察。”②这组文章发表之后,很快引起汉语史学者的极大关注,并为杨伯峻、何乐士二位先生的著作所采用③。

---

① 《古文献整理与古汉语研究续集》,第48、49、50、52、56、57、59页。

② 《古文献研究丛稿·题记》,第2页。

③ 杨伯峻、何乐士《古汉语语法及其发展》,语文出版社1992年版,第689—690页附注11、15—17。

文献方法的运用特色

研究语言不离文献方法，研究文献紧密结合语言，即语言与文献兼治，这在吴先生的整个治学道路上贯彻始终，篇篇文章、本本著作皆可为证。吴先生文献方法的运用特色，我概括为如下八项，即：文献异文，纠察关系；字词考释，洞明音声；体味句读，订讹正谬；汇通文献，信而有征；穷搜博采，考镜源流；每下一义，广征众本；训诂考索，还原为先；钩玄索隐，博稽文史。上列各项容有交叉，因来自个人体会，非关逻辑，请读者诸君明鉴。

（一）文献异文，纠察关系。古代文献，尤其是版本众多且系统复杂的重要古籍，异文既多又杂，只有细致勘比考究、洞察字际关系，才能得其真谛。

例如，《三国志·魏书·王粲传》注引《魏略》："君且止，我年八十，不能老为君溺攒也。"钱大昕《诸史拾遗》："按董昭、吴质皆济阴人，质欲溺乡里，则昭亦在应溺之列，故云'溺攒'。"卢弼《三国志集解》："官本《考证》：'攒，宋本作襸。'弼按：宋本作欑。"钱氏所解"似未中的"，而"卢氏罗列异文，亦不云'攒'字何解"。吴先生认为，"'攒'读为'灒'，字之借也。"并举《说文解字》"灒"字释为证，阐释道："'污洒'，以污水挥洒也；'水中人'，其水洒湿人身也。'溺攒'即撒溺以污人，此必当时俗语。"并进一步厘清了字际关系与致误之由："疑原文本作'灒'，传写而为从'手'之'攒'，辗转又为从'木'、从'衣'之字，其义遂不可晓。"[①]

又如，《三国志·魏书·华佗传》："小儿戏门前，逆见，自相谓曰：'似逢我公，车边病是也。'"卢弼《集解》："'似逢我公……'九字，范书《佗传》作'客车边有物，必是逢我翁也。'"吴先生论定："'我公'、'我翁'，皆古人自称其父之语。"并举出《睡虎地秦墓竹简·编年记》、《焦氏易林》、《后汉书·宦者·张让转》载汉灵帝语、

---

① 《三国志校诂》，第130页。

《太平御览》卷九十二引司马彪《续汉书》、《广雅·释亲》等文献用例和故训证明"翁"、"公"的字际关系，确不可易。[①]

再如，《三国志·吴书·楼玄传》："旧禁中主者自用亲近人作之，彧陈亲密近识，宜用好人。"吴先生通过版本对勘，指出："陈校本的'近识'来自渊源于南监本的金陵活字本，其中'识'系'职'的讹字，其他版本均作'近职'。晋司马彪《后汉书·舆服志》：'尚书帻收，方三寸，名曰纳言，示以忠正，显近职也。'近职指在皇帝身边服务的重要职事，如尚书、'禁中主者'之类。"[②]

（二）字词考释，洞明音声。文献流传过程中缘于各种因素而形成用字歧异，尤其是文字通假，成为阅读理解的难点，因此自古以来文献语言学家都特别重视突破文字蔽障而以声音通训诂，吴先生在这方面创获尤多。

例如，《三国志·魏书·蒋济传》注引《列异传》："虽云梦不足怪，此何太适？适亦何惜不一验之？"黄生《义府》卷下："'虽云梦不足怪，此何太适适！''适'与'的'同，言梦中事虽未可信，然何的的分明如此。"吴先生赞成黄说，认为："标点本割裂'适适'一词，非。'适'、'的'二字古音相同，例得通假。"然后举《韩非子·奸劫弑臣》"废正的"见于《战国策·楚策四》其"的"作"适"为证，推断"适适"当读为"的的"。并进一步推阐道："古人形容所见分明，常用'的的'一词。例如《淮南子·说林训》：'的的者获。'高诱注：'的的，明也，为众所见，故获。'再如《搜神记》卷十叙谢奉、郭伯猷二人同梦之事：'谢云"卿知吾来意否？"因说所梦。郭闻之怅然，云"吾昨夜亦梦与人争钱，如卿所梦，何期太的的也！"'其中'何期太的的'与'此何太适适'语意大同。"[③]

又如，《三国志·蜀书·黄忠传》："金鼓振天，欢声动谷，一战斩渊。"吴先生云："'欢声'二字旧无注。辞书或释为'喜悦之声'，

---

① 《三国志校诂》，第162页。
② 《三国志丛考》，第301页。
③ 《三国志校诂》，第100页。

大谬。"因为"既云'金鼓振天',自当杀声动谷;敌我血战之际,喜悦之声何来?"吴先生指出:"此'欢'当读为'讙',字之借也。"并举例证明"古称群呼为'譟'、'鼓譟';或称之为'讙'、'讙呼'"。吴先生的解释是:"'讙'与'欢'古音相同,故'欢声'得借为'讙声'。《公羊传·文公六年》称晋襄公为'晋侯讙',《史记·晋世家》作'襄公欢'。《礼记·乐记》'鼓鼙之声讙',郑玄注:'讙或为欢。'《艺文类聚》卷二百四十七'欢'作'讙'。此皆二字通用之证。"①

再如,《三国志·吴书·吴主传》注引《吴书》:"(赵)咨频载使北,魏人敬异。"张舜徽主编《三国志辞典》以"多年"释"频载"。吴先生认为:"《辞典》从字面上释'载'为年,不明'载'是'再'的同音通用字。"吴先生指出:"'频载',通常写作'频再'。"引《晋书·艺术·索统传》、《宋书·刘康祖传》等三例,论云:"其中'频再'与'屡'同义,足为明证。"②

(三)体味句读,订讹正谬。古书句读标点,诚非易事,稍有差池,就会误解原意;文字讹误,特别是那种校正与否均能读通的讹误,若不能勘正,就会以讹传讹。吴先生读书之细、考证之精,在其著作中随处可见。清人评卢文弨说,别人读书受书之益,而卢氏读书则书受卢氏之益。当代汉语史学者亦能承此美誉者,我以为当首推吴先生。

例如,《后汉书·张鲁传》:"(曹)操入南郑,甚嘉之。又以(张)鲁本有善意,遣人慰安之。鲁即与家属出逆,拜镇南将军,封阆中侯,邑万户。"吴先生认为,"逆"字应该属下,理由有三:其一,"上文说张鲁率众'奔南山',是窜山而藏了;这里说'鲁即与家属出',指弃南山而出降。'出'与'奔'前后相应,所以本文应当在'出'后断句。"其二,"'逆'是半途邀迎之义,与事理相合……这里的'逆拜'与上文的'遣人慰安之'都是对张鲁'本有善意'的嘉奖。"其三,"西晋陈寿《三国志》卷八《魏书·张鲁传》载此事云:'鲁尽将家出,太

---

① 《三国志校诂》,第 204 页。

② 《古文献整理与古汉语研究》,第 202 页。

祖逆拜镇南将军。'在'逆'前冠以'太祖'二字,文义极明。"①

又如,《宋书·符瑞志上》:"今年青龙在庚子,《诗推度灾》曰:'庚者,更也。子者,兹也。圣人制法天下治。'又曰:'王者布德于子,治成于丑。'此言今年天更命圣人,制法天下,布德于民也。魏以改制天下,与《诗》协矣。"吴先生的推理与论证都非常精彩:"《诗推度灾》作为谶纬之书,并不简称为'《诗》',就像谶纬书《春秋汉含孳》、《易运期谶》、《孝经中黄谶》不得简称为《春秋》、《易》、《孝经》一样。《诗》在当时文献中只是《诗经》三百篇的专名,用在这里不成义例。本文的'诗',应该是'时'的误文,可据《三国志》卷二《魏书·文帝纪》注引《献帝传》改正。上文说'今年青龙在庚子',指'天时'已至;这里说'与时协矣',指人事跟天时正好相应。不仅如此,前面一大段讲'此魏得岁与周文、武受命相应',后面一大段讲'魏以十月受禅'等等,都是鼓吹'与时协'的神话,意在说明曹魏的代汉属于时来运至、势所必然。"②

再如,《宋书·臧质传》:"太祖谓可大任,欲以为益州事,未行,徵为使持节……徐兖二州刺史。"吴先生云:"'事'字当属下。'为益州'即出任益州刺史,是史家常文。"并进一步指出:"'事'即公文,'事未行'指公文尚未下达,这也是当时习语,又如本书卷七《刘延孙传》:'又欲以代朱修之为荆州,事未行,明年卒,时年五十二。'跟'事未行'相对而言的,是'事行',指公文到了有关部门,例如《世说新语·方正》:'王述转尚书令,事行便拜。'"最后论定道:"校点本以'为益州事'为一读,大误。"③

(四)汇通文献,信而有征。无论是勘正讹误,还是揭示时语、古义,均须材料充分,比例分析,汇通证明,只有这样,结论才可靠、可信。这是中国古代语文学的法宝,也是颠扑难破的真理,吴先生的研究谨遵此道,所获结论坚确难易。

---

① 《古文献整理与古汉语研究》,第93页。

② 《古文献整理与古汉语研究》,第117页。

③ 《古文献整理与古汉语研究》,第122页。

例如,《三国志·魏书·乐陵王茂传》:“如闻茂顷来少知悔昔之非,欲修善将来。”前人多说“如”字为“加”字误,吴先生认为“‘如闻’不误”,举本志《华歆传》、《晋书·刘聪载记》、《宋书·何承天传》、《南齐书·武十七王·竟陵文宣王子良传》、《梁书·王僧辩传》、《魏书·卢玄传》、《周书·苏绰传》七条材料证明,“‘如闻’乃魏晋南北朝习语,其用例亦不限诏文。郁、钱、周诸氏均博极群书,未免失之眉睫”。①

又如,《三国志·魏书·文帝纪》注引《献帝传》魏王曹丕诗云:“丧乱悠悠过纪,白骨纵横万里,哀哀下民靡恃,吾将佐时整理,复子明辟致仕。”令曰:“昔周文三分天下有其二,以服事殷,仲尼叹其至德;公旦履天子之籍,听天下之断,终然复子明辟,书美其人。吾虽德不及二圣,敢忘高山景行之义哉?”吴先生分析道:“乍一看,这不过是引用了《尚书·洛诰》:‘周公拜手稽首曰:朕复子明辟。’但是从语言的角度考察,《尚书》的话至少可以分析为‘复’、‘子’、‘明辟’三个词语,而曹丕的‘复子明辟’已经是汉魏时代的四字格成语。”在列举汉魏以来文献证据之后,吴先生论定从词义的发展变化的角度论述到:“《尚书》的‘明辟’犹言明君,‘子’是用于第二人称的尊称,‘复’作为动词,通常认为指‘归还(政权)’;王莽、曹丕的‘复子明辟’指冢宰归政于天子。”②

再如,《晋书·五行志中》:“王恭在京口,百姓间忽云‘黄头小儿欲作贼,阿公在城,下指缚得’。”吴先生认为:“‘阿公在城下指缚得’应当作一气读之,语气上的停顿应在‘城下’之后;如果要分断,只宜在‘下’后一逗。”并据史实指出,王恭兵败被俘,“谣言预示的‘城下’受缚,即应验于此”。接着从语言的角度分析,“‘指缚得’的‘指’,相当于今语‘直接’”,有《三国志·褚翜传》以及同书《隐逸·龚玄之传》用例可证,宋人的句读亦可参证,从而证明“点校本似以

---

① 《三国志校诂》,第127—128页。

② 《三国志丛考》,第309页。

'下指'为伸手之义,事属可商"。①

(五)穷搜博采,考镜源流。可靠的训诂,需要搜集大量文献用例与故训资料;而揭示词语发展、阐明意义变化,不仅需要条分缕析,还需要考镜源流。吴先生在这方面给我们提供了丰富的典型案例。

例如,《三国志·魏书·典韦传》:"矢至如雨,韦不视,谓等人曰:'虏来十步,乃白之。'等人曰:'十步矣。'又曰:'五步乃白。'等人惧。"胡三省《通鉴注》:"'等人'者,立等以募人,及等者谓之'等人'。或曰,'等人',一等应募之人也。"吴先生云:"两说皆非。'等人'犹言等伍、等类,与'及等'、'应募'之事无涉。"举出《大藏经》卷三吴康僧会译《六度集经》卷一两例、卷四一例,如"自与商人入海采宝,所获弘多,还国,置舟步行,道乏无水,得一井水,呼等人汲之,却自取饮",证明这些句子中的"等人"都是指与菩萨同行的一伙商人。然后把考证扩大到"等人"的同义词范围,引证《三国志·武帝纪》注引《魏略》中的"等伍"、《宋书·孝义·卜天生传》中的"等类",并训释其义,从而论定:"'等人'、'等伍'、'等类'于义无殊,均谓同伴也。"②

又如,《三国志·魏书·杨阜传》:"顷者天雨,又多卒暴。"钱剑夫《〈三国志〉标点本商榷》释"卒暴"为"猝(卒)雨与暴雨"。钱文把"卒暴"分解成二词,吴先生认为不妥。据《广雅·释诂三》"暴,猝也"这一故训,吴先生指出:"'卒暴'是同义二字并列的双音词,它的反义词是'渐'。例如,《汉书·师丹传》载丹上汉成帝书曰:'诏书比下,变动政事,卒暴无渐。'《孟子·万章下》:'孔子先簿正祭器。'赵岐注:'孔子仕于衰世,不可卒暴改戾,故以渐正之。'"并从汉语发展史的角度进行了探讨,揭示出"先秦语汇中的'卒'、'卒然',在汉代往往变成'卒暴'",而"作为汉魏常语的'卒暴'一词,在

---

① 《古文献整理与古汉语研究》,第 104 页。

② 《三国志校诂》,第 118 页。

《三国志·魏书》中并不止《杨阜传》一例”。[①]

再如,《三国志·吴书·阚泽传》:“居贫无资,常为人佣书,以供纸笔,所写既毕,诵读亦遍。追师论讲,究览群籍,兼通历数,由是显名。”“追师”,局本作“追思”。卢弼《集解》说,宋本“思”作“师”。吴先生曾见苏州大学所藏《三国志》陆敬批跋本有眉批云“‘师’字义长”,他认为“陆敬批跋本的眉批非常可取”,因为“‘追师’是汉晋常语”,所举证据有谢承《后汉书·苏章传》“苏章……负笈追师,不远万里”,范晔《后汉书·李固传》李贤引注谢承书曰“(李)固……负笈追师三辅,学五经,积十余年”,《晋书·儒林·董景道传》“董景道……千里追师,所在惟昼夜诵读,略不与人交通”三例,并论定说:“‘追师’者,寻求经师也。”[②]

(六)每下一义,广征众本。徐复先生说:《三国志校诂》“广征众本,每下一义,皆妥帖宁极,遂成定论。”[③]诚哉,是言!不仅《校诂》,吴先生其他论著亦皆鲜明地体现这一特点。

例如,《三国志·吴书·潘璋传》:“璋为人麤猛,禁令肃然,好立功业,所领兵马不过数千,而其所在常如万人。”除官本外,其他各本都作“好立功夫”,吴先生断定,“此‘功夫’并非‘功业’之误”,继而证之《隶释》卷四载汉桓帝建和三年《广汉长王君治石路碑》、《大藏经》卷四康孟祥译《中本起经》卷下、《三国志·魏书·董卓传》注引《续汉书》、又《王肃传》载肃太和四年上疏、又《郑浑传》、《华阳国志》卷十一载向攀语王濬、《大藏经》卷四姚秦竺佛念译《出曜经·杂品》等用例,谓上述各例中的“‘功夫’均谓兴造、建筑之事,与《潘璋传》义合。璋领兵不过数千,然屯营张饰,常如万人,足见‘好立功夫’者,非喜建战功之谓,但言其奢泰耳”,因此指出:“标点本不取宋、元、明诸本之‘功夫’,径从后出官本之‘功业’,以致文

---

① 《古文献研究丛稿》,第 119—120 页。

② 《古文献整理与古汉语研究》,第 182 页。

③ 《三国志校诂·序》,第 4 页。

义转晦，失择善之旨矣。”①

又如，《三国志·魏书·武帝纪》注引《魏武故事》：“孤祖父以至孤身，皆当亲重之任，可谓见信者矣，以及(子植)[子桓]兄弟，过于三世矣。”标点本《校记》：“‘子桓’，从何焯、沈家本说。”卢弼《集解》：“元本、冯本‘桓’作‘植’。官本《考证》：‘何焯曰：“《文类》作‘子桓’，‘植’字乃‘桓’字传写之讹。对臣下不以称子之字为嫌，观《陈思王传》注中诸令屡称‘子建’，则此为‘子桓’决矣。”’”吴先生云：“百衲本作‘子桓’。何焯等无从得见此本，故旁求于宋、元人所撰《事文类聚》。近人张元济《三国志跋》盛赞百衲本之优点，乃至有‘一字千金’之叹，此‘桓不误植’亦属其例。卢弼之撰《集解》，无视百衲本而迷信局本，失之不考；标点本之校字，则弃本证而求旁证，未可为法。”②

再如，到上世纪八十年代末，吴先生已得《三国志》传本几十种。他曾经把这些传本按照抄写刻印的时代及其形态分为三类，由此可见吴先生对传本的搜求之勤：“(一)古写本。其中弥足珍贵的，有晋写本《魏志·臧洪传》残卷(存370余字)、晋写本《吴志·吴主传》残卷(存570余字)、晋写本《吴志·步骘传》残卷(存440字)、晋写本《吴志·虞翻陆绩张温传》残卷(存1090余字)四种……(二)宋元明清旧刻本。其中影响较大的，有百衲本(民国二十年商务印书馆据绍兴、绍熙两种刻本配合影印)、元本(元大德年间池州路学刊本)、陈本(明陈仁锡刊评点本)、冯本(明南监冯梦祯刊本)、监本(明北监敖文祯刊本)、毛本(明毛晋汲古阁刊本)、吴本(明吴琯西爽堂刊本)、殿本(清乾隆四年武英殿刊本)、金陵活字本(清同治六年金陵书局活字印本)、局本(清光绪十三年江南书局刊本)十种……(三)中华书局标点本……”③

(七) 训诂考索，还原为先。还原是显真的工作。包括汉语史

---

① 《三国志校诂》，第264—265页。

② 《古文献研究丛稿》，第137页。

③ 《古文献研究丛稿》，第89—90页。

在内的所有基于古文献进行的研究，首先得保证文献的真实可靠，不仅文本要真实可靠，文字也要不存在讹误。在这方面，吴先生堪称楷模，下面从吴先生新近发表的一篇文章中举出几例①，即可证明。

例如，《徐陵集校笺》卷四《为始兴王让琅邪二郡太守表》："自甘泉通火，细柳屯兵，旁带戎臣，颇同疆埸。"许逸民《校记》："'臣"，《艺文类聚》作'尘'，今据明抄本、屠本、张燮本、张溥本、吴本改。"吴先生云："《艺文类聚》的'戎尘'属于诠释学的问题，它不属于明显的讹误，因而不能用校勘的方法来处理。"然后从三个方面予以论证：其一，"'戎尘'并不是'不改就讲不通'的畸形词语。就语词的结构和意义而言，它跟'胡尘'属于同一个类型。"其二，"'旁带戎尘'一句，指藩国与'戎尘'接近，所以下句有'颇同疆埸'之叹……此处以'戎尘'喻指边警不可忽视，故下文云'应思马骏之功'、'宜慕曹彰之勇'，前后呼应，文理密察。"其三，"共时的语料表明，'戎尘'在徐陵的笔下也不止一例。《校笺》卷十二载《册陈王九锡文》有云：'虽金陵佳气，石垒天严，朝暗戎尘，夜喧胡鼓。'徐陵以'戎尘'对'胡鼓'，其义甚明……这里的'戎尘'，可作为《校笺》卷四的'戎臣'属于后人臆改'戎尘'的内证。"

又如，《徐陵集校笺》卷六《为贞阳侯与太尉王僧辩书》："今荆陕沦覆，正是江北数县，即东南藩翰，万里而遥。主甲治兵，舻舳相接，长波天限，方汉城池，修德绥民，中兴可待。"许逸民《校记》："'主'，《文苑英华》作'坐'，今据屠本改。"吴先生云："六朝的文章为了增加古雅的色彩，不惜借用罕见的古词。'坐甲'跟'冢卿'一样，也是从先秦文献中借来的语词。'坐甲'始见于《左传·文公十二年》'裹粮坐甲，固敌是求'。唐孔颖达疏曰：'甲者，所以制御非常，临敌则被之于身，未战且坐之于地。'从六朝文人使用'坐甲'一词的情况来看，它在中古时代指'披甲而坐'的状态，这是业已全身

---

① 《中古语词的异化与还原——以〈徐陵集校笺〉为例》，《汉语史学报》第九辑，上海教育出版社 2010 年版。

武装的将士所处的临战状态……宋人所编《文苑英华》卷六七七的'坐甲',文从字顺;明屠隆的《徐孝穆集》作'主甲'者,如果不是抄刻之讹,恐怕属于武断臆改。"

再如,《徐陵集校笺》卷七《为陈宣帝答周武帝论和亲书》:"夫圣君明辟,司御兆民,则天象地,伫育黔首。"许逸民《校记》:"'伫',《文苑英华》作'亭',今据明抄本、屠本、张燮本、吴本改。"吴先生云:"利用当时社会所流行的'经典'来创造形形色色的'典故词',是六朝文士的拿手好戏。《文苑英华》作'亭'是对的,明人把'亭'改成'伫',使大文豪徐陵的文集中出现了'伫育'这样的畸形语词,实在该批而不该取。"并揭示道:"《老子》云:'长之育之,亭之毒之,养之覆之。'这就是中古典故词'亭育'产生的温床。"继而指出:"'亭育'虽然诞生于六朝,但它从梁到清,屡为文士所用……特别值得一提的是,《汉语大词典》还收录了'停育',指出'停',通'亭',并揭示书证——南朝梁刘孝绰《谢给药启》:'一物之微,遂留停育,名医上药,爰自城府。'又指出'停'在《艺文类聚》卷八一中作'亭'。"因此推论:"徐陵文中的'亭育',在传抄过程中或许有写成'停育'的文本,明钞本等后出文本的辑校者不知'停'、'亭'通用,又不熟悉'亭育'这一类似乎眼生的'典故词',于是乎就把'停'字改成了形近的'伫';至于'伫育'是不是固有的语词,那就任从读者随意猜测罢了。"

(八)钩玄索隐,博稽文史。清代学者戴震曾指出,古文献研究的基本路径是"由字以通其词,由词以通其道",而每个词语、每个意义的考定都得"贯群经、本六书",不仅如此,还要博稽文史,才能"有所会通,然后知圣人之道"。[①] 吴先生深得其中三昧,并为徐复先生所推许。[②]

例如,《三国志·魏书·武帝纪》注引《英雄记》:"辟大将军何

---

① 戴震《与是仲明论学书》,《戴震集》,上海古籍出版社 1980 年版,第183—184 页。

② 徐复《三国志校诂·序》。

进府进符使,匡于徐州发强弩五百西诣京师。”吴先生云:“查考汉制,三府掾属中并无‘进符使’之职。此文当于‘府’字绝句。《全后汉文》卷七十八蔡邕《陈寔碑铭》叙其为三公所辟,一则曰‘辟司徒府,纳规建谋,匡弼三事’,再则曰‘复辟太尉府,迁太丘长’,三则曰‘辟大将军府,道之兴废,有分于命,乃离密网,以就禁锢,潜伏不试’;此云‘辟大将军何进府’,句例相同。然则‘进符使’三字应属下句读,‘进’即何进,‘符’指符信,‘使’乃派遣之义。汉刘熙《释名·释书契》:‘符,付也,书所敕命于上,付使传行之也。’募兵须凭符信,史书多有记载……此言募兵而无符信,则被人依法上告也……标点本盖不明‘符’字之义,误以‘进符使’为官号,遂致断句不当。”①

又如,《三国志·魏书·陈群传》注引《先贤行状》:“豫州百姓皆图寔、纪、谌之形象。”吴先生云:“‘豫州百姓’云云,事属可疑。‘三君之名’高则高矣,安得合州之民皆图画其形象!揆之事理,‘百姓’必为‘百城’之误。当时郡县分属十三州,各州所辖之县邑少者五六十城,多者百余城,约而言之则称‘百城’。《后汉书·郡国志》载:‘豫州刺史部郡国六、县邑公侯国九十九。’故‘豫州百城’实指九十九城之行政机构。《全三国文》卷二十六邯郸淳《汉鸿胪陈纪碑》叙此事云:‘豫州刺史嘉懿至德,命敕百城图画形象。’《初学记》卷十二‘鸿胪卿’引谢承《后汉书》曰:‘陈纪,字元方,遭父太丘长寔忧,呕血绝气。豫州嘉其至行,表上尚书,图画百城,以励风俗。’可以为证。《后汉书·陈纪传》李贤注、《世说新语·德行》注引《先贤行状》均作‘豫州百城’,当据改。”②

再如,《汉书·昭帝纪》:“令郡县常以正月赐羊、酒。”《汉书·龚胜传》:“长吏以时存问,常以岁八月赐羊一头、酒二斛。”杨树达《汉书管窥》以为《昭帝纪》“正月”当为“八月”之误。王先谦《汉书补注》引清学者齐召南疑《龚胜传》“八月”为“正月”之误。吴先生

---

① 《三国志校诂》,第 5 页。

② 《三国志校诂》,第 134 页。

云:“齐疑非是,杨说可信。”吴先生举证丰富资料,对于这一观点进行了周详的论证,其中第一条理由就是先秦文化史:“从汉昭帝的诏文可以看出,韩福等五人是当时郡国按‘有行义者’的标准推选出来的高年模范……为什么把赐羊酒的时间选定为‘八月’?这跟上古时代流传下来的养老礼制有关。《礼记·月令》:‘仲秋之月……是月也,养衰老,授几杖,行麋粥饮食。’东汉郑玄注:‘助老气也。’唐孔颖达疏:‘此论养老及制衣服之事,皆此月所为。’《吕氏春秋·仲秋纪》也有上引《月令》中的一段文字,东汉高诱注:‘阴气发,老年衰,故共养之。授其几杖,赋行饮食麋粥之礼。今之八月,比户赐高年鸠杖粉粢是也。’很清楚,仲秋之月就是八月……据高诱注文可知,直到东汉末期还在全国范围内实行过八月敬老之礼,由此也可以推见这种古礼在去古不远的西汉必有相当的影响。”①

超越自我的治学精神

吴先生的治学精神更是宝贵遗产,值得深入总结,并发扬光大。本文仅论述一点,即精益求精、不断超越自我的治学精神。

精益求精,并不断超越自我,是吴先生一贯的追求。吴先生1995年说:“我对自己撰写的东西,从来没有满意过。尽管下笔时不乏自信,可是过不了多久我就发现有些地方应当补充甚至必须修正了。于是乎又写续篇,并且续篇之后又有补订,弄得没完没了。”②2000年说:“本书由十篇文章组成,这些论文曾陆续发表过,这次借结集出版的机会,又作了修改和补充。”③2007年说:“就我而言,对旧文进行这样那样的修改,实在是非做不可的事情;因为我文笔不敏,没有文不加点、一挥而就之才,每撰一文总是屡经修改而仍觉言不尽意,直到非付梓不可之日才勉强告一段落。所以,

---

① 《古文献研究丛稿》,第309—310页。

② 《古文献研究丛稿·题记》,第7页。

③ 《三国志丛考·弁言》,第1页。

利用结集的机会尽可能地消释旧文中的遗憾，是一项不可省略的工作。更何况自己的思想认识还能与时俱进，所以我又常常这样想：既然如今的认识又随着历史的车轮前进了一程，那么，趁结集之时反映出自己的新认识，既可以说明自己的思想尚未僵化并以此自慰，又说明自己到了'觉今是而昨非'的时候还不乏及早更正的能力，于人于己都有利无害，又何乐而不为？如果读者弃我前此发表的同题之作，而以本集改定之文为批评指正的对象，则不胜感谢之至。"①

《三国志丛稿》所收多半是订补旧作的论文，由此可以大致了解吴先生修订的规模，亦可与吴先生的自述构成互证。文集中有两篇关于易培基《三国志补注》的论文，后一篇为补充前文而作："《略论易氏〈三国志补注〉》是 1998 年在'海峡两岸古籍整理与传统文化学术研讨会'上宣读的论文……《易氏〈三国志补注〉今证》作为前文的补充，撰成于 1999 年 5 月。"②第四篇是关于晋写本残卷的文章，这篇文章修订补充次数最多："《晋写本〈魏志·臧洪传〉残卷初探》撰成于 1988 年，原先发表于《古文献研究文集》第二辑(《南京师范大学学报》1989 年增刊)；1995 年收入《古文献研究丛稿》时，本文的初次发表年代由'1989'讹成了'1987'。这次收入《丛考》，不仅更正了《丛稿》的讹误，还参考新疆博物馆李遇春先生文章中公布的资料对本文作了修补。李文题为《吐鲁番出土〈三国志·魏书〉和佛经时代的初步研究》，发表于《敦煌学辑刊》1989 年第 1 期，其撰写及发表年代恰与本文相同；所不同的，只是李文的资料必定来源于晋写本《魏志·臧洪传》残卷的原件，而我依据的仅仅是《新疆历史文物》的残卷缩影图版。由于图版太小，有些字句难以确认，墨点符号更无法看清，所以初稿的释文跟新疆博物馆收藏的原件不可能完全吻合。"③《〈三国志校诂〉及〈外编〉订补》、

① 《古文献整理与古汉语研究续集·前言》，第 2 页。

② 《三国志丛考·弁言》，第 1 页。

③ 《三国志丛考·弁言》，第 3 页。

《〈三国志〉待质录》、《岳麓版〈三国志〉修订后记》,"这三篇文章都是对自己旧作的修正与补充";1987年撰成《三国志校诂》之后,吴先生陆续看到新的本子,加上掌握了电脑查阅资料的技术,所以"回过头来翻翻旧作,发现有些地方已非改不可,有些地方还应当补充",于是撰写了这三篇文章。[①]《丛考》共收入10篇文章,有6篇是对旧作的修订增补,而这10篇文章都公开发表过,结集时又都"作了修改和补充",[②]吴先生的严谨以及精益求精的治学精神跃然纸上。

在《〈三国志校诂〉及〈外编〉订补》一文的导言中,吴先生概括说,订补旧作主要包括三个方面,即"立论可商者,商之"、"证据不足者,补之"和"引证有误者,改之"[③]。我数了一下,仅这篇文章就订补旧作近70条,下面分类各举二例。对旧论进行修正的,如:《三国志·魏志·武帝纪》"及其得贤也,曾不出闾巷,岂幸相遇哉?上之人不求之耳",《校诂》谓"不"当作"博",属于音近而讹[④];《订补》谓认定"不"字误并无确证,"实则原文未必有误"[⑤]。又如:《三国志·魏志·武帝纪》"若文俗之吏,高才异质,或堪为将守",《外编》谓"文俗"似当作"文治";[⑥]《订补》谓"非是","文俗"不误,"指通晓吏法、明于习俗并且善于用吏法苛求于人"。[⑦]对旧论补充证据的,如:《三国志·魏志·武帝纪》"卒能成就王业,声著千载",《外编》谓"声著"似当作"著声";[⑧]《订补》补充两证,一证为绍兴本、刘氏嘉业堂本的早期版本不作"声著",一证为著闻、著称、著名

---

① 《三国志丛考·弁言》,第5页。
② 《三国志丛考·弁言》,第1页。
③ 《三国志丛考》,第220页。
④ 《三国志校诂》,第14页。
⑤ 《三国志丛考》,第222页。
⑥ 《古文献研究丛稿》,第142页。
⑦ 《三国志丛考》,第222页。
⑧ 《古文献研究丛稿》,第142页。

等与“著声”同类的文例。[①] 又如:《三国志·魏志·郭淮传》“淮妻,王凌之妹。凌诛,妹当从坐,御史往收”,《校诂》谓“御史”当据《世说新语·方正》注改作“侍御史”;[②]《订补》谓影宋本《太平御览》卷五百二十引《魏志》正作“侍御史”,此是可补的本证[③]。对旧作引证之误改正的,如:《三国志·魏志·张辽传》“辽奉圣旨,稀不敢害也”,《外编》谓“圣旨”始见东汉和帝章和二年诏文[④];《订补》谓西汉已有其语,见刘向文[⑤]。又如:《三国志·蜀志·刘焉传》注引陈寿《益部耆旧传》“故号曰(致止)[至止]”,《外编》说“《册府元龟》卷八百三十二引此作‘至止’,即用本字”[⑥];《订补》核实后订正为“残宋本《册府元龟》卷八百三十三”[⑦]。

我相信,今后研究吴先生学术的人一定会有很多,研究者也一定会关注吴先生是如何对自己的论著进行不断修订的,由此不仅能学到方法,更学到精神。吴先生对学问的严肃与敬畏,吴先生自我修正的学术勇气和严谨求真的学术品格,于今而言,尤其珍贵!

结 语

最近几年,我曾应邀到一些地方举办讲座,包括复旦大学古籍所、浙江大学古籍所、哈佛大学东亚系、北京大学中文系、武汉大学文学院、国家图书馆文津讲坛等,尽管所讲的具体内容不完全一样,但是我都会强调下述观点:汉语史研究、中国古代语言学经典著作研究,可以而且应该运用不同的方法,包括传统语言学方法、现代语言学方法,相邻学科的研究方法,甚至跨学科的研究方法,

---

① 《三国志丛考》,第 222 页。

② 《三国志校诂》,第 148 页。

③ 《三国志丛考》,第 229 页。

④ 《古文献研究丛稿》,第 197 页。

⑤ 《三国志丛考》,第 227 页。

⑥ 《古文献研究丛稿》,第 240 页。

⑦ 《三国志丛考》,第 231 页。

举凡与研究内容相适应的方法、能够满足研究目标实现的方法，都是好方法；但是各种研究方法并不处在同一个层次上，文献学的方法才是最基本的方法，研究古文献不可或缺，研究古汉语同样不可替代。这一观点继承自刘君惠先生、徐复先生等前辈学者，在请益于吴先生和阅读吴先生的论著中则有了更为深切的体会。为撰写这篇文章而重读吴先生论著时，不仅使我更加坚定了上述认识，而且使我更加深切地体会到一个真正的学者应该具有怎样的治学精神。

附记：2013 年国庆长假期间撰成初稿，随后呈请吴师母张敏文先生审正，并得到了重要的修改意见；当月中旬完成二稿后，邮发给吴先生的众多门生和学界中青年专家请教，得到很多鼓励；鲁国尧先生是吴先生生前最为敬重的兄长，故特请鲁先生审订，鲁先生手订拙稿并评之曰："述论周详，得其肯綮。"谨记于此，并致谢忱。作者 2013 年 11 月 6 日。

补记：2013 年 11 月中旬，拙稿为某刊索去，并允于 2014 年 6 月吴先生周年祭时刊发。2014 年 4 月初，作者收到某刊拒稿电邮，旋投《语言科学》。《语言科学》编者随即安排编审，于 2014 年 5 月出版的第 13 卷第 3 期上刊发了拙文。特记于此，并向《语言科学》致以崇高敬意。作者 2014 年 10 月 9 日。

【作者简介】 华学诚，北京语言大学特聘教授，博士生导师，人文社会科学学部主任。

吴金华先生与《三国志》研究

王华宝

这是一篇早就定题的文章，多年前就不断有杂志约稿，而当时先生身体康健，重要的研究成果不断发表，总结性的成果还在进行之中，每与先生谈及，先生总是说不急不急，我也就拖了下来。不料先生于6月2日忽驾鹤而去，此文竟成了纪念文章，岂不痛哉！

先生离去时，我因公务保密性质而未能相送，心中就似从未与先生告别一般。工作生活、读书学习之中也确实不曾分别。与友人相见总有人问到先生，自己读书时自然而然想到先生的观点或先生会如何思考。先生曾为拙书《古文献问学丛稿》作序，写道："早年我们曾经在一起读点《诗》、《书》，说些《论》、《孟》，玩玩《周易》，谈谈《老》、《庄》，翻翻三《礼》、三《传》，那时几乎是天天见面，可是曾几何时，人各一方，尽管我与华宝的研究兴趣都投向了汉魏六朝文献，但共同切磋的机会实在难找了；如今，既然华宝邀我作序，那么，就此谈谈自己的观感，以当连夕之谈，也算略释了久阔之憾。"[①]说的是30年前指导我们读书的情况。现在，身体不是太好的师母还沉浸在悲痛之中，我理当多劝慰师母的，但始终不敢相见。半年来我也未能走出，时时拜读先生的著作，怀想先生的音容。何凌霞博士所编《吴金华集外集选编》供于案头，先生学术纪年待续，如今哪里是一个伤心可了。思绪纷乱，30年来的一幕幕不断似电影镜头般闪现，令人恍惚。近来不断收到师友的纪念文

---

① 王华宝《古文献问学丛稿》，中华书局2009年版。

章，何博士也提示着截稿日期，我再也不能不勉力提笔了，就当与先生做一次长谈，为了忘却的纪念吧。

先生是江苏南京人。名金华，诞生于 1943 年 11 月 27 日夜晚，因第二日报童高呼“金华大捷”，尊翁即以胜地名之。字企玄，恩师徐复（鸣谦）先生所赐，夫子云：“汉末魏晋之际，最可企慕者为二玄。一为郑玄，博通古今之大家也；二为玄学，富有时代精神之哲学也。”号慕朗居士，以《蜀志·向朗传》载向朗年逾八十犹手自校书，先生慕其老而笃习，因自取此号。

先生 1966 年毕业于南京师范学院中文系，适逢时艰，1968 年分配至徐州地区赣榆县的中学任教，以知识渊源作风正派而得学生敬仰。1978 年考回母校，师从鸣谦先生，学业精进。1978 年 9 月作词《踏莎行·回南京读研究生》记考回南京的心情：“江左书生，海隅游子，飘蓬十岁从流水。寒云才卷旧歌飞，狂尘又裹新愁起。不是乔迁，非同鹏徙，更非衣绣还桑梓。恍如山口豁然开，秦人重返桃源里。”1981 年留校任教，直至 1995 年调入复旦大学古籍整理研究所。

先生毕生从事汉语史与文献学的研究，侧重于“中古汉语”的词汇研究与《三国志》整理研究，所关注的学术研究领域是训诂学与校勘学。学术专著有《三国志校诂》（江苏古籍出版社 1990 年）、《世说新语考释》（安徽教育出版社 1994 年）、《古文献研究丛稿》（江苏教育出版社 1995 年）、《三国志丛考》（上海古籍出版社 2000 年）、《古文献整理与古汉语研究》（江苏古籍出版社 2001 年）、《古文献整理与古汉语研究续集》（凤凰出版社 2008 年）等。如今，《三国志今注》（凤凰出版社）已有初校样，点校本《三国志》（中华书局）修订工作已打下基础。而《三国志》研究的系列性项目，《三国志》新校本、《三国志简注》、《三国志》新注新译、《三国志》文本系统的研究、《三国志专题索引》、《三国志大词典》、《三国志》研究概论等等[①]，或有初步计划，或有部分样稿，或有部分成果，竟不能亲自完

① 先生 2007 年即有“《三国志》整理研究系列”计划。

成,世人岂不为之一恸。真是天妒英才!

先生与我同随鸣谦夫子,以柳士镇先生发明的名词来说,算"隔代同门",先生又是我的授业恩师,亲授《史记》、训诂学、语法学等多门课程,对我研读《史记》帮助极大。大学毕业之际,先生曾找了一辆吉普车亲自送我到单位报到,我当时连单位门朝哪里都不知道,所以常说这一辈子是吃的老师给的饭。蒙先生的信任,后来又担任先生多部书的责任编辑,比其他同学多了一种学习的机会。对先生的道德学问,更是崇敬万分。

中国秦汉史研究会会长王子今教授在其著作《20 世纪中国历史文献研究》的"《三国志》研究"一节中①,历数现代《三国志》研究专家十余人,先生可以说是最后且最重要的一位。三十年来,面聆先生开示不计其数,谈《三国》更是家常便饭。因从下列几个方面,记叙先生对《三国志》整理与研究的贡献,以及先生准备做而未及做或未及完成的一些工作,期待学人更期待同门能继续先生的未竟之业。

一　以词语考释为主的《三国志》语言学研究

先生于 1978 年师从著名语言学家、文献学家徐复先生攻读汉语史专业研究生,读书期间即担任语言学家、三礼学家钱玄(小云)先生的助教,为中文系本科生辅导《古代汉语》课程。并协助徐复先生查证《汉语大词典》编纂过程中所需要的资料卡片,在"斋舰"、"顾返"等语词研究方面受到称赞,徐先生在《读〈义府续貂〉识语》中就有提及。② 早期对《三国志》的研究,即以语词考释、语法研究为主,发表了《〈三国志〉解诂》、《〈三国志〉考释》、《试论"R 为 A 所见 V"式》、《〈三国志〉拾诂》、《〈三国志〉词语札记》《〈三国志〉词语

① 王子今《20 世纪中国历史文献研究》,清华大学出版社 2002 年版,第 328—339 页。

② 见《徐复语言文字学丛稿》,江苏古籍出版社 1990 年版,第 367 页。

简释》等十多篇文章。这些厚重的成果，得到了学术界的赞赏，也为先生赢得了荣誉，1985 年获江苏省哲学社会科学优秀成果奖，1986 年获中国社会科学院青年语言学家奖。

这些文章以及一些未刊的研究成果，达 700 余条，汇为先生的第一部研究专著《三国志校诂》。笔者是此书的责任编辑，见证了先生不断修改、精益求精的过程。后来写过两篇小文介绍此书①，认为该书的主要特色是“重视发明、讲求实用”。具体可以分为五个方面：

（一）新校新释。（1）传讹至今，尚无人校理者，先生为之校定。如第 24 页《魏志二 · 文帝纪》注引《献帝传》“慕匹夫之微分”，先生认为“分”当作“介”，形近而讹。第 52 页《魏志七 · 臧洪传》“畏威怀亲”，“威”当作“君”，先生据 1965 年新疆出土的晋写本残卷（存 370 馀字）等文献校正。（2）古义时语，迄今未见注释，或云“未详”者，为之训释。如第 13 页《魏志一 · 武帝纪》注“谭虽出后其伯”，先生认为“出后”乃晋人常语，犹今语之“过继”，列举本书、《晋书》及《周书》等 5 例阐释，又举出与之同义的“出绍”、“出继”、“出继后”等词，申论其说。又第 283 页《吴志十五 · 周鲂传》“启事蒸仍”，卢弼《集解》：“蒸仍，未详。”先生认为二字双声迭韵，为六朝习语，频仍、殷勤之义。先生的独到创见，随处可见。

（二）辨证误校、误释。（1）古今校者有误处，为之辨证。如第 22 页《魏志二 · 文帝纪》注引《献帝传》“心栗手悼”。孙志祖认为不应作“悼”，卢弼引何焯曰：“悼，疑作掉。”先生认为“悼”为“掉”之借字，“手悼”即俗所谓手抖，不烦改字。第 225 页《蜀志十四 · 姜维传》注“余既过苦”，卢弼《集解》：何焯校改“苦”作“苛”。先生认为“过苦”，犹言过激，不烦改字。（2）又有古今注家误释，或辞书误解者，为之辨误。如第 30 页《魏志三 · 明帝纪》注引《魏略》“卿乡里乃有尔曹快人”，辞书或释“快人”为豪放直爽之人，先生认

---

① 分见《古籍整理出版情况简报》第 249 期（又收入《江苏古籍序跋与书评》）、《文教资料》1995 年第 2 期。

为不确，例举三条，说明“快人”为魏晋口语，指有抱负、有能力之人。并举出同义之“快”、“佳快”各作佐证。第 92 页《魏志十三·王朗传》“二毛不戎，则老者无顿伏之患”，辞书释“顿伏”为“顿首伏身”，先生举出十余例说明为“跌仆”之义。这种辨证讹误的工作，如里没有深厚的学术功底，是很难胜任的。

（三）释疑祛惑。古书疑义，众说纷纭、莫衷一是者，以及古今校注者致疑之处，先生列举翔实的史料，为之辨证，解决了许多悬而未决的问题，颇具卓识。如第 145 页《魏志二十六·满宠传》“樊城得水”，或疑“得”一作“待”，或疑皆非是，先生以为“得”字不误。第 234 页《吴志二·吴主传》“陆逊部将军宋谦等攻蜀五屯”，前人对“部将军”三字不明，而疑衍“军”字，先生认为“部”乃部署、派遣之义。第 284 页《吴志十五·钟离牧传》注引《会稽典录》“登皆首服”，卢弼《集解》：“登字疑误。”先生广征博引，证明“登”为当时之义，六朝常语。释疑祛惑方面，先生做了大量的工作，博考典籍，所校释多成定论。

（四）申证前说。对前人语焉不详，或虽详而不为今人承认者，先生又补增例句予以说明，助成其说。如第 78 页《魏志十一·王修传》“异王基于幼童”，各本多作“童幼”，先生举例说明“童幼”似为原本。第 283 页《吴志十五·全琮传》“权将围珠崖及夷州”，前人郁松年等已指出“围”当作“图”，而标点本仍作“围”，先生举例助前人之说。

（五）中华书局标点本标点不当，影响文义者，为之辨正。如第 22 页《魏志二·文帝纪》注引《魏略》“遣刺奸就考，竟杀之”，割裂了“考竟”一词。第 37 页《魏志四·三少帝·高贵乡公髦纪》注引《魏氏春秋》“皆列《大雅》”，《大雅》非《诗经》之《大雅》，乃妄加书名号。第 119 页《魏志十八·阎温传》注引《魏略·勇侠传》“今日出，待死，友在外”，割裂了“死友”一词，等等。

而广征博引，考校翔实，训释精允；校勘多揭出其致误之由，训释多连类而及，举一反三，则成为《三国志校诂》的基本特色。此外，该书择录卢弼《集解》问世以来的研究、整理《三国志》的有关成果 101 条,有的条目后附有先生自己的观点,成《三国志考释集锦》。书末附有《三国志标点本两版校记》,举出 67 处形成阅读障碍的文字,予以说明、辨证。这种工作显示出先生兼收并蓄、充分尊重别人的劳动成果、方便读者的严谨学风,该书也起到了集大成的作用,对于读者总体把握《三国志》研究、整理的状况,很有益处。该书后来获得了"全国古籍优秀图书奖"。

从 1978 年到 1990 年前后,先生充分运用文字、音韵、训诂、语法等方面的知识,全方位地开展《三国志》语言研究,并对标点本存在的标点问题做了初步的梳理,解决了大量的问题,取得了初期的成果。1995 年调复旦大学古籍整理研究所,又有编入《古文献研究丛稿》的十余万字的《校诂外编》、《校诂订补》、《校诂外编补正》等文。2000 年完成上海市社科基金资助科研项目《三国志语言研究》,将考释与校勘工作推向深入。此外,攻读博士学位的学生从事《三国志》异文研究、成语研究、与中古汉语词汇的比较研究等,也都融入了先生大量的心血。

需要强调的是,先生的《三国志》语言研究是与中古汉语研究相结合的。先生认为,在"中古汉语"研究中,《三国志》不愧是大型的优质语料库,无论你选择语义学、语法学、语音学的什么课题,它都能提供丰富的语料。这一点在《〈三国志〉语词笺释》一文中有所体现,先生认为"我们的目光常常投向蕴藏于《三国志》的中古语词,于是便产生了如下三点印象:印象一:新词、新义层出不穷;揭示这些内容,可以大幅度增添汉语史研究的鲜活语料,有助于填补大型辞书的诸多空白。印象二:误读、误注、误译的现象不胜枚举。讨论这些内容,可以丰富古文献学的研究资料,有助于提高古籍整理研究的学术水平。印象三:要揭示上述内容,必须在宏观考察的背景下,开展以《三国志》本体研究为基础的个案分析。"①先生的研究成果,得到了中古汉语研究者的高度重视,"注重创新,注重方法,注重深度"的学术理念,也受到学术界的高度赞扬。

---

① 见《古文献整理与古汉语研究》,第 147 页。

二　以文本校勘为主的《三国志》文献学研究

训诂与校勘本是难以严格区分的问题，在先生的研究中也常常是同步进行的。如 1982 年发表《〈三国志〉标点献疑》、1984 年发表《三国志校点拾疑八则》[①]。但从对材料的运用与成果的呈现来看，在不同时期先生的研究还是有所侧重的。先生在《三国志丛考》的《弁言》中谈到："《校诂》是 1987 年撰成的，那时我还没有全面的调查过《三国志》的七种重要版本，还没有悟出陈乃乾《三国志》校点本（中华书局 1959 年）的误文往往来自金陵活字本。"此后，则进行了系统的《三国志》文献学研究，取得了突破性的进展，并为做集大成式的校注打下坚实的基础。代表性成果《〈三国志〉斠议》[②]，洋洋洒洒 27000 字，文分六部，例举九十，是一篇校勘学的经典文章。文本研究的主要成果也汇为先生的另一专著《三国志丛考》。在《三国志》文献学研究方面，先生主要做了以下工作：

一是通过对以前集大成著作的研究，肯定已有的成绩，指出其中的不足，有了系统、全面校注的计划。先生在《三国志丛考·弁言》谈到："二十世纪是《三国志》整理研究成果层见叠出、异彩纷呈的时代。仅就《三国志》文本的校理而言，完成于三十年代的重要成果就有易培基《三国志补注》（台北艺文印书馆 1955）、卢弼《三国志集解》（古籍出版社 1957）、张元济《三国志校勘记》（商务印书馆 1999）三种。毫无疑问，从文化学术史的角度深入认识这些成果的历史价值和现代意义，是我们不断推进研究起点的重要途径。"

先生也正是在此基础上向前推进的。关于易著，先生发表《略论易氏〈三国志补注〉》、《易氏〈三国志补注〉今证》，揭示其历史贡

---

① 分别见《中国语文通讯》1982 年第 3 期、《中国史研究》1984 年第 4 期，后收入《古文献研究丛稿》。

② 见《三国志丛考》，第 161—197 页。

献和实用价值；发表《易氏〈三国志补注〉评述》，揭示其不足。关于卢著，先生则有65000字的长文《〈三国志集解〉笺记》[1]，客观评价《集解》"汲取了历代集解式著述的丰富经验，展示了广采众善的博大气象，体现了筚路蓝缕的创新精神，显示出有疑则阙的治学态度"，肯定其为里程碑式的巨著，是"目前关于《三国志》的最详注本"，但同时指出三点问题：一是在版本的取舍上似乎带有情绪化色彩，二是不熟悉语言文字的学问，三是在引证文献上，还有许多空白。

1994年，我当时供职的江苏古籍出版社，与先生签订《三国志校注》出版意向书，想争取优质稿源。先生于1995年申请了教育部古籍整理研究工作委员会资助的科研项目《三国志详注》。后来，我策划《前四史今注》系列，张大可先生做《史记今注》(2013年1月版)，王继如先生主编《汉书今注》(2013年1月版)，先生的注本就改名为《三国志今注》，且已排出初校样。

二是通过对《三国志》版本系统的梳理，揭示出校点本的工作底本是金陵活字本。1989年下半年，岳麓书社约请先生整理《三国志》。先生就有意识地对《三国志》版本系统做了深入的研究，对传世的几十种传本，按照抄写刻印的时代及其形态等做了分类，分别指出其源流与价值，并取得一些新的成果。如揭示出"权威本"中华书局校点本以四种版本择善而从，而以清同治六年金陵书局活字本为工作底本的事实。这让学术界对校点本的"致误之由"有了清晰的认识。

由岳麓书社于1990年推出以商务印书馆据宋绍兴本、绍熙两种刻本配合影印的百衲本为底本、以后出旧刻通行本为互校本的《三国志》新整理本。由《出版说明》可知，岳麓版《三国志》在文字方面，订正讹衍脱倒之处甚多；在标点方面，则大部分因袭了校点本，只有300余处有所不同，所做工作主要是存异、匡谬、补缺和加工。在印刷8次累计印数达158000册之后，先生又进行了认真的

---

① 见《三国志丛考》，第53—150页。

修订,从 1999 年所做的《修订后记》可知,先生认为"学术事业是没有止境的,新视角、新方法、新资料总是把老工作推上新台阶,岳麓本的修订也不例外","今天从事《三国志》的校勘,比以往拥有更多的优越条件。一是可参考的资料比过去丰富;二是又有幸读到一些有关的新论著,受到不少新的启发;三是电脑时代的到来,使我们的研究具备了比过去更便利的方法与手段"。因此,先生的修订工作取得较多的成果,改动达 900 多处,使此新整理本更加完善。

先生全面系统整理《三国志》文本,梳理版本系统,也为此后开展点校本《三国志》修订工作奠定了坚实的基础。

三是重视出土文献和已有成果,将研究工作推向深入。先生一直重视新资料的利用和老资料的新利用。如 1989 年发表《晋写本〈魏志·臧洪传〉残卷初探》①,对残存的 375 个字进行充分的运用,肯定其"确有'一字千金'的价值",并对另外 3 种晋写本残卷,也做了一定的探讨。此外,利用日本古写本《群书治要》解决一些校勘与语言研究方面的问题。

先生对时事不太关心,很少参加各种会议,但对学术研究的动态非常关注。试举一例。2012 年 12 月 3 日收到先生邮件,为先生的讲义"《魏志·倭传》助读"六讲,计 78000 字。《今注本二十四史》中的《三国志》12 册,巴蜀书社 2012 年出版,市场上尚未发行,而先生文中已有这样的文字,"前不久,看到杨耀坤先生等校勘注释的《三国志》,其中也提出了不少值得进一步讨论的问题","杨先生是我钦敬的《三国志》研究专家,他的《今注》严谨弘博,跟他的旧著《陈寿评传》等等一样,质量很高,当今罕见其匹,读了获益匪浅;但这里的'欲'字是不是一定要改?我有点疑问,可惜现在不能当面请益,只好把浅见记在下面"。这也验证了先生平时所言,"四川人《三国志》研究水平很高,要关注他们的成果"。

四是主持点校本《三国志》修订工作,并对新世纪如何从事古

---

① 原载南京师大学报 1987 年增刊《古文献研究文集》第 2 辑,收入《古文献研究丛稿》。

籍整理研究工作做了大量的思考。先生在修订岳麓书社版《三国志》的同时，于 1999 年 8 月修订旧稿《中华书局校点本〈三国志〉修订刍议》，发出修订点校本的倡议。这在全国来说应当属最早的。先生在宏观观照与微观分析的基础上，提出了一整套修订原则、方法和具体的工作方案，具有重要的理论价值与应用价值。对推动点校本"二十四史"的全面修订，具有一定的作用。此文最先发表于由笔者担任责任编辑、江苏古籍出版社 2001 年出版的《古文献整理与古汉语研究》一书。受先生学术理念的影响，我也于 2002 年撰写了《〈史记〉新整理本刍议》[①]一文，认为《史记》点校本也存在较多问题，同样需要修订，作了学术上的响应。

2007 年 5 月，先生受聘主持由教育部、新闻出版总署暨中华书局联合立项的"点校本《三国志》"的修订工程。笔者参加了点校本"二十四史"暨《清史稿》修订工程第一次工作会议，又有机会面聆先生教诲，共游香山。当前《三国志》修订样稿已获通过，只是先生不能亲自完成修订了。这多么让人痛惜啊！先生挚友汪维懋先生感叹："你通晓汉魏六朝语境、熟悉佛学语言，从语言学家、文献学家的角度研究《三国志》，达到了前所未有的高度。你的计划切实可行，在时间上也留有余地。只要再有一年，不，再有半年多时间，你就能把你多年来研究《三国志》的所有新发现、新成果，你在脑海中已经解决但还没有形成文字的各个疑难问题转化为电脑中的文字，贡献给学界，传示于世人。可你就这么走了，把这些新发现、这些新成果、这些将要解决的疑难问题，统统又交回给历史，统统又变成不可知的问题留给了后人。后人要解决这些疑难问题又不知要走多少弯路、付出多少艰辛啊！"但我相信，有《三国志整理研究长编》在，有先生仙逝前一个多月撰写的《点校本三国志修订细则》等在，有先生培养的研究团队和弟子们在，有先生的哲嗣吴葆勤博士在，在中华书局的有力领导与协调下，修订工作一定能高

① 原载中国史记研究会论文集《史记论丛》，陕西人民出版社 2004 年版；又载《淮阴师范学院学报》2002 年第 6 期，与赵生群教授共同署名。

质量地完成。先生所播撒的《三国志》研究种子，必然会开花结果。

三 由实践向理论转化的《三国志》综合研究

先生长期从事语言研究与文献整理的实践工作，到复旦大学后，更加重视跨学科研究的理论与方法，有意识地运用理论方法，对各种现象进行归纳总结，从宏观上来重新审视一些老问题，如发表《新世纪之初〈三国志〉校勘问题的思考》等文章，作题为《全球化视野中的古文献学》[①]等演讲，做《进入网络时代的"中古汉语研究"》等讲座。在《〈中日三国志今译与中古汉语词汇研究〉举要》一文中指出："一位严谨学者的力作，一项全球化视野中的专题研究成果，一部充满新意而富有创见的学术专著，总是有许多值得读者尤其是同行的读者细细品味的内容，倪永明博士的《中日〈三国志〉今译与中古汉语词汇研究》一书就是这样。"[②]并对古籍今注今译的理论与实践提出了一系列新的见解。在《古文献问学丛稿序》中提出："传统的考释学，特别讲究本证与旁证的互相支撑；西方的阐释学，特别强调整体和局部的双向循环。"又应汉学家、挪威科学院院士、奥斯陆大学教授何莫邪（Christoph Harbsmeier）先生之邀，共同主持《〈三国志〉中英文对照译本》的科研项目。

先生曾有编纂《三国志大词典》的想法，故对山东教育出版社1992年出版的《三国志辞典》（张舜徽先生主编）做过认真的研究，撰写了《〈三国志辞典〉商兑》[③]一文，"所讨论的问题只侧重于辞书的立目与词语解释两个方面"，分为十二个方面：（一）因误解原著而出现的假目，（二）因沿袭版本误文而建立的误目，（三）被割裂的

---

① 此为先生2003年的讲演标题，似未单独发表，仅见于笔者所撰《〈南京师范大学古文献专业成立二十周年暨学术讨论会〉综述》，《古籍整理出版情况简报》第393期。

② 见《古文献整理与古汉语研究续集》，第93页。

③ 见《古文献整理与古汉语研究》，第187—207页。

词语,(四)当分而不分的词语,(五)非专名被误解为专名,(六)专名被误解为非专名,(七)因不明历史文化及社会制度而误释,(八)关于人物的误释,(九)关于地名的误释,(十)因忽略语境分析而误释,(十一)关于古音通假与难读字的注音,(十二)关于成语典故及一般语词的误释。需要说明的是,先生在研究工作中非常注意对前人劳动成果的尊重,对别人所做的贡献给予应有的客观的评价,如该文的结尾,先生写道:"最后,我们还要强调说明一点,即山东教育出版社的《三国志辞典》为二十世纪专书辞典的园林增添了新的景点,对推动文化事业的发展做出了新的贡献。我们认为,在充分认识其新贡献的同时,结合某些值得商兑的问题进一步探索辞书编纂的难点和盲点,会使这部《辞典》更富有利用价值和启发意义。文中恐有不当之处,欢迎批评指正。"

先生还曾将《汉语大词典》与《三国志》相关的所有条目做了全面的考察,发表了《〈汉语大词典〉书证商榷》、《〈汉语大词典〉中有关文献考察的若干问题》、《〈汉语大词典〉商补》、《〈汉语大词典〉商订八题》等系列论文[①],揭示其不足与失误,全方位地提出修订意见,并第一次提出且论述了汉语辞书中"假目"、"误目"、"疑目"等特殊现象。可以说,这些见解均发人之所未发,对辞书编纂具有不可忽视的指导意义。

先生的《三国志》研究,早已在语言与文献研究的基础上,精熟史书体例、三国史事及文化习俗,走向理论与综合研究。如 2010 年的《〈三国志〉的叙事、评议与抒情》,《关于"曹操墓"热议的述评》等;最后半年所写系列文章《三国志发微》之一《陈寿详略之笔与〈三国志〉的繁简之处》的《目次》为"一,详录'虚实难明'的陆凯遗表",二,"'荀勖'仅见《上诸葛亮集表》"三,"《蜀志》、《魏志》屡记刘

① 第 1 篇原载《南京师大学报》1995 年第 3 期,收入《古文献研究丛稿》;第 2 篇原载《文献》1998 年第 3 期,第 3 篇原载《南京师大学报》1997 年第 1 期,第 4 篇原载《辞书研究》1999 年第 3 期,第 2、3、4 篇并收入《古文献整理与古汉语研究》。

备帝王之相”；之十二《〈三国志〉何曾虚饰王平？——刘知几〈史通〉“不可轻信”举例》。还有与《三国演义》的比较研究等。或考证史实，或研究史笔，或议论史评，或品鉴文学，真知卓见，层出不穷，令人叹服。

当然，先生对与《三国志》有关的《后汉书》、《世说新语》、《建康实录》等文献，也做过精深的研究，专著《世说新语考释》，更是得到学术的一致好评。先生对佛经语词研究、对辞书编纂等有很大的贡献，显示出开阔的学术视野和综合研究的学术理念。

此外，先生已有做《三国志汇校集释》的计划。项目的主要内容分三大块：一是版本汇校，二是注释与评议，三是史实考据。研究思路为："多年来，吴金华教授将研究重点放在文献整理与汉语史综合研究上，致力于文史与语言文化的贯通。所以综合研究是本项目的主要特色，而研究方法则以传统的考据学与现代学术方法相结合，注意处理好宏观与微观、定量与定性等的关系，并充分关注最新学术信息，充分利用现代科技手段。在研究过程中，重视版本的学术价值的定位，注重文献资料的科学性的评判和学术史的梳理。"强调的就是“综合研究”。

四　培养人才，开拓创新，将《三国志》研究推向时代高峰

先生是章（太炎）黄（季刚）学派的传人，也是中华学术文化的热心播火者。先生在 1985 年因协助徐复先生创办南京师大古文献专业有突出贡献，被评为省级劳动模范，省政府授予“江苏省优秀教育工作者”称号。1992 年起，因从事高等教育工作有突出贡献，享受国务院颁发的“政府特殊津贴”。2008 年受聘为复旦大学特聘教授。据何凌霞博士所撰《吴金华先生传略》可知，“除联系博士后 7 人以外，已招收海内外博士生 32 人，硕士生 12 人”。可谓门下人才济济。其中有不少学生撰写了与《三国志》有关的学位论文。已出版的有王文晖博士《〈三国志〉成语研究》（湖北人民出版社 2004 年）、苏杰博士《三国志异文研究》（齐鲁书社 2006 年）、倪

永明博士《中日〈三国志〉今译与中古汉语词汇研究》(凤凰出版社2007年)、马丽博士《〈三国志〉称谓词研究》(中国社会科学出版社2010年)、王彤伟博士《〈三国志〉同义词及其历时演变研究》(巴蜀书社2010年)等。另外还有储泰松《〈三国志〉裴松之音注浅论》、季忠平所译《吐鲁番、敦煌发现的〈三国志〉写本残卷》(片山章雄撰)、陈健梅硕士学位论文《裴松之年谱》(2003年,获上海市研究生优秀学位论文)、邓军《三国志代词研究》(2001年博士学位论文)、崔泳准《中韩〈三国志〉今译与古汉语专题研究》(2003年博士学位论文)、阎玉文《〈三国志〉复音词研究》(2003年博士学位论文)、肖瑜《敦煌吐鲁番出土〈三国志〉古写本用字研究》(2006年博士学位论文)、何凌霞《〈三国志〉专名研究》(2009年博士学位论文)[①]。何博士认为:"先生学术视野开阔,治学不主一家,由古及今,自东徂西,兼收并蓄,善采众长。先生的治学理念亦贯穿于弟子的学术成果中。"这些成果,与先生的研究论著共同反映出新世纪《三国志》整理研究的深度和广度。可以自豪地说,先生将《三国志》研究推向了时代高峰。

此外,先生曾主办"《三国志》研究第一届国际学术讨论会"(复旦大学)及合办"中古汉语第三届国际学术研讨会"(与苏州大学王继如先生合作),为推进学术研究不遗余力。笔者在先生指导下,撰写《南京图书馆藏〈三国志〉版本简论》[②]一文以参加2002年11月在复旦召开的研讨会,多了一次学习的机会。90年代初期,有出版社约先生做《白话三国志》,也曾协助先生做了40卷的初稿,师母汇集先生成果时还见到书稿。据我所知,何亚南教授的博士论文《〈三国志〉和裴注句法专题研究》[③],也得到了先生的很多

---

① 参见何凌霞《吴金华先生学术年谱简编》,见《吴金华集外集选编》第478页。

② 原载《古籍研究》2003年第1期,收入《古文献问学丛稿》。

③ 南京大学2000年博士论文,导师为柳士镇教授。南京师范大学出版社2001出版。

帮助。

先生对学生要求较严，爱之深而责之切，并且投入的精力也多。据先生晚年弟子毛娜说，先生倡导“与人为善，以文为亲”，要求学生“作风正派、诚实勤奋、专心治学、尽力而为”，而对自己要求更严。其实，先生对学生倾注了全部的爱，言传身教，对后辈有着很高的期待，他是希望将他领悟到的学术传统能够传承下去啊！① 在生命的最后的旅程中，先生还编写了《〈魏志·倭传〉助读》六讲，并“旨在通过《魏志·倭传》的研读，了解古文献研究和古汉语研究中的必须注意的问题，跟共读的同学一同寻找新的、前沿性的、原创性的研究课题”。

先生还有许多计划要做，《三国志汇校集释》就是其中的一项。先生来信商议此事，嘱做方案草稿，我曾呈交一份近 3000 字的初稿。关于课题研究的意义及研究现状评述，当时写道：“20 世纪 30 年代，卢弼汇集历代学者对《三国志》正文和裴注所作的注释、版本校勘和考证，结合个人的成果，编纂为《三国志集解》(古籍出版社 1957 年)。中华书局 1959 年出版的《三国志》点校本，就是在《集解》提供的学术基础上推出的‘权威本’。易培基《三国志补注》(台北艺文印书馆 1955 年)，周一良《三国志札记》，张元济《三国志校勘记》(商务印书馆 1999 年)，赵幼文遗稿、赵振铎等整理《三国志校笺》(巴蜀书社 2001 年)等，或考订名物制度，或训释词语，或进行校勘，或研究版本等，均取得一些成绩，是我们不断推进研究起点的重要资源。然而遗憾的是，各书校注遗误不少，或版本取舍不当，或疏于语言文字考释，或引证文献有误，或已有成果吸收不足等，未能如意处仍多，约略统计，人名、地名、史实、典故、语词训释、标点之误等数以千计。从学术史角度看，现已过去多年，这些成果多有不足，订补论著也多而分散，借鉴乾嘉考据学和现代学术方法，选录前贤和今人可信的成果，融入吴金华教授及其学术团队的研究成果，对《三国志》做一全面的汇校集释，推出一部代表 21 世

① 先生对导师徐复先生、钱玄先生感念至深，有“鸣谦室学记”十多篇。

纪《三国志》学术研究水平的集大成之书，是非常有必要的，且是可行的。”在结语部分，当时写道：“以上成果和积累的经验，收集的研究资料，以及《三国志》整理研究最强的学术带头人和处于领先地位的学术团队，都为《汇校集释》创下了独有的学术条件，打下了很好的学术基础，提供了能够实现的学术保障。”如今最强的学术带头人不幸仙逝，此类重大课题，不知何时何人能够完成了。

先生在《三国志》研究方面，取得了蜚声海内外的、令人敬佩的成就。这与先生语言学与文献学的高度造诣及其二者的相互结合，与先生对史书体例、三国史事与文化习俗的精深理解，与先生的学术理念、《三国志》以外深厚的积累等等是分不开的。

先生在《跨世纪的徐先生》[①]一文中阐述：“在学术研究上，徐先生常常提到的字眼是‘新’、‘博’、‘通’、‘专’、‘精’。假如我没有误解的话，那么，在这五位一体的治学要诀中，‘精’是要诀的核心；如果在上述五项中偏重某一方面而忽略其他方面，就难免出现偏差，比如只‘博’不‘专’则流于浅薄，只‘专’不‘博’则难免狭隘，等等。”在《训诂学家的乐趣——徐复先生二三事》[②]一文中写道：“先生最大的乐趣，在于从语言文字学的角度不断地发现训诂的疑点、盲点和难点，并不断地解决有关问题。”了解先生的人都知道，其实这也是夫子自道。就如《企玄室记》所说：“企玄之学不在玄，在乎创新之义也。创新之作，得之静而出之勤也。”明确学术的要义是“创新”，实现“创新”的途径是“静”与“勤”。学生当牢记遗训，相信天下学人也可共勉。

在10月26日举办的南京“首届大师精神论坛”上，笔者做了题为《大师精神的当代意义》的演讲，其中说到：“大师的精神品格是学术的灵魂，重在科学与求实。大师们在勇于探索的人生历程

---

① 原载《朴学之路——徐复教授九十寿辰学术讨论会论文集》，江苏教育出版社2004年版。

② 原载《文汇读书周报》2006年9月1日。

中往往蕴含着一种高尚的献身精神、敬业精神。在10月20日刚刚结束的'点校本二十四史及《清史稿》修订工程第五次修纂工作会议'上，工作委员会主任杨枚之先生在《工作报告》中沉痛地说道：'《宋史》主持人裴汝诚先生、《三国志》主持人吴金华先生因病去世。他们都是我们修订工作者的杰出代表人物，对古籍整理事业，对修订工作，都做出了重要的贡献，是值得我们尊敬、值得我们纪念的。我们要铭记他们的精神，朝着我们共同的方向，坚定、踏实地前进。'大家铭记的就是这种绵延不绝的献身学术的人文精神。大师们的坚守与传承，是人类社会进步的一个重要推动力，也是中华民族生生不息的精神源泉。"这与先生纪念鸣谦夫子之语"人生岂谓真如梦？道德文章千古垂"，应当是一致的。

我三生有幸，从游30年，在学习、生活、工作的方方面面得到先生的厚爱。先生一度有意招我到复旦，我因惧怕压力、在《三国志》研究方面并无成绩、当不起协助先生的重任，未敢贸然而行。后来师母张敏文老师重提此事，虽无责怪之意，而我非常难过。我对先生《三国志》研究相对熟悉，但理解不深，只能拉杂写下这些文字。而先生"与人为善"的处事方式，"寻找新的、前沿性的、原创性的研究课题"的治学理念，"静"与"勤"的学术态度等等，我将永远铭记。同时，相信专家与继续从事《三国志》研究的同门，能对先生的成就与贡献作出更好的阐释。

谨以此文纪念先师吴金华先生！

2013年12月9日初稿

2013年12月27日二稿

【作者简介】 王华宝，1983年至1987年南京师范大学古典文献学专业本科生。现为东南大学人文学院教授，古典文献学研究所所长，江苏省语言学会常务副会长。

吴金华《三国志》代词校诂略论

邓　军

一　引　言

《三国志》问世以来，研治者历代不乏其人，领域涉及历史、文献、语言诸方面，其中语言方面的研究尚且薄弱。从语言研究的历史看，六朝以来的注释、校勘、训诂、笔记等著述对《三国志》代词时有论列①。著名语言学家、文献学家吴金华先生长期从事汉魏六朝文献的整理与中古汉语的研究，尤其是对《三国志》校诂作出了

---

① 如《三国志·吴书·吴主传》注引三国魏鱼豢《魏略》："此鼠子自知不能保尔许地也。"清刘淇《助字辨略》卷三释此例："尔，此也；许，助辞。尔许，少辞也。"解放后，相继出版的语文类辞书以及文献、语言等方面的研究著作，还有发表的论文等对《三国志》中的代词均有所论及，如《汉语大词典》、吕叔湘的《近代汉语指代词》（学林出版社 1985）和《读〈三国志〉》（《中国语文》1982.5）、俞理明的《佛经文献语言》（巴蜀书社 1993）、王泗原的《古语文释例》（上海古籍出版社 1988）、郭锡良的《试论上古汉语指示代词的体系》（1989）和《汉语第三人称代词的起源和发展》（载《汉语史论集》，商务印书馆 1980）、蔡镜浩的《也谈汉魏六朝的疑问代词"所"》（载《汉语研究论集》，语文出版社 1992）、台湾魏培泉的《汉魏六朝称代词研究》（台湾"中央研究院"语言研究所 2004）、太田辰夫《汉语史通考》（重庆出版社 1991）、志村良治《中国中世语法史研究》（中华书局 1995）、周一良《魏晋南北朝史札记》（中华书局 1985）、周法高《中国古代语法·称代编》（史语所专刊之三十九 1959）等。

卓越的贡献,成就斐然,备受学界瞩目,《三国志校诂》(1990)、《古文献研究丛稿》(1995)、《三国志丛考》(2000)以及《古文献整理与古汉语研究》(2001)、《新世纪之初〈三国志〉校勘问题的思考》(2001)等集中地体现了先生毕生精力潜心研究《三国志》的成就与治学思想。先生校《三国志》,旁引博据,宏洽淹通,考究精严,辨驳明审,将现代文献学、语言学的理念贯彻于《三国志》整理与语言研究中,对《三国志》代词多所发明,不仅集合了前人成果,更有自己的心得,对古籍校勘、文献语言研究以及辞书编纂等均有重要的参考价值。为此,本文试图对先生上述成果所论代词勾稽爬梳,总结其校勘思想与方法以及代词的学术价值,以示对魏晋六朝语言文献的研究与整理之意义。

二 校勘思想与方法

(一) 校勘的运用

1. 版本互校与有疑则阙的原则

《新世纪之初〈三国志〉校勘问题的思考》一文说:"新世纪的校勘,应当是一种以现存重要文本的认真互校为基础,由深化或拓宽的知识所驱动,最终以宏观考察与微观研究相结合的方法求得实证的校勘。"[①]先生与时俱进,站在时代的高度,诠释了校勘新的特质。

校勘不能脱离版本。版本互校选用善本至为重要,这是校勘学的灵魂。先生以《元典章校补》启示我们:"先求得底本的异同,然后考定其是非;从现代科学方法论的角度来看,古来许多校勘学者的著作,其最高者如王念孙、王引之的,也只是教人推理的法门而不是校勘的正轨,其下焉者,只能引学者走上舍版本而空谈校勘

① 见《卿云集》,上海古籍出版社 2002 年版。

的迷途。”①

校勘要坚持信而有征，有疑则阙的原则。“历史的经验告诉我们，古籍的校勘要走出扫尘式的怪圈……还须坚持有疑则阙的原则。”②这是校《三国志》应持的态度。

2. 博考他书异文与他校法的运用

从古籍中搜求有关异文，这是开展他校的基础工作。若不参考历代学者特别是清代学者的有关著述，不参考宋元明清版本系统所显示的版本演变方面的信息，不参考现当代学者的最新研究成果，校点者在异文的弃取及理校法的运用上肯定会受到多方面的限制，并导致若干种失误的发生。③《新世纪之初〈三国志〉校勘问题的思考》一文以清何焯、易培基与赵幼文为例，阐释了异文对校勘《三国志》的意义：

> 第一，某些异文来自古本……多少能反映出梁代流传的古写本的局部面貌，这类异文对今本的校勘最有价值。第二，某些异文，系撰书人改易《三国志》原文而成……这类异文对探讨古书演变及语言变迁的规律颇有价值。第三，某些异文，随着撰书人节缩原著或改编原著而出现……这类异文对研究文献编纂学等等不无价值。第四，某些异文，也属于古书传写翻印过程中出现的讹误，研究这类讹误现象，对古籍校勘也有帮助。④

先生善用此法校释代词。如，中华书局校点本《魏书·董卓传》：

---

① 见《略论易氏〈三国志补注〉》一文，载《三国志丛考》，上海古籍出版社 2000 年版，第 4 页。

② 吴金华《新世纪之初〈三国志〉校勘问题的思考》，《卿云集》，上海古籍出版社 2002 年版。

③ 同上，第 275 页。

④ 吴金华《新世纪之初〈三国志〉校勘问题的思考》，《卿云集》，上海古籍出版社 2002 年版。

"拥兵自卫",绍熙本、南本作"拥兵自为"。《三国志补注》广征袁宏《后汉纪》、《孟子·告子上》、《庄子·天下篇》、《吕氏春秋·分值》与《淮南子·兵略训》为他校材料,又以本志《武帝纪》裴注引《魏书》为本校材料,证"自卫"当是"自为"之讹,作拥兵自强,为己谋利解。[①]《三国志待质录》考《史记》、《汉书》、《文选》、《晋书》诸书,认为"楚则失之矣……"(《魏志·陈思王传》)衍"之"。[②]

3. 通例的研究与理校法的运用

古书行文,常有特定的格式,如《三国志·蜀书》以"先主入蜀"指刘备入川等。搞清这类通例,可为理校法的运用开辟新的领域。理校法与通例之间有着密切的关系,随着古书通例的不断发现,理校法的用武之地必将不断扩大。[③]如《魏书·崔琰传》注引《魏略》:"公忿然曰……"《〈三国志校诂〉外编》以为当从《通志》作"太祖",上文皆称曹操为太祖,此处称"公",与叙事之例不符。[④]

4. 校勘、文化史、训诂相结合

从事校勘,不仅要充分利用版本,而且应与文化史、训诂等相结合,这样方能以全方位推进的姿态登上新台阶。《新世纪之初〈三国志〉校勘问题的思考》一文说:"校勘与训诂虽是两种不同性质的工作,但在实际工作中却常常纠缠在一起。当校勘和训诂各得其所的时候,读者才能从中受益。"[⑤]《三国志》的校诂工作即是从古籍整理、文化史及辞书编纂等角度来开展的。《三国志校诂前言》说:

> 就训诂而言,随着时代的变迁,读者与魏晋语言的隔膜与日俱深,书中需要注解的古义时语势必与日俱增。拿释义最详的卢弼《集解》来说,其中标明"未详"及存疑备考之处已为

---

① 见《易氏〈三国志补注〉今证》一文,载《三国志丛考》,上海古籍出版社2000年版,第37页。

②③ 载《三国志丛考》,上海古籍出版社2000年版,第250页。

④⑤ 载《古文献丛稿》,江苏教育出版社1995年版,第180页。

数不少，而迄无校注的疑难字句又屡见不鲜，这些问题显然是我们整理《三国志》时无法回避的障碍。……尤其值得注意的是，这类训诂问题往往跟校勘问题纠缠在一起，我们如果不作深考，就有可能把古书弄得面目全非。①

如中华书局校点本《蜀书·关羽传》："将军（傅）士仁屯公安，素皆嫌羽（自）轻己。〔自〕羽之出军……"卢本作"素皆嫌羽自轻己，羽之出军……"卢弼《三国志集解》："《通鉴》无'自'字。"标点本《校记》："'自'，据《通志》改。"《三国志校诂》以为"自"似不误，"己"属衍文，"自轻"即"轻己"。结合吕叔湘《读三国志》释"自"为"相"、"见"之例，广检《魏书》之《武帝纪》，《蜀书》之《先主传》、《刘封传》、《杨戏传》，《吴书》之《周泰传》、《孙坚传》（注引《续汉书》）、《吴主传》（注引《吴书》）、《陆凯传》、《王蕃传》诸证，又上溯先秦《韩非子》用例，校勘结合训诂，旁征博引，信而有征。②

5. 电脑与语料库的使用

计算机技术的应用，为古籍整理工作提供了利器。电子语料库以及相关文献检索技术的开发，不仅会提高古籍的利用率，而且也会给古籍整理带来极大的便利。就校勘而言，利用这一技术，无疑会提高他校和理校的准确率，质量与效率会超过先前。"电脑时代的到来，使我们的研究具有了比过去更便利的方法与手段"。③先生远见卓识，上世纪90年代就已使用相关电子语料校勘《三国志》，是积极的践行者。

（二）对《三国志》传本的利用

1. 不主一本与选择工作底本

先生校《三国志》贯彻"不主一本"、"择善而从"的校勘理念。

---

① 吴金华《三国志校诂》，江苏古籍出版社1990年版，第2页。

② 吴金华《三国志校诂》，江苏古籍出版社1990年版，第202—203页。

③ 吴金华《岳麓本〈三国志〉出版修订后记》，载《三国志丛考》，上海古籍出版社2000年版，第280页。

从事互校工作，都必然以某一种本子为主而以其他本子为辅，问题在于用什么标准选择什么本子为主。[①] 先生总结易培基会校和集注的特点时为我们指明了方向："在易氏心目中，传本的渊源要早，传本的误文要少，符合这两个条件的西爽堂本才适宜作会校和集注的底本。就选择底本的标准而言，这个观点无疑是正确的……"[②]可见，底本的选择须考虑质量特点。传本的渊源要早，误文要少，这是选择底本的两个标准。先生一语道出了校勘之真谛。至于"择善而从"，问题在于如何确定"善"的标准。"择善，就要注意《三国志》的本体研究，从三国时代的思想文化、历史事实的考察到章法、句法乃至一词一字的分析，都在研究的范围之内。"[③]

古书往往传本众多，传本之间的关系往往盘根错节，一般人在利用时难以把握其分寸。《三国志》传本有数十种之多，以殿本、金陵活字本、局本以及百衲本最为通行。"殿本源出于监本，书后附有考证，多所发明；金陵书局本源出于冯本，在版式编排上眉目清楚，便于检阅；局本源出于毛本，有后出转精之称；百衲本则以其近古存真的特色尤其引人瞩目。"[④]先生广搜异本，对其渊源、异同、优劣做出公允的判断，发现并揭示了不同版本的意义和价值，为校点者和读者研究与利用指示了门径。不拘个人之好恶，取科学与客观之精神，成就超越前人。

（1）卢弼《三国志集解》的金陵翻刻汲古阁本

卢弼推崇金陵翻刻汲古阁本。他在《三国志集解·序例》中，对《三国志》的各个版本，作了如下评价：

---

① 吴金华《中华书局校点本〈三国志〉修订刍议》，载《古文献整理与古汉语研究》，江苏古籍出版社 2001 年版，第 274 页。

② 见《略论易氏〈三国志补注〉》一文，载《三国志丛考》，上海古籍出版社 2000 年版，第 3 页。

③ 吴金华《新世纪之初〈三国志〉校勘问题的思考》，《卿云集》，上海古籍出版社 2002 年版。

④ 吴金华《岳麓本〈三国志〉出版说明》，载《古文献研究丛稿》，江苏教育出版社 1995 年版，第 90 页。

宋元旧刊，可资参证，间有误失，贵能鉴别。衢本初印，已难餍意，三朝修补，益失庐山。冯氏精校，世称善本，俗书破体，讹夺亦多。西爽无足齿数，陈本纰缪百端。金陵翻雕汲古，后胜于前。①

金陵翻刻汲古阁本虽有版式编排眉目清楚，便于检阅的优点，但也存在不足，“卢氏《集解》以金陵翻刻汲古阁本为底本，他在《集解序例》中认为自己所用的底本‘后胜于前’，诚然可备一说；但他又说‘西爽无足齿数’，凭空贬斥，颇有意气用事之嫌。”②柴德赓《史籍举要》也指出，《三国志集解》“版本不以宋绍熙本作底本，而以金陵翻汲古阁本为据；杂引各本互校只记异同，不能定其是非，无所适从”。③

(2) 易培基《三国志补注》的明刻吴氏西爽堂本

易培基《三国志补注》以“明景北宋本”的西爽堂本作为底本，“此实胜南、北监及近刻诸本”(《三国志补注》卷前“丁未春分易培基记》)。先生以《三国志补注》与诸本对照，揭示出《三国志补注》的独特贡献，展示了西爽堂本的不可取代的价值与功用，“一本在手，众本可见，这是易氏《补注》给我们提供的最大方便。陈乃乾校点本的不足是：一旦校点本的文字发生了阙误，读者不去查阅金陵活字本、局本、殿本和百衲本，就弄不清那是底本错了还是新版本的排印之误。在这种情况下，如果我们用西爽堂本跟校点本对校

---

① 所谓“衢本……三朝修补”指宋代衢州州学刻、元明递修本；“冯氏精校”指明代南监冯梦祯校刻本；“西爽”指明代吴氏西爽堂刻本；“陈本”指陈仁锡评、天启云林积秀堂刻本；“金陵翻雕汲古”指清代江南书局据毛氏汲古阁本校刻本。

② 见《略论易氏〈三国志补注〉》一文，载《三国志丛考》，上海古籍出版社2000年版，第3页。

③ 柴德赓《史籍举要》，北京出版社1982年版。

一通，并参考易氏的注文。校点本的阙误便能很快被发现。”[①]“从这个意义上讲，西爽堂本作为《三国志》的一个善本，应予以重视。

(3) 中华书局校点本的金陵活字本与岳麓本的百衲本

中华书局校点本是海内外影响最大的汇集众长的新版本，它用百衲本、金陵活字本、殿本、局本“互相勘对，择善而从”。《出版说明》未交待其工作底本。先生以校点本为工作本，与百衲本、殿本、局本、金陵活字本分别勘对，认为金陵活字本就是校点本的工作本。由于没有说明工作本，当校点本中出现了一般性的印刷错误时，校点者、读者就无法断定是印刷错误还是底本之误；校点本第二版的印刷错误多于第一版，这跟不明工作本而不便核对有直接关系。[②] 厘清版本间错综复杂的关系，为校点本的修订与研读奠定了坚实基础。岳麓本是以百衲本为工作底本，而百衲本是民国二十年商务印书馆据宋绍兴本、绍熙本配合影印而成的。先生《岳麓本〈三国志〉出版说明》与《岳麓本〈三国志〉修订后记》二文对百衲本论列颇为详尽，此不赘述。[③]

2.《三国志》对校版本的利用

(1) 古写本残卷的开发与利用

二十世纪出土了《三国志》的五种古写本，如晋写本《魏志·臧洪传》残卷等，它们与唐五代以后的出现的刻写本是一脉相承的，尽管字数总和不及陈寿原著的百分之一，但对于《三国志》的整理和研究往往有着一字千金的价值。[④] 以残卷跟宋刻本或陈校本比照，文句上可以发现不少极有研究价值的差异，展示了古写本多方

---

① 吴金华，苏杰《易氏〈三国志补注〉评述》，《复旦大学学报》2000 年第 6 期。

② 吴金华《中华书局校点本〈三国志〉修订刍议》，载《古文献整理与古汉语研究》，江苏古籍出版社 2001 年版，第 214—215 页。

③ 二文分见《古文献丛稿》、《三国志丛考》。

④ 吴金华《岳麓本〈三国志〉出版说明》，载《古文献研究丛稿》，江苏教育出版社 1995 年版，第 89 页。

面的文献价值,[①]这些古写本为现当代学者深入探索提供了突破口。如校点本与金陵翻刻汲古阁本“非君子所为休戚者哉”(《魏志·臧洪传》)句中“君子”一词,宋元以降的旧版都作“吾子”,由于看不到陈琳书信原文,难断是非,先生以晋写本《魏志·臧洪传》残卷对校,证“吾子”当是。[②]

(2) 日本静嘉堂藏本《吴志》的参校价值

日本静嘉堂本《吴志》是《三国志》极其罕见的珍本。此本过去号称“北宋咸平单刻本”(简称“咸平本”),它大约是南宋初年根据北宋本重刻,是唯一保存了咸平本原貌的版本,其许多优点都被绍熙本《吴志》沿承下来,所以,对于《三国志》其他重要版本的刊误工作很有参校价值。[③] 如《吴志·华覈传》载其上疏曰:“斯运未至,早弃万国。”《新世纪之初〈三国志〉校勘问题的思考》认为陈校本的“斯运”似通非通。绍熙本、殿本等早期版本作“期运”,跟静嘉堂本相合,显然是正确的。“斯”字来自晚出版本,晚出版本往往因校刻粗疏而发生讹误,有些讹误很难发现。不落实互校工作,这样的讹文很难发现。[④]

(3) 宋元明清旧刻本的利用

先生用于对校的版本和资料,可谓集宋元明清旧本之大观,特别是百衲本(绍兴本、绍熙本配刊)、晋写本残卷、西爽堂本等清代学者难以见到或未曾见过的资料,使读者对《三国志》传本的认识有了立体化的轮廓,诸本异文的汇录,为发现疑点和研究问题提供了线索和资料。以新时代的学术眼光,吸纳一切可资利用的新

---

① 例见拙著《三国志丛考》(上海古籍出版社 2000 年版)第 151、217、269、270 页等。

② 吴金华《晋写本〈魏志·臧洪传〉残卷初探》,载《三国志丛考》,上海古籍出版社 2000 年版,第 155 页。

③ 吴金华《中华书局校点本〈三国志〉修订刍议》,载《古文献整理与古汉语研究》,江苏古籍出版社 2001 年版,第 214 页。

④ 吴金华《新世纪之初〈三国志〉校勘问题的思考》,《卿云集》,上海古籍出版社 2002 年版。

旧资料，这是超出前修时贤的一大特点。[①] 如《魏志·管宁传》："此岂版谒所可光饰哉！"中句"此岂"，百衲本、《宋本册府元龟》作"岂此"，《〈三国志〉待质录》以为作"岂此"是宋人所见如此，"此岂"也可通，但不见得是原本面貌。[②]

三　代词的学术价值

(一) 辞典编纂

《汉语大词典》(下简称《大词典》)古今兼收，源流并重，对汉语史的研究成果作了历史性的总结，代表了当今辞书的最高水平。随着研究的深入，必然有许多地方需要补充、完善。对《三国志》代词加以研究，可以补正《大词典》的若干不足。

1. 补立词目。

汉魏时期出现了一些新的代词，如"他馀"、"此曹"等，《大词典》未立词目，先生的校诂成果可资补正。如《三国志校诂》释"他余"：

> 方今之要，固在息省劳烦之役，损除他馀之务，以为军戎之储。(《魏志二十三·和洽传》657页)
>
> 华按："他馀"，犹今语"其他"、"其馀"，同义之字平列。《吴志·华覈传》载其疏曰："至如他馀辎介之妖，近是门庭小神所为。"《大藏经》卷十二吴支谦译《佛说阿弥陀经》卷上："所语辄说经道，不说他馀之恶。万此亦当时习语。[③]

又《〈三国志校诂〉外编》采刘世儒《魏晋南北朝量词研究》之

---

① 见《略论易氏〈三国志补注〉》一文，载《三国志丛考》，上海古籍出版社2000年版，第4—5页。

② 载《三国志丛考》，上海古籍出版社2000年版，第246页。

③ 吴金华《三国志校诂》，江苏古籍出版社1990年版，第138页。

说，释“尔曹”又以《魏志·董卓传》注引《献帝起居注》与《后汉书·阳球传》相比类[①]：

> 《魏志·董卓传》注引《献帝起居注》：“此曹子将欲图我邪？”《后汉书·阳球传》：若阳球作司隶，此曹事安得容乎？”刘氏谓“此曹子”犹今言“这帮人”，“此曹事”犹今言“这等事”。

《大词典》失立“此曹”，此例可补。可见《〈三国志校诂〉外编》“无心插柳”之功。

2. 匡补释义。

《三国志校诂》释“他家”：

> 又人家治国，舟船城郭，何得不护？（《吴志二·吴二主传》1145页）
>
> 华按：称他人为“人家”，当时口语也.又有称他人为“他家”者，《汉诗》卷九乐府古辞《东门行》：“他家但愿富贵，贱旁与君共哺糜。”[②]

《大词典》收“他家”一词，未列“他人”之意，《三国志》中“他家”虽无此用法，但《三国志校诂》所列《汉诗》卷九乐府古辞《东门行》，正可补正。

“老子”一词，《三国志校诂》以为可用以称第二、三身，为不敬之语。[③] 此用法《大词典》失列。如：

> 若以“老子”称代第二身，则为不敬之语，如《后汉书·赵

---

① 吴金华《〈三国志校诂〉外编》，载《古文献研究丛稿》，江苏教育出版社1995年版，第151页。

② 吴金华《三国志校诂》，江苏古籍出版社1990年版，第236页。

③ 吴金华《三国志校诂》，江苏古籍出版社1990年版，第66—68页。

孝王良传》注引《续汉书》载甄阜、梁丘赐移书讥刺刘良曰:“老子不率宗族,单绔骑牛,哭且行,何足赖哉!”黄侃《读后汉书札记》指出:“此老子二字见书之始。老子犹今言老儿,其自称老子,犹古人自称老夫也。然今人通以父为老子,故自称老子则为侮慢之词,更无人称人为老子,此亦古今语言之情不同也。”以“老子”称代第三身者亦然,如《吴志·甘宁传》注引《江表传》载甘宁劫曹营后,孙权喜谓宁曰:“足以惊骇老子否,聊以观卿胆耳!”此“老子”指代曹操,犹今言“老家伙”之类。翟灏《通俗编·称谓》论“老子”云:“必当时无以称父者,故得通行不为嫌。若《五代史·冯道传》耶律德光诮之曰:‘汝是何等老子?’对曰:‘无才无德,痴顽老子。’更显见其称之不尊矣。”似此,“老子”为不尊之称,至唐五代时犹然。

《大词典》误释《吴志·甘宁传》注引《江表传》“足以惊骇老子否”句中“老子”为“对老年人的泛称”,当以《三国志校诂》释不尊之称“老家伙”为妥。

另“老子”又作“大老子”,《大词典》未论。《三国志校诂》论列至详:

“老子”,亦作“大老子”。《全晋文》卷二十四王羲之《增运帖》:“吾于时地甚疏卑,致言诚不易,然大老子以在大臣之末,要为居时任,岂可坐视危难?今便极言于相。”《搜神记》卷五叙王祐事:“祐曰:‘卿许活吾,当卒恩否?’答曰:‘大老子业已许卿,当复相欺耶!’”《宋书·沈昙庆传》:“常谓弟子曰:‘吾处世无才能,政图作大老子耳!’世以长者称之。”贾思勰《齐民要术·养羊》:“牧羊必须大老子心性宛顺者,起居以时,调其宜适。”在士庶等级相当森严之南北朝时代,放牧老人被称为“大老子”,无怪乎士人以为鄙称矣。

3. 补缺书证。

源流并重是《大词典》的特色，但在引用书证方面，《大词典》一些条目书证的源头或流尾缺失，就辞书编纂工作而言，这也是应当弥补的欠缺。如：

何苦犹何妨，何害。《南史·陈伯之传》："伯之曰：'君稻幸多，取一担何苦。'"

以《南史》为第一书证，时代偏晚，忽略了三国时期的文献，如《三国志·魏书·后妃·武宣卞皇后传》："正使祸至，共死何苦!"遗漏了这一书证，词义发展演变的线索就隐而不显了。卢弼《三国志集解》认为"正使祸至，共死何苦"句"苦疑作害"。《三国志校诂》以为"苦"字不误，另举《魏志·曹仁传》、《太平御览》引曹操《军策令》、《宋书·刘粹传》诸证，正可资补。①

（二）文献校勘

就版本而言，《三国志》和《三国志注》先后以写本形式流传了六七百年，后经辗转翻刻，各种版本讹误较多。对《三国志》代词加以研究，有助于《三国志》的进一步整理。

（1）正异文之误。如：

若苗秽害田随风烈火芝艾俱焚安能白别乎（《魏书·公孙渊传》注引《魏略》）

《三国志集解》："宋本白作自。"卢氏引宋本异文，但未下断语。《〈三国志集解〉笺记》以为当从之。"自别"当是成语，谓自别于有罪之人，相当于今语"划清界限"，证之于以《汉书·赵充国传》："……大兵诛有罪者，明白自别，毋取并灭。"又《王莽传》："……欲

① 吴金华《三国志校诂》，江苏古籍出版社1990年版，第39页。

以自别不受诛。”二句,[①]可见语言是校勘的重要证据,能为《三国志》的校勘提供有力的佐证。

> 昔在颠夭,有名无迹,孰若吾侪,良筹妙画!(《蜀志·诸葛亮传》注引《蜀记》)

卢弼《三国志集解》:“侪疑作侯。”《三国志待质录》以为“侪”字似可通,史文中常见“我后”、“君侯”、“公侯”之类尊称,又《管锥篇》“太平广记”一七五则“吾人”条说,“吾侪”跟下文“子”互文,用作尊称。[②] 揆之文义,得语柢矣。

(2) 正倒文之误。如:

> 是以获罪主人,见攻逾时……(《魏书·臧洪传》)

此句“是以”晋写本《魏志·臧洪传》残卷作“以是”,《晋写本〈魏志·臧洪传〉残卷初探》一文以为:“颇疑‘以是获罪主人’即‘以此获罪下文’,下文‘而足下更引此义以为吾规’,其中‘此义’二字似可为‘是’(此)的注脚。今本《三国志》作‘是以’,相当于连词‘所以’。意义与‘以是’不同。”当据改。[③]

(3) 正脱文之误。如:

> 岂训导未洽,将进用者不以德显乎?(《魏志·明帝纪》载太和四年二月壬午诏)

---

① 见《〈三国志集解〉笺记》一文,载《三国志丛考》,上海古籍出版社2000年版,第72页。

② 载《三国志丛考》,上海古籍出版社2000年版,第257页。

③ 吴金华《晋写本〈魏志·臧洪传〉残卷初探》,载《三国志丛考》,上海古籍出版社2000年版,第156、160页。

《三国志集解》引用《太平御览》而未下断语，中华书局校点本无“朕”字，也未作校补，易氏据《太平御览》在“岂”下补“朕”，《易氏〈三国志补注〉今证》对校三本，认为当从易氏，进而从诏书文理与传本源流两方面伸论之，以为可补唐宋以来诸本之阙。[①]

范自谓羲曰事昭然卿用读书何为邪于今日卿等门户倒矣（《魏志·曹爽传》注引《魏略》）

《〈三国志集解〉笺记》以《资治通鉴》卷七五、《通志》卷七九都有“此”字，疑本文偶脱。[②]

（4）正衍文之误。如：

三公奏曰……并奏可之。（《魏志·后妃传》注引《魏书》）

卢弼《三国志集解》：“之字疑衍。”《册府元龟》卷二九没有“之”字，《〈三国志集解〉笺记》以为可据以删去：“‘奏可’是凝固性的公事术语，如本志《武帝纪》注引《魏书》曰：‘……奏可。’又《三少帝·齐王芳纪》注引《魏书》：‘……奏可。’”校勘与诂训比证，使卢氏推断得以确立。[③]

厷又问：“若此公免退，谁当代之？”壹未答厷。厷曰：“得无潘太常得之乎？”壹良久曰：“君语近之也。”（《吴志·潘濬传》）

---

① 见《易氏〈三国志补注〉今证》一文，载《三国志丛考》，上海古籍出版社2000年版，第21页。

② 见《易氏〈三国志补注〉今证》一文，载《三国志丛考》，上海古籍出版社2000年版，第73页。

③ 见《易氏〈三国志补注〉今证》一文，载《三国志丛考》，上海古籍出版社2000年版，第67页。

《三国志待质录》以为“得”下“之”为衍文,“‘得之’当涉上下文‘代之’、‘近之’而衍,郝经《续后汉书》卷六十一无此二字,似可据删。”①

（三）文献训诂

《三国志》中疑难字句较多,有的与代词有关。如果不熟悉魏晋代词的用法,训诂时难免发生误解。先生诂解代词,辨析疑义,祛疑明微,字清句明,有助于中古汉语的研究。《三国志校诂》释“人”、“尔”、“比尔”、“我公”、“自”、“尔许”、“乃耳”之类皆如此。② 如:

> 卓至,肃等格卓。卓惊呼布所在。布曰:“有诏”,遂杀卓。(《魏志·董卓传》)

“所”用作疑问代词,是汉魏新兴用法,用于询问方所。《三国志校诂》以为“所在”即“何在”,魏晋口语。《校诂》广征多种文献资料,史书如《后汉书·董卓传》,《三国志》之《后妃传·武宣卞皇后》、《曹爽传》(注引《魏略》)、《吴书·妃嫔传·孙和何姬》(注引《江表传》),干宝《搜神记·三王墓》,子书王羲之《十七帖》,字书裴学海《古书虚字集释》,笔记周一良《〈三国志〉札记》,类书《太平御览·鬼神部》,佛经如西晋白法祖译《佛般泥恒经卷下》、吴康僧会译《须大拿经》,③发掘至深,至为精当。

（四）标点匡谬。如:

> 不若仆逮,如何快心,复君之仇,永使曹氏少享血食,此亦大国之所念也。(《魏志·毌丘俭传》注引文钦《与郭淮书》)

---

① 见《三国志丛考》,上海古籍出版社 2000 年版,第 268 页。

② 见《三国志校诂》,第 9、55、155、163、203、235、247 页。

③ 吴金华《三国志校诂》,江苏古籍出版社 1990 年版,第 41 页。

“若”为指示代词，义为这样。《三国志校诂》以为“不若”犹不尔、不然，“仆隶”当属下。可见，不明代词用法，标点就会出现错误。①

综上，《三国志》代词的校诂成果可直接服务于辞书编纂和古籍整理。在中古汉语研究越来越受到重视的今天，如何深入发掘其价值，应成为一个新的研究课题。

【作者简介】 邓军，1998 年至 2001 年复旦大学古籍整理研究所汉语言文字学专业博士生。现为同济大学人文学院中文系副教授。

---

① 吴金华《三国志校诂》，江苏古籍出版社 1990 年版，第 153 页。

虚怀宽容　难忘师德

——追思吴金华先生二三事

朱德慈

时光飞逝，不知不觉之间，吴金华老师辞世竟已半载有余。今夜月华如水，轻洒在我的窗台书案，我不禁想起老师，想起我与老师交往三十余年的诸多往事，特别是其虚怀若谷、宽以待人的点点滴滴，亦如月华般洒落我心田，挥之不去。我不能不乘兴写下些许文字，来祭奠恩师。

我读本科学习古汉语的那年，吴老师刚好研究生毕业留校，担任钱小云先生的助教。钱先生是我们班的古代汉语主讲，所用教材就是由钱先生自己担纲主编的《古汉语基础知识》。也许是钱先生有意培植后进，也许是因为吴老师乃国学大师徐复老先生“文革”后的第一高足、钱先生爱屋及乌，也许是因为吴老师文革前就大学毕业，已经有了十数年的教学经验，钱先生信得过，总之，我们那名义上由钱先生任主讲的古代汉语课，却多半由助教吴老师来讲授。老师那一口浓郁的南京官话，那一手漂亮的板书，那条理明晰的讲课风格，总令我们这帮二十郎当岁的乡野少年如痴如醉。

讲到音韵学的时候，当然要特别介绍周德清的《中原音韵》。我们的教科书说《中原音韵》共分十九个韵部，第十八“盐咸”，老师讲授时亦云然。恰巧当时王力先生的《汉语音韵学》新版，我即买来作为课外读物。记得那次课后没几天，我发现王先生的著作里特别强调，作“盐咸”，误，因为“盐”字在《中原音韵》里归属第十九部“廉纤”韵，所以应称作“监咸”。于是我就写了张便条，问吴老师到底谁对谁错？下次课开始了，吴老师开场即道：“朱德慈同学学习很认真,课外阅读量大,并能对照教材发现问题。他以王力先生《汉语音韵学》为据,怀疑我们的教材有问题,是有道理的。上次所讲《中原音韵》第十八部称作‘盐咸’应当订正为‘监咸’,我以前也没有注意过这一问题。”全班同学顿时愕然,迅速集中向我投来异样的目光,然后立刻又把这光束转射向老师那一贯微笑,今天突然变得严肃的脸庞。我们那时天然地认为,教材是神圣的,况且我们这教材就是主讲钱先生主编的,你吴老师只是人家的助教,你居然公开说人家主编的教材有问题,更况且你居然在学生面前承认自己专业知识有罅漏。咿呀,这太意外了。这份群体的惊愕好像持续了十好几秒,然后不约而同地大家响起了如雷般的掌声,为老师的谦逊喝彩,为老师的维护真理不惜影响自尊喝彩。那场景烙在我的记忆深处,怎么也忘不了。正因为老师的惟真理是从,不虚娇,不伪饰,我们对老师反而更加尊敬,老师在我们心目中的距离也更加亲近了。

大学毕业后,我离开恩师到一所中等师范任教,十年后调进淮阴师范学院中文系供职。无巧不巧老师那年也调离南京师大,去了复旦大学。又过了好几年,依稀记得是新世纪初的某年秋季,老师应邀来淮阴师院讲学,我理所当然地被委任为“三陪”(讲学、吃饭、活动)。恼人的是那几日成天价阴阴欲漏,甚至间歇性的真飘一阵子毛毛细雨,害得我们不敢也没心情去校园外游玩,只好师徒俩在老校区的师陶园、体育场等地四处闲逛,海阔天空地聊家庭生活、聊个人喜好、聊学界的美丑趣闻,当然也聊学术问题,我要不失时机地从老师那里再取些真经。不知怎么就侃到“建安七子”之一的陈琳,老师诚恳地说:“我曾应邀参编一部教材,涉及陈琳,发现陈琳的籍贯到现在都没有得到确认,有人称是扬州,有人称是射阳,有人称是宝应,有人说是你们淮安,有人干脆笼而统之称是江苏。众说纷纭,莫衷一是。我也闹不清楚究竟哪个是对的。不管是哪里,你距离其籍贯都属于最近的,你不妨利用你的地缘优势,彻底查查当地的史乘地志,帮我解决这疑惑。”将近二十年,老师竟然又一次向学生坦承自己的学术盲点,并请学生帮忙解决。其虚怀若谷，不耻下问，令学生诚惶诚恐，不由得再度肃然起敬。因为本人这时也已在学术圈游走多年，见惯了自以为是，容不得别人说半个“不”字的大佬阔少，难为老师还一如既往地谦谦君子，不知为不知，哪怕是在自己的学生面前。这份儒雅气度，这份真率得无拘无束的虚心，固然已有其累累专著以及好评如潮的荣誉作底气，但即便如此，试问学界同仁，天下几人如许？我坚信，其对我如此，对他人也未必不如此。谦逊虚怀早已成为他恒定的性格特征，成为他伟岸人格的标志。

为了不负老师的重托，我耗费可观的精力，爬罗剔梳，筛查相关文献，草成《陈琳籍贯考实》一文，认定陈琳籍里是宝应县东六十里之射阳村(现名射阳镇)。将电子稿发给老师斧正，老师阅后，即刻来电，表扬区区考证精当，可为定论。可惜我这人性格与掰棒子的狗熊同类，兴趣点时时更换，时时丢弃。该文写好后，已然得到名师的肯定，但随着一个个新学术兴奋点的诱惑牵引，我到现在也没有将其寄给哪家刊物给发了。行文至此，我自己都想刷自己几个大耳刮子。天国里的老师，请原谅你一个无定性的老学生。

已故周本淳先生是我校文学院的骄傲，三年前的元月，我校新闻网摘要转载了吴老师评点周老《蹇斋诗录》的大作。那是一篇随感式的评论，深得周老创作三昧。可能是摘要者的疏忽，其于《季特丈八五大庆适值从教六五周年爰缀俚句借申遐祝》：“词苑尊耆宿，人师表杏坛。身同松柏健，心共海天宽。”(第 60 页)缀华按：“1966 年 4 月 4 日至 5 月 14 日，也就是南京师院 1962 级学生毕业前夕，我被分配到南师附中实习，指导教师即南师附中高中班语文教师季廉方先生，当时季公长期卧病在床，故我名为‘实习’，实为‘代课’，于是托班上学生寄送俚语……今读《蹇斋诗录》，始知季公亦下放淮阴，又知季公尚能捱过浩劫返回南京，虽事过境迁，亦不禁为之拍手叫好，盖正人自有天相。蹇斋先生赞之曰‘身同松柏健，心共海天宽’，信然。”我读至此段，大惊。季特乃母校词学大师唐圭璋老先生的字呀，只有他才有资格配享“词坛尊耆宿”呀。这究竟是怎么档子回事？难不成吴老师错解了？我赶紧追查源头。

却原来这篇文章抄自新浪博客之复旦吴金华，所谓华按，自开始至“拍手叫好”云云，乃是针对周老七律《廉方兄见和且有淮城之约》一诗所下的按语，该诗作于“文革”下放期间，而后是针对恭祝唐老八五寿诞一诗所作按语，该诗作于1985年。吴老师博客原文本没错，错在摘要者移花接木，合二为一，以至于兹。当我把这一发现汇报给老师，希望他澄清是非，以正视听时，老师温和地说：“为什么非要澄清，让人家难堪呢？你知道我自己没错就够了。不仅我不会去澄清，你也不必去点破，他们做新闻的毕竟不都熟悉文史掌故，出点差错可以原谅。”这就是我所亲炙的吴金华老师，具有与人为善、宽容体恤的博大襟怀。遵照老师的忠告，我也从未向人说起。那篇含有谬误的摘要到如今仍在网路上疯传，吸引着可观的读者。清者自清，浊者自浊，且待时间去沉淀它吧。

每个人一生都会有很多老师，有的重在教你文化，有的重在教你治学，有的重在教你做人。吴老师教我学文化，但我从他身上学到更多的是如何做人，如何做一个有修养的人，如何做一个虚怀若谷、谦逊好学、宽以待人的人。虽未必至，心向往焉。

2014年1月15日于南清江康城明珠小区

【作者简介】 朱德慈，南京师范大学中文系80级本科生，现为淮阴师范学院文学院教授、图书馆副馆长。

“永远也不会忘记”

——追怀吴金华老师

朱玉麒

2013年7月10日傍晚，中华书局的徐俊先生来北大餐叙。刚刚坐下，他就感叹最近事务的繁多：从日本返回不久，上海、南京便跑了多少次，“吴金华的追悼会……”——听到这个话，我大吃一惊，情不自禁打断他：“您是说复旦大学的吴金华老师？做《三国志》的？”

得到他肯定的答复，我一时恍惚，不知身在何处，晚餐也了无滋味。散归之后，急忙上网查询，看到复旦大学校园网上一条已经不是新闻的新闻，确证了吴老师逝世的消息：“著名语言学家、文献学家、教育部全国高等院校古籍整理研究工作委员会委员、复旦大学特聘教授、复旦大学古籍整理研究所汉语言文字学博士生导师吴金华先生，因病医治无效，于6月2日零时50分在长海医院逝世，享年70岁。我们看到，校园里已经挂满了追忆的白色千纸鹤，吴先生，一路走好！”

那个晚上，我难以入眠而又无所事事，读着吴老师在他博客上留下的一篇篇文章，直到凌晨。伴随着晃动在思绪中的千纸鹤，我仿佛又坐回到三十年前南师中大楼201教室的古代汉语合堂课上，在分析完了第一次单元测验的试卷后，听到老师在喊——

“谁是朱玉麟？朱玉麟来了没有？”——麒麟二字在汉语中单独使用的频率，麟远高于麒，第一次见到我名字的人大多这么称呼，我也习以为常——我在教室的后排讪讪地站起来，不知道出了什么事情。大家的目光聚集过来，有人小声提醒说：“是朱玉麒！”

吴金华老师从阶梯教室的第一排迈着大步走过来，边走边说：“噢，噢，是朱玉麒！朱玉麒得了满分！”……

三十年来吴老师留给我零散而深刻的记忆，在午夜的宁静和迷思中清晰地浮现出来。

一

我在1981年考上大学，开始了南师（南京师范学院，读书期间更名南京师范大学）中文系的读书时代。那个时候吴金华老师刚刚研究生毕业留校，我们可能是他教授古代汉语的第一批本科生。整整一个学年，1981级1、2两个班的80多个同学听他传授学业。他的声音洪亮，要言不烦，语速快捷，似乎总是迫切地要将古代汉语的知识尽可能通过有限的课堂传达给我们。古代汉语是我在南师听讲最认真而从来没有打过瞌睡的课程；即使在同学看来非常枯燥的音韵学单元，由于自己具有的吴语方言经验，因而也听得津津有味。

当时的古代汉语教材是王力先生主编的厚厚四大册《古代汉语》，它把我们在中学以前零散的古代汉语知识归纳分类、系统总结，让我觉得特别受益，因此也格外有兴趣。随着吴老师的课堂讲解，我几乎一个字一个字地预习、复习着其中的内容，并且按照《古文观止》的顺序背诵古文的篇章。单元测验的满分可能就是因为自己的认真而水到渠成，而吴老师的课程也是我对古代汉语充满热情的重要原因。老师那次叫我的名字，是我第一次被大学老师点名表扬。我的脸因为激动而涨得通红，吴老师给我卷子时说的勉励话语，也完全没有听清楚。我看到我的卷子，确实基本做对了，在文字学训练单元的小篆还原为楷书的题目中，“爨”字中间却少写了“大”字；吴老师把它标示出来，还是算作正确的还原，鼓励性地向大家大声宣告我是唯一的满分。

我的记忆是那样的深刻，除了自己的虚荣心之外，现在想起来，一个年轻人在心智成长的过程中，是多么需要正面的激励！吴老师的那次鼓励确实激发了我更加认真地学习。后来的单元测验也继续得到过满分或者 99 分的成绩，我也因此被吴老师真正记住。记得有一次在南师老图书馆的港台阅览室读《世说新语》的语法研究著作，来这里借书而行色匆匆的吴老师从借阅台看到我，不辞辛苦地跑进来，关切地问在看什么书。然后说："哦，是许世瑛的著作。许世瑛是许寿裳的儿子，这本书……"老师告诉我这本书写作的背景、关于代词研究的特长、读这本书之外应该看什么什么。我吃惊于他对这样一本书也如此熟悉，几句点拨让我对《世说新语》的阅读有了纲领性的认识。

古代汉语的一个学年很快过去。除了课堂上的接触之外，我们平时和吴老师的见面并不多。不过，那个时候本科生有一些兴趣班，任课的老师会担任一些课外的辅导。我参加的古汉语兴趣班就由吴老师指导，因此还有过几次向吴老师当面请益的机会。他传授过学术研究的心得，没有别的，就是用功学习。说他念研究生，跟随徐复先生读书，三年下来，一头黑发全没有了。我记得当时就看着老师，在年方四十的光景，周边一圈的头发还乌黑的，中间已经谢顶了。

在兴趣班的这一段时间里，我问过他《报任安书》中读不懂的句子的语法原理，因为那个时候正在通读《史记》。也问过他关于《说文解字》的问题，因为那个时候在临摹康殷《说文部首源流》的字头。老师说：康殷是个书法家，但是说文的源流还是要看文字学家的解读，要看《说文解字注》。因此我在大学的最后两年，就买了一本徐铉校的《说文解字》，撕下来，一页页书写字头，阅读解释，完成之后再从头开始，几乎天天如此。《说文解字注》也放在枕边时时翻阅。

那个时候觉得吴老师确实很忙，每次在校园里见到他，也总是风风火火地走路，去忙那忙不完的事情。但他又是一个务实而负责的老师，作为学生的我们所提问，都能够得到他的准确回答。三言两语，指明方向，也足够我这样的一个本科生消受很久了。

二

大三的时候,南师中文系的教学发生过一次革命性的变化,就是按照教育部的部署,开始招收第一届古文献专业的本科生。我的一个同乡谢秉洪也在其中,从他那里的课表中,看到南师组织了最强大的师资阵容为他们授课,让我艳羡不已,因此决定前往旁听。

但是古文献专业这个新生事物被众多的师生所关注,前来打算旁听的青年教师和学生不少。我打算旁听的文字学第一节课,为了确保本专业的学生听课,负责古文献专业教学的吴金华老师和我不认识的班主任朱邦蔚老师都在教室门口挡驾。我因此向两位老师表达我对文字学的浓厚兴趣以及不得要领的苦恼。吴老师笑眯眯地听着,最后推了我一把,让我进入了教室;朱老师还跟了一句:下次把你练习的《说文解字》带来给我们看看——这算是给了那些仍然被挡在外面的学生一个解释,表明我确实与他们还有所不同。我就这样在吴老师的支持下,以一个旁听生的身份系统地听了三礼学的大师钱小云先生完整的文字学课程。

我后来还真的带着一沓用旧报纸书写的篆书习字给朱邦蔚老师去验证。所以古文献专业的课程我还听过叶祥苓先生的方言研究、王继如老师的《汉书》研究,都得到了老师们的默许。

三年前,我给同是南师的老师郁贤皓先生八十寿辰写《轻舟已过万重山》的颂寿文章,曾经提到:"四年的大学,记录了我很多成长的愉快历程。但是,我最不幸的人生经历也在那个时期发生:我的父母在我大二、大四的时候相继因病去世。这个打击使原本打算回乡尽孝养之心的我感到无所适从。于是,我选择了去新疆工作——去一个印象中遥远而艰苦的地方做奉献,以此来回报父母的养育之恩,这是我当时最朴素的想法,也是唯一能让我重新树立生活信心的想法。"郁老师在了解我的意向之后,热情为我推荐到了新疆师范大学任教。

我去新疆的消息也被吴老师所得知。六月中，我和班上的课代表钱建平一起到老师家辞行，请他留别赠言。他留下了我的纪念册，说要好好想想；同时又关切地问我去新疆的准备。说到正在写的毕业论文，他劝我要把去新疆的事情告诉我的论文指导教师，这样，一般的老师都会给更高的分数，这对于远行的我到陌生的工作单位是有帮助的。我虽然并没有按照老师的说法去做，但特别感动老师的这些关怀不是泛泛的寒暄，而是真心帮我出主意、尽量争取好机会。记得那个时候临近端午，吴师母也从房间里出来，请我和建平吃粽子。

在离开南师的时候，我带走了老师的题词："时光老人最薄情，你看他四年一眨眼；青年同学多奇志，我祝你万里长顺风！"那是对我未来的祝福和鼓励！遥想玉门关外的万里征程，我豪气倍增。

三

1985 年 8 月，我去了新疆，随身的行囊里只带了一册郭在贻先生的《训诂丛稿》，伴随着我度过了四天三夜的火车长途。——我相信这是吴老师对我的学术影响；而我到达新疆师范大学工作的一个愿望，也是做一名古代汉语的教师。不过，在新疆师大报到之后，中文系已经根据郁老师的推荐和系里师资的需要，安排我到古代文学教研室，从事隋唐五代文学的教学工作。

古代文学也是我钟爱的学科，因此很快就投入到唐代诗文的研究中。虽然如此，在南师古代汉语的基础仍然帮助我通过了文学史料阅读的难关，我还记得吴老师在古汉语课上提及的张相《诗词曲语辞汇释》等语言学著作对于阅读中古以来古典韵文的价值，因此在工具书方面的熟练运用和新疆师大老教师们的帮助下，使我这个大学一毕业就从事大学教学的年轻人基本顺利地完成了最初的过渡。

因为学科的转变，我和吴老师的联系也不是很多。除了刚来的时候写信向他汇报到达新疆的工作情况之外，只是在每年的新年到来之际，写一张贺卡表达我的感念之情。

但是我没有想到吴老师也一直记着我。1991 年 5 月，我去敦煌考察回来，发现信箱里有一封从南师寄来的、耽搁了将近 10 天的信件，打开，竟然是吴金华老师发给我的由中国训诂学会等学术机构组织的“庆祝徐复教授执教六十周年学术讨论会”的邀请函。我大喜过望，生怕耽误了时间，匆忙跑到邮局给吴老师拍了一份电报作为回执，表达我一定去参加会议的心愿。

就这样，吴老师安排我参加了我学术生涯中的第一次学术会议。我带去会议的一篇小文章《“喜雨”别解》也在来年的《文教资料》刊出，成为我最早发表的学术论文。在那次会议上，吴老师把我看作他的学生，使我有幸以小门生的方式向徐复先生祝寿。会议期间，徐复先生和张拱贵先生一起到房间来看望与会者，问及遥远的西陲光景，对我在新疆的工作感叹不已。告别南师六七年之后，我又通过这次会议如坐春风，得到了来自母校的召唤和激励，使我在教学与科研的道路上感到无比温暖的指引。

吴老师在那次会议上给与会者赠送了他新出的《三国志校诂》。我还记得他当着我的面题字的时候，又把“朱玉麒”写成了“朱玉麟”。他忽然意识到这个错误，马上说：“写错了，写错了！算我的，我自己留下用。”不由我分说，又拿起一本新书重新题字送给我。他一丝不苟的严谨和对于我这个学生一视同仁的尊重，在这个细节里再次让我感动。

四

此后又是很多年，我考到北师大读研究生。除了汇报这样的变动外，也是每年的元旦给老师寄去一份祝福的明信片。1996 年 1 月 12 日，吴老师又让我大喜过望地亲笔写来长达三页的书信。长信的开头说：

玉麒君：

没有机会面谈,大约有十来年了?我自去年4月份调到复旦大学古籍所(内人随调),才开始获得了静心完成一些科研项目的心理环境和自然条件。前些年,我为教学、科研、行政事务所困,不但很少参加外面的学术会议,连基本的社会交往也很少了。如今,我打算至少闭门两三年,将出版社约定的项目完成。……

老师在信中,仍然把在我本科毕业时曾经给予的教诲当作最近一次尽责的谈话,因此觉得跟我已经有十来年的离别。在信中,他把我当成了一个学术的知己而家常般地倾谈内心,让我感动这种真切的信任。老师在信中随后又问起:"君读完硕士,不知是否打算进一步深造?"随后为我推荐了南师和复旦他所熟稔的古代文学专业的教授,表示愿意为我说项;最后也殷殷期望我留在北京工作,而南京、上海这些南方城市,也可以考虑归来。

我把老师的信读了好几遍,激动不已。我每年写上几个字的明信片,表达学生对于老师的尊重之情,原不指望得到老师的回复。现在老师从他自己宝贵的时间中抽空写出这样情真意切的长信,我想一定只有极少数的本科同学能够受到如此非常的待遇。对于老师的眷顾,我也没有什么可以表达,也只有更加的努力可以不负这种厚望与重托。

这一年的年底,我又在北京见到了老师。高校古委会在北大召开会议,郁贤皓老师预先写信给我,希望在北京见见面。12月26日,我从北师大骑车到挂甲屯的邮电部北京疗养院,按照郁老师的安排,利用中午的休息时间前往看望。郁老师的房间没有人,让我略感怅然。巡视走廊,忽然看到别的房间贴着吴金华老师、赵生群老师的名字,那都是我在南师敬仰的老师,不由得高兴起来,虽然房间里也没有人应,心想我无论如何也要等到所敬仰的三位老师。我走下楼来,到门口等候。不一会儿,从圆明园的方向看到四五个人从那里走来,郁老师、吴老师、赵老师都在其中!我急忙迎上前去。老师们看到我来,也都非常高兴,拉着我的手接到室内，问长问短。

中午的时间太仓促，老师们商量，让我下午就呆在这里，留下一位老师和我说话，其他两位老师前去会场，发言之后再来替换。最后他们又留我吃了晚饭，继续说话，到晚上八点才辞别回去。

吴老师最先留下来和我一起说话，长达一个半小时，这也是听他聊天最长的一次。老师讲他从南师调离到复旦这几年的经历。他在南师中文系担任了多年的副主任，欲一兴科研，无奈那个时候校方用人偏颇，许多环节不能畅达，以致屡调人才而不得进，遂萌去意，最终为复旦引进，重新开始了潜研学问的阶段。那天我和三位老师的谈话，回来之后写下了很长的日记，吴老师和我说的话，也记录下来满满一页。他遗憾自已在南师从事行政而未能多所建树，绝没有怨天尤人的不平，虽然离开南师，却又对南师感激深厚，让我感到他胸襟的洒脱。所以在日记里感叹：“吴老师公私分明，真学问人之大度也！”“老师由南师出离，亦不得已也。然其学问已见诸著述，弟子等已知努力之方向当效吴师。”

老师那天谈及的一些趣事，都是他亲历的“儒林外史”，可以见到他作为一个知识分子期盼高校学风纯正、师生追求真理的高尚追求。如他说南师老校长杨巩：徐复先生分房不得，以谦谦君子商求总务处长，有理难辨，拍案而去。处长向校长杨巩告状：徐复拍桌子，违反分房纪律。杨巩却深知教师甘苦，回答说：他要房，就把房分给他吧。处长又说：分房可以，但是必须做检查。杨巩又回答：检查就算了，你给他做检讨还可以。吴老师又说起他应外校用人单位邀请去访问，校长、人事处长均亲自招待，恭敬有加。饭后他独自从招待所到校门口的书店浏览，刚刚进门，一个人从蹲居看书的地方站起来，趋前来做双手捧握状。定睛一看，是刚才中午陪宴的校长，顿时让他感到这个学校的清风朗气。——回首当时的日记，我好像又看到吴老师站在我面前描述这些情景。老师期待高校行政中贤人政治的清明状态，是他最终不得不放弃教学管理的原因。我也为老师庆幸他最终回到自身的科研中，为汉语语言学史积累下了更多宝贵的财富。

五

此后我在北京继续读博士，做博士后，依旧给老师每年寄一次贺年的明信片。而老师也忽然间又在 2002 年 1 月 28 日寄赠来他近年的著作《三国志丛考》、《古文献整理与古汉语研究》作为新年的礼物，给我巨大的惊喜。2002 年 8 月，我再次回到新疆师大工作，和老师的联系也一如往昔。

再后来的几年，开始流行千篇一律的中奖邮政贺年卡、互相抄袭的煽情贺年短信，让我觉得是对私人感情的亵渎；同时自己也心计转粗，再提不起用自己选择的明信片来写贺年卡的兴致，渐渐地就不再给任何人寄贺卡。调到北大的消息，似乎也只是用电子邮件告知了老师。

但这些并不表示我对老师的遗忘。听说中华书局开始重新整理二十四史的工程，我想《三国志》非吴金华老师莫属，后来打听，果然如此，心中为老师充满了自豪。间或，老师也会发一个邮件给我，如问问我新疆师大的饶尚宽老师的联系方式。2006 年徐复先生去世，老师也给我邮件，提示我看他写的《训诂学家的乐趣——徐复先生二三事》。

我曾经有一段时间在华东师大授课，也到过复旦，但竟然没有想到过要去见见老师。我总想着自己和老师是纯粹的学术师承关系，应该通过努力地做出成果，像老师那样，隔几年出一本书寄给老师，才是老师所期盼；至于没有特别事情的日常见面，似乎都可以从略。这也许是个借口，特别是在老师遽逝的今天，我的不敬和遗恨才真正体现出来。如果当时即使去打扰一下老师，听他智慧的谈话，我的收获又何啻是埋头读书所能取得！

另外的一个原因是，我觉得吴老师始终是我印象中精力旺盛、不知疲倦的形象，我想总有接受他耳提面命的机会，却没有想到他会如此匆匆地离开我们。吴老师为徐复先生去世的上述纪念文章写到："今年九十六岁的著名训诂学家徐复先生于 7 月 24 日逝世，是学术界的重大损失。”现在再读这段话，让我联想到吴老师七十岁的不幸去世，更是这样的一种“重大损失”——因为在他的电脑里，肯定还储蓄着很多未及杀青的名山之作！

老师的学术成就，自有其登堂入室的弟子去做出系统的总结和继承。我的这些零碎回忆，只能表达一个在门墙之外得其教益的普通学生的一点思念，正像老师在《徐复先生百年诞辰学术纪念会感言》中说的：“每个学生心中都有一群永不消逝的老师。”虽然我对吴老师的教诲领略不深，而老师对我的影响却一样铭心刻骨、永不消逝。我后来从硕士生期间攻读的古代文学专业转向博士生期间的古典文献学，到现在在历史系从事历史文献学专业的教学和研究，想想也都是老师的影响在起着潜移默化的作用。

在我受教于吴老师的上世纪80年代中期，校园里流行着台湾电影《搭错车》的主题曲《酒干倘卖无》。我曾经觉得那撕心裂肺的歌唱，是我对早逝的父亲和母亲的心声。如今，趁我的眼泪还没有模糊眼前的屏幕之前，让我对您说——

敬爱的吴老师，您是我“从来不需要想起，永远也不会忘记”的老师！

2014年10月21日于北大朗润园

【作者简介】 朱玉麒，1981年至1985年南京师范大学汉语言文学专业本科。北京大学历史学系暨中国古代史研究中心教授。

师门识小录

吴新江

先师企玄夫子，声采夙播于当世，模楷方垂于来叶，是皆学林所稔知，同好之共钦者也。师之学术，并世通人，论之备矣，推之至矣；如江末学小子，夫子之文章道德，一无所窥，岂敢浮词虚饰，妄欲上赞哉！然久忝门墙，最为老学生，受恩独深，念师之遽归道山，忽逾一朞，能无感恸，以续永怀？因掇拾平昔印象之微细者，杂缀于篇，不复诠次，苟名识小云。

先师以魏晋南北朝文献及语言为之对象，以恢复文献原貌为之职志，尤以《三国志》研究、《世说新语》研究专门名家，领袖斯学于海内外。由是言之，师固粹然学者也。虽然，此特师之一端耳。就江所忆，则先师固多诗人之质而富文章之美，匪直风范卓具之学人已也。

先师酷好学问，恒以学术深造自期，自少以来，未尝一日废学堕志。方师之初执随园教鞭也，我师母犹任职故乡，而葆勤、葆雷二世兄尚少，先师内则独自抚育，外则副徐老鸣谦夫子主持南京师范大学古文献专业，琐事猬集，庶务丛脞，一身而当，亦既劳只；又自奉綦薄，不暇修理，菲衣恶食，以此为率。师讲授之外，著述不辍，《三国志》文献及语言研究成果迭出不穷，益焕奇振彩于学界矣。凡人之不堪其忧者，师则无改其乐焉——盖先师之天性也。

先师夙好诗词歌赋，实及晚而未衰。迨受学南京师范大学教授我太老师鸣谦先生徐士复夫子及留校供职于斯，多历年所，几尽摈旧嗜不务。师每曰："徐老对我说的，搞我们这一行的，要紧的是多看书，好发现问题，解决难点，其他的东西，还是割爱吧。徐老这么要求，我就这么做。"太夫子所谓"其他的东西"，盖隐指先师之尝从事于诗词歌赋之事也。师遵乾嘉朴学矩矱，以治《三国志》，悉力攻坚。其创获之丰，见誉老辈；每一文出，同好钦服。师既戢太夫子良箴坚守勿失矣，又推承祚行文之高简谓最可法焉，故下笔尽摈文华，一尚质朴，尔时论著，莫非要言不烦，此皆诵我先师书者之所明见也。及师移家沪上，都讲复旦，治学则益渊鉴博综，为文亦稍丰衍闳肆，彼此映发，骨肉表里，非但相称而已，此又诵我先师书者之所乐睹——殆亦可谓"中岁变法"也。

谨按：江撰稿稍就，因重寻先师《吴金华集外集选编》。是集之"向编者致谢"明云："研究生导师徐先生等常常告戒说……一心无二用，你现在既然注重实证性的研究，其他方面就不能多花时间了。我没有违背师训。"（《吴金华集外集选编》，页 426）足证江所记不误。

先师既"变法"，其论学也愈矜慎，发明而外，益重修辞，谓表达之用，不可不讲。师恒云："言之不文，行而不远。是矣，而未尽也。言之不文，盖所见之不深、所论之不切也，其实则思路不清耳，尚望行之远耶？"师弟苏杰，问学之余，属词亦中程。其撰博士学位论文，承师启导，各章题下各列"摘要"以先之，师尤嘉赏，谓即此可见作者之条理，便览者之了解，其法甚可取；及其文答辩，评审专家及答辩委员亦颇称善——后遂稍施行于门下焉。

先师学问以为毕生事业，其用力之勤劬，责己之严苛，殆少伦比；而属望后辈也，小善是嘉，微末不弃，可谓殷勤备至。2011 年 11 月，江尝学撰长句一首，题曰《遥颂恩师华诞强赋八句不能成章以此为恨》，传邮为寿。初稿曰："先生卓卓导群先，静夜孤灯理椠铅。一别石头多故事，长从海上养新编。书生志业频穿砚，游戏精神加少年。敬祷南山松不老,霜颠遥见映南天。”翌日,师乃赐郎示覆,教以三端。兹恭录如次:“(1) 原作措辞流畅,比过去好多了。(2) 试改了 4 个字,‘壁’是入声,意欲使‘出句’(1、3、5、7 句)的尾声满足‘平、上、去、入’四声,老杜在这方面,常常很讲究。(3) 从‘避俗’,‘避熟’的角度,‘松不老’句直接根据诗曰‘如松柏之茂’等等改造,似乎也不赖。”拙拟鄙俚稚弱,羌无诗味,正师所笑打油、钉铰之类耳,而所以不弃荒陋、殷殷垂肯者,殆所以奖其能纪实,又欲勉其自脩与?师因定三联作“书生志业临高壁,游戏精神比少年”焉。间者友人适有见询先师惠教之状者,江追维先师所诲,笔答曰:“先师复旦大学吴金华先生在日,曾经现身说法,教诲过以浅俗的近体诗替代日记的意思,并且指授过具体的方法。那些方法不易掌握,我学而不会,只从此明白了点儿貌似‘缚手缚脚’的正规近体的基本格律;那种意思太难奉行,我持而不恒,倒从此积累起点儿纯然瞎三话四的假托近体的蹩脚货色。先师若看到我如此‘蛮做杜撰’,定要悯其无能而暗加微哂了。”江所言“那些方法不易掌握,我学而不会”者,正指师所诲“意欲使‘出句’的尾声满足‘平、上、去、入’四声,老杜在这方面,常常很讲究”也。重念教诲,窃恨不能稍进于前,无以报答万一,愧恧深矣;然师之教以替代日记者,未尝一日忘也!先是,拙稿差就,自病不典,未敢径以呈览,欲有所文饰,乃假一手写软件,手指漫写一过,介葆雷世兄转贡图版。先师观已,乃传语猥可之,曰:“不错,这个字不错;真不错!”——盖绝对纯正金陵城南口音也!江之字,仅得成书,蛇蚓之迹,自不足数,乃一领音旨,犹窃喜不已;而师之气貌神态,顿在目前,悉赖耳成,不假目焉,尤云欢欣。江亦因获珍存先师言教非关学术者一段,其幸为何如邪?因思:天生烝民,父母以鞠育之,师傅以教导之,其恩之巨,实同覆载,盖造化惧其或失路焉,迷方焉,故永左之右之,俾成人耳。然则,维师维长,彼其在我,固皆“永恒之存在”(eternal being)耳。夫后生之视老师也,必谓师方永翼蔽我,永提撕我,而师之言音动态,鲜有预为记录收集保藏者,所有多静止图像而已。江诸同学之视先师也亦尔。盖师一生劳勤,尽瘁于学,而筋力绝人，精气逾辈，迄晚不一毫减，以江之等所睹，师诚不老神话也，岂有一日而遽弃众门下理哉！孰谓彼苍不仁，而我师乃亦永归道山邪！错愕垂涕之后，欲觅师之言音动影，难可骤得矣——人之云亡，悔复何及！然则，江之偶尔有此，岂非侥幸耶？

谨按：师《七律·（2009年）生辰书怀》小序亦自云："正经事是干不成了，只好'赋闲'。闲着无聊，顺便诌几句韵文，算是一段'日记'。"（《吴金华集外集选编》，页166）

又按：师《吴金华集外集选编》之"向编者致谢"有云："从1978年9月起……偶尔写一点散文、韵语等等，就像随意写日记一样，借以备忘……"（《吴金华集外集选编》，页426）

先师好静乐动，若静若动，无所不可，凡所趣尚，必底其极而后已。拙篇为师寿，特拈出"游戏精神加少年"，称扬师之情怀有过年少者，虽浅俗无味，固不假不根游词以用敷衍也。全篇用心，当日尝为葆勤世兄述之，有谓："我说的是，南京在北（西北），上海在南（东南）。我不想用空洞的话。有的可以虚，有的必须实。做学生的，在北方遥想南边，有恩师的'霜颠'映照着天空（现实的和学术的。后者是隐含的，既实而虚）。"又云："首句，我故意重了'先'字。'先生'之'先'，说德；'导先'之'先'，说业（学术）。前者悬之，后者以二三联落实。三联之对句，又稍引出（游戏，指其情怀；此又与先生之德隐隐遥应）。四联，说学生祝嘏之忱，兼颂德业（仁者寿）而结。"葆勤兄以为不谬，而师亦颇首肯焉。唯犹谦抑，乃定拙句作"游戏精神比少年"，而"游戏精神"一语，实称师怀，所以敬荷谬许者，此也。

先师自少崇武，凡太极、形意，莫不研习，俱得心要，体格至强健，耐作劳——一生成就之丰，得益于此，寔匪浅鲜。及治陈《志》，膺服华佗，尤禀其"人体欲得劳动，但不当使极尔。动摇则谷气得消，血脉流通，病不得生，譬犹户枢不朽是也"之旨（《华佗传》），奉为科学理论云。故中年之后，虽尽摈诸拳法，而筋干力势，无异少壮，复转而嗜乒乓球、抖空竹二事，伏案登坛之暇，颇用自娱乐、均劳逸焉。乒乓一艺，称雄海上上庠间，各校老年教工本多好手，而初非师对。师亦颇用自得，每为亲友学生述之，未尝不眉飞色舞，其睥睨群雄、踌躇满志之概，虽年少亦莫吾师若。空竹之戏，以为之之便，师好之尤笃，操之大精，戚里共叹。尝忆前岁初秋，师应邀回母校南京师范大学讲学。江往趣候，甫至客舍，师席不暇暖，则既出械而命师弟典富挪几移案，舞之于室矣，凡空竹之上下掷跳，吾师之折旋进退，莫不曲尽其妙；一座皆欢，咸谓年少所不能到焉。唯客舍狭隘逼仄，不足施展，师殊未尽兴，遂见问曰："楼下阿有草坪啊？"——客舍旁空，向非草地，固师之所悉者。江据实对曰："没有。只有水泥地。"——非故为扫兴之语，盖冀师之小息也。不意师乃曰："没有关系。没有关系！水泥地，也蛮好，也蛮好——我们下去！"江未及应，师则率先而出矣。少顷，师复舞之，转侧自在，无所碍忌，兴益高，谓江曰："我给你来一个'海底捞月'——好多比我年纪小的人，怎么学都学不来的，我在黄兴公园看了别人两三次，就会了！"言次，业舞数周，而师与戏具回旋合一之状，江目不暇接矣，唯空竹之清啸，不绝于耳！时方初秋，微雨之后，殊有新凉，师连舞二刻有余，江恐师过劳，连劝始止。师收功之际，呼吸舒和，态度从容，解衣彷徨而已——衣则我师母特为新备冲锋衣也，彩色鲜明，师所好服者——愈见少年神采焉！江欢喜赞叹，因为摄像宝藏，曰以为：此事真非吾师不办，师固非常人也！及今缅怀，仰探吾师深心，或少进于昔焉：先师之为乒乓若空竹之戏也，非但娱乐而已，盖祖生起舞之意云！

谨按：师散文《生胶老吴·孙行者·脑白金》题下，即引曰："人体欲得劳动，……譬犹户枢不朽是也。——《三国志·魏志·方技·华佗传》"（《吴金华集外集选编》，页 119）

又按：此则草定，重读《吴金华集外集选编》，则师《五律·春草》四联曰："云峰望无极，更着祖生鞭。"（《吴金华集外集选编》，页 119）实已言之。然则江所云云，固不谬也。

先师笃于师弟子之谊，视太先生徐老一等父母，其爱敬之诚，发乎天衷。师性本通脱，饮食诸端，皆我师母悉心料理，己身固恒不屑以，以为不足浪费精力焉。然凡师之奉侍太先生外出参加学术会议诸活动也，则躬亲视膳食，问兴居，以此为常，持恒一世，无所更改。1997 年秋仲，徐老应章培恒先生之请，来复旦为古籍所王宝刚高明吴新江一班学生讲学，师为便伺候故，请徐老宿凉城寓邸。师母数为诸同学言："吴老师昼则扶持不离左右，夜则必为备温水，俛而为太老师洗足。吴老师对我说：'没有徐老，哪里有我们全家的今天？我为徐老做点儿什么，都是应该的！'"闻者无不悚然自惭惶。师则夷然曰："老年人睡觉前，温水泡泡脚，睡得好。《孟子》里头讲的，'为长者折枝'，朱熹望文生义，没有讲清楚；赵岐注说'折枝'是'案摩'，我觉得是对的。给老人家按摩按摩，有什么难的呢？"忆师平日尝解后汉以来"忠孝"一词，谓"孝"与"忠"二而一者也，"大概六朝时候，从词义看，在朝廷，对皇帝也可以用'孝'，反过来，在家里，对父母长辈，也可以用'忠'了"；"不孝的人，是不能指望他忠诚的"。由师之敬爱徐老观之，知师之用心，得不谓一以贯之者与！

先师为人，虽不广交游，而至重情谊，乐观人之长，乐道人之善。师自谓复旦古籍所所长章培恒教授于己有知遇之恩，故敬之殆若徐老，自到复旦，言次凡及章先生则必"先生"之，绝不名焉。江初求学复旦，师每为江及寳刚兄、高明弟述一故事。云：初，国家拨乱反正，章先生平反昭雪已，恢复工作，政府且补偿章先生薪酬若干，"章先生把那些钱，都装在一个上班的包包里，随身带着，每天中午，他就教手下的年轻教师们，一起吃饭。章先生说：'这些是意外所得，身外之物，大家帮我吃掉它！'这样子，章先生那个包包，本来鼓鼓的，就日见其瘪，最后终于全都给大家改善伙食，用完了。章先生多好……"。师既归复旦大学，与章先生配合默契，多著成绩，光于复旦乃至海内外学术界，而章先生亦以得先师为人生大快事。章先生亲为江言："我所以要全力帮助你们南师大做点儿事情替你们说说话，都是因为吴先生离开南师大，来到了复旦——你们吃了亏了！所以，我是义不容辞的！”老辈之莫逆于心，于焉稍可窥矣！

谨按：师散文《老赵》注释5自谦云：“我当时虽然有了‘教授’头衔，浪得了‘江苏省优秀教育工作者’等等虚名，却仍然是懒散的书生，不习惯于‘社交’和‘公关’活动。我的唯一活动能力，只不过是能在学术界中‘汉语言文字学’的小圈子里说一点话……”(《吴金华集外集选编》，页151)

又按：王师继如先生纪念先师文有云：吴君任职复旦，而事业又创一局面。

先师平生达观，世俗荣名，人生利养，无所婴其心；性尤诙谐，发言滑稽，多趣味。师夙脱发，来沪之先(曩在金陵)，即有谢顶之势，而浑不为意。师寓凉城时，一日江偶趋谒，师适出倩人理发。及归，入门——门侧向有一镜，我师母悬以备师日常出门整理风纪用者——右手抚其顶，左手掇镜而照，自嘲曰：“坏了，坏了，这下成光蛋了！”言次大笑，憨态可掬！师母闻之，亦欢忭不已。江尔时一聆之下，殆欲绝倒矣！

先师行己处世，刚直严毅。江既辞师返母校，师一日垂教，赐以五言律诗一联警句，曰：“狗儿门里大，虱子袴中肥。”师意若曰：此以备“不时之需”焉。盖知此间某公，猥琐可厌，师甚鄙其人，因诲云：“彼若滋事，可以此联示之，彼必知所收敛。”事虽终未行，而师之嫉恶如仇、不苟去就，可见一斑。

先师之遇晚辈，有如儿女，所垂关怀，不减其爱葆勤葆雷二世兄。我师母亦尔。初，施谢捷教授(现供职复旦)之子冬冬、江之子乐乐，先后出生，相隔一载，其幼皆尝遭乏保傅之困焉。师时学术猛晋，方焚膏继晷之不暇，闻而甚愍江等之不能兼顾，遂摆拨日课，暂停要务，屈身为提抱焉。方其时也，师日荷负婴孩，环行校园内，捕螳螂，拈蚂蚁，扑蝴蝶，俾嬉俾娱，种种不一，几成一景焉。人有问曰:“老吴,孙子啊?”师必颔首曰:“是! 是! 是!”唯慈爱之色,尽作春风于双脸矣。及后,两小儿稍长,追此往事,每相争宠,甲必率先曰:“是我爷爷!”乙恒针锋相对曰:“不对! 不是你爷爷,是我爷爷!”争而必哓哓不休焉。师及我师母不为左右袒,但纵其喧哗,旁观而乐之,而慈爱之情,尽布春风于一室矣!

先师豪爽解饮,而不着杯杓。每师生一座,三巡之后,弟子行酒,师必右手覆杯漫拒焉,且曰:“不喝了! 不喝了!”然莫非一拒而止,虽连进皆然;而师之劝人也,恒曰“慢慢喝(音如入声“活”)”。师兄宝刚云,师南京土音读之,实寓“慢慢活”之意,此亦师之厚也。闻诸师母,师尝与章培恒先生会议,章先生先备中外诸醴,议事次,宾主杂饮之,而未尝取醉——古人“惟酒无量,不及乱”,此之谓乎?

谨按:师《金缕曲·送别学诚教授》有句云:“自方中直到日西宿,人欲醉,兴方足。”(《吴金华集外集选编》,页173)所谓“欲醉”,正未醉也,岂非“不及乱”耶?

先师博学多通,世俗所谓文体艺能,多所涉猎,咸有会心,诚兼学者风范与诗人气质而有之者也。师《雨霖铃·赣马宿舍》词(1968年作),题下小引曰:“身边三大件:《保健按摩》(谷岱峰著)、《形意拳》抄本、京胡。欲以健身,欲以防贼,欲以自娱。”业已夫子自道矣。《吴金华集外集选编》之“向编者致谢”有云:“初中时,在旧书摊上买到一本《作诗门径》,后来又抄录了《白香词谱》,动不动就模仿唐诗、宋词胡诌一气。”(《吴金华集外集选编》,页426)夫诗文一端,在师固小道馀事而已,而亦在在皆学问也。观师读郑异之先生《减字木兰花》“年来多病”词,师加按曰:“郑老倚声填词,非常讲究。他偶尔以入声代替平声,绝不是随意的。面对‘入派三声’的语音现象,凡是由中古入声转为近代上声、去声的字,未见郑老使用;郑老所用的,都是由中古入声转入近代平声的那些字。”词谱之平仄组织,既未遽难乎按图索骥之了解,又未必难乎削足适履之遵守,所难者,由具体作品而厘清实际语音流变之迹象及其规律耳。前者恒人之所能,后者固非学有专门之语言学家不办——师既早禀诗人之才,又深积学者之力,以实证功夫,入形象思维,遂能批隙导窾,所得独多且深也。

曩江之离复旦也,自惭不能学问,有负教诲,故少远师门,不敢亲近,师犹念恤,不殊平昔。三数载之前,江以偶然机缘,忽妄欲学为近体诗,而尽为暗中摸索事,罕识机窍,不知高低。师忽知之,不以鄙陋荒率相弃,即为修改习作,并垂明诲——盖欲借以感动其向学之心耳,非但为歌诗小道也!忆江之初学七言,尝强撰一篇,题曰《冬日遣兴》,缀之小引:"金陵好雪,亘夜达旦,今日开霁,乍寒乍暖,不能无感。忽念恩师吉诞在近,趋庭无缘;向往师门,情不自禁;拟此俚句,载祷载颂;语拙意鄙,所不敢衈也!2009年11月17日。门下顽徒新江呈草",其辞曰:"懒闻车水马龙喧,喜眺青山静不言。雪后微寒添杳寂,人边杂闹抵柔温。勘同去日皆今日,望倚师门是圣门。何必严冬伤落寞,西楼也拟暂窥园。"其所"遣"之"兴",则雪后远眺、由远眺而远思师门也。次日即奉到恩师来教,定稿如下:"懒闻车水马龙喧,长眺晴山自忘言。雪后微寒犹乍暖,人边杂闹似炎昏。依依去日皆今日,荦荦师门是圣门。何必严冬伤落寞,西楼一曲暂窥园。"且代拟"自注"曰:"忘言——犹言'得意',语本《庄子·外物》。"更赐教云:"诗的措辞,实词太密则嫌板滞,虚词过多则伤轻弱;第二句用'自',是增一虚词,以免首联实词太密;'勘同'及'望倚'改为'依依'及'荦荦',以免颈联跟颔联过于板滞。'长眺远山','忘言','犹乍暖','炎昏','依依','一曲',等等,都是雪后的感兴,大意一以贯之。"要言不烦,直中肯綮,所教甚深,惠我孔多。今而缅想,则诗文一端,在师又非但馀事小道已也,且得用为教训之资焉,非吾师之博学多通,孰克臻此哉!

先师非常人,师兄鲁东大学王宝刚副教授每为江言:"新江啊,吴老师不是一般人,他是通灵的。"师既逝之明年,忽来赐梦,江因作《先师赐梦有感》一首,以为缅怀,以代恸哭。其序曰:"前晨方寤,忽怅惘者久之。初不知所谓,旋悟乃梦境有使其然。所梦若何？则卅年前初听企玄恩师讲授状耳。时诸同学端坐课堂，而梦中容貌模糊殊不可辨；独师之讲也，神采飞扬旁若无人，固同学所惯见而乐见者。师时着藏青卡其布中山装，其色尤鲜明。凡此历历在目前，如溯卅载而往。觉来怏怏，不能自释然。欲为记录，仓卒不得其辞。会独坐蜗居，默念其忝在门墙、受恩深重，今幸赐梦，岂可无所感动？因拈七八字缀后。恨难成律，不敢呈之师母慈览也！2014年4月19日"其辞曰："训提忆说近诗书，忽到师门蒙诲初。尘垢青衫灯下破，爬梳白发笑中疏。五车早富先生业，三国优驰独学誉。梁木虽摧典型永，卅年新梦更伤予！"其自注曰："师本在南京师范大学主持古文献专业，百事丛脞，讲坛劳勤，夙夜从公，不以为辛苦。唯于己则不暇脩边幅，每出门也，我师母必为整顿衣履，而未周一讲，必多沾粉笔灰屑，师亦浑不介意，同侪后生恒以六朝名士目之。又师早脱发，每以自嘲。"虽鄙俚无韵，于焉或可稍觇吾师学行于万一，然则，江之试为长句，其志诚殆亦足多云。

先师最以《三国志》文献整理及语言研究，冠于等辈，学行纯粹，固无一毫可疑；师又非钻故纸之老学究，乃与时俱进之现代学者，亦无一毫可疑。夫学者宗尚实证，奉为典则，师守之尤笃。不宁唯是，天赋诗人气质，使我师之"诵其书"也，必注其精神情感，深入凝固之典籍，远届消逝之岁月，进而"论其世"焉，"知其人"焉，遂能迥出侪辈，突过前贤。师之尚论古人，恒具"了解之同情"。六七年前，江尝从容仰问魏延、杨仪故事，师应为剖之，略谓："魏延不肯为人下，刘备诸葛亮都不在了，他是会造反的。不过，杨仪这个人的确不讨喜，甚至很可怕。"——"不讨喜"，金陵方言也。江复问彭羕、李严，师曰："李严的事情，比较简单，处理得也蛮好。"因特为详论彭羕云："彭羕是很有才干的人，他年轻，是傲气，带点儿狂妄，不过串通谋反，恐怕不可(kuo 上声)能(leng 平声)。他就是恃才傲物，要(带头)闹一闹，摆摆地头蛇的架子，为自己谋一点政治资本，还可能是想试探试探你刘备诸葛亮是不是真的强龙。可惜他是做得过头了。彭羕自己也是认的，所以甘心接受制裁，甚至是愿意把自己当作一个反面典型给其他人看。从他最后给诸葛亮的信看，他可以说是心服口服的。”“彭羕可惜”，师当时言之，至再至三，唏嘘不已。今日寻此故事，恍如昨日，江犹不能不悚然动容焉。师既肯予同情于古人，而好恶明白，绝不持骑墙之见，作首鼠之谈。十余年前，师为门下生授《三国志》选读一课，一日举前人之论陈寿，或以为寿唯简是尚、不置褒贬、殆有所忌讳云，师殊不然之。师论若曰：“我们今天看《三国志》，当然不难接受前人的判断，了解什么是陈承祚的高简。但是，过去的学者只看到陈寿行文设辞的简，却没有看得出来他有褒贬。说陈寿不讲褒贬，是不对的，至少是不全面的看法。他陈寿，是有褒贬的。举个简单的例子来说。我们看《魏志》曹丕的传(谨案：师未称曰“《文帝纪》”)，跟他父亲曹操一样，陈寿一个字也不肯写有什么异相啊瑞表啊之类东西。可是《蜀志》的《先主传》，就很不一样了，他不仅写刘备的大度忠厚，一上来还就写他家那棵大桑树，那么大的桑树，如果在陈寿眼里没有特别的意义，以他惜墨如金的史笔，他怎么肯写它？还有，陈寿不迷信，可是他就写先主的垂手过膝，不就是要显出先主与曹操他们很不一样，有人主仁君之相幺？这些，就是褒贬啊！怎么能说他没有褒贬呢？前人说陈寿多所忌讳，不讲褒贬，是没有看懂他的《春秋》笔法。”师盖雅不喜魏文帝其人，甚鄙其矫情自负，讲次意犹未尽，乃更端曰：“裴松之也很有意思。曹丕传开头不久，裴注就不厌其烦地引了很多文献，特别值得注意的是，曹丕自己关于剑术的那一节。估计曹丕的剑术，的确是不错的。可是，一位魏国的太子，怎么能为了这样一种‘小道’就那样沾沾自喜呢？跟人家比剑，人家输给你，说不定是故意让你的，好比旧小说里头说的‘卖个破绽’，好给你曹丕保全面子，免得将来受报复。就算是真赢了，你一个贵公子，从小有最好的师傅教，学得好也是应该的，真赢了，又有什么好骄傲的呢？还那样洋洋得意？”师因论曰：“看起来，还是裴松之，他就没有看错陈寿的褒贬。他的注文似乎那么啰嗦，可能就是想把陈寿故意不要的史料呈示出来，好显出其中的矛盾来。所以说，裴松之是陈寿的功臣，一点也不错！”客岁之 5 月 24 日，师垂一函

（电子邮件），曰"《文史知识》2013年第5－6期（1月23日投稿，5月24日收到刊物）"，惠赐既刊之《陈寿详略之笔与〈三国志〉的繁简之处》文，更广论陈志之繁简详略，虽不以探究全书褒贬为务，要可谓不即不离者也。师蓄之有年如此，足见持论之恒与慎。以江之愚，窃谓师论陈承祚之褒贬，正示己之褒贬也；而吾师学问所以独自卓荦超迈一世者，其在此乎，其在此乎！

谨按：章培恒先生《〈三国志论集〉序》云："如果一味以干、嘉为圭臬，那就必然落得抱残守缺的结局。与此相反，金华教授在这方面不但与时俱进，并且走在前面。"（《吴金华集外集选编》，页328）

又按：江所举先师函，乃师最后所赐也，去师之弃后生，不及一旬！呜呼，今日重读，宁不痛哉，宁不痛哉！

先师爱人以德，而宽严皆有程度。门人之能向学有成者，无不称誉而期待之不置；其否者，则亦必切责不稍假借焉。初，江之在复旦也，师以其不进，即正色叱曰："你倒退了！话都写不通了！"及其将答辩，师虑其或有畏难，先会起更衣，招江随后，因而勉之，且教曰："老老实实回答问题。若是回答不了的，就老老实实回答说不知道。不用怕。先生们都是顶好的，不会为难你的。"江虽蒙诸先生爱护，侥幸顺利过关，而师之垂爱如此，诚禅家所谓"老婆心切"已！

先师之逝，江与师兄宝刚、师弟高明及苏杰弟诸同学守灵次，追维先师音容，所得皆吾师宽厚慈爱之笑颜，正宝刚所谓"吾师福德人"也！初，前年（2012年）秋仲，逢师七十华诞，而南京师范大学古文献专业创办适将三十周年，专业主任赵生群教授命江请于吾师，欲师偕师母之暂拨冗返母校，俾江等为师庆生，因便商筹专业庆典事。师时专心致志于《三国志》修订工程，旁顾不暇，分身乏术，谓江曰："修订本，正在定稿当中。准备明年（2013年）三四月间，分两批交稿。那个时候，就可以轻松点儿了。"赵教授剧知修订工作之重轻，遂命复告吾师曰："那也好。希望那个时候，吴老师回来一段时间，高兴讲学，就随时给专业学生和其他爱好者讲讲；想休息，就安心休息。反正专业里可以妥善安排的。总之，希望吴老师张老师回来，能够好好歇一歇。”江因复请，而师甚悦，因诺焉。岂意天之不使少遂人愿、乃使永隔如此耶！呜呼痛哉！尚何言哉，尚何言哉！虽然，师之惠爱德泽，风范仪型，悉如平生，曾不一毫损也。江先拟师寿诗一篇，综师一生行业，妄欲就所知节取而写诸笔端焉，颇已属稿，迁延再三，而不果成，迨乎守灵之夜，其心中所瞻睹，无非师蔼然之容，乃复稍定旧稿。虽深痛大师之不待，酷恨小诗之失时，遂使文不对题，所言固不虚不诬，此而无愧。今姑并原按录后，借为永怀之证云。吾师有灵，倘鉴而谅诸？

敬寿恩师七十华诞

吾师登七十，绛帐更彬彬。
乙部独游客，上庠姑隐身。
立诚祛愧怍，有道极真醇。
温厉十风并，刚柔一雨新。
公心听已辨，长者寿而仁。
七十曰嘉茂，坚牢祝大椿。

按：今年之十一月二十七日，为我师企玄先生七十华诞之期；不肖屡欲献诗为寿，而迁延不果成。右一篇，意思夙有，而斟酌不定，本以师必“诞登寿域”，比隆徐钱二老，则事得从容。不意天夺人愿，我师以今年之六月二日遽归道山，摧酷岂可言喻，岂可言喻！守丧之顷，强拾前绪，足为六联，辞复浅陋，奚足述称诵之意于万一、志缅怀之忱于万一哉！

先师既长往，师弟复旦大学苏杰副教授为诗哀悼：

先生遽归道山，今已七日，勉成一律，以寄哀思

勤施化雨浦江东，七十金陵自在翁。
把酒赋诗真国士，跳丸击剑老顽童。

孝标益友乾嘉学，承祚功臣魏晋风。
玉振金声今绝响，亦趋亦步怅何从。

江无以遣其哀痛，因追步一篇如次：

次苏杰弟韵同哭恩师

暂别石头东复东，古稀人外肯称翁？
皤皤襟抱傲多士，矻矻风神夸老童。
用志三余唯在学，造微一史不随风。
企玄境界空遗响，问字申城哀莫从！

嵇康《琴赋》："慕老童于騩隅，钦泰容之高吟。"

【作者简介】 吴新江，1983 年至 1987 年南京师范大学古典文献学专业本科生，1997 年至 2001 年复旦大学古籍整理研究所汉语言文字学专业博士生。现为南京师范大学文学院副教授。

绵绵师恩,追忆成泪

陈健梅

应施师母(施谢捷老师夫人)之托,喻雷(南师大86级古文献专业同学)告诉了我吴老师去世的噩耗,当QQ的对话框里出现这几个字的时候,我感到很恍惚,不知道这意味着什么,我觉得“走了”和我印象里的恩师联系不起来。当我给施师母打电话的时候,我深切感受到了那几个字的痛,我对着施师母泣不成声,说不出话来,此时此刻,我才知道我心中的恩师是如此之重,而平日里一切如常的时候,我甚至都没有问候一声!此时此刻,我也才知道自己是何等不肖的学生!

我不敢接受这个事实,一来因为吴老师身体一直没有大恙,且春秋方盛;二来我总觉得自己随时可以去拜访老师和师母,这好像是本该如此的事,而一再的耽搁却成了这一生不能弥补的遗憾。

在远方,我默默地流泪,交织着内疚和思念。在我的心中,恩师的形象永远那么清晰和亲切,一如我最后一次见他的时候,他的笑容、话语和风范……

在恩师诸多的受业弟子中,我是学问最不长进的一个,这也是我后来一直怯怯不敢打扰恩师的原因之一。2000年毕业后,我辗转南北,偶尔路过上海时,也只是和老师、师母匆匆一叙,至今还清楚记得2009年的最后一次拜访,那年夏天我参加复旦史地中心的暑期班,在上海呆的时间比较长,有机会去拜见了老师和师母,那时感觉老师的身体还特别硬朗,倒是师母显得憔悴了许多。当时老师还高高兴兴和我说起,他怎么用计步器散步。我知道他患有糖尿病,走路是一项很好的运动。那次拜见之后,我心里也没有什么特别的担忧,觉得一切都很好。此后去上海几次,都是早去晚回,来去匆匆,也就没有特别安排去拜见他们。岁月无情,转身已没有再见的缘!三年受业,老师的音容笑貌瞬间定格为永恒,穿越时空,凸显为我最清晰的记忆。

恩师的学问更让我高山仰止,我没有资格评说。我把这个噩耗告诉了我后来的业师,北京大学历史系辛德勇先生,作为一个素未谋面、却又惺惺相惜的学界同仁,辛老师对吴老师的逝去表示了无限叹息:"读吴老师书,觉得他做事很扎实的……本来我以为《三国志》原来的陈乃乾点校,问题较多,这次吴老师做,是最得其人的,能够在二十四史中作得最好。他这么急就过世了,也不知是否做完了稿子。若是能够完成交稿,对他最近这几十年的研究,算是很圆满的结局。但愿一切都如愿做好了。"上面是辛老师邮件里的原话,辛老师的叹息和祝愿是对吴老师学问的由衷钦佩,也是对吴老师猝然去世的无限不舍。我记得辛老师曾对我说过,等吴老师整理好的《三国志》出版,他一定要买一套,因为他确信吴老师整理出的《三国志》是迄今最好的整理本!多么希望吴老师的名山事业能如愿以偿,也多么希望这一切还能继续……

我有幸从南京师大的古文献专业追随恩师到复旦古籍所,从随园的"训诂学"到燕园的"裴松之",我学问的根基凝结了恩师辛勤教诲的心血。燕园受业的三年,是我耳濡目染恩师学问、人品最深厚的三年,至今抹不去恩师举手投足间的亲切与宽厚,睿智与风范。恩师是博士生导师,却因为我来自南京师大而对我网开一面,特地让我作为硕士生忝列门墙。恩师传道授业,一方面对我从严要求,另一方面却又及时给我鼓励,使我的学习生涯充实而不失自信,最后指导我的硕士论文《裴松之年谱》获得了上海市优秀研究生成果奖。获得这项奖的时候已经是毕业几年以后,我当时颠沛南北,竟未能向恩师道声感谢!

11 月 30 日,我去南京参加了南京师大古文献专业成立三十周年庆典,当我们聚在一起时,又一次不胜唏嘘地追忆起恩师,席间我再次泪流满面，忆不尽绵绵师恩，挽不回结草无缘的遗憾。

隔山隔水，我没能见上恩师最后一面，也没能及时在师母身边安慰她。为人弟子，所为如此，我愧对恩师的在天之灵！我希望在自己的学问、人品中能够承继恩师的精神和风范，谨以此作为对恩师最好的忆念！

2013 年 12 月 11 日于杭州

【作者简介】 陈健梅，1986 年至 1990 年南京师范大学古典文献学专业本科生，1997 年至 2000 年复旦大学古籍整理研究所汉语言文字学专业硕士生。现为浙江大学历史系副教授。

怀念我的老师吴金华先生

高　明

兰花庭院绿如茵，柳絮轻飞泪满巾。
风静鸟鸣寻旧路，叩门不见梦中人。

这首小诗唤醒了五个月前的记忆。6 月的关中已经酷热难耐，2 号是星期天。中午，学友们通知我：吴老师于当天凌晨辞世。刹那间，一阵冰冷灌注全身。在慌乱中收拾行李，安排好各项事宜，急切地飞向老师身边。在飞机上，眼前一片朦胧，过往的岁月一页一页翻过，不知不觉间，泪珠一次一次滚落。浦江两岸的高楼还是那样壮丽，却再也没有兴味去欣赏；兰花小区的绿草还是那样茂盛，却永远看不到老师矫健的身姿了。

一

人以文传，对所有学者都适用。最早认识吴老师，也是从文章开始的。记忆中好像是有一本关于研究生教育类的刊物，扉页上登载了吴老师的照片，还有很小一段论述治学的文字。内容已经记不太清了，其中两句大意大概是说："案头的书要多，床头的书要少。"强调的是专精与博通的关系。当时还是本科生，其中的深意没有多少理解，但简洁鲜明的语言，至今还有很深的印象。

本科毕业开始读研，专业是训诂学，主要集中在汉魏六朝。从吕叔湘先生的《近代汉语指代词》，到蒋礼鸿先生的《敦煌变文字义通释》、《义府续貂》，还有徐复先生关于《文选》以及《孔雀东南飞》的一系列论文，都成了必读文献。顺着学术师承的源流，自然“认识”了郭在贻、吴老师，还有刚刚毕业不久的方一新、王云路等。于是，《训诂丛稿》和《〈三国志〉校诂》成了当时最喜欢的两本专业书。在陕西师大的图书馆，这两本书副本不多，常常被别的同门捷足先登，不断品尝借阅不到的懊悔。偶尔借到手，研究生的借书期限也仅有一个月，揣摩学习的时间远远不够。于是就分头复印了这两部书。认真阅读后，竟然有一些新的想法。刚好正在准备硕士学位论文，好像很自然地就选定了《南史》，希望模仿吴老师的做法，从校注入手，解决其中的训诂问题。今天想来，这种做法未免幼稚。不要说在当时，即使是今天，以我的学力，要完成好这样的工作，根本是不可能的。当年学术课题的选择，多少有些少年的轻狂，更可以看出吴老师学术影响之深入人心。读其书，想其人，其实当年的我已经可以算作吴老师的“私淑”弟子了。能够有一天登其堂，入其室，那时还不敢想象。

一切都很自然，工作两年后有机会考博，吴老师的门下自然是首选，其时吴老师已经离开南师来到了复旦。以我的专业能力和外语水平，这次的选择也不能算明智之举。多年以后，回想起考博的经历，胆战心惊之余，内心充满了无限的感激。可以说，没有老师的赏识和努力，我的读博之路会更加曲折。

1997年元月，萌生了考博的想法，想报的导师就是吴老师。查阅了招生简章，就很冒昧地给吴老师写了一封信。没过几天，就收到了老师热情洋溢的回信：

高明君：

来函收到，很高兴，欢迎报考复旦训诂学博士生。

我不是你所向往的“名师”，但我很希望有你这样的同志。

你如果报考复旦的话，望认真准备外语考试。……我明天将到连云港，2月18日才能返沪，希望你在春节期间抓紧复习外语。

离沪前夕，朋友请我喝酒，今晚几乎是喝醉了。看到你的来信很高兴，匆匆作答，望谅。

信是写在三张“复旦大学稿纸”上的，笔力遒劲，字大行稀。看得出，多少带有酒后的痕迹。来信连用两次“很高兴”，并再三叮嘱认真准备外语考试。感觉到老师对我各方面的情况是认可的。“今晚几乎是喝醉了”，读后更感亲切，回想起过去在杂志上看到老师的照片，圆圆的脸庞，光光的额头，笑眯眯的样子，这样的语言完全是发自性情，也切合我的人格理想。多年以后，自己承担了指导研究生的工作，重新认识到了研究生教育中的师生关系。这是一种个人自由的双向选择，考量的标准，既有学术，更有性情，志同道合，自有冥冥之中的缘分。

考试的过程并不顺利，主要问题就出在外语上。考完后，心里一直忐忑不安，就又写信给老师。老师还是耐心地回信：

高明君：

来信和文章都收到了。上次面谈，你是最后一个，但结果使我出乎意外，我非常高兴。几天之后，看到你的专业成绩，觉得也很出色。

前不久外语成绩出来了，英语2不理想。……今后，如果想进一步了解有关情况，可向黄毅老师打听，她是所里跟研究生院联络的老师，我的消息都是黄老师提供的。就我本人的意愿来说，我希望你能被录取，这个意思在我阅卷后就对她说过两次，而至今能在所里见到她也不过两次。

估计你正急等回信，匆此。

后来在所里的努力下，研究生院增补了一个名额，但需要导师出具破格申请，吴老师就以“专业成绩优异”及“边疆学校青年教师”为由，写了破格推荐，最终得到批准。1997年9月份，我同吴新江兄、王宝刚兄一起入校，成了吴老师在复旦指导的第一批博士生。

回顾考博的经历，每一步都离不开老师的大力扶持。对一个素未谋面的年轻学人，老师倾注了多少心血，付出了多少努力，岂止是几封信件所能体现？还好当年电话等通讯手段不发达，老师的几封亲笔回信，至今仍珍藏着。每每翻阅这些信件，看着老师刚劲有力的字迹，重读那些充满鼓励的字句，总是感到无比激动。对老师来说，帮助每一个真心向学的学生，乐在其中。对我而言，这种激励将陪伴终生。睹物思人，老师并没有离开，他还在不断地督促着我，在学术的道路上不能有丝毫懈怠。

二

沪上三年的求学生活，紧张而短暂。复旦“博学而笃志，切问而近思”的精神熏陶着每一位学子，吴老师平易近人、和蔼可亲的教学风格无时不感染着我们，求专精，求创新，文献语言文化交叉互补，老师在汉魏六朝文献语言研究上开辟了一片广阔的天地，不断树立一个个新的学术制高点。作为吴老师的学生，能亲炙教诲，自然非常荣幸。但多年来努力不够，学术成绩平平，既不能传承老师的衣钵，更难以完整准确把握老师学术研究的全貌，这一工作只有留待其他同门去做了。登堂入室，绛帐三年，无时无刻不感受到老师的人格魅力，这些点滴或许更可见出老师教书育人、呕心沥血的风范。

记得入学之初，吴老师当时还住在水电路的凉城小区，加上第一年的公共课多，开设的专业课程较少。于是，老师和师母就在每个星期六或星期天，邀请我们三个学生到家中做客。新江兄是吴老师的硕士，是南师古文献专业的高材生，算是吴老师的老学生了。宝刚兄也在南师读过硕士，过去也接触过吴老师。在他们两位的带领下，我们每个星期都会在老师家里聚一回，而且一般是早饭后去，晚饭后才离开。宝刚兄能烧一手好菜，颇得吴老师和师母的好评。这样的生活持续了近一年，差不多直到下届学生入校，才因学生较多，不愿再多耽误老师的时间而逐渐取消。

有人说过：学者的书房是不能轻易让人看的，从那里可以发现许多重要的学术“秘密”。每周一次的聚会，让我们自然而然地走进了老师的学术世界。那是一间狭小的屋子，在房屋的阴面，不太能见到阳光。靠窗的一面放着一张写字台，其他几面墙都摆放着书架，几乎要触到房顶。书籍摆放很凌乱，但每到需要的时候，老师总能随手翻到。这大概就是所有学者书房的共性。不同的是，老师的藏书并不特别多，仔细看看，多集中在汉魏六朝文献以及传统语言学、文献学方面。特别引人注意的是，老师的家中，除书房之外，几乎经常活动的地方，卧室床头，沙发旁边，都能发现中华书局标点本的《三国志》。随意打开一部，上面都有各色笔迹的眉批圈点，其他常用的书籍也都是如此。老师治学之严谨、读书之细致，从此可见一斑。后来还听师母讲起，十年动乱时期，在连云港老师几乎就是《三国志》不离手了。过去常听学界传闻，有些学者能将一些基本文献全文背诵，比如李荣先生能背《广韵》，陆宗达先生能背《说文》，余生也晚，无缘得见。但吴老师对《三国志》的熟悉程度，确是眼见耳闻的。只要提起《三国志》中的任何人物、故事、词语，老师都能指示你在哪一卷、哪一节可以找到。吴老师成为蜚声海内外的《三国志》研究专家，是凝聚了多年的心血，日积月累而成就的。对于初入学的我们，这样的一种教育方式，胜过千言万语。吴老师对学术的不懈钻研，孜孜不倦，深深印入了学生的脑海，内化为一种求学的力量。

吴老师对学生的教育除了言传身教外，还有不断的耳提面命以及不遗余力的提携扶持。

记得有一年的“五一”，学校要放假。刚好放假前最后一节课是吴老师上。闲谈间，老师随口问道：“放假了，你们准备干什么？”当时是新一届学生刚入校，许多外地同学，自然想利用这一机会在上海周边走一走。于是有位同门应声回答：“想出去旅游！”老师并没有表示反对，只是淡淡地说了一句：“还是利用时间多读读书吧！”许多年过去了，老师的这句话还萦绕在耳边，包括他说这句话时的表情，历历如在眼前，没有一丝责怪，只是一句长者的劝告。

也难怪，师母经常说起，老师非常好客，家中常有学者到访。吴老师总是热情接待，即使手头的事情再多再忙，也从未有丝毫怠慢。但客人告别离开，不管再晚，吴老师都要赶做完当天的工作。老师对时间如此珍惜，自然不希望学生荒废。攻博期间的论文选题等，吴老师也很尊重学生，只在适当的时候，提出一些重要的参考意见，往往仅有三言两语，却能使人茅塞顿开。我的毕业论文以中古史书词汇为中心展开，虽然做了许多工作，但由于铺开范围太大，深入程度远远不够。在顺利通过答辩后，老师还是不忘叮嘱一番，今后应选定一部中古史书，做更加纵深的专题研究。

吴老师对学生的提携很多，包括那些没有进入吴门学习的青年学子。对我个人而言，这方面的感受也很深。老师为我做了一个导师能做的一切，期盼着学生的成长和进步。但因天生疏懒，辜负了老师的一片苦心。我不知道老师是怎样看待我的，是不是“怒其不争”？印象中有两件事，至今想来都觉愧对老师。

老师在培养学生方面有一个做法：同学生合作撰写论文。早期的几届学生，都曾在老师的指导下完成了相关论文，并正式发表。老师是把这种方式当作培养学生科研能力的有效手段，同时也以此来记录一段珍贵的师生情缘。记忆中，吴老师也曾将自己在读书中收集的资料交给我，是关于《汉语大词典》收词、立目、释义等方面的不足，一方面供我读书参考，同时也可能希望我撰写相关的论文。材料在我手中保存了一段时间，其中的要点也已经基本领会，但就是找不到写作论文的感觉，为此辗转了几个星期。最终材料奉还，老师后来凝练成一篇文章，刊载在《文献》上。读到老师的大作，我懊悔自己当初没有能力和老师合作，也庆幸没有我的合作，否则以我的思路和笔力，老师在后期的修改补充将不胜其烦。

毕业临近，我的工作去向也成了吴老师和师母最为关心的事情。我因来自西部边疆高校，就读前即和单位有协议合同，属于定向培养。老师也为此犯愁。正在论文即将定稿前的一天，老师突然打电话给我，让我先停下手头的工作，赶紧回原单位，看能不能疏通,解除定向合同。原来章培恒先生曾和吴老师沟通,学校决定古籍所今年可以有一个留校名额。我自知单位的关系很难办好,但还是谨遵老师的教诲,跑回咸阳联系一番。结果其实本在预料之中,我自己似乎还很平静,老师的失望情绪比我还大。这条道路走不通,老师又再酝酿新的方法。刚巧这时,原湖南师范大学刘晓南教授来复旦拜访吴老师。刘教授是南京大学鲁国尧先生的高足,为湖南师大《古汉语研究》主编,而鲁先生和吴老师是多年至交。于是,吴老师在宴请刘教授时,特意命我叨陪末座。老师的意图很明显,就是希望湖南师大能够接收我,因为他们在人才引进方面的政策比复旦要灵活一些。刘教授在席间了解了我的情况,回去不久,就传来湖南师范大学文学院愿意接受我的消息,希望我进一步和原单位协商,妥善处理一些问题。当然,最终问题并没有妥善处理,我还是回到了位于陕西咸阳的西藏民族学院,一直工作到今天。

清楚地记得,离开复旦的前天下午,到凉城与老师和师母告别。老师留我吃了晚饭,谈话中还是一贯的鼓励,做好专业,等待机会。夜幕降临,告辞离开凉城。老师和师母执意要送我,到小区门口时,我劝他们回去。老师说:“再走走吧!”师徒三人,在华灯初上的水电路缓缓而行,大家都没有说话。拐过路口,就是车站,我登上了开往学校的公交。透过车窗,老师和师母还站在马路对面,昏黄的路灯映照在他们身上,地上的影子很长很长。我在复旦的求学生活就此画上了句号。离校一两年后,还听到同门传来消息,吴老师在上课时谈到学生就业去向,举的例子就是我。在为老师守灵的晚上,古籍所季忠平君又提起此事,看来老师一直还耿耿于心。

三

文字词汇、校勘训诂,这些内容在常人眼中必定艰涩枯燥,而老师却每每能让人体会到其中的趣味。凡是读过吴老师著作的人，无不感受到其中丰富的意趣。《〈三国志〉校诂》是这样，《〈世说新语〉考释》也是这样，其他的单篇论文均不例外。特别是临终前几年，老师不断将上课前准备的讲义材料发给我，供我学习。这些凝聚着老师心血的材料，无不自出新意，趣味无穷，引人深思。平常的材料在老师的笔下总能挖掘出独特的价值，纷繁的文献经老师条分缕析，总有意想不到之处。老师晚年的学术研究，已经达到从心所欲的境界。后来，听师母讲，老师每一次给研究生开课，都要经过细致的准备，经常是在白天完成了繁重的科研任务后，利用晚上的时间准备详细的讲义，有时甚至通宵达旦。这些带有著作性质的讲义，是多年学术积累的结晶，更是老师的人格象征。

学术之外，吴老师在许多方面都有兴趣。能操琴，善手谈，乒乓球技艺在小区内也鼎鼎有名。去世前几年，还在黄兴公园和人学起了抖空竹，而且一玩起来就兴味十足，各式的高难动作都被他一一征服了。不长的时间，其他的玩友都折服了，钦佩他在运动方面的天赋。记得我们刚入学几年，老师嗜好烟酒。在上课、谈话时，手中常常点燃着一支香烟。有时谈到激动处，会忘了弹掉烟灰。每次在老师家聚会，必有美酒相伴。刚开始时，老师以为我来自西北，必善饮，总要特意多为我添上几杯。最后发现，酒过几巡，眼前昏晕的总是我。老师是热爱生活的人，也是对生活有无限追求的人。去年六月，欧洲杯如火如荼，老师也常在半夜观战。6月25日，还在看完点球战后，创作《一剪梅 · 爱看》，不久即发至我的邮箱。今录如下：

一剪梅 · 爱看

人过中年心渐凉，不慕陶唐，不慕初唐。读书但学段和王，少了诗章，多了文章。

四海梦游途正长，这也风光，那也辉光。老来脾气更乖张，怕看东方，爱看西方。

一派资深球迷的风采，实在让人感动。我随即学做小诗一首，表达

敬意,亦录如下:

读企玄师《一剪梅·爱看》

妙趣横生谈笑间,文章风雅似当年。
格融唐宋开新意,书学段王斠旧篇。
三国梦游风正好,四时闲说笔如椽。
莫言老去心中静,蹴鞠转丸夜未眠。

文如其人,老师著作中的运思灵动,其实是来自天性的。老师对学术的永不满足、锲而不舍,亦如他对生活中所有美好事物的追求一样。学术研究的止境是真,生活的至高境界是善与美,老师的一生就是追求真善美的一生。魏晋文章,是老师学术研究的重心;魏晋人的达观洒脱,已经内化为老师的天性。老师的文章和人格是天然合一的。

老师有金刚怒目的一面,比如对学术不端,必痛批;对小区管理的弊端,亦敢怒敢言。老师更多时候是仁者善心,菩萨低眉。对学生不遗余力的提携,对学界朋友无私无怨的帮扶,凡是接触过吴老师的人,都会有很多这方面的故事。作为吴门弟子,最为感动的还是吴老师和太老师徐复先生的师生之情。1997 年 10 月,吴老师约请徐复先生到复旦,为我们做讲座。上课的地点,在吴老师凉城的住处。客厅的沙发挪开,就变成了教室。太老师徐复先生精神矍铄,一连讲了一个上午。其间,吴老师一直静坐一旁,不时奉上茶水,还不时提醒先生,时间够长了,是否应该结束。徐老下榻在东苑宾馆,当天晚上我们几个陪吴老师一同前去看望。中间还有华东师大李玲璞等先生来造访。吴老师一直敬奉左右,恭敬备至。时间不早了,我们几个学生起身告辞,吴老师说:“你们先走吧,我还要照顾徐老洗漱!”讲座之外,吴老师还邀请苏州大学王继如先生,一同陪徐老登东方明珠,感受上海的大发展,师生其乐融融。身正为范,吴老师的一言一行,无时不在教育着我们,师道如天,做人与为文并重,才是真正的士人风范。

老师对小狗很是喜爱，大多数吴门弟子和吴老师朋友们的邮箱中都存有老师纪念“Gaos”的文章。早在1998年左右，葆雷兄因朋友出国，临时收养了一条小狗，替他照顾。带回家后，吴老师异常喜爱，并为其取名“Gaos”。老师给它喂食，训练它玩耍。小狗本来就有灵性，一天天和老师有了很深的感情。在老师工作时，它会静静地待在一旁。老师休息时，它会蹦跳上来，憨态可掬，逗人开心。因为有了“Gaos”，老师工作之余得到了更多放松。可是，一天傍晚散步时，“Gaos”通过马路，遭遇飞来横祸。据说，老师在“Gaos”遇难后，甚至不敢多看一眼现场。平素镇静的他，竟然表现得异常惊慌失措。老师就是这样，乐观豁达，坚韧顽强，然而他的内心却也有常人难见的柔软。

老师是多么热爱学术研究，热爱生活，热爱亲人和朋友，热爱自己的学生。

站在宝山殡仪馆的灵堂前，看着安卧在鲜花中的老师，我的眼前模糊了。恍惚之间，突然感到老师坐了起来，仍然是那样神采奕奕，依然是笑眯眯的样子，指点着文字，谈论着《三国》……

走笔至此，窗外黄叶满地，夜色渐渐吞没了天地。揩去眼角的泪花，脑中显现的还是那年的初夏，水电路上昏黄的路灯，老师伫立路边的身影……

吴老师，您永远和我们在一起！

2013年11月12日傍晚

【作者简介】 高明，1997年至2000年复旦大学古籍整理研究所汉语言文字学博士生。现为西藏民族学院教授，文学院副院长。

永怀恩师

王宝刚

一

寒月凄清，如玉盘高悬天边。凉夜静寂，梦醒的人往往思绪万千。

轻轻在平板上打几个句子，记下绵绵悲思，记下不尽哀念。

二

敬爱的吴老师离开我们已经半年了。但是，凉城七区的月亮，梦里依稀清晖似水；兰花公寓的小径，想来依旧曲折如画。

仿佛还在跟前，他微微的笑，他爽朗的笑，他哈哈大笑。那笑容，就跟孩童一样纯真，让人如沐春风。

三

常听有人说吴老师是书呆子，其实他是非常细心的一个人。

记得有一年，有个学生来报考他的博士研究生。在考试之前，这个不善言语的学生带了大包小包很多贵重的礼物来看吴老师。那么多的东西，真是琳琅满目。

说实话，那时候的吴老师其实也只是个清贫教师。可他一有点钱，除了买书，也会助亲帮友。我们这些学生去他家里拜望，他也总是把我们当作自家小孩，像招待远方的朋友一样盛情款待。从南师大到复旦，我知道吴老师只肯从微薄的薪酬中拿钱去书店购书，却从舍不得花钱花时间去商店为自己购置其他任何物品。但是面对这些礼物，吴老师丝毫不为所动。他担心考前退还礼物可能会影响到那位考生的临场发挥，索性就把东西留在办公室，然后悄悄地叮嘱我，等考试完了务必请这位学生留下，退掉全部礼物。

考试结束后，在复旦大学附近的国权路一家饭店里，我打横作陪，吴老师设宴为那个同学饯行，并把那些贵重礼物原封不动地退还给他了。

这件事给我的印象非常深刻。在送礼成风腐败严重的年代，恩师以他的善良向我们展现了他的廉洁自律，也深深地影响着我对于钱物的看法。

四

吴老师是我最敬重的恩师。他对待学生就像热爱自己的孩子，他对待老师就像尊敬自己的长辈。

1997 年 10 月，太先生徐复老先生去上海，吴老师自费安排徐老先生在上海的所有费用，还包括我们这几位学生的作陪。他对徐老的敬重、关怀和照顾，让我们看在眼里记在心里。

恩师除了教我们如何严谨治学，更用他的言行教导着学生如何做人，如何感恩。

我一直以恩师为楷模，以一颗感恩的心教导学生如何做人做事，不计得失为社会付出。

五

人生如梦，转瞬云烟。但是，恩师的真，恩师的善，恩师的美，永远留在我的心底。

寒夜永，句子短。此恨绵绵，相思无限。

唯愿恩师在天堂那边，永享幸福安乐！

【作者简介】 王宝刚，1997 年至 2000 年复旦大学古籍整理研究所汉语言文字学专业博士生。现为鲁东大学文学院副教授。

追忆先生

苏　杰

勤施化雨浦江东，七十金陵自在翁。
把酒赋诗真国士，跳丸击剑老顽童。
孝标益友乾嘉学，承祚功臣魏晋风。
玉振金声今绝响，亦趋亦步怅何从。

这首小诗，写于先生首七。那时我陪儿子高考，滂沱大雨中候在考场外，枯坐中想起先生，不能平静，于是勉成俚言数句，聊寄哀思。我念给妻子听，逐句解释，说起先生的一些往事，不觉泪下。

一

先生是南京人，生于1943年11月，当时国军与日寇在浙江金华交战，遂以“金华”为名，以志国事。“金华”又是汉代未央宫讲论学问的殿堂，即所谓“金华殿”。《世说新语·言语》：“刘尹与桓宣武共听讲《礼记》。桓云：‘时有入心处，便觉咫尺玄门。’刘曰：‘此未关至极，自是金华殿之语。’”先生从徐鸣谦先生受文字音韵训诂之学，徐老据《世说新语》该条，命先生字曰“企玄”。先生《企玄室记》自谓：“企玄之学不在玄，在乎创新之义也。”在学生们的心目中，先生是一个富有家国情怀的大学问家。

先生学问谨严不苟，性情伉爽不羁。早年任教于南京师范大学中文系，曾担任古典文献学专业主任，为该学科的建设和发展贡献卓著。先生无党无派，却深孚众望，上世纪90年代初被选为江苏省人大代表。然而先生终非功名中人，而乃学问中人，性情中人。1995年先生被复旦大学作为“有突出贡献的国家级中青年专家”引进，在古籍所担任汉语言文字学专业博士研究生导师。

先生学问兼跨古典文献学与汉语言文字学两个专业，研究兴趣主要集中于中古文献整理与语言研究。在我的印象中，先生授业有以下几个重点。

一是强调文献功底。

先生要求熟读基本典籍，最好能背诵。在这一方面先生率先垂范，令学生们瞠乎其后。比如《三国志》，先生先后翻烂了好几套。记得刚开始研读《三国志》时，我对某个词语有了一点不成熟的看法，向先生请教。先生随口答道，这个词在《三国志》中一共出现了三次，除了你说的这一处以外，在第几卷和第几卷还有。

二是强调语言学理论素养。

先生要求掌握语言学基本的理论和方法。记得有几次研究生入学面试，先生问的都是这一方面的问题。先生对西方语言学研究的动向极为关切，要求我们熟悉历史语言学和认知语言学的理论和方法。

对于从事古籍整理和汉语史研究的我们来说，如果把发现问题、解决问题的能力比作武功的话，那么文献功底有似于“内功”，语言学理论方法则有似于“招式”。“招式”或可速成，但“功底”却必须踏踏实实地下笨功夫。

三是强调文字表述能力。

先生《三国志校诂》和《世说新语考释》等考据都是用浅近的文言，《试论‘R为A所见V’式》等汉语史研究论文则是用清通的白话。先生说到文字“清通”，曾举过的例子有吕叔湘、张清常。要提高自己的文字表达能力，一是要多看，多揣摩，多积累，二是要多改。先生的稿子，精益求精，常常要改很多遍。研究生的论文，也是要求不断地修改。

四是鼓励发表论文。

黄侃先生五十岁前不著书，矜慎可尚。然而时移世易，如今博士研究生和硕士研究生都有发表论文的要求。先生从一开始就鼓励学生早出成果，多出成果，并且与同学们开展竞赛，希望几个学生一年发表论文数的总和至少要超过他自己一年发表的论文数。

五是强调学术规范。

先生一再告诫不可掠人之美。他鼓励同学们之间切磋探讨，如果在阅读过程中发现对同学有用的资料，应当予以提示。不过，在写成论文发表时，应当将他人给予的重要启发和资料加以注明。用先生的话来说，“还给他”，也就是英语中所说的“credit him”。据说先生当年与他的师兄王继如先生就是这样做的。

自 1997 年在复旦招收第一届博士生以来，先生指导过的博士、硕士研究生和博士后共计五十余人，付出了许多心血和感情。

2013 年先生有两位博士研究生毕业。其中一位同学的论文题目是专书异文研究。因我以前的题目也是异文研究，故而在论文写作过程中让我看过两稿，在论文送审前，先生又特地唤我到家中，吩咐我再校读一遍。那最后一稿上，仍然密密麻麻有先生许多批改。后来论文顺利通过答辩，师生都很高兴。另一位同学的论文尽管多所发明，但在盲审时有一个专家反馈回来的意见却是要做重大修改，所给出的三个理由都很牵强，有一个竟然是引文的句号在引号内还是引号外之类的问题。先生动了义愤，坚决支持同学申诉，并且直接写信给研究生院，据理力争。最后这位同学也如期通过了答辩。就在老师出事前一天的下午，先生为今年毕业的博士生在论文和相关文件上签了字，完成了所有的工作。在先生临终病榻前，师弟含着眼泪，说起那天下午先生的慈祥与和蔼。谁能想到，那竟成了永诀。

按照复旦大学的规定，先生作为特聘教授，应当在七十岁退休。2013 年先生正好七十整，也想着该是时候放下教学工作的担子，好好休息一下，再逐步完成自己许多筹思已熟的课题。谁知就这样匆匆离去，一天都没有休息。

二

先生不是规行矩步的迂夫子，而是个性鲜明、爱好广泛的性情中人。

先生很早就喜欢古典诗词，时有所作，题材范围很广。几年前先生将自己的诗词、散文、小说等作品编为《集外集》，分赠朋友、学生。受先生影响，门下学生有不少人也爱好诗词。我几年前开始学习，曾步先生《集外集》后记中七律诗原韵，奉和一首，为先生祝嘏：

久历风霜色更苍，繁华阅尽蕴和光。
欢腾球室片时逸，寂寞书房镇日忙。
考据翔实人叹服，辞章雅健自裁量。
乐山乐水福无竟，松柏精神康且强。

自知义浅词弱，不敢称诗，聊博先生一笑罢了。不过对先生生活状态的描写，应当还算客观。听师母讲，先生经常在书房工作到深夜，往往不拉窗帘，对面楼上人家都十分熟悉他伏案工作的身影。先生走后，再也看不到了。邻居说起，甚是感伤。

先生另一个爱好是体育运动。先生以前习过武，身体素质极好，喜欢打乒乓球，而且打得特别好。这种生命力张扬，文武兼资的格局，让我们想起三国时期的人物。《三国志·魏书·王粲传》“颍川邯郸淳”裴松之注引三国魏鱼豢《魏略》：“[曹植]遂科头拍袒，胡舞五椎锻，跳丸击剑，诵俳优小说数千言讫。”

先生因打乒乓球休克过一次，后来改玩抖空竹。因为抖空竹没有对抗，运动强度要小一些。我不会打乒乓球，不过倒是陪先生玩过两次抖空竹。

2012 年春节前去看望先生和师母，先生送我们下楼时带了空竹，就在楼下草坪上玩了起来。先生身形矫健，动作利落，各种花样,极为熟练。我用手机拍了几张照片。先生让我试试。我接过来,根本玩不起来。

2013 年元旦前,与先生、师母在复旦附近一起吃午饭。之前师母身体不太好,那次看到师母精神、气色都很好,非常高兴,于是说,我现在住的美兰湖,虽然远,环境还不错,等天气暖和了,请先生和师母一起到美兰湖玩。先生笑着说,好啊好啊。饭后葆雷开车,我们一起去江湾校区,先生在那儿抖空竹,师母带了相机,我给拍了几张。风有点大,怕师母吃不消,一会儿就离开了。我让葆雷把我放在地铁站旁,葆雷说直接把你送回家算了。先生说,正好今天就去你家看看。我说路上得四五十分钟,太远了,而且我也没有任何准备,还是等明年天气暖和了以后吧。谁知就成了永远的遗憾。

三

孝标益友乾嘉学,承祚功臣魏晋风。先生的学问和风骨,世所钦仰。

孝标,指南朝刘孝标(刘峻),注《世说新语》闻名于世。承祚,指西晋陈承祚(陈寿),是《三国志》的作者。

先生从事中古文献整理与语言研究,对《世说新语》和《三国志》用力尤勤,成就卓著。先生 1995 年出版《世说新语考释》,在学术界有重要影响。早年《三国志》研究系列论文曾获中国社科院青年语言学家奖(1986),专著《三国志校诂》(1990)获全国优秀古籍图书奖。后来出版的专著《三国志丛考》(2000)、整理本《三国志》,均有重大影响。近年来受邀主持中华书局点校本《三国志》修订工作,世所瞩目。

先生在古典文献整理校释方面的思想方法,值得我们认真总结学习,发扬光大。关于如何做好文献校理工作,多年来学习先生论著,亲接謦欬,有所感悟,略述如下。

第一,要有扎实的文献功底和深湛的语言学理论素养。先生腹笥极广，对基本典籍了如指掌；对中古时期的文字、音韵、词汇、语法等语言现象都进行过深入而又系统的梳理和研究。

第二，要有广博的历史文化知识和科学的方法。先生对社会文化历史也有深入的研究；对文本传承历史做过全面的调查研究，得出了可靠的版本系统，比如发现《三国志》陈乃乾校理本虽号称四本互校，实则以金陵活字本为工作底本。

第三，要有高超的文学修养。路德维希·比勒尔曾说："A. E. 豪斯曼，正是我们这一代所公认的这样一位校勘家，他是如此伟大的一位校勘家，因为，他是如此伟大的一位诗人。"

第四，要有一定的天分。豪斯曼曾套用拉丁文格言"诗人是天生的，不是教会的"，说："校勘家是天生的，不是教会的。"

第五，先生重视理论，更重视实践。先生曾说起，有些人热衷于搞什么理论体系，却一本书都没有校理过，这样的理论没有多少说服力。就像熟读作诗指南，不见得能写得出像样的诗一样，想通过读一本校勘学概论著作就成为校勘家，也是做不到的。

第六，先生曾习武，时或以武功论文。有一次笑着说起，某篇论文看似花团锦簇，实在是花架子，没有什么力道，就像武林中人与人交手，一搭手就知道对方功力如何。

窃以为，先生讲求功力、勇预时流的考据学，骨子里有着对乾嘉朴学精神的继承和坚持。

世纪之交，先生曾负责复旦大学"古典文献学"特色学科建设项目（我曾承乏担任学科建设秘书），在立项论证会上，有评审专家说，这还是乾嘉那一套。不等先生回答，同为评审专家的朱维铮先生说，现在考据学的问题，不是局限于乾嘉，而是根本难以企及乾嘉。后来译介西方校勘学，看到豪斯曼讽刺说，"据说校勘科学有进步，最轻佻的伪学者都学会了用很傲慢的口吻谈论'旧的不科学的时代'"，不禁心有戚戚。去年朱先生逝世，先生在博客上发文悼念，还提起这件事。从前年到今年，章先生、朱先生和先生相继逝世，大师凋零，令人唏嘘。

先生做学问研究魏晋六朝文献，尚友古人；做人也是洒脱通达，一派魏晋风度，完全是今之古人。

先生去世后，读到先生所留遗嘱，其中有曰："郝昭通达，《魏志》卷三注引《魏略》载郝昭遗令戒其子凯曰：'厚葬无益于死者也，汝必敛以时服，且人生有处所耳，死复何在耶？今去本墓远，东南西北，在汝而已。'每读郝昭的遗令，我都再三体味，赞叹不已。""一旦气绝，烦直系亲属按照当时最简便的方法尽快处理，不通报，不收礼，不设灵堂，不开追悼会，更不须香火供奉、佛事超度之类的无益之举，简便的处理一结束，膀上的小黑布一除，万事大吉。日常生活一切照旧，言行没有任何拘束。以后，每年到了家家给祖宗烧纸的日子，顺带多烧一份即可。"令人忍泪不禁。

先生在语言学研究与古文献考订两个方面都做出了非常重要的成就，所谓金声玉振，影响深远。尤其在中古文献的考证方面，先生迈越前贤，攻坚突固，发明极多。文献考证是其他学问的基础；同时，正如西方学者所说，文本考据也是学问的皇冠和顶峰。

先生虽逝，风范长存。先生扎实为学，精益求精的精神，将永远激励我们在学问的道路上脚踏实地，奋力前行。

【作者简介】 苏杰，1998 年至 2001 年复旦大学古籍整理研究所汉语言文字学专业博士生。现为复旦大学古籍整理研究所副教授。

追忆吴金华先生

万久富

先生走了，走得那么突然，又是那么地从容。没有亲朋好友的握别，也未见深情的回首。洒脱时乐在其中，匆匆处意寄言外。活着固然欣喜，死去也无遗憾。

先生可圈可点之处很多，自有长辈大家称道。小子如我，难忘先生很多方面，最难忘先生的执着谨严。先生对学问执着，《三国志校诂》、《世说新语考释》、《古文献研究丛稿》、《三国志丛考》、《古文献整理与古汉语研究》、《三国志论集》等专著是先生毕生问学的座座丰碑。汉语史与文献学的汇通，证明了“通人”之誉绝非浪得。先生对育人执着，我在南京师范大学接受古文献专业基础教育的本科岁月里，到先生家吃饭、围棋是很自然的。在复旦大学攻博期间，与先生对饮、围棋、晤谈、打乒乓或者一起散步更是常有之事。先生对弟子随和，不能说明他对学生放松要求，恰恰相反，先生深得“无吾以也”的教育之道。无隔阂的师生友谊是严格育人的前提。事实上，先生对弟子道德文章的要求近乎严苛。去先生家不带论文讨论，先生是不悦的；语料核对不细心，先生是要严厉批评的；随意逃课，先生是要查问的；交游不慎、荒废学业，先生是要启发的；损人利己、嫉贤妒能，先生是要鄙弃的。先生毕生执着高深学问，严谨教书育人。

也难忘先生的随和真诚。先生没有架子，圆圆的脸庞，浅浅的酒窝，笑起来坦然真诚，显得平和而不拘小节。先生身上体现了辩证法，一方面对学问育人非常执着谨严，另一方面，对朋友对生活琐事要求不多。也许正是这样的辩证统一才能达到通人达观的境界。记得老师上课容量大，速度快，喜欢徒手擦黑板，常常弄得满身粉笔灰；先生育人，因材施教，不拘一格，因为本人本科阶段已得先生教诲，因此，攻博阶段，先生只要求我交论文，不要求每课必听的。而对别人，则是点到加提问，从不放任；先生看书做学问不喜欢正襟危坐，记得一次冬日到先生家去，正见其倚床拥被，边嗑葵花籽边查阅资料，大有竹林风流；先生不喜欢俗人问遗交往琐事，逢年过节、生辰喜庆，从不鼓励学生朋友祝贺问候；先生年轻时酒量颇大，与人对饮时一般是不拒绝别人的，而且常常是多种酒混饮无忌。先生与人交，真坦荡，真率真！先生生活中，不作态，不掩饰。有学者风范，有文人境界。

先生还是一个达观之人，晚年对生死看得开，一方面三年前即留下遗嘱，吐露坦荡胸怀。另一方面，于学问而外，又积极锻炼，快乐自在高质量地活得有滋有味。先生抖空竹表演的一幕深深烙印在我的心底。那是去年深秋到杭州参加全国训诂学会年会结束时，我和华宝教授、春晓师妹相约一同绕道上海拜望先生，在先生楼下草坪上欣赏到的表演。记得我们是一大早给先生家中打的电话，说好十点左右到先生家中见面。未曾想到，到先生楼下时，先生和师母已经在草坪上等着了，先生一身运动装束，手持空竹，说是要运动运动，先生的运动强项一直是打乒乓球，抖空竹还是头回看到，令我们很是惊诧，我们就饶有兴味地驻足观看起来。只见先生就像舞台表演一样，立定姿势，用绳子将空竹套住，他先使劲抖了几下，然后逐渐加速，空竹就发出忽高忽低的"嗡嗡"声。随着跳步、转身、扭头等动作的熟练衔接，先生玩起了花样，空竹上下翻飞，腋下、裆下、肩上、背上穿梭爬行，花样迭出，我们看得眼花缭乱，不断地鼓掌喝彩。先生兴致更浓，突然用力向上一抛，注视着空竹，并把手中的绳子拉直，又稳稳当当地用绳接住了。还做了一个结束表演的动作。对一个古稀之年的老人，能做出那么多高质量的精巧动作，着实让我们感叹了一番，更为先生有这样乐观的心态而倍感欣慰。先生晚年不常饮酒，那天中午，我们陪先生畅饮了一回,讵料成了师徒之间最后的一聚。

鸣呼!造化弄人,生命无常。学术通才,遽尔仙逝。涕泪千古,其有既然。人苟有情,谁能遣此。先生往已数月,难以释怀。忆先生难忘之事如上,谨属文以纪念之。

2013 年 12 月 30 日

【作者简介】 万久富,1983 年至 1987 年南京师范大学古典文献学专业本科生,1999 年至 2002 年复旦大学古籍整理研究所汉语言文字学专业博士生。现为南通大学文学院教授,江苏省语言学会副会长。

忆导师吴金华先生教育二三事

孙　毕

2013年6月4日上午9时，我匆匆赶到上海宝山殡仪馆垂青厅时，恩师吴金华先生的追悼会暨遗体告别仪式已经开始了。先生的亲朋好友和学生们肃穆静立，瞻仰先生遗容，聆听复旦大学的老师关于先生的事迹介绍和悼词。看见先生安详地躺在花丛中，我宁愿相信勤奋一生、也教人勤奋一生的先生这回只不过是累了稍作休息，而不是真正地长眠了。十余年前我在复旦大学攻读博士学位时，师门亲炙的点点滴滴犹在昨日。

"授人以鱼，不如授人以渔"。"鱼"可让人饱食一时，"渔"则让人受惠一世。这是我对吴先生教育方法最大的感受之一。

由轻入重，再举重若轻，这是治学的两个不同境界，也是治学"渔"道之一。记得吴先生最后确定将章太炎《新方言》作为我博士论文的研究对象后，我有点茫然无措：我们同学选定博士论文的研究对象之后，要么从图书馆用三轮车拉回一车研究资料，要么在全国跑一圈后，复印一屋子的文献；和他们的研究资料相比，《新方言》正文及其序言、后序在《章太炎全集》(七)中总共才有136页，分量这么"轻"的材料，能成为博士论文的研究对象吗？面对我这个疑问，吴先生只说了一句："一字一句把章太炎《新方言》读懂之后再说。"

为"读懂"《新方言》，我开始一个字头一个字头地将《新方言》与《尔雅》、《方言》、《说文》、《释名》等文献比较阅读，开始将《新方言》与大部头的《汉语大字典》、《汉语大词典》对应的单字与多字条目比较阅读，开始将章太炎的《新方言》与他本人的《文始》、《小学答问》、《新出三体石经考》、《国故论衡》、《訄书》等比较阅读……慢慢地，以这“轻飘飘”的136页《新方言》为圆心，我潜心钻研了我国古代文献及相关当代学术研究成果，在没有使用计算机之前，我积累下来的学习笔记本已经有十余个了；加上后来计算机打印的部分资料，我记得和老师见面谈我的论文那次，我用一个大旅行袋背了“沉甸甸”的一袋子笔记和资料。这大概就是治学由“轻”入“重”吧！

我还清楚地记得，当我将与学位论文《章太炎〈新方言〉研究》有关的已有研究成果了解清楚了，构思好了论文的框架，并写好了论文的一小半内容后，我奉命到文科大楼去先生的办公室单独见他时，我就背着这袋“沉甸甸”的资料。但让我没有想到的是，先生并没有翻阅我这厚重的一堆笔记本，只是简单地说：“你不用打开笔记，你就将与章太炎《新方言》有关的已有成果以及你的写作思路，‘说’给我听。”俗语云：“一部《二十四史》，不知从何说起。”这句话用来形容我当时的境况，是再合适不过了。吴先生见我愣在当场，也没多说我，只是告诉我，面对一大堆东西，“说”不出来，说明我对这一大堆资料并没有达到融会贯通的境界，所谓“胸有成竹”也就无从谈起了。他说：“既然这样，现在我来‘说’给你听。”接下来，吴先生面对着空荡荡的办公桌，就我的论文课题连续讲了两到三个钟头，我因飞快地记录先生几个小时的讲话，右手手指在接下来的几天几近瘫痪。这大概就是治学“举重若轻”之道吧！

“由轻入重，再举重若轻”，能条分缕析地将复杂的事情简洁地“说”出来，此治“渔”之道使我受惠终生。这里仅举一例。我进入出版界，策划成功的复合出版项目之一是《100年汉语新词新语大辞典》(印刷版与网络版)，其策划过程及赴北京参加国家出版基金项目答辩之前的准备工作的“由轻入重”暂且不说，单说等我社答辩团队进入答辩现场时，发现这次答辩和前次的国家出版基金项目《汉语大词典》(第二版)的答辩不同，这次没有给答辩方准备播放答辩稿PPT的计算机与屏幕，甚至连放资料的桌子也没有；在

10位左右的答辩专家面前，只有4张空无一物的椅子。我们坐定后，答辩主席说："由于提交的项目材料大家都已看过，此次答辩直接进入自由提问与答辩环节。"这就意味着我们带来的计算机、撰写的答辩文稿与有关资料全部被"废掉武功"。我仿佛又回到了复旦大学读博时的文科大楼，仿佛又碰见吴先生不看我的一旅行袋笔记本，直接要我将这一袋子资料"说"出来。此次答辩专家提问，以"同为上海辞书出版社的项目，与'古今兼收，源流并重'的航母级《汉语大词典》相比，小小的《100年汉语新词新语大辞典》有何意义和必要性？"开始，广泛涉及各个领域，从汉语言文字学到辞书学，从传统出版的困境到数字出版的难点重点，从成本核算到全国作者队伍的比较与组织，从自由文档许可协议对于"版权向左"的处理到项目盈利模式的设计，许多都超出了我们为此次答辩临时准备的材料范围。好在我从策划此项目伊始，就大量阅读，深入思考，并撰写了许多相关业务报告，发表了许多同时涉及上述提问领域的学术论文；有了这"由轻入重"的积累，此次答辩能"举重若轻"，条分缕析地将自己的项目"说"出来，就是水到渠成的了。答辩完成后，在座专家充分肯定了我们的答辩表现，后来我们的项目也顺利获得了几百万元的国家出版基金资助，这很大部分原因当然要归功于十年前在复旦大学时吴先生给我准备的"模拟考试"。

"独学而无友，则孤陋而寡闻"，是吴先生授给我治学"渔"道之二。在我大致读懂了《新方言》，并撰写了博士论文的大部分内容后，吴先生告诉我，我整天呆在宿舍，整天呆在复旦大学图书馆，并不是治学的好方法；不向全国学界的名宿求教，不和治学同道交流，只知道从资料到论文，终究免不了"闭门造车"之误。不要说年轻的学生应该努力熟悉学界的人与事，就是年过花甲的吴先生自己，也从未间断过与全国学界的切磋交流。自此之后，按照吴先生的指点，我开始向复旦大学的许宝华先生、严修先生等求教，当时在华东师范大学执教的华学诚先生更是成了我的第二导师；向复旦大学的游汝杰先生、杨剑桥先生、殷寄明先生，上海师范大学的潘悟云先生等专家请教后，我的博士论文不仅和《续方言》、《蕲春语》、《昭通方言疏证》、《钟祥方言记》、《临川音系》等我国方言学史的文献联系了起来，架起了《新方言》与《汉语方言大词典》《现代汉语方言大词典》这两个当时最大的方言学工程沟通的桥梁，还和高本汉《汉文典》、《中国音韵学研究》等海外汉学广泛比较，使我的论文从方言学、词汇学、文字学、汉语语源学、语言学史等多维度深入地展开。因此，在我的博士论文答辩时，在我工作后将这篇论文参评"上海市学术著作出版基金"项目时，我的学位论文都给学界、业界的评审专家留下了深刻的印象。

拜师访友之治学"渔"道，也伴随我出版的职业生涯。我策划、组织、实施《全媒体英华大词典》、《全媒体现代汉语大词典》、《100年汉语新词新语大辞典》、《字海》、《语海》乃至参与组织《汉语大词典》(第二版)等地方级和国家级出版项目时，不仅主动、广泛请教与联系全国著名高校与研究所的语言文字学家，著名出版社的辞书学家，还广泛结识了北大方正、清华同方、步步高、诺亚舟、文曲星、汉王等数字出版领域的朋友，也开始结识张江高科技园区的游戏、动漫产业的朋友。开阔的视野，深广的人脉，这就是吴先生指导我形成的良好治学方法带来的丰厚回馈。

2006 年，我去母校参加了师妹、韩国的金信周博士的学位论文答辩，带去了我那本由上海学术基金资助、刚刚出版的博士学位论文《章太炎〈新方言〉研究》，先生非常高兴，在答辩会上和聚餐时对我的论文不吝奖掖之辞；答辩后，还专门让我和金信周博士分坐先生左右合照留念。后来，当我参与申报国家重大文化工程《汉语大词典》(第二版)时，当我独立策划国家出版基金项目《100 年汉语新词新语大辞典》(印刷版与网络版)时，请先生作为专家撰写推荐意见，先生皆欣然应允，并对我勉励有加。目前，我除倾力完成地方政府和国家级的几个数字化大型辞书出版项目外，于私参加了华学诚先生主编的大型古籍整理项目《中国古代方言文献集成》，于公殚精竭虑于《汉语大词典》(第二版)项目，每每碰到学术、人际关系、项目组织诸多困难时，四顾茫然，惊觉吴先生已然仙逝，顿生“问疑解惑竟问谁”之悲。

鸣呼！吴先生千古！

2013 年 9 月 19 日

【作者简介】 孙毕，2000 年至 2004 年复旦大学古籍整理研究所汉语言文字学专业博士生。现为上海辞书出版社副编审。

侍读琐忆

储泰松

2013年6月8日下午5点多,我在皖南山区度过了40多天与外界隔绝的生活后,打开手机接到了夫人的电话,她急速地跟我说:“有个很不好的消息要告诉你,你不要难过……”我心里一咯噔,忙问何事,她说:“你不要难过啊,吴老师前两天走了。”挂断,无言,泪水在眼眶里打转:老师,你怎么说走就走了呢?我还没见你最后一面啊!漫漫长路,我将情何以堪?

一

我与吴老师相识于1993年。那年秋天,我有幸被抽调参加了由江苏省自考办组织的全国自学考试“古代汉语”试题库的编制工作,参加的有吴老师、王宁老师、徐莉莉老师、颜洽茂老师、何亚南老师等,好像是由吴老师与王宁先生负责,主要是听两位先生介绍如何把握命题的信度、效度与难度,如何寻找并筛选命题素材,然后是大家一起讨论命题的原则、试题题型、各类题型如何搭配等等。原则甫定,大家按照各自的分工,开始试命题。我发现远远没有原来想像的那么简单,好在就住在吴老师的隔壁,有事没事就往他那儿蹭,得到了吴老师多方面的指导。后来顺利完成了命题任务,据何亚南兄说,吴老师对我负责的部分还很满意。

作为教师,命题是一道绕不过的坎儿,可以说每一个老师都会出题,但高质量的命题,恐怕不是人人都可以做到的。我的这次自考命题经历，最大的收获就是知道了如何出“好”题，老师的点拨让我终生受益。

命题之余，与吴老师接触的时间比较多，先生谈兴甚浓，聊天中屡屡提及《三国志》中的人和事，我第一次知道了老师在做《三国志》研究，感受到了老师深厚的文献功底与文学修养。这是我对老师最早的认识。

二

2000年5月，博士论文写作完毕，我跟导师鲁国尧先生提出想做博士后，他想了想，说：“你可以试试北大和复旦。”过了几天，他跟我说：“张美兰去年去了北大做博士后，蒋(绍愚)先生今年可能没名额了。还是去复旦吧，我来找吴金华先生说说。”鲁先生与吴老师私交甚笃，这样，我顺利地进入了复旦博士后流动站。

进站后我才知道，每个流动站一年只有一个公费指标，而这个指标恰恰给了我。听别的老师说，这个指标不容易，吴老师为了我进站并拿到这个公费指标，私下里与流动站的每一位导师都做了沟通，所以讨论时轻松过关。我真的感激莫名，要知道吴老师生性耿直，从不求人，尤其是为自己的事。为了我这个还没入门的学生，去做自己不愿意做的事情，这就是我尊敬的吴老师！后来在一个私人的场合，我向他致谢，他只是说：“你的材料不错。”丝毫不言及自己为我所做的一切。

三

甫到复旦，我就与吴老师商量，想用两年的时间碰一碰《可洪音义》，想以“可洪音义音系研究”作为选题，得到老师首肯，他嘱咐我先做好两件事：一是了解一下《可洪音义》的研究现状，二是查查《可洪音义》的版本，把开题报告先弄出来。本以为这两件事很简单，在图书馆古籍部待了两周以后我就犯了难：

一是《可洪音义》版本当时仅有高丽藏再雕本，据此本翻印国内可见者有三：一是中华藏本，二是佛学辞书集成本，三是弘教藏本。但弘教藏本不易见，而复旦图书馆恰好有藏，不过只能在馆阅读，不外借，亦不许复印。当时学校安排的博士后公寓在控江中学附近，进馆阅读特别费时费力。

二是当时从事"可洪音义"的研究的人极少，能见到的成果仅有许端容先生的博士论文《可洪〈新集藏经音义随函录〉音系研究》（中国文化大学 1988 年）以及她的论文《可洪〈新集藏经音义随函录〉敦煌写卷考》，另有徐珍珍的硕士论文《〈新集藏经音义随函录〉俗字研究》（逢甲大学 1997 年），而这些论著大陆不易见。

我向吴老师汇报了这些情况，他很重视，首先向我提供了许端容先生的信息，要我向许先生去信咨询，后幸得许先生惠赐大文；弘教藏版本，图书馆古籍部规定不许复印，吴老师为此专门找到章培恒先生和吴格先生，向他们陈述了这个版本对我这个课题的重要性，在开题报告会上，章先生针对我说的版本利用的困难，专门说到："弘教藏资料请吴先生找吴格先生帮忙。"会后我到古籍部找吴格先生，他说两位先生已经跟他说了，可是图书管理员坚持原则，仍不同意复印。后来吴格先生以他个人名义借出图书交给我复印。过程虽有周折，但映射出三位先生对我这个后辈的关爱，当时情景，如今仍然历历在目。只是这个版本质量并不高，对我的课题研究帮助也不大，却让三位先生为我奔波费心，想来惭愧万分。

四

老师对学生体贴入微。2000 年底朱庆之先生在北大举办首届佛经语言学会议，我因汪维辉老师的推荐得到了与会的机会，而吴老师是受邀嘉宾。那段时间我一直在读书，经济比较紧张。临订票时，老师问我去不去，我有点犹豫，他看出了我的心思，说我给你出路费。听了这话，心里很激动，因为可以去参会了；但更多的是羞愧，哪有这样的学生，净占老师的便宜！回程时，我们从虹桥机场打车回学校，吴老师说先把你送回去。当时复旦研究生公寓还没竣工，学校为我们博士后租的房子在杨浦公园对面，控江中学隔壁。因为平时除了上学校和菜市场，我基本不出门，对周边的环境一点不熟悉。出租车没有走控江路，而是穿街过巷，弄得我晕头转向，到了住所附近，司机问我怎么走，旁边有什么标志性建筑，我怎么也说不清，兜了很多圈，急得我直冒汗。老师说："别急，好好想一想。以后得空，弄一个自行车，多转一转，把周边的道路弄清楚，不然过家门却不得其门而入。做学问也是如此……"下了车，看着出租车载着老师渐渐远去，回味老师刚才的话，生活中处处皆学问，果然，真真是醍醐灌顶！

2001 年，杨剑桥先生去韩国讲学，他私下里向系里推荐让我代他完成本科生的音韵学课。排课时汪涌豪先生向吴老师征求意见，老师说既然是杨先生推荐的，当然可以。就这样我在本科生那儿狐假虎威地上了一学期的音韵学。上完课后的第二学期，有一天老师突然问我："你上次上课系里给你酬金没有？"我说："还有报酬啊？在复旦上一次音韵学课，对我来说是一个难得的机会，已经赚够了，不敢要钱。"老师说："那怎么行？"过了一段时间，我去见老师，他递给我三千元钱，说是上课酬金，我说怎么会这么多？他说这是你的劳动所得。后来我才知道，吴老师嫌系里的课酬太低，自己掏钱垫上的。问他，坚决否认。

五

老师之学，深不可测。我虽心向往之，然终游离于门墙之外，"不见宗庙之美"，亦难窥"百官之富"，汗颜之极。人们都知道先生精于训诂校勘之学，但对于声韵之学，先生也极其谙熟。说到《三国志》韵文，常以《汉魏六朝韵谱》之失为恨；先生精于旧体诗词，近年闲暇时常赋诗填词自娱，我常常有幸作为第一个读者，感觉格律谨严、意蕴绵长，在同辈汉语史学者中是比较少见的。

先生之勤，常令我们这些学生望尘莫及。先生常说："徐老（太老师徐复先生）要我每年只写四篇论文，不要多。我一直按照老师的要求做。”我说：“四篇还不多啊？我做不到，脑子太笨，写不出来。”他说：“那就降低要求吧，每年得写两篇。”我不自信：“我只能争取达到您的希望。”其实，老师向来严谨，不轻易为文，“每年四篇”折射出的是先生的功底和勤奋。先生每天读书至深夜，有时是通宵不眠。先生每次见到我，总是说起徐复先生对他的这个要求，我知道这是在督促我。到现在，老师的这个要求如影随形，催我前行。只不过他这个要求我还是打了折扣，写两篇，做到了；公开发表，没做到。

六

老师是大学者，做学问严谨，一丝不苟。但平时生活中与他相处，他又像个老小孩，可爱有趣。2001 年老师从水电路旧居搬到兰花新村，整理图书时，看到香港版的《金瓶梅》，他马上把它甩到书橱后面的角落里，说：“不要让葆雷（先生少公子，复旦外语系工作）看到了，让他学坏了。”我说：“葆雷都多大了，您还对他防这个？”他很认真地说：“那我也不能让他看到。”

2000 年以后，因为健康原因，先生基本上不碰烟酒了，而我是烟酒齐全，先生对我这个学生也格外开恩，跟他在一起时允许我抽烟喝酒，还善解人意地说：“不喝酒做什么学问啊？”2009 年我去看他，他一定要到校园里请我吃饭，我只得遵命，临出门，师母说：“储泰松啊，不要让吴老师抽烟。”我说：“一定照办。我也不抽。”出门，我们坐在小区的亭子里闲谈，吴老师突然从口袋里掏出几包烟给我，说：“是别人给的，你抽吧。你师母不知道我有烟。”聊着聊着，他突然说：“给我一支烟。”我说：“师母刚才说了，您就别抽了。”他说：“高兴。我也得陪你抽一支。”我看他也不是真抽，其实就是在吐烟。我猜想他大概是觉得我是烟鬼，不抽憋得慌，他不抽，我也不好意思抽。唉，老师真是心细如发。

我总觉得老师还很年轻:天不假年,英年早逝,可恨!泰山其颓,哲人其萎,可惜!再也见不到"望之俨然,即之也温,听其言也厉"的吴老师,可叹!

高山仰止,景行行止。老师,您安息吧……

【作者简介】 储泰松,2000 年至 2002 年于复旦大学中国语言文学博士后流动站从事研究工作。现为安徽师范大学文学院教授,博士生导师,文学院副院长,语言研究所所长。

悼念企玄先生

蔡言胜

吾师企玄毕生致力于《三国志》等古文献的整理研究，呕心沥血数十载，硕果焕然独步天下，兼又师风高古诲人不倦，海内外学子无不心向往之。

我于十一年前硕士毕业报考复旦古籍所汉语史博士，得以忝列先生门下。记得初次见面是在入学前的口试那天，迈进老文科楼古籍所那间研究室门槛，望见座上一位仁者蔼然可亲，知当即是师也，虽即之也温，我未免有些紧张；师知我来自安徽，即与旁边储泰松先生笑语曰"此乃汝同乡"，我遂言下释然，轻松过关。

入学后不久师便要查看诸生硕士论文，我不明就里，遂携拙稿忐忑前往安波路兰花教师公寓。师阅后欣然，领我出户且行且语，不觉绕小区围墙外一匝，然终于小文未置一词。后师母尝告我曰"师夸汝能文"，方晓师已知我根基然终不面可者，所谓基础好不等于能做好，古籍研究唯冷板凳与硬功夫能出成果。而今我也早已忝为人师，方悟师因材施教之良苦用心。

复旦园三年追随师左右，深切感受到一代朴学大师的精神与情怀，那是言务有物、论必有据的科学与严谨，是沉浸在浩瀚古籍中索隐钩沉、披沙沥金的快乐与安隐，是对于汉语文字及中华历史文化的倾心与赤城，乃至于到甘之如饴、物我两忘的超然境地。记忆片片如新，仿佛师还正在他那间周遭堆满书籍的书房伏案勘校，师还正在领衔主持《三国志》国际学术会议，师还正在演讲"进入网络时代的中古汉语研究"，师还正在给我们上汉语史与训诂学课程，师还正在主持我们的毕业论文答辩……

蓦然回首，真的应该感恩企玄师。我虽资质驽钝、生性懒散，也在耳濡目染、潜移默化中受到了学术上的熏陶与锻炼。记得当时最熟悉的就是三个地方：一是北区研究生宿舍，一是文科楼古籍所，一是安波路师之寓所。至今念念不忘的是两样东西：师客厅那张可以伏案写书可以起身挥拍的乒乓球桌，以及师母经常不辞辛苦为我们诸生准备的营养饭菜。

零五年毕业我北上津沽之后，与师时有邮件往来，间或能拜读到师发来的鸿文巨制；中间曾赴上海看望。师素来体气康强、精神健旺，谁知巨擘顿折，学人莫不为之扼腕太息。呜呼！须弥一日倾颓，当今朴学眼灭乎！悲不自胜，清水一抔，聊表哀思，其词曰：

吴师企玄，发轫金陵；
踵武硕彦，复以谦鸣；
董理三国，石破天惊；
刮垢磨光，新发于硎；
旦复旦兮，业业兢兢；
教研不辍，伉俪偕名；
爱生如子，慈严均平；
后学不敏，常获面命；
言犹在耳，人已远行；
高山斯颓，尘浊水清；
号慕哀痛，伏惟尚飨！

【作者简介】 蔡言胜，2002 年至 2005 年复旦大学古籍整理研究所汉语言文字学博士生。现为南开大学汉语言文化学院副教授。

追忆恩师吴金华先生

马　丽

2013年6月2日上午，忽闻噩耗，恩师吴金华先生已于凌晨零点50分驾鹤西去。时值初夏而骤凉，风起呜悲室内犹传诫予语，先生谆谆教诲，音容宛在，不觉间已泪流满面。最近一次与先生频繁通信，是请先生为我的第一本专著作序。先生一生勤垦于书卷，笔耕不辍却严谨为文，虽已功成名就却事必躬亲，终年奔波劳碌，时恰逢师母抱恙需先生照顾。此事终因出版社催稿急切，未能等到先生成文。原想日久岁深，我还会有第二本、第三本书来请先生作序，却没料造化弄人，先生溘然长逝，此生再等不到先生的序言。

回忆往事，历历在目。那一年先生招收了四名博士生，我的成绩并不佳，蒙先生不弃，得以受教于门下。入学后不久，在硕士论文的基础上我修改出了一篇小文章，请先生帮忙指点。先生第二天就给了我反馈，不仅对篇章结构提出了修改意见，还对标点、字句逐一修改，并且提供我一些相关语料以充实文章的内容。我第一次求教便领略到先生治学之严谨，实足传统语言学家的风貌。后来文章得以在《光明日报》发表，我喜不自胜，即刻将消息告知先生，先生竟也高兴不已。

第一次与先生合作写文章，正好是在2003年非典期间。那时学校已经停课，与先生主要通过电子邮件联系。先生一边将他的材料和研究成果发给我，一边点拨我在新时期应该用新方法做研究。在一封2003年5月18日的电子邮件中，先生说：

> 总结以往的研究成果、特别是近现代的成果(如蒋礼鸿先生《通释》、《太平天国词语汇释》类,章太炎《新方言》、《宁波方言词典类》,这两类著述很多),在此基础上进一步深入、拓展,把研究推向共时描写与历时比较相结合的新阶段,是网络化时代赋予我们的任务。
>
> ……
>
> 防"非"期间,赶写一篇富有新意的文章,应当是很有意义的,愿与诸生共勉。

先生师承著名语言学家乾嘉学派传人徐复老,学术生涯中,在秉承传统语言学的基础上,结合网络时代的特点,注重历时和共时结合的研究方法。先生自己是这样做的,也是这样提醒我们学生的。邮件最后与学生共勉的句子,我看到的是先生以身作则珍惜时间,同时也谆谆教导学生不要荒废学业。在徐复先生百年诞辰学术纪念会上的讲话中,先生赞扬徐老"教给学生的,不仅是科研知识,更多的是科学的理念和科研的方法",其实先生自己何尝不也是如此?

后来在博士论文修改出版时,曾将稿件寄与先生以求指导。先生不仅给予了诸多意见,还发动他的学生们给我做校对,帮我减少书中的技术性错误。2010 年 5 月 28 日,先生转发了一封他给他在读博士生的电子邮件,提及合作的那篇文章:

> 我看到马丽在完成了这些的同时,又发表了"理论性"(包括西方理论和中国现代的理论)的论文,才把自己积累的有关资料整理出来,跟她合作发表了一篇文章。如果马丽不表现出"前沿性"的理论水平,不表现出出色的"原创性的能力",我绝不会花时间把自己的资料整理出来跟她合作——因为任何人也没有必要为"外行人"、"门外汉"浪费时间、浪费精力。

先生不以我为愚钝,在同门面前不吝褒奖,鼓励我在学术的道路上勇敢前行。先生的离去，使我再也没有机会聆听先生的教诲。

先生治学严谨成就卓越，其人却也绝非一般人想象中的威严、乏味。第一次见到先生，是在2002年3月博士研究生面试。当时的我很紧张，是先生以慈祥和蔼的面容和平易近人的话语让我平静下来。入学之后，发现先生一贯的形象就是一副笑眯眯的样子。上课的时候，先生总是神采奕奕，笑眯眯的眼中所透智慧之光，涵盖了所有与我们讲解的传统语言学要义。

在同门中，我大概是唯一一个让先生上医院看望的学生。2003年9月，我因胆囊炎发作住院，先生得知消息后，与师母来医院看望，还特意给我带了面条，说面条易于消化，利于身体恢复。不过奇怪的是，每次都是师母一个人进病房，先生则在楼外守候，当时想着大概是先生觉得不太方便进女病房吧。后来从师母处得知，先生在1990年因为腮腺混合瘤做过一次大手术，自此之后特别害怕医生，轻易不上医院。这是先生对我的爱重，我当之有愧，万分动容。

先生对烟的喜好，不亚于对《三国志》的热爱。每次去先生家，先生总是烟不离手，腾云驾雾，好不自在。后来因为健康原因，先生不得不戒烟，但也会偷偷吸烟，为此他还专门发邮件以己为鉴劝诫我们：

> 某种不良习惯，是早年形成的，就像我现在有时还偷偷吸烟一样，那是1964年"社教"至1966年"文革"期间沾染上的恶习，尽管明知"这种行为既损害自己的健康，又污染环境，于人于己皆不利"，但就是改不了。但愿年轻人永远不要沾染上类似的恶习而屡教不改。（2009年9月11日的电子邮件）

重温先生的邮件，眼前不禁浮现出吞云吐雾、逍遥快活的先生形象。后来师母被查出肺部不适，先生懊悔不已，觉得师母的病是因为自己抽烟太多所致。自此之后，先生彻底戒烟。

毕业之后，主要通过电子邮件与先生联系。每次给先生送节日祝福，先生都会回复，有时是对某个学术问题的思考，有时是他新近写的诗，有时是生活中的趣事。有一次是一篇散文《让我忘却吧，Gaos》。先生有一只爱犬 Gaos，在先生心里，Gaos 不仅仅是心爱的宠物，还是朋友，陪先生一同看书、锻炼身体。Gaos 不幸遭遇车祸，这让先生悲痛不已，书下此文称为了忘却。如今，先生走了，邮箱里存有 70 多封先生写的邮件，这个数字再也不会增加了。

先生的新浪博客最后写于 2013 年 5 月 11 日，里面都是先生关于《三国志》的真知灼见，再没有机会更新了。

是先生将我带入一个可以为之努力奋斗一生的事业。成为先生的学生，在学术上得到先生的指导，在生活中得到先生的关心，是我之幸。但寸草春晖，黄雀衔环，先生走得如此突然，我竟无处可答。

2013 年 6 月 4 日上午，先生出殡。宝山殡仪馆的告别大厅，花圈、花篮排满了大厅内外，大厅正中间的墙壁上挂着先生的照片。先生躺卧在鲜花丛中，面容安详宁静。我无法相信，这就是我与先生的最后一面，眼中的先生只是睡着。人群依次上前与先生鞠躬道别，大厅的哀乐与人声交织，这个时刻，一切都仿佛不再转动了。

先生，一路走好。

【作者简介】 马丽，2002 年至 2005 年复旦大学古籍整理研究所汉语言文字学专业博士生。现为浙江外国语学院副教授。

缅怀恩师

张　巍

读书的日子

2002 年暑假刚结束，第一次去老师家里，我带了陕西的特产——几个大石榴。那是前一天我特地搭乘公共汽车去临潼买的当地最早成熟的品种，又大又圆又红，品相喜人。我里三层外三层地包裹好千里迢迢带到了上海，想给老师和师母尝个新鲜。由于师母说情，老师同意收下了石榴，我非常高兴。虽已初秋，可暑气未消，师母切开了一个石榴给我解渴，我尝了几颗，心里暗暗叫苦：这石榴，怎么是酸的啊？可吴老师连声说"蛮好，蛮好！"临潼石榴被白居易赞誉为"日射血珠将滴地，风翻火焰欲烧人"（《山石榴寄元九》），是果中珍品。可万万没想到，特地去产地买，反而买到了中看不中吃的酸石榴，哪儿是什么冰糖石榴啊！看来，买石榴一定得先尝后买。

转眼到了中秋节，我们几个买了吴老师喜欢吃的西瓜和一堆水果等去老师家里过节。这一次，吴老师和我们约法三章，其中之一便是以后再来家里谁也不能带东西，除了文章以外。到如今，我也和我的学生这样说。

到复旦读博的第二年，记得那是 9 月的一个星期五的下午，上完老师的课之后我陪老师去北区体育馆打乒乓球。我们边走边聊。老师突然问我："有没有在外面上课啊？"我说："学业压力挺大的，没出去。”老师温和地说：“可以上一点儿。”还问我需不需要跟国际文化交流学院的院长打个招呼？我忙说：“不用了，不用了！多谢老师！我能来复旦跟您读书挺不容易的，我想多读点书，认认真真做点研究。以后赚钱的机会多，可这样读书的机会再没有了！”老师哈哈一笑，说：“钱不要很多，可没钱也不行。没钱学问也做不好，有后顾之忧。”

老师的一番话让我很感动。后来听师兄师姐提到，老师不太赞成研究生去外面做兼职，可这次竟为我亮了绿灯。于是暗下决心，一定要踏踏实实、勤勤恳恳，做不出成绩，怎么对得起老师的栽培？

毕业之后

离开复旦已经 8 年多了，老师一直关心我的成长。可以说，老师对于我的影响是终身的，无论是做人还是做学问。老师曾不止一次地训诫我们要远离不良习惯，并且现身说法：“任何一种不良习惯，都不是突然形成的，就像我现在有时还背着家人偷偷吸烟一样，那是 1964 年‘社教’至 1966 年‘文革’期间沾染上的恶习，尽管明知这种行为既损害自己的健康，又污染环境，于人于己皆不利，但就是改不了。但愿年轻人永远不要沾染上类似的恶习而屡教不改。”老师的教诲我铭记于心，且时时反躬自省，警惕自己有没有沾染上什么损人害己的劣习。

如今的我早已经习惯了通往兰花教师公寓的那条走了无数次的路，隔段时间就特别想看看老师和师母，当然，还有听得懂话的小扁。参加工作之后，时不时会有去国外交流的机会，回上海之后，总是尽量在第一时间带着一份点心和一瓶外面带回来的酒去老师家里。师母这时候往往格外开恩，让老师也喝上一两杯。那真是最快乐的时候！偶尔翻开三年前写给老师的一封短信，是这样写的：

“吴老师：

您好！今天跟您喝了点酒，感到非常开心！工作几年了，还是觉得和老师、师母聊天最愉快、最温馨。天气不好，您和师母注意保暖。祝老师和师母生活愉快，身体健康！”

清楚地记得，那日天气寒冷，师母建议我陪老师去大澡堂子泡澡，老师欣然应允，对我说，“我们一边洗澡一边聊点研究的问题。”我兴高采烈地跟着老师来到了小区东边一家大众浴池。澡堂子在二楼，里面蒸汽氤氲，水温合适，没几个客人，反倒显得十分安静。我和老师聊了很多，聊我自己工作上的科研上的近况，聊所里的一些事情。老师叮嘱我好好上课，安心做研究，不断提升自己，加快修改博士论文。期间，老师还和一位看上去忠厚老实，身形单薄，上了年纪的搓澡工聊了一阵子，我在一边静静地听着，那场景让人觉得很温馨。下楼的时候，老师从口袋里抽出五十元钱悄悄跟我说：“你去把这点小费塞给师傅，他挺不容易，别让老板看见，看见了要被收掉的。”

而今时值寒冬，再回首，格外心酸！

老师平日里总是伏案工作，辛勤耕耘，没特别的事不敢耽误老师的时间，平时一直和老师保持书信往来。

老师曾在一封信中说过，“我一直强调做人、做学问都要‘老实、厚道’，自己从教 40 多年，虽然不敢说以身作则，但‘清白做人’、‘勤奋向学’一向是我的追求。”以此告诫众弟子：有则改之，无则加勉。迄今，“清白做人”、“勤奋向学”这八个字早已深深地烙在了我的脑海里，我经常用以勉励自己、告诫自己。

2010 年 3 月，临近拙作付梓出版的日子，一天晚上，老师在电话中说：“你注意查收邮箱，我写好序晚上就发给你。”那时候家里还没有网络，于是，吃过晚饭就跟门卫师傅打招呼说今晚不回家，在办公室加班。夜里零点左右，收到老师的邮件，在信中说：“看看行不行，你可以增加！”看着老师发来的邮件，我的眼泪稀里哗啦就掉了下来。

赶紧回复："老师，我特别觉得对不住您！看看时间，已经深夜零点时分，让您熬夜熬到现在，深感内疚，深感不安！看了您写的序，心里又特别激动。字字珠玑，弟子不敢有所损益。谨将老师红笔之处填补。请恩师和师母多加保重！"

十几分钟之后，又收到老师的邮件："是这一版本，加了'的'，改了'应当'，注意红字。"

又过了半个小时，再收到老师来信："'艰巨的劳动'一句，其中'艰苦'改为'艰巨'"。

凌晨一点，接到了老师新的修改稿。满以为这回可以定稿了，可过了一刻钟左右，老师发来一封信，信上说："请看附件，最新的，以此为准。有个'努力'改成了'不断'，还补了'的'。只有夜深人静，我才能写东西，白天心不定。"临了还加上一句"你可以增加。"

按照老师的意思修改调整好之后，我就趴在办公桌上睡着了。第二天早上，一看电脑，老师于清晨发来的邮件赫然在目："供校对，附件。"天哪，老师那天晚上几乎就没怎么休息！我是又感动又自责，害得老师休息不好，担心老师这样熬夜身体会吃不消，敬佩老师字斟句酌一丝不苟的专精，一时间百感交集。

在日本

2010年4月，我被学校派往日本，在北陆地区的一所大学讲学一年。行前，老师嘱咐我在日本有机会多找找日本学者关于《三国志》的研究。6月，我在县立图书馆看到《三国志》一种，日本古典研究会昭和四十七年(1972年)发行、汲古书院出版的"和刻本正史《三国志》(影印本)"。翻阅之后发现每卷之首有"明长洲陈仁锡评阅"字样，想必是"陈本"了。当时知道老师处当有此版本，不知流传日本的陈本可有参阅价值？特写信请教老师：如有必要，即当复印，设法带回上海。并附上几张书内照片。老师的答复是：如果有条件影印带回，当然很好，此本在版本史上有研究价值。由于和刻本《三国志》不外借，此后的一个月，几乎一有时间我就去泡图书馆。好在有大学工作证和几十万研究费，可以在该图书馆复印，每次去从古籍阅览室借出来复印一部分，下班之前归还。就这样，管理员后来已经认识我了，我一到，她就帮我把书拿出来。

复印完成之后，我把和刻本《三国志》首页的解说翻译了一下，在寄给老师的信中说："和刻本首页的解说先请老师过目。由于弟子愚钝，日语水平有限，边学边查边翻，颇费力气，又加庶务，虽然短小，却用时许久，请老师见谅！问师母安好！祝恩师和师母健康、快乐！"兹录如下：

和刻本三国志解说

至今为止人们所见到的《三国志》的和刻本的刊记都是木板雕刻。出版社和出版发行的日期都做成了木板雕刻。其中早印的有山本平左卫门（左）植村藤右卫门（右）的二肆名，据推测头注是被加刻的，初印本的郭上处没有文字。其次是把右方的植村改刻成"二条通村上勘兵卫"版本，后印本的出版发行日期没有改动，关于出版社，上方刻着"浪华书林"，下方以下空出两行的地方刻着"涩川清右卫门（右）、松村九兵卫（左）"，那之后的后印本是奥附、高松的书店从茂兵卫到大阪的敦贺屋（即松村）九兵卫一一列举的明治的印本。因此虽然延迟出版，跟社长、社员和朋友同心合力地去寻找初印本，但还是完全没有头绪。无奈之下，取相对来说早印的嵯峨宽氏所藏本为底本，文字不清楚的地方就参考其他版本，不清楚的地方不加以修改润色。由于以上原因不仅发行被推迟，本册常见有不清楚的地方。为什么尽管后世有这么多传本，初印本却没有流传下来？很让人费解。鄙人的看法是，也许在刊刻还没有完成的时候出版社就停业了，抑或是因为经济（营业）不景气，雕刻用的木版卖给涩川、松村了，所以包含有最初的出版社名的传本才会不存在。

到了明治时期，东京的印刷公司开始发行活字印刷版本，另外，以校者猪野中行的名义，只有《魏志》是由东京大成馆排印的。这都是明治10年(1877)时候的事。关于印刷公司版本的标点符号、读音顺序符号,大成馆刊本是只有正文里有经过校订加进去的送假名,注文里没有送假名。由于找不到木版本的初印本,只有《魏志》的送假名是经过修改的,传本也准备换成大成馆刊本,但是考虑到社员的意见,将本丛书以木版本的影印的形式集中在一起,决定延缓出版时间。最后,向将底本爽快地借与影印的嵯峨宽氏表示感谢!

昭和四十七年十一月(1972)

说明:

1. 送假名:是汉字后边的假名。如:返り。

2. 正文右边是训读——送假名;左边是读音顺序符号(训读符号)。

3. 这些均为版刻,并非笔加。

老师的答复是:

很好,完成了第一步。请在网上收集陈仁锡及其《三国志》评点本的有关资料。1.《和刻本解说》中,居然未提和刻本的底本是陈仁锡本,足见《解说》者之浅陋。这样,我们就有必要对和刻本做更多的说明了。2. 记得上次跟你谈过,陈仁锡评点本有一定价值,可惜至今无人做深度研究。这就给我们留下了巨大的研究空间。3. 望你在网上收集:(1) 关于陈仁锡的研究资料,越多越好;(2) 陈仁锡《三国志》评点本的资料。

转眼到了春节,国内万家团圆之际,却正是日本期末考试之时。除夕当天下班之后去超市买来一些啤酒、梅酒、清酒和一堆熟食,晚上在办公室里度过了那个难忘的除夕夜。那天给老师写了一封拜年信,并录如下:

“吴老师:过年好!您和师母身体都好吧!春节已至,弟子给您和师母拜年了!弟子转眼旅日已近一年,过去这一年,经历了很多事情,有得也有失。日子过得虽然挺辛苦,比较高兴的是终于解决了职称问题。元旦期间,日本的大学放假一周,我去了一趟东京,并在东大图书馆查阅资料,有些珍贵的汉文典籍不易借到,需要介绍函证明等文件,手续繁杂。最大的感受是服务周到,人性化,氛围很好。

之前11月下旬因公务到京都出差,住了一夜。后来写了一首五言小诗权作学舌,发给老师批评。云:

京都秋月夜,清水鼓声闻。
红叶情如火,愁煞客游人。

弟子偏居北陆小城,虽然气候恶劣,清冷僻远;然空气好,干净、民风淳朴。1月中旬是日本高考的日子,全民重视。监考的时候,看到各大媒体齐聚大学的考场进行现场报道。两天共安排10门科目供学生选考,每科考试时间1到1个半小时。北陆地区雨水很多,12月中旬至今大雪纷飞,连月不开。现在积雪已经一米以上。有好几次艰难地步行近一个小时到学校才发现停课的临时通知。昨天和前天就是如此。明天开始进入期末考试阶段,由于所开课程较多,需要出六七份试卷,好在平时已有准备。

这个春节远在异国他乡,在此遥祝老师和师母佳节愉快,身体安康!顺颂春安!

弟子张巍　除夕敬叩

当夜,老师复诗一首,曰《人月圆》:

红颜白发精神好,除夕又称觞。烟花夺目,鞭炮盈耳,喜气洋洋。

银球狂舞,荧屏欢唱,此夜难忘。多情鱼雁传佳愿,祝亲友安康。

2011年3月，大地震和福岛核电站事故发生的时候，也到了我该回国的日子了。幸好提前一个多月就订好了机票，否则，真不知如何是好。东京的朋友告知，那里飞回北京和上海的机票都已涨到两万多人民币一张。滞留在当地的国人被恐慌的气氛所笼罩，所到之处，都在讨论怎么回国？什么时候回国？彼时大学已经放假，我也成了自由人，在冰冷的公寓里窝腻了就出去。不过出门之前一定先看风向，只要不是东北风，就放心地骑着自行车去学校里宽敞温暖的办公室做事情，或者泡温泉。终于等到了回家的那一天，听说当地的小机场挤满了等待回国的乘客。于是精简行李，生活用品全都送给了中国留学生，资料、书籍、证件和随身衣物等打包，虽然之前已经把几箱书寄回上海，但还是有不少东西放不进行李箱。担心超重，把辛辛苦苦复印好的资料包了好几层放进了箱底，忍痛割爱放弃了平时上班穿的几件套装和一些在东京、京都旅行时买来的图书。

近几年，老师时常把给研究生授课的讲义发一份给我，让我学习。当时在日本的大学图书馆偶然翻阅一本书，是岩波文库(昭和二六年，即1951)出版，和田清、石原道博两位日本学者编译的一本小册子，内容是《魏志·倭人传》、《后汉书·倭传》与《宋书·倭国传》等的合辑。由于是全日文，读起来有些困难，于是便手抄了一些条目，去年九月，抽空整理出来几条，求教老师。老师在随后的一次讲义中提到：校友张巍，去年到日本，最近发来日本学者关于《魏志·倭传》"点校"问题10条。我看了以后很高兴，因为其中大部分意见，跟我过去所做的《三国志研究长编》中的结论相同。少数意见虽然未必可信，但也有研究价值。这份名为"《魏志·倭传》助读"的讲义也发布在了当时的博客里。

【附录】

老师的诗作欣赏

老师是性情中人，所作诗词往往朗朗上口，酣畅淋漓，令人拍案叫绝。如2003年10月为南京师范大学古文献专业二十华诞志

喜所作的《呈徐先生》:

转眼栽植二十年,欣看桃李欲满园。

吾师今年九十二,畅论今昔数千言。

胜似《梅花》奏《三弄》,高山流水风雅颂。

台上台下齐鼓掌,经久不息春雷动。

花甲之年笑我忙,此心如旧鬓已苍。

追随吾师不知倦,忘却儿孙来身旁。

身旁诸生亦卓卓,置酒祝嘏难推却。

君不见长江后浪追前浪,万里奔腾前程阔。

又如2005年12月所作寄鲁国尧先生的《相见欢·登岳阳楼》:

12月3日应邀参加《古汉语研究》杂志编委会会议,会上读鲁国尧先生所撰《振大汉之天声》,又闻窗外之大风大雨,何其壮也。翌日从长沙到岳阳,忽然雨霁云开,又何妙也。

天声一振金瓯,雨方收,携手乘风登上岳阳楼。名胜地,眉峰隐,眼波柔,不似洋奴归国挺其头。

再如,2007年9月的"为儿作"六首,举其一曰:

吾儿持厚道,豁达一身轻。不见鹰勾鼻,必将祥瑞迎。

想必不少人都读过老师赞誉邓玉娇的《沁园春》吧。当我把这首老师发来的词读给身边的同事们听的时候,所有的人都震惊了!

【作者简介】 张巍,2002年至2005年复旦大学古籍整理研究所汉语言文字学专业博士生。现为上海师范大学对外汉语学院副教授。

性情·文章

——纪念恩师吴金华先生

刘元春

上海没有春天,2003 年冬夏之交的一个清晨,我第一次踏上上海。雨后弄堂口边上的一株山茶,分外明朗。我是来参加硕士研究生复试的,报考的导师便是吴金华先生。

再来一支

下午,复旦文科大楼 8 楼钱振民老师的办公室里,我第一次见到了吴先生。先生微笑着起身招呼我,顿时让我想到《三国演义》中形容诸葛孔明的“笑容可掬”。办公室很小,我尚未坐定,屋里已然烟气氤氲了。后来才知道,师母“管”得严,先生每每到办公室时才有机会吸上几支。

对我的学业、家庭情况稍作了解后,先生提出两个问题,一是我对于汉语史有多少认识,二是语言文字学有哪些研究方法。虽然我早已做好被“讯问”的心理准备,但面对先生的问题,我着实不敢造次。拘拘谨谨地说着所有能想到的回答,我汗如雨下。先生将烟轻轻熄灭,我并不敢对视他的目光,心下想那如炬目光该正在灼烧吧。出乎意料,对于没有受过系统汉语史训练的我,先生只是用他特有的带着酒窝的微笑,轻轻地说:“不着急,正好从基础打起!”虽然我像白纸一般,但还算得上是先生口中“人还不坏”的学生,故而古籍所的老师们也并不嫌弃于我,只是需肯用心才好。经过短暂讨论后,我便成了先生门下年纪最小的学生,十年来,先生、师母、学长亦是以“小刘”亲切地称呼我。当先生嘱咐了我几句话、大家准备离开时，先生赶忙又抽出一支香烟，用他那特有的南京口音对我们说：“我再来一支。”

与香烟的故事，不绝如缕。先生性情之真，每每想来，总令人忍俊不禁。学术研究的本质就是求真，大抵是因为先生之真，从不肯因世俗、权威、利诱而放弃“本真”，虽或间有困厄，但终得称誉学林、响誉大家。也正是在“求真”的理想中，先生的《三国志》新校本，一校已过十数载，毕生绝学、毕生心血，怎不令人唏嘘！

之后的三年，每每在10楼先生的办公室见先生，烟气缭绕总是少不了的。虽然师母次次叮嘱我们看住先生，奈何永明、泰勋、忠平一干师兄也都是有年头的“烟鬼”了啊！而当学生们学位论文答辩时，先生为了帮学生减轻些经济负担，更是特地拿出几条自己的好烟来款待答辩委员。当世的躁动与浮华，更显先生涵养之高、身范之正。

文章与肉及酒

先生用功于魏晋坟籍，风骨自然亦不输魏晋。魏晋学人总少不了药与酒，先生则钟情于肉及酒。也唯独这肉及酒，唯独这豪放的风骨，才得以成就先生贯通古今之学。

我来自老区，落后和贫穷，成为我家乡的代名词。有时午餐或晚餐之前，先生一通电话，叫我过去指导我的论文。但印象中先生似乎并没有专门给我开“小灶”，或者只是帮老师简单核对一下文稿，或者陪师母去楼下带爱犬小扁转一圈，主要的内容却是在餐桌上。先生和师母素来饮食清淡，然若有学生在，师母便加做一两个菜，品种也会丰富些。先生和师母自工作之后养成了一个习惯，那就是喜好招待学生，尤其是农村来的学生。先生在农村插队过，师母更是自17岁便远离家乡，单在农村从教便长达15年。先生和师母深感农家孩子的困苦，希望学生在外得到更多的温暖。也正因如此，餐桌上的每一个场景，学生永不曾忘。和师母挪好小圆桌，摆好筷子，接过盘子，因为我是山东人，师母便多跑几条街，为我买来一大包馒头。饭桌上，先生和师母一个劲儿地鼓励我多吃肉。我因有些拘束，先生便笑着“开导”我：“年轻人不吃肉，哪里来的力气做学问呢？”师母则一边笑着一边帮小扁剥去虾壳，小扁也经常因着我在而饱了口福。

这些情景，有时在凉城新村，有时是在兰花公寓。尤其是冬日傍晚，窗户上凝了一层雾气，先生、师母、我，还有小扁，如在眼前。但说到“兰花”和“凉城”，有一件事则不得不提。2005 年秋天的一个下午，从“凉城”坐 133 路公交往“兰花”去（这也是唯一一次单独和先生乘坐公交车）。上车后，先生没有选择“爱心专座”，而是径直坐到了车厢尾部。我想，或许是先生认为自己身体硬朗，但坐颠簸的车尾也无妨吧！不过，也因着这件小事，乃至于以后乘坐公车和地铁时，我也从来不去挤占“爱心专座”，即使座位空着。

而在酒的问题上，我和肖瑜师兄堪称先生门下的“另类”了。师兄喝酒过敏，而我则一口即会上头。先生每每慨叹师兄和我不能体悟到酒的真趣。有那么一两次，先生鼓励我说：“北方人酒量都好，多喝几次就习惯了。”只可惜，因我的健康问题，如今竟滴酒不能沾了。

先生不仅酒量高，酒品更是好，从来不起高腔，从来不说重话。但先生在年轻时，也有喝多的经历。不过，从师母和学长那里得来的趣闻，倒真得见先生的豪迈。譬如有一次，先生太过高兴，于是酩酊大醉，然而竟也能骑单车安然无恙地回到家中，次日却又不记得前夜喝酒之事。

道学家讲究“气象”，古圣先贤和而不同、宽而有制者有之，精金纯粹、良玉温润者有之，独吴先生的气象，可谓大气豪放、天然洞达，却又不失春阳时雨之化。对于踏踏实实一门心思钻研学问的后学，先生从不吝举力提携，而对于道貌岸然、哗众取宠的假道学，先生亦从不心慈手软，径直撰文指摘其弊。一文一字，师严道尊，每令吾属高山仰止。

只是果真应了先生的话，不喝酒，不吃肉，如今的我倒真是一篇好文章也没有。

不能吃辣，不能当家

攻读硕士学位的第二个学期，先生便有意让我继续攻读博士学位，后来又建议并给出一个可延续至博士阶段的论文题目。然而考博前夕，我却因某些原因而不能继续在复旦读书。数日后，在湖南师范大学举办的一个学术研讨会上，向来不喜求人的先生，专门找到与会的华东师范大学“文字中心”主任臧克和先生，向其大力推荐了我。尽管当年竞争激烈，但最终我还是有幸在臧先生门下继续求学。先生为我筹划如此，令人感念不已。

这里其实还有一小段插曲。

最初得知我不在复旦继续求学时，众多同学大都建议我先找一份工作。然而有一次，在北区餐厅一楼靠西的僻静角落里，忠平师兄和我面对面吃完饭后，语重心长地说：“吴先生说：‘不能吃辣的人不能当家！’”只这一句，如醍醐灌顶，让我至今铭记于心。我没有追问这是否是先生专门的委托，也没有考证这句话出自哪一地域，但我深知先生对我关爱之深、期盼之重。这句话的分量，足使我不再考虑其他，即使后来得知自费读博时，我也没有动摇当初的决定。

身处物质生活发达的今天，我们自不必自找苦吃，但是坐得了冷板凳的寂寞，却不是每个人都能甘之如饴的。先生精进于古典文献与汉语言文字学，常常通宵达旦、彻夜不眠。倘若遇见好文，更是连读数遍，直至清晨鸟儿鸣叫，也不肯休息片刻。或许是其年轻时所吃之苦，才锻造了日后筋骨之坚。

而先生对金钱的概念，更堪美谈。尤其是新版人民币发行数年后，老人家都还不辨钱之新旧，不管清贫时，无论富有处。近年来，学术超星频频走穴，但先生皓首穷经，终始不为所动。正因此故，先生得超迈同仁千里万里。

虽然我谨遵先生教诲，“不能吃辣的人不能当家”，但如今脆弱的消化系统已不允许我再涉食辛辣。不过，好在在先生那里，我已经学会了吃苦。当然，这份辛苦，自有开心在其中。

西 瓜

水果中,先生大爱西瓜,到了夏日,更是每天必吃。

在搬离复旦前往华师大的前一天晚上,我在同济大学的水果大卖场,精心挑选了一个大个儿西瓜,准备去向先生和师母告别。那可真是个硕大无朋的"家伙",就好像再也没有机会和先生吃到一样。孰料半路上,两层厚厚的袋子突然挣开了,可怜的西瓜摔成了两半。一股沙瓤特有的香甜味弥漫开来,这么好的西瓜,好在并未摔出袋子之外。于是我只好用手拖着、用胳膊搂着,将就着挨到了先生家里。先生和师母看着我的窘态和裂开的西瓜,顿时哈哈大笑起来。我们吃着、笑着,师母不时掰下一小块,放在手心,递给小扁。那沙瓤,直甜到心底。

然而,先生的身体状况每况愈下,糖分高的食物更是被勒令禁止进食。就连米饭都不能多吃,何况是西瓜。看着先生一圈圈儿地消瘦,每个人都心忧如焚。我也曾因生病的缘故,曾禁食整整一个月,我深知控制饮食的不易。不过,先生的精神头儿却是一如既往地好。我想,西瓜再甜本质上也还只是口腹之欲,倘若不能继续进行学术研究,那可真是痛不欲生了。事实上,在先生坐轮椅的那段日子里,因为不能畅快地进行研究,老人家一下子好像老了十岁一样。于先生而言,学术的确就是生命。

性情成就文章。先生为人真,为学便有真学问,先生性情豪放,文章便有大气象。先生之为学,誉显南京,名驰沪上。怎奈风树难追,昊天罔极。呜呼哀哉,痛矣伤嗟!

2013 年 10 月 20 日

【作者简介】 刘元春,2003 年至 2006 年复旦大学古籍整理研究所汉语言文字学专业硕士生。现为上海交通大学人文学院讲师。

时光三十载　师生一世情

倪永明

人到中年,身边的长辈渐渐离去。但让人万万没有想到的是,金华先生竟然会这么突然地走了。

数月前在长海医院永远地送别了先生之后,总有一种不真实感,总觉得先生还在笑眯眯地对我说:"没得什么事,我们一起想办法,看看怎么做。"

人生几回伤往事,我现在却真的只能在键盘上录入有关先生的那些记忆了。

重温与先生往来的书信和电子邮件,更加深切地感受到,在我人生成长道路上的关键时刻,都深烙着先生的印记。

记得是 1987 年初春时节,当时先生是南师大古文献专业的负责人,我们第一届本科生面临毕业论文的撰写和毕业分配工作两件大事。那时候我毕业论文准备得比较早,大三就开始在南京图书馆古籍部花费了数月时间阅读、摘抄李汝珍的《李氏音鉴》。经过一年多时间的打磨,我把写好的毕业论文交给了先生。先生将论文给了吴方言研究专家叶祥苓先生审阅,叶先生认为论文有可取之处。先生拿着叶先生的审阅意见,欣喜异常地找到我说,文章写得很好,这是我们古文献专业学生四年来学习成果的又一个很好的证明。后来这篇论文修改了多次,虽然因为篇幅太长等原因最终没能在《古文献研究集刊》上发表出来,但先生对我的指导和鼓励不仅使我产生了学术研究的兴趣,还直接成为我数年后报考研究生的强大动力。

说到毕业分配，直到今天我心里面仍然对先生充满了歉疚。由于是古文献第一届毕业生，先生想尽办法给我们联系了不少高校，如徐州师院（江苏师范大学）、南通师专（南通大学）等等。年少无知也好、鬼迷心窍也好，当时我居然认定一个死理——不过长江！这给先生工作造成了极大的被动，这也是多年后我从其他同门那里了解到的。因为同一届师范专业的同学大多回到原籍地的中小学甚至村校去任教，好多人听说我竟然放弃赴高校任教的机会，集体向中文系和学校请愿，要求学校组织考试择优确定名额。我惹了这么大的祸事，自己毫不知情，先生却始终没有说过一句埋怨我的话，相反，还在不断为我联系我希望的所谓“长江以南”的工作单位。先生对学生的宽容和爱护让人动容，而我对先生最好的纪念，就是时常提醒自己要处处以先生为表率，善待、关爱自己的学生。

大学毕业数年之后，我又回到了母校南京师范大学，师从叶祥苓先生攻读汉语方言和音韵方向的硕士学位。到了第三学期的时候，先生给我们开设的课程是古代汉语研究专题。当时给先生带来巨大学术声誉和影响的《三国志校诂》刚出版不久，先生在课堂上也经常举引书中的一些例子。一定是和先生有着天定的缘分，十年后当我再次来到先生的身边，攻读博士学位的时候，做的正是有关中日《三国志》研究的课题。

硕士期间先生不止一次地督促我应该写作、发表学术论文。授课时布置的小论文是有关中古佛经词汇方面的题目。作业交上去后，先生特意找到我，指出文章中的最大问题：语料太少。其实说白了就是花的功夫没有到家。当时我一心忙着出国的事情，没能按先生的要求进行修改充实，论文自然也没有能够发表。到了期末，先生给我的成绩很特别：既不是优，也不是良，而是优⁻。这是我在十余年求学生涯中得到的唯一一个优⁻，这里面包含了先生的期待，也有着些许的恨铁不成钢的遗憾吧。

古人云程门立雪，当我年近不惑的时候，再次回到了先生门下，来到了复旦园。读博之前我和先生大约有十年时间未曾谋面，那时先生刚搬进兰花教师公寓不久，我去拜访先生的时候，先生是那样地欣喜异常，穿着二十年前给我们上课时的那件旧毛线背心，足足半天时间，都是先生在讲接下来三年中我应该怎么做，应该看哪些书、收集什么样的材料、研究的方法有哪些，等等，我笔记都有些来不及写。读博期间，先生非常理解我这个已届不惑之年老学生的困顿和自尊，总是以鼓励为主，使我得以顺利完成博士学业。令我印象最为深刻的是先生指导我发表的读博期间的第一篇学术论文《三国志日译本评介》，前前后后修改了有十几稿，有时改改又改回了头。我郁闷地想怎么这个地方又改回到了初稿？先生大概看出了我的困惑，笑着说写文章改回头是正常不过的事，因为经过反复研究后，发现前面的论述更为恰当，这绝不是做无用功！后来师母张敏文老师也对我这样说过："吴老师的文章从来都是改来改去，人家几易其稿，他大概是几十易其稿，改完有时让我读读，交稿前总是慎之又慎，生怕再吃后悔药。"

博士毕业以后的几年中，先生常对我说的一句话是："不怕慢，就怕停。"对我这个天性懒散不争气的老学生，先生在百忙之中不时把自己给学生上课的讲稿发给我学习，有时甚至连着几个星期邮箱里都收到先生发来的文章。当看到我好久没有新东西发表出来的时候，有几次先生索性直接给我布置任务。感动之余，我也不禁担心先生的健康，像这样超负荷地工作，本来就有心血管问题的身体，可千万别再出什么状况啊。

但我还是接到了万分不愿意接到的那个电话，当我匆忙赶到先生身边的时候，先生已经被戴上了呼吸机、只有两手的拳头还紧紧攥着……

寒冬残夜，思绪纷乱；道德文章，追念不已。书架上陈列着数年前先生赐阅的《三国志》简注复印稿，其时先生和我约定近年内共同完成《三国志》今注今译一书，从不食言的先生啊，但这一次，您失信了！

悲伤袭来，脑海里又浮现出日本"学问之神"菅原道真的《冬夜九咏·寒灯诗》："耿耿寒灯夜读书，烟岚渡牖欲何如？微心半死频挑进，折尽枯蒿一尺余。”这不正是先生勤奋工作一生的写照么？

往事并不如烟。石头城下，岁月青葱；日月光华，润物无声。时光三十载，师生一世情。

癸巳冬日哀挽于京口寓所

【作者简介】 倪永明，1983 年至 1987 年南京师范大学古典文献学专业本科生，2003 年至 2006 年复旦大学古籍整理研究所汉语言文字学专业博士生。现为江苏大学文法学院中文系副教授。

追忆导师吴金华先生

肖　瑜

送到涧声无响处，归来明月满前津。

七年火宅三车客，十里荷花两桨人。

——摘自徐渭《访李岣嵝山人》

昨夜的梦中，非常真切地觉得自己正在安波路兰花公寓先生家中，一众师兄弟们聚在一起。先生的大幅画像悬挂于四壁，俱是先生安详盘坐于莲花之中，眼睛微闭，面露平和恬淡，示现涅槃庄严，解脱了无挂碍。梦中记得自己跟永明师兄说："先生真的已离开我们，往生佛国了。"

清晨起来，陆续把近来写的一些回忆先生的文字整理修改，以志不肖门徒深切缅怀之情！

与恩师的缘分，起于 2002 年的 6 月初，桂林，广西师范大学。当时自己在那里读硕士研究生，导师是王志瑛教授。王老师与吴老师是南师大的 62 级本科同班同学。2000 年左右徐老 90 大寿时，在南师大重新聚首。王老师向吴先生推荐同门学姐去报考复旦的博士，并在第二年邀请吴老师去广西师大主持汉语史方向的学位论文答辩，答辩秘书恰好指定由我担任。真是天赐良缘！我与先生的师生缘起于此。

考博报名前，我曾两次写信给先生，均收到了先生的回信。至今，这两封回信我都一直珍藏着。有一封写于 2002 年 9 月 5 日，另一封写于 2002 年 12 月 29 日。先生的这两封回信给我的考博提供了极大的精神动力。在第一封信中，先生对复旦的定位作了简单描述，让在偏远地区读书的我有了对“研究型大学”的强烈憧憬之情。第二封信，是先生在粗略翻阅了我在2002年11月底的硕士论文初稿之后回复的。信中先生反复强调外语学习的重要性，进校后才知道，这不仅仅是复旦博士入学英语考试太难，其实也是先生时刻不忘全球化背景下的国际学术研究与交流的意识体现。

在复旦独自复习的这段时间里，最深刻的记忆是有天偶然在国定路大学城书店（不知现在是否还开）买到了先生在上海古籍出版社出版的《三国志丛考》和江苏古籍出版社出版的《古文献整理与古汉语研究》两书。当时如饥似渴地读了三遍，对我来说，先生在一些文章（如《岳麓本〈三国志〉修订后记》和《中华书局标点本〈三国志〉修订刍议》等）中，对于《三国志》版本的论述以及文献校勘中应该遵循的一些基础性原则的阐述，让我这个从未接触过版本和校勘等传统文献学知识的门外汉，觉得异常新奇。

进入复旦学习后，先生给我们的入门教育是展示了前几届学长如高明、吴新江、苏杰、邓军、万久富、王文晖等的研究成果，意在激励新入学的同学奋发上进。

到了博士第二年时，我的博士论文初步定为《三国志》古写本的研究。先生命我先对敦煌研究院所藏的《步骘传》残卷进行重新研究，模仿先生发表的《晋写本〈魏志·臧洪传〉残卷初探》，写作一篇学术论文。因我的基础较差，足足用了半个月的时间才拿出了一个草稿呈给先生斧正。当晚就接到先生电话，叫我赶紧去兰花公寓。到了先生家之后，先生就开始给我讲解高质量的论文写作中需要注意的诸多问题，比如谋篇布局、搜集资料、查考证据、写作中的起承转合等等。后来几天，我基本每天都到先生家，侍坐于书房，看着先生对我呈交的草稿进行亲自修改。记得有一天，师母对我说：“肖瑜，吴老师改学生的论文，从来没有改得这么认真过，连续熬了几个通宵！”我忽然明白先生之这么做，是想让我通过近距离观察先生从头至尾的完整研究工作流程，真正把愚钝的我带进学术研究的大门。自此以后,我觉得自己在学术研究上好像忽然开窍了一些。

读书三年,第一年去先生家是最多的。每次,我都非常期待能与先生一起散步,有时是领着我在兰花公寓里面绕圈散步,有时也到对面已故章培恒先生住的小区去散步。散步时,先生多围绕为学为人,哝哝低语,娓娓道来。我时常有沐浴于春风之感觉,又似觉身旁的先生就是自己慈祥的父亲。常常是七点半或八点就下楼散步,一直转到十点多,先生才送我到兰花公寓门口搭公交车回复旦。

由于时间的磨蚀,先生的许多谆谆教诲,现在已经记不太清了。但是下面这段先生对学术创新的观点,迄今印象极其深刻。

记得先生有次提到做学问的五种境界,首先就是写文章要"新"。先生曾说写任何一篇文章,都一定要有创新点,哪怕是有一个创新点,那这篇文章都可以发表了。如果有三个创新点,那就可以发表在很好的期刊上。如果处处都是创新点,那这篇文章就是开创性的了。"新"从何处来?先生曾说:每天都要看书,每天都要写读书笔记,每天都要至少有一个新发现。先生的这些教诲,至今犹如绕梁之音,时时响起于耳边,鞭策不肖门徒努力。

2013 年 12 月 3 日傍晚

【作者简介】 肖瑜,2003 年至 2006 年复旦大学古籍整理研究所汉语言文字学专业博士生。现为广西大学文学院教授。

师门忆语

程　泱

1983 年 9 月，我考入南师中文系古文献专业。这是南师新开的专业，我有幸在报名时候偶遇了，因为自己喜欢古文，所以就选择了这个专业。在南师我开始了与吴老师三十年的师生之旅。

开学不久，还没正式上课的时候，吴老师就到我们宿舍（四舍108）看望大家，聊了很久，聊生活、聊学习。吴老师告诉我们，我们班的同学，都是由他招进来的，我们的高考试卷他都逐一阅过。记忆中，有两件事印象深刻，一是我们很多同学的父母是教师，尤其是小学老师。吴老师说小学老师很辛苦，希望他们的孩子有所改善。其次，我们班的同学，高考语文试卷默写题都是满分。

班主任朱邦蔚老师也来到我们宿舍，大约谈了下专业的设置、主要课程，并要我们集体购置了影印本阮刻《十三经注疏》。上课的时候，我们每人抱一本砖头般的教材走进中大楼 108，吴老师给我们上《论语》课，老师个子不高，脸上常常浮现开心的笑容。老师授课，很直接，从《提要》讲起，然后是原文，没有任何概论性质的叙述。老师教我们怎样读注、读疏、读校勘记。因为张芷老师的《诗经》课也用的是《十三经注疏》，《诗经》在上册，《论语》在下册，有时候，上午同时上两门课，我们不得不同时把两册《十三经注疏》都带上，于是，校园里就会出现十多个稚嫩的新生，抱着两本厚厚的《十三经》，往往引起其他同学和老师的好奇。在书店里，常常会有老师和同学问我们是学什么的，那时心中颇有些小得意。

就这样，时间在继续，和吴老师的接触，渐渐多了起来，虽然不是班主任，也不是辅导员，但吴老师还是多次到宿舍和我们聊天，潜移默化中引导我们学习。直到我自己做了大学老师，做了班主任，才发现，那时候，吴老师是多么关心我们。

老师的影响，在流水般的日子里慢慢发酵升华。学习中，老师一直要求背诵，《论语》是偶尔抽查，《诗经》是每次逐一背诵，张芷老师和朱老师各负责十位同学。考试的时候，《论语》试卷默写是60分，而且没有划定任何范围。

四年里，吴老师给我们至少上了五门课，《论语》之外，还有《孟子》、《史记》、《训诂学》（和徐老合上、徐老上八次）、《语法学》。《孟子》仍然用《十三经注疏》本，但只读注，不读疏，没有全背。《训诂学》基本讲他自己的研究成果，《三国志校诂》和《古文献研究丛稿》里的很多内容，都在课堂上讲过。《史记》用韩兆琦的选本，《语法学》用杨树达的《高等国文法》。除了古文献专业，其他专业恐怕没有一个老师会给同一个班开五门课吧，难怪我们八三级同学和吴老师那么亲近。

在学习上，吴老师鼓励大家写论文，而且最好是传统的训诂考据类文章。记得《论语》课上，我好容易才想到一个题目，是关于“楚狂接舆”的理解，我怀疑“接”字是动词，不是姓。于是查索引，找例句，简短的写了下，和同学聊天的时候，被告知宋代已经有了这个观点，最后我只好写了篇利用《论语》原文来复原孔子性格的文章，完全不符合老师的要求。但其他同学的努力获得了成功，到大三的时候，我们班有六位同学的小论文发表在《南京师大学报》增刊《古文献研究文集》上。

大二的时候，徐复先生给我们上《训诂学》，除了我们班的同学，我们系的、南大的、南中医的相关专业的研究生和老师也来听课，阵势很大。徐先生每次照例是说这周谁谁来看他，向他请教，怎么办呢，开几本书看看。授课的时候，徐老一口无锡话，非吴方言的同学做笔记有困难，吴老师就负责板书和擦黑板。有一次课间，吴老师说，听徐先生的课，很快就可以写篇文章。当时我很兴奋，拼命地听，结果，徐先生的课结束了，我一点启发也没有。个中缘由，直到工作以后，我才大致明白。

另外，吴老师建议大家多买些专业书籍，尤其要买些要用的书。虽然钱不多，大家还是不断的购书。每个男生都找块工地上用的木板放在床上，慢慢的摆满专业书籍。

记得老师说过，不管什么书，只要认真读上十年，肯定有成绩。在大二的时候，我选择了《山海经》和《周书》，但是一直没有什么发现，也没有问题，就是读，只是自己想不通，为什么没有问题，想来是还没读到家或没读到点子上。直到工作三年之后，才略有所得。

大学毕业以后，我到淮阴工作，不能像新江、秉洪、华宝那样长侍老师左右受教。记得九二年到北大进修，想写《黄侃年谱》，特地从南京走，向吴老师请教。吴老师以为这类工作，需要很多资料，要访问很多人，应该由和黄先生熟悉的人来写才合适。聊的时候，吴老师知道我会下点围棋，一定要下一盘，但怎么也找不到棋子儿，忽然吴老师好像想到了什么，于是找出一些生花生米，再找点黄豆，我们就用黄豆和花生米下了起来，师母回来的时候，看我们俩在桌上摆了很多黄豆和花生米，甚为奇怪，就这样和老师下了盘值得回味的棋。

直到2004年读博，和吴老师的接触才又多了起来。此时老师已在复旦任教，且学术成就斐然。记得考完后，到老师家里蹭饭，吴老师建议可以做《辞通》，我说这书我摸过，角度很难找。四月份复试后，到老师家辞行，老师建议做王念孙《读书杂志》，我吓了一跳。因为大二的时候，专业就把《广雅疏证》和《读书杂志》作为参考书发给我们，但我从没读完。

到复旦以后，我经常到老师家请益，经常上午十点去，晚上十点回。老师经常就《读书杂志》研究指导我看书，但《读书杂志》确实太大了，比如，吴老师让我把后人就《读书杂志》所有条目，哪些是对的、哪些是错的、哪些是两可的，逐一统计，得出一个数据，我大约花了两年半的时间才大体上完成这一工作。再比如，《汉语大词典》用《读书杂志》的观点有多少条？所以，虽然老师的设想很好，但我没法完成。

所有跟吴老师读书的同学记忆最深刻的是写文章，尤其是第一篇文章，大多修改很多次才可以通过。打印好以后老师会改动，然后再修改。曾经和吴老师一起坐在电脑前，看吴老师改我的文章，很多文字表述让我记忆深刻。在吴老师突然意外地仙逝以后，我常回忆这段时光。我常常感觉自己像旧时代的一个学徒，跟着师傅亦步亦趋，只是学生愚钝，未有成绩。

毕业以后，我继续就王氏四种做点基础工作，主要是把王氏四种数据化，因为不够成熟，不敢给老师看。而现在，我永远失去了这样的机会。2013 年 6 月 1 日晚 9 点左右，接久富电话，告知吴老师病危，让吴门弟子速去上海。不一会永明电话亦至。我非常震惊，吴老师身体多好啊，怎么可能呢。记得 2005 年来淮安讲学之余，我们家三口请吴老师品尝淮扬菜，老师要给孩子见面礼，我觉得不能要，推让中，我用了力，意外的是，老师力气比我大多了。我这才想起，老师幼年习武，有童子功，一般人难比。

再见老师，已是在殡仪馆。鲜花丛中，老师面容依旧，脸上仿佛还是那熟悉的笑意。

三十年师门，我们这批本科时期就跟随吴老师学习的学生，吴老师亲切地称呼我们为老学生。在老师和师母面前，我们像子女那样无拘无束，记得有一次帮师母洗菜，洗完以后我习惯性的拍拍自己的屁股，师母明白我干什么以后，笑称有什么样的师傅就有什么样的徒弟。

三十年师门，我似乎慢慢的从一个学生熬成一个徒弟。我自己也是觉得，在大学里，当师生关系变成师徒关系的时候，那个徒弟才能真正学到点东西，而师傅的付出，远比老师的付出要大得多。

【作者简介】 程泱，1983 年至 1987 年南京师范大学古典文献学专业本科生，2004 年至 2009 年复旦大学古籍整理研究所汉语言文字学专业博士生。现为淮阴师范学院文学院副教授。

往事如烟

季忠平

尽管出事之前，老师曾有过两次类似的休克，不过都是有惊无险，所以总觉得这样的事还很遥远，然而到底事不过三，事情来得那么突然，一下子令人难以接受。不过，现在想来，也许这就是老师的方式吧。老师曾说过，就算明天要死了，今天还是要攥紧拳头的，我也确实没有见过他颓丧的样子，所以难以想像老师坐在轮椅上的情形。现在他走了，要写一点纪念的文字，我也不想写伤感，这大概也不是老师想看到的。所谓贤者识其大，不贤者识其小，以我的浅陋，原也不足以评论老师的道德文章，所以，就写些抽烟这样的小事来作纪念吧。

老师嗜烟，早年发表的文章都是用烟熏出来的。不过到了上海以后，似乎受到了师母很大的限制。十几年前我开始来复旦读书的时候，常去老师家叩问。记得每次我一去，老师便会很堂皇地向师母请求，你看，季忠平来了，我们要谈学问，你把烟找出来拿给我吧。师母虽然难免有点不太情愿，但每次还都会拿出一包已经开过封的香烟递给他。

我先前抽过烟，烟瘾也不小，女儿三岁的时候，才断然戒绝了。戒烟满十年的时候，我再次来复旦读书，因为安慰一个朋友，先是陪着人家抽，后来便买了烟去一起抽。老师发现我开始抽烟了，似乎很高兴。他对我说，其实两个人坐在一起谈事，手上不拿点东西，总觉得很别扭。他还很认真地告诉我，他的老师徐复先生不吸烟，有一次在徐老家谈学问，当他一支接一支不停抽烟时，徐老也忍不住对他说，你给我一支试试。

不过那个时候，老师在家里，至少已经是不能在师母面前吸烟了。他自己也不买烟，有就抽，没有好像也可以。但我去了，他总要我陪他下楼走走，当然是因为那样能吸一会烟。到了烟店，我总想买一包好一点的烟，他总是按住我掏钱的手，跟店主说要一包十来块钱的。他跟我说，贵的烟很容易是假的，只有那些十来块的才比较可靠，再说，香烟这东西，只要能冒烟就行。

有一次我得了一点什么奖金，去他家的路上，顺便给他买了一条南京。一路上还在想着怎样避开师母的耳目给他，到了那一看，嘿，师母不在家。我刚把烟拿出来，看到熟悉的来自故乡的香烟，老师两眼放光，说你哪儿买到了这个烟，这烟好，说着便抢过去，迫不及待地开始撕扯外面的封纸。他似乎始终不知道有封条这回事，急着要抽，便用很夸张的动作，艰难地将封纸撕开，终于一下子抓出两包来。于是坐定，吸起，很惬意地开始谈学问。滔滔不绝间，他突然停下来，抓起桌上的烟说，不行，这样太危险，得化整为零。说着便走到书架前，将烟一包一包地散藏在上下左右的书后面，再把书理平。然后才坐下来，抓起桌上的烟，很安心地继续滔滔不绝。

一周后，在送别韩国学生金信周学成回国的宴席上，老师赫然拿出一包南京在那儿抽起来。师母很苦恼地说，最近很奇怪，每天早晨去他书房收拾，总能看到一个空烟壳，但不知道他这烟到底哪来的，找也找不着。老师笑着说，这都怪华东师大的李玲璞先生，是他给我的。桌上所有的人都笑起来，当然，我和老师笑得最响。

师母可能一直不清楚，她的禁烟从来只限于家里，一旦到了学校或去外地出差，老师始终是依然故我。

他来学校上课，常常会在课前的一段时间来敲我研究室的门，多数的时候，是因为香烟，所以有一段时间，我总在研究室放上一点烟，以备不时之需。他的课，都是在下午，课后学生走了，我陪他抽一会烟，聊一会学问，那是必须的。记得好几次，窗外街上的灯已渐次亮起来了，我一手夹着烟，一手接师母的电话，看着对面笑着的老师，对师母说，没事，老师在这，马上回去了。然后在老师的不急不急中，陪他抽完桌上所有的烟。

近年因为点校本《三国志》的修订，老师常去北京开会。他不喜欢坐飞机，每次去，都是坐晚上的火车，在车上睡一觉，第二天早晨下火车便直奔会场。记得第一次上动车，他一坐下来，便敲敲密闭的车窗，又站起来前后张望，然后问我，这车看样子像是不能吸烟吧？我说是的。于是有一句没一句地聊着。车子开起来了，他又前后走了走，回来问我，这车好像真的不能吸烟啊？我说是的，这是空调车。于是悻悻然，过了一会，他又问我，卫生间总是可以吸烟的吧？我说不行，您要在那吸的话，会报火警的，再说，我没带烟，您有烟吗。于是一脸的失望，和衣倒在卧铺上。

到了北京，整天在宾馆里开会讨论，会场里也没人吸烟，老师似乎也忘了吸烟这回事。我那时也抽抽停停，所以也想不起来。晚上十点以后了，正躺在床上起劲地聊着学术的老师，突然一下子坐起来，说，不行，我要出去走走。我说那我陪你，他说不用不用，就边上走走，并连连说，只是习惯，只是习惯。看着他出去，我有点纳闷，以前也没见着他有睡前散步的习惯呀。只过了一会，回来了，手里抓着两包中南海，一边冲我晃着，一边满脸笑着说，快起来，快起来，有这个，先不要睡觉了。

老师抽烟，是不大在意烟灰的，想起来时会在烟缸里蜻蜓点水般弹一下，入了神便任由烟灰自行掉落。在老师家里，我所看到的被烟灰烫过的东西，计有笔记本计算机、显示器、键盘以及衣服裤子若干，因此，在宾馆抽烟的时候，我总是会注意把烟缸放在他顺手的地方，并且不停地提醒他。但百密难免一疏，有一次去杭州开会，住在西湖边的宾馆里，在将烟缸挪来挪去凑了他一晚上后，我终于扛不住连日的欠睡先睡了。老师什么时候睡的，我不知道，只是第二天发现，自己临睡前放在枕头边上的书，已经到沙发边的茶几上去了。那天中午，当我们正在宾馆门口等出租车来准备回上海时，突然发现一身制服的宾馆小伙，带着很严肃的表情急急地向我们走来，说是发现我们房间地毯被烧了一个洞，先不能走。于是都面面相觑，幸亏在场的浙江大学的老师及时为我们解了围。上了出租车，老师很长时间一言不发，年近七十的老人，脸上的神情，像是做错了事的小学生一样。

有一段时间，好像是因为老师晚上咳嗽得实在厉害，师母的禁烟也越发严格，老师便经常处于断烟的状态。有时来学校，我照例给他烟，他总是说不抽了，可每次当我把烟收起来的时候，他总是马上对我说，等一下，你先给我一支。后来老师似乎也下了很大的决心，要彻底告别这陪伴了一生的烟卷了。有一天，他手里拿着一包黄山敲开我研究室的门，带着有些决绝有些悲壮的复杂神情，对我说，我戒烟了，吴格先生是我的烟友，请你把这包烟给他，告诉他我戒烟了。我遵嘱将烟交给吴格先生，记得温和的吴先生微笑着慢慢地说，他真的可以戒了么？

告别烟送走才过去一周，老师又来敲我研究室的门。坐下来不到两分钟，老师便略带愧色地笑着问我，你阿有烟？一周前的决绝与悲壮，让我早就扫清了研究室内的积烟。下楼买烟时，我想起了吴格先生的温和笑容。

老师说，他的第一次休克，是在乒乓桌上赢了对手之后，坐下来点了一支烟，刚吸了一口，眼前忽然出现了一个棋局，他知道如果要获胜，就必须把马跳起来，可他怎么也没法动棋子，他说他当时心里非常急，以至于很快便什么都不知道了。

老师从医院出来后，我给自已定了一个原则，那便是以后绝不主动给老师烟抽。大概老师也很快发现这一点，此后的很多次，见了面，都是老师先给我烟。

首次休克后的一段时间里，老师不再打乒乓球了。忽然有一天他告诉我，他已改玩抖空竹了。我说这个好，没有对抗，不像乒乓球，你一上台，便非要与人分出胜负不可，不知不觉便进入了忘我的状态。

然而没多久，我便知道空竹也不是个事。因为老师告诉我，他正在拜师学艺，已经会了多少高难度的动作了。看来他很自然地又找到了新的挑战对象。

果然，很快便又有了第二次休克，在他抖完空竹坐下来，刚点了一支烟的时候。

我赶到医院的时候，老师已经缓过来了。当时师母不在，他很紧张地跟我说，快找找，我身上有两包烟的，你赶紧拿走，一会她发现了，又不得了。我手忙脚乱地在他那堆衣服里翻找，终于在师母回来之前，成功地找到了一包只剩了几支的烟。第二天师母见到我，对我说，季忠平，你看看你的老师，他真的是不要命，我昨天竟然在他的包里发现一包烟。我对师母说，这真的太不应该了。

这次休克之后，老师曾在医院里跟我说，看来以后不能在剧烈运动过后马上坐下来吸烟，因为两次休克都是这样。

这是老师的归纳。

他最后一次的倒下，是在战胜了前来挑战并连胜的乒乓球手之后，是刚坐下来，但这一次，确实是没有吸烟。

所以我觉得，休克乃至去世，这样的事，不全赖香烟，只要老师的那颗心在，这样的事，迟早会来。

这是我的归纳。

在老师去世前两个月，即今年三月底的一个午后，我因为要到日本访学一年，特意去老师家向他告别。像往常一样，我去了不到十分钟，老师便提出下去走走。我心领神会，便向师母道别，与他下楼，径直到烟店，照例买了一包十来块钱的双喜。我陪老师坐在他家楼下小花园里的长椅上，谈着徐陵的集子，等等，春风里，直坐到暮色初起，几乎抽完了那包烟。告别时，老师一边踩着地上的烟头，一边对我说，等你回来。

两个月后，我从京都赶回来为老师送行。当天深夜，我独自一人坐在老师家楼下小花园的长椅上，点起一支烟，当久违的辛辣呛入肺腑的时候，我低下头，地上空空的，那一天满地的烟头，是再也看不见了。

【作者简介】 季忠平，1984 年至 1988 年南京师范大学古典文献学专业本科生，1998 年至 2001 年复旦大学古籍整理研究所中国古典文献学专业硕士生，2004 年至 2007 年复旦大学古籍整理研究所汉语言文字学专业博士生。现为复旦大学古籍整理研究所副教授。

回忆企玄师

王彤伟

吴师名讳上金下华、字企玄，是章黄嫡传徐老（讳复）最器爱的学生，是当代语言学、文献学大家，尤以《三国志》的语言、文献研究闻名于世。师恩之宏大，无法用任何语言和文字全面表述。这里所记录的，仅仅是自己跟着吴老师学习、生活时的一些剪影。老师的音容笑貌长存在我的心里，直到永远！

一　美好的初见

初次见吴老师，是在复旦南区五教的一间教室。那是考博前例行的拜见老师的程序，吴老师没让我去家里，说直接在教室见面，让我把硕士期间的成果交给他。张巍兄领我进教室时，吴老师已经开始讲课了，我就赶紧找个地方坐下，紧张地边听课边想着一会儿怎么跟老师打招呼。没想到一下课，吴老师先向我打起了招呼："彤仨君……"谈话的具体内容记不清了，但这第一句让人感到亲切和尊重的称呼永远难忘。

初试后不久，在收到古籍所苏老师发来复试通知的同时，收到了吴老师的两封电子邮件，内容很短，但透露着一种不拖泥带水、直奔主题的直爽和豪气。邮件原文照录如下：

> 彤伟君：带上已发表的论文及毕业论文，谈谈今后研究的趋向。外语口语，也谈谈自己的情况。不复杂，4 个人，每人

30分钟。主要是我跟苏老师主持口试。吴4.9.

形伟:你在论文中,说《史记辞典》没有多大意思,不知能不能具体说说,口试时可以谈吗?我在《古文献整理与古汉语研究》(郭老师有此书)中曾谈到《三国志辞典》的问题,不知《史记辞典》如何?再到上海,不必有任何礼物,否则,你自己带回去。要感谢,就准备发表论文,这是最好的礼物。吴2004.4.10.

自己在初试笔试的最后一道论述题里论述了有关常用词演变研究的问题。当时年轻气盛,因为一时写得兴起,曾把《史记辞典》作为不成功的专书词典的样板进行了批评和嘲讽。

接到吴老师后一封邮件时已经是4月10日,离14日下午的面试只有三四天时间,而当时从西安坐火车到上海得要一天。时间很短,资料也很有限,于是自己赶快到图书馆花一整天赶出了这篇论文的草稿。12日到上海后,晚上在复旦南区的招待所里把论文誊写清楚,赶在13日吴老师上课时交给了他。当时张巍兄陪我交论文时跟我说,你现在交了论文,明天吴老师面试时是不会再问你这个问题的,最好做点其他准备。我当时还不怎么相信,一直到面试前都还在不断地琢磨修改这篇论文,没想到面试时吴老师果然只随意跟我谈了谈话,根本没再让我回答这个问题,不过也没问我其他的问题,随后苏老师和朱老师对我进行了英语口试,整个面试就结束了。

我从文科大楼10楼进行面试的办公室出来后就一直等在文科图书馆门口,想见见吴老师,问一下面试的情况。过了一阵,远远看见吴老师出来了,我赶紧迎上去。随后跟老师边聊边走,走到了文科楼前的公交站。我当时以为复旦的老师都住在校园里,就问老师到哪里去。吴老师说:“去买点东西。”我说:“那我陪您去。”他有点奇怪地笑着,然后说:“好吧!”当时只顾专心和老师交谈,也没注意坐了几站。下车后走了几步一看,老师领着我要进的根本不是超市,而是兰花教师小区。我犹豫着说:“吴老师,您家在这儿吧？不是要买东西啊?”吴老师开心地笑了起来:“既然来了就到家里坐坐,一起吃晚饭!”也是这时我才知道原来吴老师家在这里,师母是多么的慈爱随和,家里竟然用乒乓球台当书案……晚餐是师母亲手做的,吴老师和我边吃边聊,谈了很多的专业知识和学界掌故。当时的感觉真是如沐春风,温暖而酣畅!

二 为学生寻找发展的机会

吴老师最能因材施教和为学生寻找发展的机会。2005 年春末,挪威皇家科学院院士、奥斯陆大学教授、著名汉学家何莫邪先生慕名到复旦找到吴老师,希望和吴老师进行《三国志》同义词方面的合作研究。吴老师马上把这一消息告诉了我,并说他认为从以前的研究基础以及外语程度来看,我最适合这项工作,让我着手准备出国合作。

经过几次商谈,双方在 2006 年春正式签订了合作协议。随后吴老师又为我争取到了包往返机票与食宿、每月有 2000 克郎(当时的汇率是 1 克郎＝1.3 人民币)零花钱的优惠条件。对于以前连飞机都没坐过的土包子,突然之间要去遥远而神秘的北欧,这是一件多么令人高兴的事啊！暑假中,突然接到老师的电话,让我尽快办好所有手续,赶在 9 月份出发。我赶快去日月光华 BBS 向达人请教怎样开证明、办护照、订机票、办签证,并用最快的速度办好了这一系列手续。听到我的汇报,吴老师对我说:“我就知道你能行。”9 月 11 日,我坐上了飞往欧洲的航班。葆雷兄当时跟我开玩笑说:“你这从来都没有坐过飞机的人,第一次就要一下子坐二十几个小时,会不会坐出问题啊!”

一个多月后,吴老师亲自到奥斯陆大学检查我合作研究的进展情况。这期间,我陪吴老师参加了好几次会谈、参观了奥斯陆城的景点、品尝了奥斯陆卡尔约翰大街上贵得要死的中国菜(吴老师请客)。在这些活动中,我深深体会到了老师超凡的学术水平,公允正直、不避不讳的学术精神,讲义气的朋友品格,热爱生活、喜欢探索的生活态度。欧洲之行距今已经整整过去七年了，然而当时的场景历历在目，老师对待学术、生活和朋友的态度也已经潜移默化到了自己的身上。

三　大爱无言

三年级寒假前，我已经把工作落实到了上海交大中文系。吴老师知道消息后为我高兴了好一阵子。我在交大任教时，交大学科建设需要著名教授承担课程。我征求吴老师意见，能否把他的名字挂到交大的古代汉语任课教师一栏。吴老师说："你随便弄好了！那不过是个形式。如果不是形式，大不了我过去上几次课嘛。"虽然事实证明吴老师判断得很准，那不过是个形式，但老师的这番表态，让刚到单位、立足未稳的我得到了巨大的精神支持。

后来因为种种原因，我最终决定离开上海，远走四川大学。我去向吴老师汇报的时候，吴老师好半天都没说话，一个劲埋头擦着他光华楼办公桌上的烟灰。过了好久，他抬起头向我说："听说川大工资待遇是全国高校中最低的，你知道吗？"我说我知道。他缓了一阵只说了一句："那也好。"

刚到川大几个月，就发生了5.12大地震。待到通讯恢复后，我向吴老师汇报了在操场帐篷里避震的情况。没想到地震过去很久以后，好多次跟老师打电话的时候，老师第一句话总是："还在操场棚子里住着吗？"我知道，老师每次这样说是有意的，他爱他的学生，尤其爱他费过很多心的学生。我离开上海伤了老师的心！

每过一段时间，吴老师就会通过电子邮件发来他的随笔或诗歌，不断促我在学术之路上猛然警醒、疾步前行。记得前年中秋节时有一封信，所附的杂文题目叫《老赵》，题记中有这样两段话：

子曰："饱食终日，无所用心，难矣哉！不有博弈者乎，为之，犹贤乎已。"（《论语·阳货》）

独学而无友，则孤陋而寡闻。（《礼记·学记》）

我看后简直是"汗发背而沾衣"，觉得老师是否知道了我现在的懈怠？觉得老师正在用严厉的目光打量着我最近的学问和生活！我赶紧反思一番，回了一首《中秋夜读吴师赐文有感》来表达自己的心迹：

走马西来入蜀川，离师见月五回圆。
音容笑貌常思起，校诂诸书每读焉。
独学怎求朋与友？饱餍难练腿和拳。
微言大义容渐悟，盼赐新文同旧篇。

鸣呼！写到这里，吴老师的音容笑貌又浮现在了我的眼前。老师的身姿与面庞、嬉笑与嘲讽、阔谈与不语、宽容与严厉、学问与道德、讲课时的激情四射、思考时的凝神蹙眉、抽烟时的灰飞烟舞、喝酒时的干脆豪爽、玩笑时的幽默俏皮、臧否时的入木三分……一瞬间涌来的场景是那样得铺天盖地！一切是那么亲近又那么遥远，是那么清晰又那么模糊……老师走了，老师永远在我的心里！用什么来为老师送行呢？就再唱一遍老师刚走时，我在 6 月 15 日写的《别师》吧：

故地重行六年后，
人非物是胜谈休。
三分原本英雄事，
一读如今涕泪流！

师恩永存！

2013 年 12 月 6 日夜半追忆于首尔韩国外国语大学

【作者简介】 王彤伟，2004 年至 2007 年复旦大学古籍整理研究所汉语言文字学专业博士生。现为四川大学文学与新闻学院副教授，硕士生导师。

刻苦为人　殷勤传学

——缅怀恩师吴金华先生

李春晓

企玄之学不在玄，在乎创新之义也。创新之作，得之静而出之勤也。

……

已而晚霞映窗，酒菜满桌，教授笑而待宾友也。门铃未断，汪汪震耳，客人来而爱犬乐也。然而爱犬知迎客之乐，而不知客之乐；客知与教授谈而乐，而不知教授之乐其乐也。

——《企玄室记》

一

2013年5月31日晚，先生在小区活动室的乒乓球桌旁突然倒下，旋即被送往医院抢救，后一直处于病危状态……

6月1日儿童节……6月2日，凌晨零时50分，敬爱的先生终未能战胜病魔和死神，永远离开一直都深深爱着他的亲友和学生们而驾鹤远游……

我真不愿听到这样的噩耗，先生的心脏放过一个支架，除了血压和血糖偏高，身体一向蛮好，健壮的体魄在突发疾病面前却如此的脆弱！万分悲痛难以遏制，涌上心头，我愣住了，无法面对这样的事实。我再也看不到德高望重的慈父般的好导师了，闺女秀秀再也看不到慈爱的吴爷爷为她耍魔术，陪她吃饼干啃西瓜了，懂事的丫头也哭着要与我一起去上海看看吴爷爷，年幼的她已经明白“去世”的含义，您再也不能一起与她分享快乐了！您为什么走得这么突然呢？您怎么就这么走了，留给我们多少的不舍、伤心和痛苦呀！

从6月2日到6月3日，在灵堂前，全国各地的师友们聚集到一起，我们看不到恩师的身影，只看到了一张遗相，照片里的您是那么的亲切，笑得那么可爱，露出酒窝，炯炯有神的双眼蕴含着深邃的智慧之光！弟子们述说着多少让人难忘的往事，年长一点儿的师兄们想到与您品酒论学，更是无比感慨，那可是三十多年的深厚情谊呀！

6月4日上午九时，在上海宝山殡仪馆的大厅内，先生睡得很沉，我们的哭声无法把您唤醒，您永远休息了，静静地躺在花丛中……

2012年11月17日，李玲璞先生去世，如今，相隔不足七个月，您又离开了！怎么会这样呢？太残酷了，匆匆而去，一切都太突然了，现实是那么让人难以接受呀！

2002年9月，我初到上海，在华东师范大学求学期间，常从李玲璞和华学诚两位先生那里听闻您的大名，在学长们的博士学位论文答辩现场，看到和蔼可亲的您平易近人，您对学位论文的点评无不展现您的胆识与才学，诚可谓“腹有诗书气自华”！每次答辩提问，我都可以深深感受到大学问家当答辩主席的无限风采，《论语》里的子夏说及“君子有三变：望之俨然，即之也温，听其言也厉”，庄严可怕而又温和可亲，严厉不苟而又宽厚仁慈，这就是先生留给我的最初印象，内心的敬佩之情油然而生，特别向往能够得到您的教导！三生有幸，2005年8月，承蒙许嘉璐、李玲璞两位先生的推荐，我能够到先生门下从事博士后研究工作。上海五年的求学生活是我今生永远值得回忆的美好时光，点点滴滴，历历在目，先生训诲，犹萦耳畔！感谢上苍为我安排了好导师，是先生们的鼓励和教诲才有我的今天！生命是一种缘，与恩师们相遇也是因“缘”，恩师如父，恩重如山，感激不尽！

二

先生博客刊有《吴金华集外集·徐复先生谈"八字铭"与"二十五书"》一文,说到黄季刚先生教诲徐复先生在大学当老师的人,要讲究八个字:"刻苦为人,殷勤传学。""板凳须坐十年冷,文章不写半句空。"这两句话是黄先生八字铭的注脚。

伟大的先生时刻践行师训,您做到了,为人处世,读书治学,持之以恒,从不随便,从不马虎,唯学是务,学高德厚,努力继承和发扬先辈们的优秀传统,精通的基础之上治"专门之学"创"专家之业",已成"大家"风范,今日再来品读您的作品,字字句句精粹深刻,实在美妙。您薪火相传,传道授业解惑,把自己的学问做好,又毫无保留地教导学生,处处为学生们着想。

一翻开在复旦求学期间的笔记,先生讲课的情景又清晰呈现,您脸上总是保持着那种具有无限亲和力的笑容,您所涉及的知识从文字到音韵到训诂,从国内的传统训诂学讲到西方的阐释学,学生们无不佩服您的满腹经纶,先生每次讲课,列出纲要,在讲台上即兴引经据典,学术视野何等开阔,古今中外,兼收并蓄,博采众长。您怎能做到博学而专精呢?这与您内心"刻苦为人,殷勤传学"的信念密不可分呀!

在学期间,您就潜心钻研中华典籍,一部一部地读抄文献典籍,这样看似"笨办法",却已养成了踏踏实实的学风。黄侃先生说道:"凡古今名人学术之成,皆由辛苦,鲜由天才。""学问须从困苦中来,徒恃智慧无益也。"他以为"治学如临战阵、迎敌奋攻,岂有休时!所谓扎硬寨、打死仗,乃其正途"。您一贯秉持着一丝不苟、严谨认真的读书治学精神,正因为您长期以来的"扎硬寨、打死仗",才能打下了如此坚实的专业功底。您忘不了在读研究生期间"读书苦"的滋味,原先学俄语的您只好硬着头皮学英语,您在《集外集》就提及"到阅读节缩本《双城记》原著并以良好的等第通过结业考试的时候,原先厚厚的头发已变得稀稀拉拉了"。另外,在专业学习方面，主修课程包括徐复先生的训诂学、校勘学，钱玄先生的语法学，张芷先生的修辞学，赵国璋先生的文献学，程千帆先生的目录版本学等。在先生们的严格指导下，精研秦汉典籍原著，通读古今学者专门论著，泛览现代书刊，撰写一篇篇读书笔记……大师们的熏陶与您自身的不懈努力让您真正做到广博而专精，从而创建自己的学术基地，在古代汉语和古代文献研究领域里进行出色的攻坚战。

今天重新翻开自己的博士后出站报告，《后记》如是写道：

> 在福建师范大学的校、系领导和汉语教研室的大力支持下，2005 年 8 月，我来到复旦大学继续深造，在恩师吴金华先生的关怀和教诲下开始紧张而充实的博士后研究工作。吴先生以他博学融通的学识传道、授业、解惑，文字、音韵、训诂专题，宏观理论和微观问题的有机结合，让我对于汉语言文字学和古典文献学学科有着更新的认识，增长见闻，扩大视野的同时，也为我增添了努力学习、克服困难的信心和勇气。每一次听课，每一番谈话总能让我如获至宝，渐渐品味到了读书之乐。吴先生的谆谆教诲促使课题研究在这两年时间里能有新的突破。师母张敏文女士亲切的笑容，温柔的性格，自制的美味的荠菜饺子，飘香的芝麻汤圆，懂事的小狗阿扁……这一切都将成为伴我一生的温馨的美丽的回忆：谢谢你们！

答辩的那一天，在您精心指导下而完成的博士后出站报告能够获得专家组一致肯定，以优秀的成绩全票通过，我和师妹张艳（2005 级博士生，当时担任先生的助教）至今都还会清晰地记得，您当时让张艳尽快地转告我这一好消息，我可以感受到，对于这样的考核结果，您的内心无比激动和欣慰，您在留档用的导师鉴定意见书上写着："李春晓同志在站工作期间，发表高质量的学术论文多篇，完成的出站报告被评为优秀学术论著。专家组一致认为，春晓同志有深厚的学术修养，在汉语言文字学研究方面有从事高层次原创性研究的能力，已有的成果在学术界业已受到关注和好评。”对于这样的评价，我受之有愧呀！我永远感激您的知遇之恩，学生的种种进步离不开您的教导和鼓励！您对博士后课题研究提出相当有战略性的指导意见，鼓励参与项目申报，在您的书房里，我和郑贤章老师聆听教诲，而如今再也听不到了，但是此情此景仿佛就在昨日：您告诉我们如何论证课题，怎样填写表格，提醒我们尽可能注意一切细节问题……两项课题先后获得教育部中国博士后科学基金的资助，我们真是倍受鼓舞呀！

先生，有一次您感冒了，流着眼泪，看得出，躺在床上休息的您特别不舒服，我实在不敢多加打扰，可是您和师母坚持要留我在家里吃饭，您还跟我讲着您连续一段时间阅读《傅斯年全集》的心得体会，而且启发我，傅斯年批评马叙伦的《庄子义证》抄袭胡适的《中国哲学史大纲》，是不是确实如此呢？也正是在您的启发之下，我完成《马叙伦是否抄袭胡适〈中国哲学史大纲〉——从傅斯年评马氏〈庄子札记〉说起》（刊于《福建论坛》人文社会科学版2007年专辑）。这些也是博士后报告的内容。报告得到专家组一致肯定，与您用心用力指导密不可分呀！

我十分高兴，我的努力得到认可，笨拙的我没有辜负先生的期盼，我也期待自己有更多的好事向您汇报，您曾鼓励我尽快将博士后出站报告整理出版，说届时可以请许嘉璐先生写个序，您自己也会“说几句话”，要为我写序。可是如今已过去这么多年，因诸多主客观原因，除了以单篇论文的形式发表其中部分内容，还迟迟没有修定并交付出版，学生再也不能看到您的序了……一想到此，怎能不让我倍感遗憾呢？《后记》说：

> 在这攀登的路上，先生们的指引如同一盏明灯照耀着我……虽然每天忙忙碌碌，但是我很开心。因为我真是幸运，能有这么多的师长们在关心我帮助我。我是一棵小树苗，永远沐浴在先生们的和风煦雨之中，不断地吮吸着成长所需的各种营养。

先生做人做学问的教诲和无私热心的帮助，为正在成长中的我提供巨大的推动力。2006 年 10 月 22 到 28 日是永远难忘的日子，从厦门到福州再到武夷山，一路上，先生与师母跟我讲述人生，在美丽的厦门大学校园里，二老叙说着育儿经验，我们一起跑到葆勤师兄的宿舍楼去逛逛，在老知青饭店里，店里面的墙上贴满大字报，二老看着直笑，说着："真是好玩得不得了！"追忆着特殊年代共同经历的一点一滴，记得当时二老笑得特别开心，您还讲着徐复先生如何如何，您对待恩师情深义重，时刻不忘浩大师恩，总在感念老师对您的好，而从您的身上我们可以看到徐老的身影，您与徐老一样，时时不忘点拨学生如何发现文献的疑点和难点，并加以有效解决。马叙伦写过《老子覈诂》，1956 年更名为《老子校诂》，在 1956 年《老子校诂》出现之前，学界所参考的自然是《老子覈诂》，但是在《老子校诂》出来之后，有的学者还是坚持使用《老子覈诂》，这是很有意思的现象，不妨去对比一下两个版本，探个究竟！我孤陋寡闻，没有这样的学术灵敏性，在恩师的教诲下，后来我用了一个多月时间，将两个版本细细比较，完成了《〈老子覈诂〉和〈老子校诂〉的互补关系论》一文（刊于《中国训诂学报》第一辑，商务印书馆 2009 年），得出如下结论：从《老子覈诂》到《老子校诂》，基本构架无太大变化，通论部分的内容前后基本一致。全面比较《老子校诂》和《老子覈诂》的正文，我们发现《老子校诂》在《老子覈诂》的基础上有增有删，《老子校诂》增补了罗运贤、石田羊一郎、高亨、章太炎《新方言》等，《老子》版本亦有所增补，另外，受政治因素的影响，删去书目中的"胡适校老子"和正文所参考的内容；部分"伦案"内容也被删去，有些删除原因不明，待考。《老子覈诂》的有些勘误意见，《老子校诂》并没有得到体现。所以引用者很有必要同时参考《老子覈诂》和《老子校诂》，它们是一种互补关系。

更让学生一生都要感激不尽的是，10 月 28 日晚上十点多才回到上海，而您却不顾旅途的疲劳，没有好好休整一下，回家后就埋头看书备课，11 月 3 日有研究生的课程，在短短的几天时间里，您专门准备了一万多字的讲义——《略说马叙伦〈老子校诂〉的学术成就与时代局限》，您文思泉涌，满腹才学，无不让学生赞叹，您对科研教学执着潜心的投入，无不让学生感动！那一两个月时间的课程基本上围绕着《老子》专题，从方方面面为学生展示着如何去关注传世经典《老子》的研究，在2006年11月10日讲义中，您首先强调要注意文本系统——帛书甲本及楚简（战国时代），帛书乙本（西汉初期，避“邦”讳），河上公本（饶宗颐《老子想尔注校证》认为东汉已流行；注意：马叙论认为出于东晋，大行于梁代，是王弼以后的本子，这种说法影响很大，现在许多人仍然把王弼本排在河上本的前面），王弼本（三国时期），唐易州龙兴观道德经碑本（饶宗颐说，属于汉末道教张鲁“五千文”系统），其次强调从文本的演变，研究文化史、文献史、汉语史方面的问题，最后强调根据自己的兴趣选题——从汉语史（语法、词汇、音韵）或文献学（校勘）的角度，作专题研究。从11月17日到12月8日、12月22日，详细分析《老子》的韵读，教诲我们在努力继承前人成果的基础上既要注意研究方法，又注意加强学术修养，并在《老子》及古韵研究上谨慎从事，在韵读方面少犯错，又提醒我如何充分吸收楚简和帛书材料去发现《老子校诂》的校勘和训诂之得失，如今再去查看讲义，先生用心良苦呀！您教给学生的不仅仅是科研知识，更多的是科研理念和方法，也正是在这一段时间里，博士后研究课题取得较大的进展。

2007年7月，出站后，我回到福州工作。2008年春，征得先生同意之后，在2006年11月3日讲义的基础上，结合出站报告的内容，我以《马叙伦〈老子校诂〉刍议》为题单独成篇，投到《古汉语研究》编辑部（以先生为第一作者），文章被录用了，先生特别高兴，但是编辑部的蔡梦麒老师告诉我，您特地在电话里说明这是我自己写的文章，您不挂名。先生呀，文章是在您的讲义基础上略作拓展，它是您牺牲多少休息时间辛辛苦苦撰写出来的，而您却说马叙伦论著是我专门研究的课题，文章给我更有用，先生呀，您一切都为学生的前途着想！此大恩大德，学生何能忘记？我只好尊重先生的意思，在最后排版的清样中，我致电邮给蔡老师，说：“吴先生厚爱，不胜感激！所以想添加致谢语，谢谢蔡老师！”此文刊于《古汉语研究》2009 年第 2 期，加注：“承蒙吴金华先生的精心指导而完成此文，谨致谢忱！”对先生的感激哪能是短短几句话就可以表达的呢？先生，谢谢您的谆谆教诲和无私帮助！

三

在《徐复先生百年诞辰学术纪念会感言》（《南京师范大学文学院学报》2012 年第 2 期）中，先生曾引用出自尼采（1844—1900）《查拉图斯特拉如是说》的名言：“人的伟大之处，在于他是一座桥梁而不是一个终点。”道德文章千古事。先生的一生是伟大的一生、奉献的一生，在汉语史研究领域和中华经典古籍整理方面，您为后人留下宝贵的精神财富，它们是学术的津梁，是弟子从此奔向科研前程的新起点。

您为师兄师姐们的论著所撰写的序言时总为我们指引专业的努力方向，比如在为万久富师兄的《〈宋书〉复音词研究》（凤凰出版社 2006 年）一书作序时说：“近三十年来，中古汉语词汇的研究出现了新的气象，并成为汉语史研究中持续上升的热点。人们已形成了这样的共识：详赡的汉语词汇史的建设，期待着一系列在发掘语言事实和理论探讨基础上开展的专书、专题研究；链接汉语史的断裂带，减少学术的空白点，期待着许多扎扎实实的原创性学术专著。万久富博士《〈宋书〉复音词研究》一书，就是在这样背景下完成的。”

您经常在为我们点拨治学方法，比如为孙毕师兄的《章太炎〈新方言〉研究》（华东师范大学出版社 2006 年）而作的“序”总结：“现代的科研经验提醒我们：只有在宏观背景下展开微观的研究，只有定量分析与定性研究相结合，才有可能突破以往概况性的、印象性的研究水平。”

您反复告诫学生，要不断地扩大学术视野，挖掘新资料，吸收新理论，采用新方法，《略谈论文写作》（为《复旦研究生》第二期“导师寄语"专栏而作的专题寄语，刊于《古文献整理与古汉语研究续集·跨世纪的徐先生》）高屋建瓴，语重心长："论文的质量，主要在于'创新点'能否成立。新资料（过去人没有注意到的事实，也属于新资料的范畴）的发掘与鉴定、新方法的运用与成效、新观点的提出与论证，都属于创新。新视角、新方法有助于新资料的发现，新资料的发现可以催生新的观点。'有一分材料说一分话'，从这个意义上讲，在新视角、新方法指导下通过系统调查而发现新资料，提出新问题，是创新的基础。老一辈的学者总是一再强调'看书'，也正是这个意思。"

您总在教诲我们为人要厚道，为学要诚实，您为王华宝师兄的《古文献问学丛稿》（中华书局 2009 年）作序称："最为难得的是，华宝为人厚道，为学诚实，颇有鸣谦、小云诸先师的流风余韵；其《丛稿》以《一代宗师徐复先生》作结，正折射出他的人格追求和治学蕲向。""厚道"、"诚实"正是您做人和做学问的重要准则。

在百忙之中您会将最新讲义电邮发来供我分享，比如 2012 年 9 月 2 日 11 时 10 分您就发来主题为"9999 网文及有关通讯汇总 9 篇"的电邮，内容如下："又开学了，古文献、古汉语课程，如果一时来不及'备课'，可从附件《9999 网文及有关通讯汇总 9 篇》中选录打印若干，让学生了解最新信息，做真人，不搞自欺欺人的事情。"这是您在暑假期间为入学的新生准备的讲义，要为大家分析如何继承优秀的中外治学精神，严守学术道德的底线，不要涉嫌"化用"别人的学术成果。最基本的学术气质是什么？您有着深刻精到而耐人寻味的概括——就是能静心地围绕着自己的一个研究课题，老老实实地做几年学问，先由博览到精思，再从精思进入到宏观的考察和微观的研究，"三年小专家，十年大专家"，有什么课题经过这样的钻研还能不出"可观的原创性的成果"？任何一个学者，只有扎扎实实地钻研几年，先做"总结前人研究成果"并加以"述评"的工作，同时积累自己的学术研究心得，撰写大量的学术笔记——或者叫《专题研究长编》，最后才有可能根据"厚积薄发"的原则谨慎地推出自己的学术新著。

您的每一份讲义都是一篇信而有征、严谨扎实的学术论文，从周典富师弟所整理的讲义资料来看，您每年的讲义都不一样，您一直以来总是将最新的研究成果与弟子们分享。能得到恩师如此的言传身教，是多么幸运呀！为人勤勉，为学勤奋，老老实实地做学问，品读着您的讲义，更加明白"刻苦为人，殷勤传学"这八个大字的深刻含义，在大学当老师的人，有多少人能够达到这样的境界呢？失去您这样的一位好先生，真是让人感到无比的悲痛！我们这群学生，还没成长起来呢，是多么需要先生的指导和帮助呀！先生，您知道吗，家里的师母需要您的照顾，我们这群学生需要您的关怀和爱护！您虽然离我们远去，但是您的音容笑貌如此的亲切，您的思想这样的深刻细密，我们永远怀念您！2006 年暑假，爱犬 Gaos 突然离去，您悲伤不已，专门写了一篇《让我忘却吧，Gaos》，文章如是写道："人生在世，忘却乃是负担的解脱，而纪念则是感情的聚焦。"先生的崇高境界不是常人所能企及，您的一生"刻苦"、"殷勤"，永为世范，儒雅博学睿智的先生走了，我们何能忘却，永远缅怀敬爱的先生！先生，您安息吧！在平日的教学研究工作中，我牢记您的教诲，学生会以您为榜样，刻苦为人，殷勤传学！

2013 年 07 月 02 日初稿，12 月 31 日修定

【作者简介】 李春晓，2005 年至 2007 年于复旦大学中国语言文学博士后流动站从事研究工作。现为福建师范大学文学院副教授，硕士生导师。

怀念恩师

郑贤章

2013 年 6 月 2 日零时 50 分，是令我们无比悲痛的时刻，尊敬的吴金华先生永远离开了我们。每当想起先生的音容笑貌，每当看到案头先生的大著，不禁让人潸然泪下，掷笔长叹。

先生之恩，浩浩荡荡

我第一次有缘见到先生，是因先生 2002 年 6 月参加我的博士论文答辩。记得那次到火车站接先生，一路上，我还忐忑不安，我当时还只闻先生之名，未曾见过先生。在我的想象中，先生作为著名的学者，一定是威严可畏，难以亲近吧。没想到，吴先生走出出站口，看到我们举的牌子，便微笑地向我们招手说："我就是吴金华，辛苦你们来接了。"先生不紧不慢、字正腔圆的话语，微微发福的身躯，弥勒佛似的面容，面颊上露出来的泛红的小酒窝令我们顿感温暖，觉得先生是那么的和蔼可亲。从那一刻起，我终于有机会不断聆听先生的教诲了。

2002 年 11 月，第三届中古汉语国际学术研讨会在苏州召开，这次会议由复旦大学和苏州大学主办。吴先生在中古汉语研究领域成就卓越。我有幸第二次见到先生。会议上，我提交了《〈汉书〉若干条古今注释商榷》一文。这是我第一次参加全国性学术会议，心里比较忐忑，宣读完论文后仍诚惶诚恐。茶歇时，吴先生把我叫到一边说："贤章，你论文考释的条目有点意思，都能自圆其说。"听到先生的褒奖，我受宠若惊，激动无比。先生当时就已是史书校勘训诂方面的名家，对《汉书》、《后汉书》、《三国志》等史书有很深的研究。我知道这只是一位德高望重、学富五车的长者对晚辈的鼓励，但先生这番话对我后来的求学从教影响极大。

2005年，我尝试着向先生写信表露希望能到复旦大学做先生的博士后。由于当时我博士已经毕业快3年，做博士后一般应在博士毕业2年内。对此，我没抱什么希望。没想到，先生很快就给我回信说：欢迎你来做博士后，复旦比较开明，好像还可以申请。后来在吴先生的帮助下，我顺利进入复旦成为先生的学生。成为吴门弟子是我莫大的荣幸。学贵得师，此后我学术上的每一点收获都离不开先生的教诲与提携。是先生不辞辛劳，在我的博士后报告上写下密密麻麻的批语，为我纠错，帮我补遗，使拙文避免了很多的错误，这些批语字里行间体现着先生的严谨、睿智；是先生鼓励并作为推荐人之一推荐我申报中国社科院青年语言学奖、北京大学王力语言学奖。两奖的获得，凝注的是先生的殷切期望与关怀。先生为了学生的学业费尽心思，除了亲自指导教诲外，还不遗余力地向学界推荐学生，促其尽快成长。

先生是一位至真至纯的长者。先生对我们的关怀不仅仅在学问上，在生活交往中亦无微不至。我是湖南的，湖南人喜欢吃辣椒，饮食口味比较重。刚来复旦的时候，我在饮食上一度不太适应。先生听说我吃不惯上海菜，几次师门聚会，特意带我们去湘菜馆。吃着湖南剁辣椒鱼头，品着湖南衡阳米酒，抽着湖南芙蓉王烟，先生跟我们谈天说地，给了我们家一般的温暖。师生同聚，其乐无穷，现在想着这一幕，止不住泪流满面。

先生奖掖后学，爱生如子，闻者感佩，受者动容。先生之恩，浩浩荡荡，如黄浦江水绵绵不绝，永泽后裔。

先生之业，熠熠煌煌

先生学问博大精深，于文字、训诂、音韵、语法、词汇、校勘、史学无所不通，皆有创获，尤精于训诂校勘之学，是《三国志》研究的千秋功臣。我游学先生门下日浅，加之愚笨，未得登堂入室，对于先生之学只有景仰，其道德文章自有高人评说。此处谈点体会，聊表缅怀之情。

先生治学，令世人赞叹的不仅是其留下的充满真知灼见的论著，更是其秉承践行的求真创新、学以致用、融通古今、学贯中西的理念。

先生为文，严谨朴实，一丝不苟。先生曾说过，做学问是个苦活、细活、慢活，如熬汤，慢火才稠才香，不要想着一蹴而就，一劳永逸。有一次，《古汉语研究》编辑部向先生约了一篇稿子。先生将稿子寄去不到一个星期就告知编辑部：稿子需要修改，请以新的为准。过了几天又告知：新稿需要修改，请以更新的为准。如此反复，直到编辑部告诉先生，文章已排版要出清样了，不能再修改了，先生还说，那先这样吧，自己还不满意，待今后再修改。先生对自己的文章精益求精、苛刻到这样地步，为学界所罕见。

先生为学，尚朴学，重考据，不虚言。自立新说，纠正旧论，皆用证据说话。其《三国志校诂》、《古文献研究丛稿》、《三国志丛考》、《古文献整理与古汉语研究》、《三国志论集》、《〈三国志〉的句读与标点符号问题》、《新世纪之初〈三国志〉校勘问题的思考》诸论著无不体现这个特点。先生常常为了古书中的某个词语、某个句读等问题庖丁解牛、旁征博引、“苦苦求真”。如：

“《魏志·梁习传》：太祖为司空，辟召为漳长，累转乘氏、海西、下邳令，所在有治名。”（页469）先生按：如果以现当代人所熟悉的句法、词法来审视“所在有治名”一句，恐怕没有人会怀疑句末的“名”字可能是衍文；请看，宋本、元本、西爽堂本、南监本、汲本、局本、金陵活字本均作“所在有治”，惟有北监本增“名”字，殿本沿袭北监本，陈校本采用殿本，简体字本照例沿袭陈校本。陈校本之所以独取殿本，并非别出心裁。易培基便根据何焯校本为西爽堂本增“名”字，张元济也曾打算为百衲本“补名字”（见张氏百衲本《校勘记》），卢弼则断言“监本、官本‘治’下有名字，各本均脱之”。但是，如果我们从古词古义及古代句式的角度加以考察，便可能产生另一种想法：北监本在“所在有治”后面加“名”字或许是错误的。本志《田豫传》“迁弋阳太守，所在有治。”又《王凌传》：“稍迁至中山太守，所在有治。”《华阳国志·后贤志》载杜轸“除建宁令，徙任山阳、新城、池阳，所在有治”。看来，“所在有治”的“治”作为名词，可以指政绩，汉魏时叫“功状”，如《周礼·天官·小宰》：“二曰以叙进其治。”郑玄注：“治，功状也。”由“治”扩张为词组，便是“治绩”或“治迹”，而不是“治名”。（《新世纪之初〈三国志〉校勘问题的思考》，收入上海古籍出版社2002年出版的复旦大学中文系七十五周年纪念论文集《卿云集》）

先生为了弄清《魏志·梁习传》“所在有治名”之“名”是否为衍文，将校勘与训诂结合，考察了10来个版本，引用大量文献从古词古义及古代句式的角度加以了论述，最后得出“名”应为“衍文”。

先生治学非常重视创新，其文章新意迭出，美不胜收。先生曾引其师徐复之言：“训诂的生命在于发明，即不断发现问题、不断破译难题。”先生主张既要尊重前人的成就，又要开拓创新。先生曾说：“你研究一个课题，不花功夫浏览前沿性的参考资料，肯定难以提升学术素养；但是，不管参阅的资料如何重要，使用时都必须加以考究；凡是偷懒取巧、光靠第二手资料吃饭的人，充其量不过是个‘文抄公’的角色。如果一边大量沿袭参考文献的观点和材料，一边还隐瞒其出处甚至故作高深地贬低参考文献的作者，那更是人性的异化和人格的失落。我们只有一边细读原典，一边不断扩大眼界，坚守多闻阙疑的原则而不轻信盲从任何结论，才有可能不断感受到意想不到的收获。”先生十分重视新材料，开拓新的研究领域。“最近半个世纪以来，持别是近三十年间，中古语言的研究、佛典译文语言的研究成果，越来越多，希望大家务必关心。不关心新的东西，难免落伍”。

先生治学，与时俱进，非常重视学以致用，解决现实问题。当人们对“曹操墓”的真伪争论不休的时候，先生从文献学、语言学的角度连续发表了《曹操“七十二疑冢”到底是怎么回事》、《曹操“七十二疑冢”答问》《关于“曹操墓”热议的述评》《是“长/犀盾”，还是“长犀/盾”？》等文章，提出了自己的主张，受到社会的广泛关注；当网上有“吕岱归葬如皋市(海陵)”之说时,先生发表了《吕岱不可能归葬海陵》一文予以辩驳;当新版《品三国》(易中天著)第107页提出“曹操可能有猫论”时,先生发表了《曹操只有“狗论”,没有“猫论”》一文就狗咬耗子的历史故事进行了详细的梳理。先生对这些问题的论述皆持之有据,言之成理。

先生治学亦非常重视研究方法。先生曾跟我们说:中国古代现代好的研究方法要学,国外好的最新的理论与方法亦要了解,为我所用。要中学为体,西学为用。先生在其论著中时常提到要重视研究方法。先生曾说:“研究的方法,当然还是先归纳,再演绎”、“在共时、历时相结合的研究中,共时性的研究是最重要、最基础的一环”、“今天解读《三国志》,在方法论上不宜无视西方的哲学诠释学”。

先生对《三国志》有一个宏伟的研究计划,包括《三国志》语言研究、《三国志》新校本、《三国志》新注新译、《三国志》研究概论等。多年来,先生为了这一目标殚精竭虑,取得了累累硕果。正当这个计划稳步推进、成果泉涌之际,先生却离开了我们,从此《三国志》少了一位知音,令世人扼腕叹息。

先生之业,熠熠煌煌。恩师为世人留下了一笔宝贵的遗产,为我们树立了一座不朽的丰碑。

“云山苍苍,江水泱泱,先生之风,山高水长!”先生不朽,精神永存!

【附录】

缅怀恩师

往年黄浦乌云笼,千里惊雷梦亦匆。
夫子乘风至天上,门徒挥泪痛心中。
声闻天下余音远,名满杏坛翰墨隆。
追忆先生他日事,扯铃难舍老顽童。

【作者简介】 郑贤章,2005年至2007年于复旦大学中国语言文学博士后流动站从事研究工作。现为湖南师范大学文学院教授,博士生导师,文学院院长。

“所到之处”句式源流再探

——谨以此文纪念恩师吴金华先生

姚　尧

我自2005年投入吴先生门下，忝立门墙六载，先生的言传身教，如春风化雨，使我徜徉于古典文献的渊海，初窥学术研究的门径。我不是个“安分”的学生，曾不知天高地厚地对吴先生说，我不想满足于一条条的校勘考释，不想只解决一个字一个词的问题，我想要做更有“理论性”的古语言研究。如今想来，实为自己的好高骛远年少轻狂汗颜。吴先生却给予我极大的宽容，更加鼓励我多读语言学理论著作，以更开阔的眼光和更高的理论素养来做古汉语研究。这篇《“所到之处”句式源流再探》，就是我在读了吴先生的《“所到之处”句式源流考》后，结合自己学到的一些理论的皮毛草成的小文。我将它作为期末作业上交后，吴先生高兴地赞扬了好几回。数年过去，现在重看这篇不成熟的文字，只觉处处皆有问题，愈觉心虚与惭愧。吴先生曾在课堂上引用《颜氏家训》“学如牛毛、成如麟角”一句鼓励我们博学与精专兼备，要成为合格的古汉语研究者，既要博览群书，充分掌握语料，又要与时俱进，灵活运用理论，这绝非一朝一夕能成之事，需要一辈子的积累与磨砺。我将这句话写在笔记本上，如今每次看到，吴先生当时严肃的神情就浮现眼前，于是我就再一次提醒自己：戒骄戒躁，勉力奋发，用更好的成绩报答先生的教诲和期望。

“所V”结构充当方所状语，据目前考察，最早出现于《史记》。

这种语言现象在中古、近代汉语中不绝如缕，于现代汉语书面语中亦不稀见。七十年代至九十年代，语法学界曾在现代汉语范围内就此进行过不少讨论（严修 1978，王克仲 1982，程邦雄 1992）；吴金华先生（2000）曾撰文详细总结分析了中古、近代汉语中的“所V”结构作状语现象，并在丰富的语料基础上，对这一现象的成因做出了一些解释，最后提出，这种结构由来已久，期间经历了漫长的发展演化过程，并非现代汉语中才流行开来的病句。但该文的讨论仍仅限于充当方所状语的“所”字结构本身，未触及这一现象之所以产生的深一层语言事实——《史记》及以后的文献中，不带介词的处所词或处所短语作状语，是一个普遍现象；而这与汉语的“话题化”有关。

一　文献中的处所短语作状语现象

何亚南先生（2004：35）列出了《史记》中最早出现的“所 V”作状语文例共五句。如果我们将视野放宽，触及其他非“所”字结构的处所词和处所短语，并考察它们在句中的句法语义功能，就会发现，它们与“所 V”结构句是可以类比的。同样在《史记》中：

（1）广之将兵，乏绝之处，见水，士卒不尽饮，广不近水，士卒不尽食，广不尝食。（《李将军列传》）

（2）又与秦军战于蓝田南，益张疑兵旗帜，诸所过毋得掠卤。（《高祖本纪》）

例（1）中的“乏绝之处”和例（2）中的“所过”皆为处所短语，它们皆处于主语与 VP 之间，在句中作地点状语，其前可加介词“于”。由此可见，它们承担的句法功能一致，“所”字结构并不构成它们的区别特征。

同样的，在汉代其他文献，甚至个别先秦文献中，处所短语作状语的情况也时有出现。如：

（3）荆南之地，丽水之中生金，人多窃采金。（《韩非子·内储说上》）

(4) 雷电之地,雷(一作云)雨晦冥,百里之外、无雨之处,宜见天之东西南北也。(《论衡·雷虚篇》)

(5) 相如曰:“五步之内,相如请得以颈血溅大王矣。”(《史记·廉颇蔺相如列传》)

汉魏而还,尤其是六朝时代,“所V”结构大量出现,吴金华先生、何亚南先生文中已备述。同时,作状语的处所短语的出现频率也较前时代更高,以正史中文句为例:

(6) 闺闱之内,奉令于太妃。阃阈之外,受教于沛王。(《三国志·魏书·中山恭王衮传》)

(7) 其五岳、四渎宜遵修之处,但俎豆牲牢,祝嘏文辞,旧章靡记。(《宋书·礼志》)

(8) 江淮之间,仓廪既虚,遂草窃充斥,互相侵夺。(《南齐书·武帝纪》)

这类句子可分为二大类:

A型:处所短语的逻辑主语与主句的一致。如:

(9) 及(张)俭等亡命,经历之处,皆被收考,辞所连引,布遍天下。(《后汉书·夏馥传》)

(10) 义之善射,其被攻危急之处,辄驰往救之,每弯弓所向,莫不应弦而倒。(《梁书·昌义之传》)

例(9)“经历”和“亡命”的主语皆为“俭等”,例(10)“被攻危急”和“善射”、“驰往救之”的主语皆为“义”。

B型:处所短语的逻辑主语与主句主语不同。如:

(11) 莫如案甲休兵,镇赵抚其孤,百里之内,牛酒日至,以飨士大夫醳兵……(《史记·淮阴侯列传》)

(12) 有蝗之处,县官多课民捕之,无益于枯苗,有伤于杀害。(《宋书·范泰传》)

例(11)“百里之内”的逻辑主语是“赵国”,而主句的主语是“牛酒”;例(12)“有蝗之处”的逻辑主语指“乡里”、“县里”等地方,而主句的主语是“县官”。在一些情况下,处所短语或主句的逻辑主语不易补出,因此,当主语缺省的时候,会将处所短语混淆为主句的主语，这种情况，与“所 V”结构所造成的混淆是相同的，这也就是严修先生等文中所指出的“病句”。

这种情况不仅局限于处所短语，不带介词的时间短语作状语的情况同样普遍，如：

(13) 昆吾氏，夏之时尝为侯伯，桀之时汤灭之。(《史记 · 楚世家》)

(14)(帝)乃诏大司空曰：“吾微贱之时，娶于阴氏……”(《后汉书 · 光烈阴皇后纪》)

(15) 越军南征，平讨之日，改置长吏，章明王纲，威加万里，大小承风。(《三国志 · 吴书 · 薛综传》)

(16) 勒死之年，天静无风，而塔上一铃独鸣。(《晋书 · 佛图澄传》)

(17) 道规曰：“吾今取谦，往至便克，沉疑之间，已自还反。”(《宋书 · 临川烈武王道规传》)

以上几句中，时间短语皆是状语，前三句中，状语的逻辑主语与主句主语一致，后二句中则不一致。这与前文所提及的作状语的处所短语可相比附。但不同的是，从文意方面考量，一般不会把时间状语与主语相混淆，因此，包括上述文例在内的大量用例被视作理所当然，人们并不觉得有不妥，没有人提出它们是“病句”。

我们试比较：

(18) a.(来机等)到州之日，多所扰发。(《后汉书 · 西羌传》)

(18) b. 度律虽在军戎，聚敛无厌，所至之处，为百姓患毒。(《魏书 · 尔朱兆传》)

(18) c. 诸土广民稀之处，随力所及，官借民种莳。(《魏书 · 食货志》)

a 句是时间短语作状语，b 句是“所 V”结构作地点状语，c 句是处所短语作地点状语，都无需介词介引。它们结构相似，在句子中负担的功能也是可类比的。

另外，吴先生文中把唐代出现的“到处”看作“所至之处”、“所到之处”的简缩。如：

(19) 到处尽逢欢洽事,相看总是太平人。(高适《九曲词》)

但是现在我们可以说,"到处"即我们所说的一般的处所短语作状语,它与"所V"结构有相同的句法功能,而并没有相互派生的关系。由此可以看出,"所V"并非一个特殊的句式,而是不带介词的处所短语作状语这种语言现象中的一个子类。

二 作为话题成分的"所V"结构

上文中,我们一直将所涉及的时间、处所短语称为"状语",然而事实上,它们不只是普通的状语,而经历了一个"话题化"的过程。

汉语是一种话题优先的语言,在能够做话题的词语中,名词短语最为常见。徐烈炯、刘丹青(1998:28—32)论述了话题定义所涉及的因素,就汉语来说,我们总结为如下几点:

A:语义性质:

a. 话题是后面述题部分所关涉的对象;

b. 话题与句子主要动词短语(VP)的关系,可以是施事、受事,或其他关系的论元,也可以是非主要VP的论元或在语义结构中处于嵌入状态的成分,还可以是时间、地点等句子内容的环境要素。

B:句法性质:

a. 位于句首,更确切地说,是前置,即位于述题之前;

b. 可省略,尤其对于话题相同的后续句子,话题可省略;

c. 其后可停顿,可带话题标记;

d. 可在句子中出现复指成分。

C:语用性质:

a. 大部分情况下是有定成分,是听说双方共享的已知信息;

b. 是说话人有意引导听话人注意的中心;

c. 话题在大部分情况下不是句子的焦点。

首先,我们对照"所V"结构短语,来验证它们是否属于话题,试举一例：

(20) 是年，阳夏风雹，所过之处，禽兽暴死，草木摧折。(《魏书·王崇传》)

毋庸置疑，“所过之处”是述题“禽兽暴死，草木摧折”所关涉的对象，是其环境因素。其次，它位于述题之前，对于第二个述题“草木摧折”，“所过之处”可以省略。同时，“所过之处”之后有自然停顿(语气停顿也是一种话题标记)。再次，它是一个有定成分，“所过”的地方，是作者与读者都知道的信息，而且，这句话的自然焦点是述题“禽兽暴死，草木摧折”，而非“所过之处”。

然后，再来看包含普通处所短语的句子，如上文例(18)c：

诸土广民稀之处，随力所及，官借民种莳。(《魏书·食货志》)

处所短语“土广民稀之处”是述题“官借民种莳”所关涉的对象，是其环境因素，它位于述题之前，可省略，其后也有自然停顿，同时，也是一个已知信息，并且不是句子的焦点。类似的句子，还能举出一些：

(21) 周秦之间，可谓文敝矣。(《史记·高祖本纪》)

(22) 今陛下累郎台，恐其不高也，弋猎之处，恐其不广也。(《汉书·东方朔列传》)

例(22)中的“恐其不广”的“其”，即话题“弋猎之处”的复指成分。

至于包含时间短语的句子，我们同样也能作如是分析。由此可见，“所V”结构短语与时间、处所短语在句中所起的语义、语法及语用功能是相同的——它们都是“话题”，即徐、刘(1998:132)所说的“时地语域式话题”：“主语前或无主语句句首的时间处所词语一般都是这种话题；主语后谓语动词前的时间地点词语，在有停顿、提顿词等标记的情况下，是这种类型的次话题，在没有这类标记的情况下，则可以看作状语。”

通过前置、语音停顿、排除焦点重音等手段，这些时间、处所名词已经“话题化”了——一方面，成为一种相对固定的句法成分，即位于述题之前，并且不带介词；另一方面，承担着一定的话语功能，即为后面的话语划定时间、空间、个体方面的背景,激活已知的、共享的信息。它不再是一个普通的状语。

由此我们可以解释为什么在这些处所、时间短语,包括“所V”短语前,大部分时候不加介词。当置于句首,并且其后有停顿时,这些短语已经话题化了,它本身就是一个句法成分,无需介词引导。更重要的是,“介词”,顾名思义是起介引功能的,主要是将VP与状语、补语联系起来。当名词短语置于句首时,介词无从发挥它的介引功能,反而成了羡余成分,是不必要的。与之相对的,介词短语作一般状语基本不会置于句首(在汉魏时期汉语中,大部分情况下它们作为补语置于述题之后,正好处于VP和名词短语的中间位置),并且其后也不会有停顿。如:

(23) 故曰秦之攻燕也,战于千里之外;赵之攻燕也,战于百里之内。(《史记·苏秦列传》)

(24) (张)温曰:“卓素著威名于陇蜀之间,今日杀之,西行无依。”(《三国志·吴书·孙坚传》)

同样,当“所V”结构前带介词时,它也不再是话题,而是一个普通的补语或状语了。如:

(25) 既去,顷之,襄子当出,豫让伏于所当过之桥下。(《史记·刺客列传》)

(26) (董卓)乃于所度水中伪立堰,以为捕鱼,而潜从堰下过军。(《后汉书·董卓列传》)

例(25)中“于所当过之桥下”是动词的补语,例(26)中“于所度水中”是句子的状语,它们不能被置于句首,在“所度水中”之后,也不能加入语气停顿。我们不能将这类“所V”结构与上文所说的作为话题的类似结构相混淆。同样,在一些“所V”结构(推而广之,在处所、时间短语)之前不加介词,并不是因为“所到之处”等四字短语的固定化而使介词脱落,而是其本身的句法功能决定了它已经自足,无需介词的介引。

综上,“所V”结构与其他处所、时间短语一样,在汉语这个话题优先的语言中，经常承担着话题的句法和语用功能，它并非一个特殊的状语结构，更不是习非成是的“病句”。

参考文献：

［1］程邦雄．“NP_1所到之处……VP”及其相关结构．语言研究，1992(1).

［2］何亚南．《三国志》和裴注句法专题研究．南京师范大学出版社，2004.

［3］王克仲．“贵宾所到之处……”句型探源．语文学习，1982(9).

［4］吴金华，王文晖．“所到之处”句式源流考．语言研究，2000(4).

［5］徐烈炯，刘丹青．话题的结构与功能．上海教育出版社，1998.

［6］严修．目前流行的一种病句．中国语文，1978(1).

【作者简介】 姚尧，2005 年至 2011 年复旦大学古籍整理研究所汉语言文字学专业硕士生、博士生。现为苏州大学文学院讲师。

书满床头梦自好

——忆恩师吴金华先生

何凌霞

我至今都无法接受这个事实，吴先生竟然这么早就离我们而去了。我以为先生一定会如鸣谦先生那般长寿，我一直这样坚信着。先生平日身子骨硬朗，精力过人，熬夜做学问的那股劲儿年轻人都自愧弗如。天生又是个乐天派，对万事万物都持着乐观的态度，遇事不急不躁，总是微微浅笑着，那是日日与笔墨相伴涵养出的好性格吗？可是我辈学人任凭再怎么努力苦读，却修不来先生的好心境。我想，也许只有像先生这样“心无点尘、渣滓日去”，才能将这世象看透吧。2013 年 6 月 2 日零时 50 分，先生飘然远去了，走得那么从容潇洒，一如他平日一贯的洒脱不拘。我知道，我拽不住先生飘飘的衣袂，追不上先生倏忽即远的身影。我也知道，天使终归是会离尘的，人间所有的美好只不过是惊鸿一瞥罢了。可是，真的一切都随风而散了吗？不，不，一切都还在，一直都在，影绘凌烟，永泽后人，是先生的风范，先生的学问。

先生自幼喜读书，酷爱文学，大学顺理成章地念了中文系。据他自己回忆，“读小学的时候，就爱看《济公传》、《包公案》、《三侠五义》、《封神榜》等等，还爱模仿着乱写，班上有个同学姓名叫‘包八一’，他喜欢向老师告同学的状，我曾经写过《包九二新传》，后来被老师没收了。初中时，在旧书摊上买到一本《作诗门径》，后来又抄录了《白香词谱》，动不动就模仿唐诗、宋词胡诌一气。大学时代读中文系，只要是名作，不管是散文、诗歌，还是戏剧、小说，一弄到手就摘录，有时还背诵一通，甚至模仿它写几段”，先生挥洒自如的文笔原来是这样练就的。1978 年，先生以优异成绩考取南京师范学院研究生，师从著名语言文字学家徐鸣谦（复）教授攻读汉语史专业。徐先生常常告诫他："搞'语言学'，搞'文献学'是科学研究，虽然现在把它归入'社会科学'，但它在研究方法上跟自然科学的研究一样，注重实证；而'哲学'、'文学'的研究作为社会科学，注重思辩；文学创作就更不同了，作者还要注重联想。一心无二用，你现在既然注重实证性的研究，其他方面就不能多花时间了。"先生谨遵师训，从 1978 年 9 月起，先生将所有的精力都放在了专业学习上，偶尔写一点散文、韵语等等，权当消遣。

先生对学术研究的执着常常到了忘我的境界。听师母讲，先生当年为了考取徐先生的硕士，发奋读书，刻苦为学的精神竟然连家中墙角处堆放多日的干木柴也深受感动，本当留着生煤炉用的木柴居然发芽了，而且渐渐地长得枝繁叶茂，每至清晨还招来几只喜鹊围着门窗叽叽喳喳欢叫。先生考研时，发的试卷纸八页，他答了十六页，怕监考老师不小心弄丢他的答卷，要求亲自去邮局把试卷寄出，考场只得派人跟他去邮局寄试卷。徐先生看到先生的考卷，欢喜异常，后来跟先生说，"就算只录取一人，也是你"。

先生 1981 年研究生毕业，留校任教，那时候师母还在赣榆教书。直到 1983 年，师母才调入南京师范学院图书馆工作，长达五年的两地奔波自此结束。从那年之后，除了先生 1993 年访学香港，师母再没离开过先生。师母从赣榆调到南京的那会儿，走在街上，感觉一下子来到了大都会，看到商店琳琅满目，衣服五颜六色，忍不住多看几眼，先生见状马上加快脚步，急急地催师母快走，说道："不要看了，我们又不买，就不要看了。"师母说，从那次之后，她就不注重衣着打扮了。两个人的工资大部分都让先生交给了书店。两儿小时候，先生尚在读研，师母身处赣榆，一家人的生活辛苦又拮据。待两儿稍大，先生的工资也稍涨，按说日子会好一些，但由于此前是一人买书，后来是三人买书，生活仍旧拮据。虽然拮据，但谁都没有怨言，一家人挹掬着书的清芬，其乐融融。

另有一事，也是令我终身难忘的。1995 年，先生初来复旦，白天办理调入手续，晚上回到旅馆感觉脚有些疼痛，因思考学术问题，当时并未在意，拖着行李从旅馆走到火车站，坐火车回南京。回家后告知师母脚疼，师母帮他脱鞋，觉得有些困难，狠命一拽，血流如注。原来先生在上海时，鞋跟里头的铁钉刺入脚跟，先生竟浑然不觉。

先生用功之勤，令我辈汗颜。初至先生书房，浏览书架上的书，便"塞默低头"了。那些书，批注极多，尤其是中华本《三国志》，我所见到的至少有四套，几乎每一页都密密麻麻写满了批注，最早的版本已翻看得破旧不堪。想想自己看过的书很多都还是十成新，愧意不觉袭上心头。在先生的书房，我还见过徐先生批注的《黄侃日记》，密密麻麻布满文字，每一页都很难找到大块空白处，字迹乃是钢笔所写，细小如米粒，因时间久远，有些字迹几不可辨。"等忙完了《三国志》项目，我就会研究章太炎和徐老的东西去。现在还不能看"，先生指了指书架上徐先生批注的《黄侃日记》，笑吟吟地说道，"因为好东西太多，看了会心痒"。

先生常常说，每周、每天，心中必须要存着一篇文章或著作，反复思索，如此方觉内心充实。若心中空落无物，便会深感不安，与他人讨论问题，连开口的勇气也少了许多。先生常提到他自己有一个习惯，遇见一本比较好的新书，拿到后必定要把它看完。平日不要急着打柴，而忽视了磨刀。只知道写论文，忽略看书，时间一久，就会感到思路枯竭。关于读书方法，先生几次强调说，一定要多读经典和关于经典的重要研究成果，只有如此，才能在前辈的基础上有所前进。……先生金针度人，授人以渔，从不吝啬治学之道。每次一想起先生的这些话语，心中纵有万斛愁思，也随流水远逝了。

正是凭着对学术研究着了魔般的努力，先生在古汉语研究及古文献校勘等方面多所创获，著述丰厚，尤以《三国志》研究闻名于世。1985 年，论文《三国志解诂》获江苏省第一届哲学社会科学优秀论文奖。1986 年，《三国志考释》等系列论文获中国社会科学院"青年语言学家"奖。1990 年，专著《三国志校诂》出版，旋获"全国古籍优秀图书奖”。2000年,《三国志丛考》出版。2005年,挪威科学院院士何莫邪(Christoph Harbsmeier)教授邀请先生合作,项目为“《三国志》近义词的系统研究”及“《三国志》中英文对照译本”。2007年,先生受聘主持由国家教育部、新闻出版署暨中华书局联合立项之点校本《三国志》修订工程。2010年,“曹操墓”问题引发热议,先生应报刊之约撰文多篇,从语言学、文献学角度分析论证,真知灼见,令人叹服。

平庸如我,愚钝如我,遇见先生,是何其有幸啊! 回想起来,我与先生结缘于九年前他开设的“文字音韵训诂学”课程。那是2004年,我当时在复旦中文系读硕士二年级。研一入学之初就听闻古籍所吴金华先生的美名,不仅学问做得好,讲课水平也是第一流的。怎奈读一年级时没能选上他的课,于是吸取教训,二年级刚入学我就早早地登上选课系统抢到一个选课名额。那是我第一次见到先生,中等身材,戴着黑框眼镜,肤色白皙,鼻梁挺直。或许是面颊上的那一对酒窝的缘故吧,即便危言正色之际,先生给人的感觉还是那么温和可亲。他讲起课来抑扬顿挫,不急不缓,普通话略带着南京口音,听着很是亲切。每次上课先生都会发下一大沓讲义,上课时他并不怎么看讲义,经典原文却是随口诵来,正史逸史如数家珍。原本枯燥艰涩的专业术语经他一解说都变成了跳跃的音符,和墙壁上斑斑驳驳晃动的光影交织在一起,奏出一阕阕清妙无比的乐章。直到近年我给先生编学术年谱,才知晓早在1984年他的学识他的口才就被无数观众膜拜了,那年他应江苏电视台之邀,开设《汉字源流》系列讲座,好评如潮,反响热烈。

第一次与先生面对面交谈是在博士生入学考试复试的时候,虽然已上过他的一学期课,但像这样近距离地与钦慕已久的老师谈话不免教人心生怯意。先生当时大概看出我的紧张了,开始时只是问了我一些简单的问题,待到我释去紧张慢慢地进入了状态,他才问起一些专业的问题来。因着对名物的兴趣,我最初将博士论文的选题定为《三国志》名物词研究,心怀忐忑地递给先生一份研究计划,战战兢兢地缩在寝室掰着指头等着先生的回复。令人感奋的是，先生很快就回复了，建议我不妨将人名、地名、书名、职官名等专名一并纳入研究视野。没隔两天，先生又来信嘱咐我多关注一些西方学者的专名理论，上课时还特地给我带了一些关于穆勒、弗雷格、罗素和克里普克等人专名研究的文章，感慨地说道："上了年纪脑子就不好使了，这些文章看过就忘，比古文难多了，要熟悉这些专名理论，得看上几十遍才好。这些理论你论文或许用得着，你年轻，接受能力又强，平时多翻翻这方面的论著。"后来听师母说，先生为了弄懂国外的专名理论，连续几天都是凌晨四五点起床，反复翻阅《弗雷格哲学论著选辑》、《命名与必然性》等语言哲学方面的书籍。

先生是汉魏六朝文献语言研究专家，但治学不囿于一隅，于古今中外无所不窥。早在入学之初，先生即示意我多留心西方研究《三国志》的讯息。2010 年 8 月，我在美国加州大学伯克利分校东亚图书馆找到了一本加州大学出版社 1957 年出版的《中国中古史译文目录》，其中涉及到《三国志》西文翻译的共有 452 条，虽然多是一些零散的资料，但我们从中也可大致了解到 1957 年之前《三国志》在西方的译介情况。我欢天喜地地将这一发现向先生作了汇报，邮件中还谈到自己打算仿照《中国中古史译文目录》的体例，尽可能搜集齐全 1957 年之后《三国志》在西方世界的传播情况，包括散见于西方学者专著中的《三国志》译文片段，最后做成一份《三国志》西译目录。当天我就收到先生的复信了，信上说道：

《三国志》西译目录，既可成系列论文发表，也可以在此基础上汇集成书。将来申报"项目"时，这也是引人注目的课题。

……

"《三国志》在海外"这个课题，是全球化背景下最精彩的课题，我觉得你做这个，不但外部条件比较好，而且内部条件——特别是外文方面，也是一般专业人士所不具备的。

完成上述课题，特别是关于西方《三国志》传播情况的述评，是我多年的梦想，自从你留校后，梦想开始向现实接近，我真高兴。

健康第一,学术第二,老友陈凤桐先生的口号是:“既不要闲着,也不要累着。”我壮年、中年时既舍不得休闲,又不怕劳累,现在只好早早地在心血管中撑支架了。你们这辈年轻人的体质肯定不比我好,一定要慢慢来,不着急。月积年累,水到渠成。

先生开阔的学术视野、宏大的学术理想大约可以从这封信中略知一二。自此,我对先生的治学理念又有了新的认识。如今重读这封信,不觉清泪涟涟。先生心慈,每每来信总会关照我注意身体,开导我凡事慢慢来。即便在这样热切地希望我做好“《三国志》在海外”这个课题的前提之下,他还是一如既往地叮嘱我“健康第一,学术第二”。知道我十几年颈椎旧疾缠身,先生惠赐谷岱峰先生《保健按摩》一书,并以自己年轻时候的经验为例,劝慰我“慢性病只能慢慢来”,“文章慢慢做”。惭愧的是,这两年累于俗务,课题计划成了泡影,实在有负先生厚望。另一方面,自己总想着日子还长,总觉得可以随时向先生请益,谁曾想到先生竟然这么早就离开了!从此云烟缥缈,天人永隔。

先生年轻时候兴趣广泛,会拉京胡,会画画,会填诗作词,围棋、乒乓球、篮球都玩得不错,后来走上学术道路之后,潜心于学术研究,除了打打乒乓球,偶尔也会填填词写写诗之外,其余兴趣爱好都放下了。先生 2009 年过生日写了一首《七律・生辰书怀》,诗云:“无风无雪暖融融,年向古稀心尚童。书满床头梦自好,球飞台上兴尤浓。窗前群鸟追黄叶,镜里重纹画老翁。沙发蓬蓬方一憩,笑看扁扁跃怀中。”我很喜欢这首诗的意蕴。“年向古稀心尚童”,呵,先生就是这样子的,这首诗其实就是先生的自画像呀。“书满床头梦自好”,治学原是以书为径的,先生深得其中三昧,案头枕边都是书,平日眼不离书,手不释卷,就连生病住院也要带上一摞书。“球飞台上兴尤浓”,先生谈起乒乓球,眉间眼梢都是快乐,是的,他是复旦古籍所汉语言文字学专业的博导,但参加乒乓球比赛屡获佳绩，让人误以为他是专业球手出身，这怎能不快乐呢？可造化弄人，谁又能料到先生竟然在参加乒乓球比赛时因心脏病突发抢救无效而遽然辞世？

2011年7月13日，先生来书云："我自信还有很长的路要走"，可是，您怎么转瞬就飞走了呢？"遥知前路风光好，忘却古稀谈笑中"，这是您2012年11月26日写下的自寿诗，高情壮思自笔底喷薄而出，可以想见，您当时正踌躇满志地勾勒着怎样的一幅前程似锦！师母说您常常梦见自己长了一对翅膀，沿着屋檐慢慢地飞起来，越飞越高，穿破云层。您这次是真的飞走了，轻轻地从我们身边飞走了。

【作者简介】 何凌霞，2006年至2009年复旦大学古籍整理研究所汉语言文字学专业博士生。现为复旦大学古籍整理研究所讲师。

忆恩师吴金华先生

周典富

2013年6月2日零时50分,恩师吴金华先生病逝于长海医院。面对突如其来的噩耗,我与大多数人的第一反应一样,不相信这是真的,因为在此之前毫无任何不祥的征兆:5月30日上午,先生参加完我和师姐的论文答辩,下午送别交情甚笃的老友;5月31日下午,先生为我们的毕业材料签字。类似的场景,我印象中有过多次,但这次却是与先生的永别。31日晚8时左右,先生运动结束,血压升高诱发心脏病,医生经过两天的抢救没有能够挽回先生的生命。6月4日,先生遗体告别仪式在上海宝山殡仪馆举行,先生家人、好友、学生一一与先生深情道别。如今,打开邮箱,翻阅着与先生的往来信件,再次逐字逐句品味先生的话语,我情不自禁地怀念起与先生在一起时的点点滴滴。

2007年,我有幸考取先生的研究生,攻读汉语史专业。2008年,我极其荣幸地成为先生的助教,协助先生处理教学上的事务。这项工作不但缓解了我的经济压力,而且还提高了我解决问题的能力、与人交际的能力,更重要的是为我了解先生学术研究的最新动态提供了便捷。归根结底,先生是让我在没有生活压力的前提下,学会如何做人、如何做学问。“一箭三雕”,先生对后学的良苦用心由此可见!提到做学问,在读研之初,我对于什么是“学问”,什么是“科研”,并没有一个清晰的认识,也就谈不上“有针对性地研读学术著作”、“发表学术论文”了。看着周围的同学入门快、发现多,我的内心变得焦躁不安。先生得知这一情况后,委托年轻教师跟我谈心并给予鼓励，说"做学问就像滚雪球，刚开始雪球很小，但只要不离不弃，坚持不懈，雪球就会越滚越大"。先生的意思是：做学问不要着急，选取自己感兴趣的某一部专著为研究对象，对其中的某一个具体专题进行深入的研究，在遇到具体问题时再有针对性地翻阅相关的资料加以解决；长此以往，研究的切入点增多，自己的学识也会相应增加，进而形成自己的学术体系，到这时候一个人的学养就会十分深厚了。先生除了给我鼓劲打气，还把自己之前发表的文章借给我阅读学习。起初，我只是泛泛地读一读，了解先生解决了什么问题。但对于学术的根本即发明创造没有感性认识，对先生如何发现问题、研究问题、解决问题没有留意，对先生针对不同的问题如何行文表述也没有细心总结。这实在是辜负了先生的一片苦心。

2009 年，我学写第一篇学术论文《略论〈殿本宋书考证〉》时，先生是这么指导我的：第一步，调查清代万承苍主持的武英殿本《宋书》修订工程的总体情况，并对具体的校勘内容从文字、语音、词汇、语法、训诂等角度进行分类；第二步，汇总清人李慈铭《宋书札记》中评价《殿本宋书考证》的意见，并对他校勘《宋书》文本的意见加以验证，进而归纳他对《宋书》整理所作的贡献以及存在的历史局限；第三步，将张元济《宋书校勘记》中关于校勘的内容分类归纳，并统计张氏采用北监本、殿本异文的总数，进而比较两种版本的优劣；第四步，对中华书局 1974 年点校本《宋书》"校勘记"中利用北监本、殿本校理的内容进行统计，归纳两版本的优劣；第五步，对中华书局 2009 年出版的王仲荦《宋书校勘记长编》中采纳北监本、殿本异文的情况加以调查，比较两版本的优缺点；最后，运用比较的方法，总结《殿本宋书考证》的历史价值和局限。以上每一步的开展，先生都给予我最细致的指导与温暖人心的鼓励。暑假期间，我将写好的第一稿发给先生，请先生批评指正。先生不顾天气炎热，放下自己的科研任务，在第一时间指出我文章中存在的问题。当我看到先生的回复时，电子稿上密密麻麻地布满了红色批注，大到如何找资料、如何研究资料、如何归纳论点，小到遣词用字、文法句构、谋篇布局、文理逻辑等，先生给了我很多有益的指导。这样反反复复地向先生请益，前后大概有五六十次，最终在先生的推荐下，我的第一篇学术论文得以发表。这篇文章，是先生对后学谆谆教诲的明证，也是我与先生相处岁月的珍贵回忆。

2010 年发生的一件事情，我至今记忆犹新。那年冬天，我将外地寄给先生的材料转送到先生家里，先生留我吃午饭。饭后，先生请我去澡堂泡澡。当洗到一半的时候，由于澡堂热气腾腾，空气不畅，我休克晕倒了。醒来后，我发现自己侧卧在透着一丝凉意的长长的躺椅上，先生朝我微微一笑，说道："没事了！"事后，先生让我找来谷岱峰先生《保健按摩》（重庆出版社，1992 年重订版）一书，并嘱咐我按照书上的步骤勤加练习，当我把找到的这本书带给先生时，先生说与他当时见到的版本不太一样，又增加了一些新的东西；还说以前他求学、工作的时候，身边都会带着这本书，一有空闲就照着书上的内容做，并取得了很好的效果，直到现在一颗牙齿都没有松动。另外，先生还邀我到他所在的小区活动室练习打乒乓球。师母张敏文先生告诉我，先生考虑到我体质差，加上平时学习比较辛苦，打乒乓球不但可以缓解眼睛疲劳，而且还可以锻炼身体，一举两得。先生对我的关心真是无微不至啊！说起打乒乓球，我跟先生的水平差距太大，不在一个水平上，先生发过来一个球，我要么打高，要么撞网，很难打上几个回合，但先生还是耐心地指导我，给我介绍打球的球理，并提醒我观察别人怎么发球、怎么接球、怎么抽球、手腕怎么用力、双腿下蹲到什么程度，自己反复练习就会有所提高，最后先生又把话题转移到做学问上，对我语重心长地说道："做学问也是这个道理！"这些温暖的话语让我受益匪浅。最近，身体又向我发出了"红色预警"，于是我就从电脑上找到谷岱峰先生的这本保健书照样学了起来，希望身体能够早日强健起来，不辜负先生对我的关怀。

2013 年 6 月 2 日零时 50 分，悲伤的气氛把整个世界笼罩。可亲可爱的先生离开了他心爱的家人、朋友、学生，离开了他毕生研读的《三国志》，离开了他热爱的教育事业；留给世人的是最新的

《三国志》研究成果，是大胆假设小心求证的研究态度，是不拘小节豁达开朗的处世情怀。一笔又一笔弥足珍贵的精神财富，是先生坚持不懈、持之以恒的见证；是先生迎难而上、排除万难的结晶；是先生日积月累、归纳总结的精华。先生，您并没有离开我们，不是吗？

【作者简介】 周典富，2007 年至 2013 年复旦大学古籍整理研究所汉语言文字学专业硕士生、博士生。现为上海教育出版社编辑。

学者的风范，永恒的魅力

——纪念吴金华先生

裴兰婷

转眼间吴先生去世已近半年了。可是直到现在，依然会觉得，仿佛回到学校、回到先生常授课的教室，就能看到先生的身影似的。转瞬意识到现实，内心不禁涌起一股悲伤和怅然。不过，虽然没有机会再当面聆听先生的教诲，但我相信，先生的学术精神和治学理念会一直激励着我们。

在当今社会，“先生”一词似乎已成为对男性的泛尊称，但在学术界，以“先生”为“师者”、为“德高望重之长者”的称谓仍在沿用，仿佛是对一种文化的传承。而在吴先生身上，“先生”的称呼更是如此的贴切而自然。

第一次见到吴先生是在 2009 年新生入学考试的面试环节。作为一个跨专业的学生，我对面试中可能出现的问题都有种隐隐的不安和忐忑。但在见到先生后，这种不安和忐忑便渐渐消失了。先生的面容很慈祥，尤其在笑起来的时候，两个深深的酒窝会让人感觉很亲切。他的声音也很温和，像邻家的长辈在和你闲话家常。但就在这样平和的语气中，你依然能感觉到他对学术的热爱。他耐心地给我介绍了古籍整理的相关知识，并问我是否真的愿意从事这项工作。其实，那是我第一次真正接触到古籍整理的概念，我不知道自己是否能胜任这样的工作，但我是真心愿意去尝试的。而先生在讲起这些时脸上的神情，让我内心的敬意也油然而生。

也是在那一刻，我真正体会到了学术的概念。虽然那时对先生还不太了解，但潜意识中，先生的形象便是我对学者的最早理解。面试中，先生还提到古籍整理中的重要一点，就是对文献要有扎实的功底，必要时还要熟读背诵一些东西。文献是我最薄弱的部分，还好以前因为兴趣读过很多遍《红楼梦》，于是当时我便背诵了里面《葬花吟》中的一段。虽然不是很完整，但也得到了先生的肯定，于是在那一刻我便安下心来，准备踏实地学习专业的相关知识。

因为我的导师是吴先生门下的苏杰老师，所以平日和吴先生的直接交流并不多，少有的接触多是在课堂上。先生上课时的氛围很轻松，但因为知道先生的治学很严谨，而我对这个领域的东西又是刚刚接触，所以总是不敢轻易发言。而先生对我们一直是鼓励的。记得第一个学期结束后的课堂小论文，我写的是《浅析"问鼎"与"逐鹿"之异同》。当时我还不知道一篇论文究竟该如何去选题，也不知道我选的这个题目值不值得研究，又该从哪些方面进行研究。我只是因为无意间翻看武侠小说时看到"问鼎中原"和"逐鹿中原"的说法，心中隐隐觉得这两个词有些联系，又想着吴先生常说可以从感兴趣的问题着手，于是便选了这个题目。文章写出来后我自知是很幼稚的，但也不知该如何改进，于是就大着胆子发给了吴先生。次日便收到了先生的回复，他告诉我，我文中所说的"'问鼎'和'逐鹿'中的'鼎'和'鹿'是否或何以喻指帝位或政权，古今学者曾有过探讨，对'鼎'的认识比较统一，对'鹿'的认识则稍有异议"，这"稍有异议"便是我"写作缘起"的重要因素之一，因此要有明白的交代，哪怕在"附注"中交代一下也好。那时我才知道一篇文章选题的重要性，也明白了文献综述该如何去写。在新学期的课堂上，吴先生对我们作业的情况进行了总结，并针对每个人的具体情况提出了一些希望和建议。先生的话语总是平实的，但在平实的话语中总能教会我们一些做人和做学术的道理。

三年研究生生活很快过去了。我的毕业论文选题为《〈论语〉

典故词研究》。这是我在苏老师的指导下，根据自己的兴趣选择的题目。苏老师也花费了大量的时间和精力帮我理清思路、搜集资料和论文修正，加上我自己的努力，这篇文章最终在答辩会上受到了吴先生和另外两位答辩老师的认可。三年的学习，总算可以交给先生一份像样的作业，这也是我心里感到欣慰的地方。但惭愧的是，因为考虑现实中的一些情况，所以我毕业后的工作和专业并不相关。犹记得在谢师宴上，有老师问到我工作的情况，我便说了和专业没什么联系。当时吴先生依然温和地笑着说："能把工作和生活安排好就好，现在的社会做我们这一行真的不一定能生活得好。"他的语气中有种淡淡的无奈，但更多的是对我们这些即将离开学校的同学的祝福。

毕业后的一年，因为工作和生活的种种原因我一直没能回学校探望吴先生，没想到竟意外收到了先生去世的消息。我清楚地记得，那是 2013 年 6 月 2 日。那天我和平时一样起床洗漱，隔壁房间的好友（曾经的研究生同学）用讶异的低沉声音跟我说："你们吴金华老师去世了。"那一刻，我尚有的朦胧睡意瞬间被冰冷的寒意驱走了，只条件反射地问了一句："什么？"那时我完全不能接受这个消息，严重怀疑它的真实性，也迫切地希望有人帮我证实这只是个谣传。但我也知道，没有人会如此不敬地拿这样的消息开玩笑。怀着悲痛而不安、又带着一丝企盼的心情，我打电话给了仍在学校的霍师姐，希望她能告诉我，这只是一个误传。当时霍师姐显然对这个消息还毫不知情，为了不吓到她，我只是像平日问候那样问她吴先生最近身体怎么样，有没有常联系。师姐说，在前几日的答辩会上才见到先生，他的精神状态还不错，而且前两天还发邮件叮嘱了她学业上的一些事情。我犹豫着把听到的消息告诉了她，她大惊，随后向与先生较为亲近的师兄求证后，便发短信回复我："消息属实。大恸！"那一刻，我的眼泪不由地掉了下来。在先生的遗体告别式上，他生前教过的学生基本上都出席了。我想这大概也是那么多年来"吴门弟子"的第一次大集合吧。只是没想到会是在这样的场合，真是世事弄人。不过，如果吴先生看到他的学生大半还在从事学术相关的工作，心里也一定会感到欣慰吧。

今年教师节，霍师姐和新入学的师妹本欲邀我一起去探望吴师母，但师母怕见到我们更伤心，所以只好改期。打开邮箱，看到去年吴先生回复的教师节祝福邮件，心里不禁又一阵怅然。现在我已找到一份更适合自己、也和专业更相关的工作，只希望自己在工作中可以把曾经学到的知识用进去，也算是纪念先生的一种方式吧。

【作者简介】 裴兰婷，2009 年至 2012 年复旦大学古籍整理研究所汉语言文字学专业硕士生。现为同济大学图书馆馆员。

回忆恩师吴金华先生

毛　娜

子夏曰："君子有三变：望之俨然，即之也温，听其言也厉。"

——《论语·子张》

在我心中，先生是一座高山，巍然峻拔，白云青岚缭绕其间。先生的学问、道德都高不可测，我只能在山下仰望，而没有能力走近、攀爬，领略这座大山的巍峨多姿。

读先生的文章、听先生的课，我觉得先生看重学生们在做人上的踏实、勤奋以及学术上的攻坚志向。我常常在心中暗自学习和模仿先生的各个方面，却不敢冒昧地向先生表达尊崇和景慕之心。即便逢年过节，如果没有阶段性的学术成果向先生汇报，我也不敢主动向先生问候和祝福，平常的日子里，我更不敢鼓起勇气和先生、师母有所往来。在校四年，虽然我能够不时地感受到先生对我在学习、生活各方面的关心和体谅，却从没有想过自己能够在学术之外的方面对先生有所了解和亲近。

直到毕业前二十天论文盲审结果出来，我才因祸得福地有机会跟先生直接打交道。在这二十天中，我的论文经历了从死到生的过程，我也经历了从六神无主到坚定自信的过程。

然而，就在一切都已重获新生的时候，在我终于鼓起勇气准备向先生表达深埋心中的无数感激和敬佩的时候，先生却永远地离开了我们。一切都来得太突然，太出人意料，上天跟我们开的这个玩笑实在太残忍。我知道这一切绝非人力所定，我也知道上天听不到我的卑微而又无力的呐喊，可是我的心里依然被悔恨充斥着：如果先生离世和我论文通过二者只能选择其一，那么我宁愿再延期十年。然而先生终于还是离开了我们，离开了他放心不下的亲人，离开了他凝聚大半生心血终日牵挂着的《三国志》整理研究。

先生去世五个月了。这五个月里，除了翻看先生的著作外，更多的时候我常常拿着何凌霞老师为先生选编的《集外集》沉思。先生所爱好的、所赞赏的、所憎恶的；先生的智慧、才情、正义、勤勉，都在集中一一表现出来。我对先生的了解越来越多，先生的形象也越发丰满生动起来。有感于此，我想把自己所感受到的先生的崇高和无私写成文字，把先生为我的论文盲审遭遇付出的精力和心血写出来，让更多的人能够从更多的侧面了解先生。

2013 年 5 月 15 日中午，在毕业论文送出盲审一个月过后，我接到了师弟周典富的电话，说是论文盲审结果出来了。我心里有种不好的预感，按照惯例，如果盲审没问题教务秘书是不会特别通知的，师弟电话中为难的语气更让我越发害怕惊慌。我的心里直打鼓：我从没想过盲审不过要怎么办的事情，现在突然出现了这样的状况，我要怎么办？

师弟吞吞吐吐地说了我的盲审结果，一份是“优秀”，另一份是“须作重大修改”。听到这个结果，我心里稍稍松了口气，情况还不算太糟。以前听说一份不合格的情况学校是允许提出申诉的，况且我的另一份结果是优秀，两份结果差距这么大，肯定是观点上产生了差异，按照道理这种情况下我可以提起申诉。

我把申诉的想法告诉师弟，同时向他询问：“老师有没有知道我的盲审结果？他是什么意见？”师弟告诉我：“老师上午已经得知相关消息，老师说他会支持你的决定。”听到师弟的回答，我心里如同一块大石落了地。

随后我语带轻松地安慰起师弟：“没事的，我会提起申诉，一定不会有问题的。”谁知我说完这话师弟却在电话那头沉默了，似乎有什么事情不忍心告诉我。他犹豫了好久，告诉我评阅意见中有一条是指出我的标点符号使用有误，说有一处应该是将句号放在引号里面，而我把它放在了外面。我听得糊涂，也不明白标点符号跟我申诉有什么关系，但我还是立刻按照师弟的提示，赶往学校找教务秘书。

教务秘书拿出那份“须作重大修改”的盲审意见给我看，然后问我下一步怎么打算。我依仗自己有先生的支持，当下便也胆大了起来，指着专家的三点意见对教务秘书说：“谁的文章都会存在问题，关键要看问题的性质。我觉得这份意见中指出的三个问题都不是硬伤，不足以判我论文不合格。第一条意见很明显是因为这位专家没有细看我的论文，只凭对目录的大概印象就得出的结论；第二条意见并不成立，我在文中对版本有交代，虽然篇幅很少，但确实已经说清楚了，他说我没有交代版本是不对的；第三条标点方面的问题，我觉得古籍的标点只要不是读破句就不是罪不可赦。因此，他不能这么草率就否定我的论文，我要提起申诉。”

听到我的回答，教务秘书显得有些吃惊，似乎这个回答与她设想的有些不一样。过了一会，她又问：“你要提起申诉啊？你导师同意吗？”我肯定的回答让教务秘书更加吃惊。她盯着我看了一会，说：“既然你导师同意申诉，那我就不好说什么了。不过我要给你看一下我们学校关于盲审评阅异议的处理规定，顺便你把它带给你们导师看一看。我想提醒你的是，你的那份‘须作重大修改’的盲审意见中有一条是说你标点符号使用有误，按照学校相关规定，论文中出现标点符号错误的情况是不可以提起申诉的。所以，你要把这个情况跟你们老师讲一讲。”

我拿着材料走出了教务秘书的办公室，想着她说的话，尤其是出现标点符号错误不能申诉的提醒，虽然觉得这个说法很奇怪、很荒唐，但心里多少有点忐忑不安，也立刻明白了为什么师弟一听说我要申诉就沉默了。教务秘书的意思很清楚，至少在她看来我是申诉无望的。

坐在校园的长椅上，我的思想斗争了好久，一时无法决定到底应不应该申诉。不申诉的话，我毕业后所有的计划都会泡汤；申诉的话，现在这个情况摆在面前，前路肯定不会顺畅。恍惚中，我拿出手机拨通了先生家的电话。当电话那头的师母听我报出名字时，从未谋面的师母立刻慈祥地安慰我："毛娜你不要难过，老师会帮你想办法的，难关总会过去的。"刹那间，原本还故作镇静的我再也无法控制自己的情绪而失声痛哭，听着师母一句句的安慰，慢慢平息着心里的难过，我就像个孩子享受父母的抚慰和嘱咐一样，竟是说不出感激的话来。

师母问了我的打算，了解了我想申诉的意愿后，告诉了我她家的详细地址。我飞奔着跑到校门外，打了车就直奔先生家。平常这个时候师母和先生都会稍事午休，然而那天下午他们都在等我，应该说从上午他们知道消息后就一直在牵挂着我，等我的电话。

我把盲审评阅意见和学校的相关规定拿给先生看，并且传达了教务秘书特意提醒的意见。先生将评阅意见看了几遍，严肃地说："我没想到你的论文会在盲审时遇到问题。根据我多年评阅论文和指导论文的经验，我觉得你的论文虽算不上很厚实、分量足，但最差也应该被评到中等的级别，不至于不通过。这位评阅人提的意见我们当然要重视，但他要你把文章再修改三个月再申请答辩，我估计最主要的原因还是他不能赞同你文章中引进的理论。如果真是理论方面的原因，那么你提出申诉就是对的，否则你改了三个月把文章再次提交给他复评，他还是会对你的文章不满意的。至于教务秘书说的标点符号的问题，我觉得这个不是问题。我看过你文章中的这个标点了，这不是断句错误的现象，不属于业务水平上的问题，只是纯粹的技术层面的事情。现在都是电脑录入、打印，谁能保证不出现一两个错误，只要不超过一定的量都不是大问题。"

听了先生的分析和意见，我把头直点得像小鸡啄米一样，当下开始对先生陈述自己的申诉理由。先生耐心听完我的理由，对其中的一些说法作了补充和修改，然后拿出几张 A4 纸，在其中一张的右下角签下了自己的名字，同时在另外一张纸上很工整地写下同意申诉的意见。先生嘱咐我回家把申诉理由整理一下打在他签过名的纸上,这样就可以直接提交,而不需要再跑一趟了。我拿着先生给我的意见,心里的感激无以言表。

第二天上午,我带着打印好的申诉理由来到教务秘书办公室。教务秘书翻看着我准备好的材料,没有直接给我下一步的指示,而是又一次问我:"你真的要申诉吗?"我点了点头。她迟疑了一下拿起电话,从他们的对话中我听出是打给学位办的。很明显,学位办的意见让她很为难,因为学位办老师坚持认为我的标点符号问题属于常识性错误一类的问题,不在申诉范围之内。幸而教务秘书读了两遍先生签署的意见,"完全同意毛娜同学的申诉理由",先生的意见他们不敢忽视,于是只得暂时不再纠缠标点符号的问题,但同时他们也直接丢出了两个很坏的结果:一,学校规定 6 月 5 日前所有评审结果都要出来,现在只剩下不到二十天时间,即使我的申诉被受理,论文再次送审,也根本不可能在规定日期前拿到评阅意见,所以最终的结果还是要延期;二,即使我再次送审的论文都通过了,也及时拿到了评阅意见,校学术委员会在最终评审时也仍然很有可能会判我的论文不合格,因为我的论文属于重点审查对象,只要学术委员会中任何一个专业的任何一位老师提出反对意见,我的论文就不能通过。

听着这样的说法,我的心立刻凉了大半截。按照学位办老师的说法,不管送审的结果如何,最终都很可能会被自己学校学术委员会给判不及格,那么我现在这样争取再次送出外审又有什么意义呢?教务秘书看出了我的摇摆,不失时机地在一旁加以劝导:"学位办的意见你也听到了,要不你再考虑一下?是直接等三个月再申请学位还是坚持申诉,你自己做决定吧。只是你如果坚持申诉,谁也不能保证你会得到什么结果。"我低着头,心里面开始打起退堂鼓,一时间进退两难。教务秘书漫不经心地翻着我的申诉材料,我打了一个激灵,想起了先生。是的,我应该问一问先生的意见。

我退出教务秘书的办公室,拨通了先生家的电话。先生听出了我的犹豫和畏缩，问明了情况，对我说了一段意味深长的话："学校的要求严格是好事。严格了才能让学生更好地发挥自己的潜能，创造更多的成果，要求严格总比要求宽松对学生更负责。但怕就怕严格要求演变成为一种教条主义，又或者变成对一部分人严而对另一部分人松的不公平规定。拿论文送审这件事来说，前两天我还听说每个学生都可以有两次送审机会，今天你听到的消息却是第二次送审已经来不及了。我们不能排除学校有些部门的工作人员是对不同的人说不同的话，我们也不能要求每一位工作人员都能够具体情况具体对待。我已很久不跟这些部门的工作人员打交道了，也不能帮你解决什么实质性难题。现在就看你自己是不是有同学、朋友或者亲戚，能够跟他们中的人说得上话，让他们为你多费一份心，也许你就还有申诉成功的希望。"先生讲了二十多分钟，我在电话这边不住的点头。快到十一点半了，教务秘书等着要下班，因此我不得不先去她那里给她回复。

思考着先生的话，我逐渐明白了一些以前从不在意的事情。见了教务秘书，我苦笑着对她说："既然学校最终也要判我不合格，我想我也没必要坚持了。"教务秘书也对我笑了笑，既是安慰也是赞同。

中午在食堂吃饭，我一个人耷拉着脑袋，对着饭菜发呆。"就这样放弃了吗？可是不放弃又能怎么样呢？"我胡乱地扒着饭，还没吃两口，手机响了，是师弟打来的。师弟说先生找我，要我打电话过去。我疑惑着拨通了先生家的电话，很快就被接起来了，先生略带一点喜悦的声音传了过来："事情果然是有转机的。我前两天听到的消息还是可靠的。你可以找何老师再问一问详细的情况。"我立刻激动地不停答应。先生的声音又传进了耳朵："不管最后结果怎样，我们都要争取一下。如果有机会，而我们自己不争取，那就等于将机会白白放弃了，事后再回想，一定会后悔的。"先生的话使我面红耳赤起来。是的，我太容易退缩了，一遇到困难就六神无主，一想到可能的坏结果就不愿前进。入学考试面试时先生就看出了我的缺点，语重心长地劝诫我绝不能半途而废，不管遇到什么事，都应该学会坚持，没想到直到毕业我都没有丝毫进步。自己已经放弃了，心灰意冷在食堂吃饭，先生却仍在为我的事辗转打听，耗费心力想办法，想起这些，怎能不汗颜呢？

于是立刻重振精神，向何老师求助。在何老师的帮助和努力下，学位办那边终于答应安排再次送审。我把这个消息告诉先生，先生当天就组织专家组对我的论文进行审定。三天过后，我顺利地拿到了各位专家的审阅意见，并且得到了分委员会主席的签字同意。

当我把各种材料以及未作任何修改的论文提交给学位办时，学位办的老师也感慨我的效率之高。我心里明白，这一切都是先生为我争取的，对我来说，早一天时间就多一份希望。如果不是先生的支持，我也许一开始就放弃申诉的念头了；如果不是先生处处给我帮助，在这个论文评审和答辩的季节里，专家组老师们现在根本没有多余时间阅读我的整部论文并且写出具体详实的审阅意见。一想到这些，我的心里不由自主地对先生充满感激。

回到家后，我给先生发了一封邮件，告诉先生我的论文已经再次送审了，请先生放心。写邮件的过程中，我想起了学位办老师说的一些情况，心中难以平静。那位给我"须作重大修改"意见的论文评阅人对学位办老师说，论文中的其它问题都好说，但标点符号错误是不可原谅的。我顿时觉得这位评阅教授的说法有些匪夷所思，便忍不住向先生说起了这位教授的奇怪言行。这位教授对我用错标点始终耿耿于怀，自己却在我短短两百字的评阅意见中不止一次地出现错误：将"尽管"写成"仅管"；将"（文章的）框架"说成"架框"；又有两次将"（徐陵）本传"写成"本列"；还出现了"政共"一词（可能是"总共"的意思）。

邮件发给先生后我也没做多想，一来是这几天先生为我论文的事情费了很多心，我不应该再给先生添麻烦了；二来我指出那位评阅教授的错误也只是发发牢骚，对评阅教授宽以待己严于律人的行为感到好笑。谁知邮件发出后不到一个小时接到了先生的电话，先生非常生气、非常郑重地说："这位专家的评阅态度极其不严肃，手中掌握着学生论文的生杀大权，对待学生论文却是这么的不负责任。遇到这种教授，学生只能申诉到底。你不要怕，我会支持你的。”先生强调了好几次会给我支持。

我很感动，同时又很害怕。我从没有见先生动这么大的火，发这么大的脾气。为我这样一个平常几乎没有任何私交的学生，先生已经仁至义尽了。如果不是先生给予我支持和帮助，很难想象我会有勇气与学校各个部门沟通交涉，在短短几天之内就能将论文提交重审，我向前走的每一步，都是先生为我铺好的路。可是现在先生知道了评审教授的不负责任，这样义愤填膺，我怕会因此耗费先生更多的时间和精力。我明明知道先生疾恶如仇的性格，而且始终以发掘学生优势、鼓励学生前进为指导教师应尽的责任，我还把这种情况告诉先生，我真是太不应该了。

这之后的第二天一大早，我就收到了先生发来的邮件。先生将自己对那位盲审专家的意见发给教务秘书及学位办，并且将意见转发了一份给我。第二天下午、第三天上午先生又陆续转发给我他对盲审专家的意见。其后很长一段时间，先生不停地与研究生院交涉，先生要求研究生院将自己的意见原样转发给那位盲审专家，先生对研究生院的工作人员说：

“恳切地委托你们把我昨天和今天的两封‘署名’信，原样转发给‘错别字专家’。这样，开诚布公，对大家都有好处。作为教师、评审人员，我们应当对自己负责，也对学生、对被评者负责。有错必纠，是严肃认真负责的表现，也是起码的师德。你们把我的两封信直接发给那位，对提倡良好、健康的学风有积极意义；我老了，现在已不怕得罪‘盲审’过程中的不正之风，我也不想了解那位‘错别字专家’的姓名和单位，更不怕类似的思想品质差（指马虎、不负责任、不细看文章就乱说）、业务水平差（指看不到问题要害，读不懂被审的文章，自己笔下一塌糊涂）的‘专家’嫉恨我，对这种人的嫉恨，我将引以为荣；如果那位认为我说得不对，欢迎他（她）指出；如果他（她）有承认错误的勇气并愿意公开批评我的话，我将以十分崇敬和佩服的心情跟他（她）对话。在昨天和今天的两封署名信件中，我说的话，我负责。如果研究生院确实不便转发，望能如实告诉我，我会在不远的将来在网上发表这一系列意见，并恳请网友协助，帮我寻找‘错别字专家’，让他（她）了解我的看法。因为我本人也是‘盲审专家’之一，讨论上述问题，对自己，对大家，对全社会健康‘学风’的建设都大有好处。作为有良心的教师，我们不应当隐瞒自己的错误和毛病；特别是在这些错误和毛病已经严重伤害了被评人的情况下，我们更不应当掩饰自己的失误。”

先生的意见让很多人内心震动。学位办的工作人员曾不解地问我：“你们老师为了你的论文大动干戈，值得吗？”我回答他：“你不了解我们老师，你不会明白他的坚持和原则。先生生气不是因为我的论文被判不过，他气的是评阅教授的不负责任，是评阅教授对后辈学生研究成果毫不尊重、任意评判的态度和行为。先生不是为了我一个人的论文，他为的是所有的后辈学生。”我回答的这些话也许这位工作人员不能理解，当然他也不能想象出先生的性情和品格。这是很正常的事情，因为他没有遇到过这样无私的老师。不但是他，现在的无数学生中又能有多少像我这么幸运，遇上先生这样一心为学生着想、一生为学生付出的老师呢？

除了为我的论文再次送出盲审的事费心，先生还要为我论文答辩的事操心。从邮寄论文与论文评阅费，到接待外省外校的答辩老师，这些本该我自己跑腿的事情，由于先生担心我应付论文再次送审的相关手续会时间精力不够用，便亲自与外校的答辩老师打电话或发邮件，一一帮我安排妥当。答辩结束后，先生又亲自将苏州的王继如老师和南京的方向东老师送到火车站。一切忙碌都接近尾声，丰收的喜悦在望。然而，就在我们毕业答辩后的第二天傍晚，忽然晴天起了霹雳：先生在打乒乓球时心脏病突发，在医院抢救一天两夜后，先生没有再次醒来，永远地离开了我们。这一切来得如此猝不及防，无法让人接受。

我的论文最终是顺利通过了，我也顺利地拿到了学位证书，更珍贵的是，经过了这一次的挫折，我从以前的遇事犹豫摇摆慢慢地成长起来。这一切都是先生的赐予，而我却永远都无法报答先生，甚至都来不及让先生知道，他对我的帮助和影响有多大，我对他的感激和崇敬有多深。

毕业典礼那天，我在会场上方大屏幕上的获得博士学位的名单上看到了自己的名字，这本该是很兴奋和激动的时刻，我的心里却充满了酸涩和缺憾。当天晚上我往先生的邮箱发了一封邮件，告诉先生这个好消息。我幻想先生收到邮件后肯定会很高兴，会兴高采烈地和师母说起我们每个学生的付出和收获，就像谈论自己的孩子；又或者这之后先生会给我一封回信："通过就好。你的努力没有白费，以后有时间还要再认真修改、认真打磨。"是的，先生在获知学生取得成果时都会由衷地替学生高兴，都会肯定和鼓励学生的努力，而从不提及自己为学生付出的时间、精力，也从不想到自己曾给学生提供过多少直接可用的研究成果。

先生是正义的，在面对学术界、教育界中的不良风气时，先生仗义执言，只考虑读者、学生的利益，不顾个人得失，先生的正义是无私的。先生是善良的，在对待所有求上进的后辈时，不管是不是自己的学生，先生都会毫不计较地付出和奉献，先生的善良是真君子的"无伐善，无施劳"。

在今天这个喧嚣纷扰的环境下，先生用自己对学术的热忱为我们学生创造了一方纯净的天地，以自己的一言一行为我们做出了榜样，使我们浮躁、游荡的心慢慢沉静、安定下来。先生虽然已经离开人世，去了天堂，他的精神却在我心中永不磨灭，他对我的教导和激励也早已在我心中生根发芽。先生的正义和善良会影响我的一生，我也会永远将他的恩情铭记在心。

【作者简介】 毛娜，2009 年至 2013 年复旦大学古籍整理研究所汉语言文字学专业博士生。现任职于上海市学悦教育信息咨询有限公司。

给老师的信

霍生玉

> 我知道我叩不开天堂之门，我也已经开始相信老师已不在了，但我还是给老师的邮箱发出了这封信。我相信，老师在天堂里一定能看到。

5月29日

上个星期典富通知我，他和毛娜5月30日举行答辩。我即跟老师发邮件，告诉老师我想去旁听，一方面帮帮忙，另一方面也可熟悉一下答辩流程。老师回复说："当秘书也好。"29日傍晚，答辩专家王继如和方向东两位先生相继到达。八点吃过晚餐后，我和典富跟着老师送两位先生去燕园宾馆住宿。在路上，我和老师走在前面，闲聊中老师说起他空闲时经常打乒乓球，说自己曾经打赢某体育专业的"高手"，还说自己拼的不是"体力"，而是"打的技术球"，言语之间充满乐观和自豪。当时我怎么也不会想到，就在两天后的同一时间，老师竟会在打乒乓球之后休克，竟再也没有醒过来！

在燕园宾馆417房间，三位先生言笑甚欢，老师不时爽然大笑，精神状态非常好！老师甚至还对王、方两位先生说："两年后霍生玉答辩，你俩还过来，我们选一个好一点的地方，给她好好庆祝一下！"

我们在宾馆房间一直待到近十点，为了不耽误两位先生休息，老师终于意犹未尽地回家了。

5 月 30 日

上午八点半，答辩准时开始。王继如先生是答辩主席，方向东、施谢捷、刘晓南三位先生担任评委。我做秘书，以及帮忙照照相、倒倒茶什么的。答辩持续了三个多小时，老师一直精神矍铄，思维敏捷。我注意到，那天老师喝水比较多，好像比别的先生都喝得多一些。

十二点左右答辩结束，我们一起到了四平路上的“丰收日”饭店用餐。在典富和毛娜下楼去点菜的时候，我和诸位先生在包间等候，老师叮嘱我一定要仔细读一读典富和毛娜的论文，吸取他们的优点，也注意避免他俩的失误。

因方、王两位先生需乘坐下午两点的列车分别返回南京和苏州，所以一点左右先生们就起身要走。老师送两位先生去火车站，匆匆忙忙地走了。我留下来把剩下的菜肴打包。可是，我怎么也没想到，这一别竟成我和老师的永别！

5 月 31 日

上午在宿舍我把典富和毛娜的《答辩决议书》写好了，准备发给他们。打开邮箱，就看到了老师转发来的一封邮件，邮件内容如下：

———————— 转发邮件信息 ————————

发件人：吴金华

发送日期：2013—05—31 11:36:33

收件人：吴葆勤

主题：乒乓球活动

530 乒乓球

昨晚 10 时从燕园宾馆(陪方向东、王继如)回来，路过乒乓球室，跟生胶老吴打了一场，发现他确实跑不动了，4 比 1，之后，生胶老吴说，我虽然比你年轻，但腿不行了；一年多没有跟你打，不适应了。

上午答辩会后，午饭吃到 3 点，送走王、方，回来后睡到傍晚。9 时前后，跟老杨打乒乓球，我以 5 比 2 胜；老杨要求继续打，并且赤膊上阵，想凭体力取胜，结果比前一场更糟：他却以 0 比 5 完败。

我知道，老师酷爱打乒乓球。老师打乒乓球时是快乐的、自豪的。记得去年老师曾经发给我一首他自己填的词：

金缕曲

去秋今春连获复旦奖金，以词志感。（2012 年 3 月初）

咄咄金陵叟。悦浮生、银球巧击，空钟妙抖。典籍万千皆束阁，独与史家为友。笑不尽、白衣苍狗。何况中华新《国志》，待鲜妆浓饰难停手。半纵逸，半搔首。

一从前岁衰衰后，断豪情、闭门谢客，戒烟逃酒。六十九年蝴蝶梦，长记徐门奔走。更谁料、人称教授。自愧鸿庠犹特聘，但五三同学杏坛守。剩则剩，谈天口。

6月2日

头天晚上刚从上海回到家里，因是星期天，所以起床时已经快九点了。吃过早饭，电话响起，是兰婷师妹打来的，她问：“师姐，我在微博上看到一则很不好的消息，说吴先生去世了。是真的吗？”我大惊！语气急促地反驳：“不可能的！前两天典富他们答辩，老师还好好的呢！我昨晚才从学校回来，老师前天中午还给我发邮件了。怎么可能？不可能的！”然而这种消息不会空穴来风，我马上给典富打电话。电话一接通，那头传来低沉的声音：“霍姐，我正准备灵堂。老师在今天凌晨 0:50 分去世了。”霎那间，如同晴天霹雳，我懵了！整个世界突然变暗，脑子一片空白，眼泪涌了出来！十岁的儿子也意识到一定是有不一般的事发生了，坐在那里少有的沉默不语。爱人开始帮我收拾行李，把我昨晚刚刚带回的散乱的行李又重新放进包里。

爱人开车送我急急忙忙到了高铁站，下了车我立刻去自动售票机取票，这时我才发现：出门时太匆忙，脑子晕乎乎的，竟然没带身份证！而我在网上订的13:43分的高铁再过20分钟就要检票进站了！爱人没有责怪我，他让我坐在那里等候，自己回去帮我拿身份证。在车站等候身份证的一个半小时里，我独自呆呆地坐着，没有说话，也没有思考，脑子似乎僵住了。我怎么也不能相信老师已离去的事实。我真希望有人告诉我"搞错了，搞错了，不是吴老师"。可是接连几个同门的电话都打过来，证实了消息确切。我想起，此时最难过的恐怕是师母了。收拾起自己无比的悲伤，我给师母打了个电话，电话那头，师母哽咽着"老师走了……"我强忍着没出声，但眼泪已顺着面颊肆意地流！

等爱人为我取来身份证时已是下午两点半，这次我只改签到了17:28的G147次。到上海时已是晚上八点多钟，我打车直奔老师家。一进门就看到灵堂桌子上摆着老师的照片，刹那间眼泪模糊了双眼。我在老师遗像前跪下，深深叩头。抬起泪眼，看见照片上老师一如既往慈祥睿智的笑脸，一如三天前我看到的老师微笑的样子。我在心里问："老师，您怎么走得这样突然？您怎么就丢下还未毕业的我们就匆匆走了呢？"

6月7日

今天是老师离去的第6天，我静坐下来，开始整理悲伤的思绪。我已确然知道不可能再见到老师，脑海里不断浮现出老师的音容笑貌，回想起老师说的话，回想起老师笑的样子，回想起老师沉思的表情。打开30日答辩时老师的照片，我发现老师笑的时候很率真，思考的时候很认真。我又习惯性地打开学号邮箱(平时我每天都要打开这个邮箱，看有没有老师的邮件)，赫然看到老师2013—5—31，9:08:04发给我的邮件，邮件内容是关于典富、毛娜毕业论文的事。

老师在生命的前一天，挂念的仍是学生的论文。我想，我应该给老师回封信。因此，就写下了上面这些文字，并发往老师的邮箱 jhhwww@126.com。我相信，老师在天堂一定能看到我的信。

【作者简介】 霍生玉，复旦大学古籍整理研究所 2011 级汉语言文字学专业博士生。现为江苏师范大学文学院副教授。

谈《〈三国志〉校诂》对“坟素”一词的校勘

——谨以此小文纪念敬爱的吴老师

谢国剑

按:在杭州求学时,叶老师曾说起,他以前读《〈三国志〉校诂》,很想在里面找到点问题来写写,但就是找不着。二〇〇八年,我入华东师大读博,旁听了中国文字研究与应用中心二〇〇九、二〇一〇年的博士论文答辩,两次吴老师都是主席。在答辩会上,我得以见到吴老师真人,并聆听到吴老师的精彩点评,越发增添了我对吴老师的仰慕之情。二〇一一年我博士毕业,当时工作难找,臧老师就建议我在上海读一个博士后,这时我自然而然地想到了投在吴老师门下。入站后,了解到吴老师的身体状况,对他的健康很是担心,有次和元春师兄聊天,还曾说起这事。元春师兄倒是非常肯定地说,据他所知吴老师身体底子很好,上了点年纪的人身体出点问题很正常,应该没什么大问题。在和吴老师平日的交流中,我有个印象,刚好和元春师兄的说法吻合:每次我有学习上的问题,去了邮件,吴老师都回复得很快。渐渐地,我也开始觉得,吴老师的身体其实是不错的,精力还很好。还记得二〇一二年六月十四日,我在光华楼听吴老师讲课,吴老师在课间还特别提到说,师母的病已经在往好的方面发展了,等再观察一年时间,就可以确定完全没事了,那时他又可以在学术上活跃起来了。一年时间过去,师母的病渐渐好起来,但敬爱的吴老师却……仁寿虚说,天不悔祸,我辈奈何!

二〇一一年上半年申请复旦博士后时,我给吴老师写邮件，邮件后还附上了一段文字，是谈《〈三国志〉校诂》对“坟素”一词校勘的一段文字，也是我博士论文里的一小节。去邮件后不久，我就收到了吴老师同意招收的回件。写得比较粗糙的那一小段文字，很可能是吴老师同意招收我的原因。对我来说，在吴老师逝世一周年之际，这篇小文应该是最能表达我对吴老师的无尽怀念的东西了。所以我不揣谫陋，把这一小段文字拿出来附在后面，以纪念敬爱的吴老师。

《三国志》卷一一《魏书·管宁传》：“敷陈坟素，坐而论道。”吴金华先生《校诂》：“卢弼《集解》：监本、官本‘素’作‘索’。华按：‘坟素’‘坟索’，义得两通。其中‘坟素’一词，又见于晋人之文……似此，当以‘坟素’为常例。”①

我们以为，若从当时的文字书写习惯来说，的确当以作“坟素”为常例，但以一条晋人之文为证似嫌不够。若从词的生成来看，作“坟素”或者“坟索”只是文字上的差异，词就是一个“坟素(索)”，来自“三坟”、“九素(索)”的合称，泛指古代典籍。

传世晋文亦有作“坟索”的。《全晋文》卷八六甘卓《上疏请不试秀才》：“答问损益，当须博通古今，明达政体，必求诸坟索，乃堪其举。”《全晋文》卷一五七支遁《释迦文佛像赞(并序)》：“属八亿以语极，罩坟索以兴典，掇道行之三无，络聃周以曾玄。”《全晋文》卷一一六葛洪《肘后备急方序》：“余既穷览坟索，以著述余暇，兼综术数。”(按：此与《抱朴子内篇·杂应》略同)所以说凭一条晋人之文是不够的。

魏晋六朝石刻作“坟素”。《王基断碑》：“(上阙)塞，宪章坟素，昭此物则。”《晋皇帝三临辟雍皇太子再莅盛德颂阳》：“皇太子圣德光茂，敦悦坟素。”《元弼墓志》：“孝兼香巨，业并坟素。”《张满墓志》：“遂能学穷坟素，才单辞藻。”

除了潘岳《闲居赋(并序)》，其它传世文献亦有作“坟素”的。

---

① 吴金华：《三国志校诂》，江苏古籍出版社1990年，页81—82。

《全后汉文》卷七七蔡邕《太尉陈球碑》："凡坟素遗训，圣贤立言，搁精极微，无□不究。"《全宋文》卷二六傅亮《感物赋(并序)》："坟素杳以难暨，九流纷其异封。"

而"坟素"一词当来自"三坟"、"八素"的合称。因为还有"坟典"、"典坟"、"典素""素丘"、"丘素(索)"、"坟丘"、"丘坟"等与之同构同义。

坟典。《书序》："讨论坟典。"《隶释》卷一一《汉太尉刘宽碑》："□与同好镌坟典于茅庐。"晋葛洪《抱朴子内篇·遐览》："先生既穷观坟典，又兼综奇秘。"《新唐书》卷九八《薛元超传》："惟殿下罢驰射之劳，留情坟典，岂不美欤！"

典坟。《淮南子·齐俗训》："衣足以覆形，从典坟，虚循挠，便身体，适行步，不务于奇丽之容，隅眦之削。"《隶续》卷一《汉郎中王政碑》："研典贲。"洪适释："碑以'贲'为'坟'。"《全晋文》卷九二潘岳《扬荆州诔》："游目典坟，纵心儒术。"

典素。《全后汉文》卷一〇六阙名《司徒掾梁休碑》："勤典素，精孔墨。"《全齐文》卷一四褚渊《荐臧荣绪启》："与友关康之沈深典素，追古著书，撰《晋史》十袠。"《魏诗》卷一〇阮籍《咏怀诗十三首》之一："研精典素，思心淹留。"《元崇业墓志》："秉牍麟阁，厘校坟艺，洋洋之美，典素载清。"《唐耀墓志》："解府还京，怡神典素，忘怀文史，修然自得。"《山徽墓志》："怡心典素，追胜白于长篇；拥思文池，寻斑马于秘苑。"

素丘。《全宋文》卷四一沈演之《白鸠颂(并上表)》："性勰五教，名编素丘。"

丘素(索)。《仙坛诗》："寻日爰丘素，嗟(《金石补》作陵)月开靖场。"《朱岱林墓志铭》："曾祖霸，儒该丘素，术尽从横。"《全梁文》卷一九萧统《谢敕赉制旨大涅槃经讲疏启》："何待刊寝盘盂，屏黜丘索。"

坟丘。《全后汉文》卷四二应瑒《文质论》："览坟丘于皇代，建不刊之洪制。"《晋诗》卷八潘尼《赠陆机出为吴王郎中令诗之一》："振鳞南海，濯翼清流。婆娑翰林，容与坟丘。"

丘坟。[①]《全梁文》卷六五王筠《昭明太子哀策文》:“遍该湘素,殚极丘坟。”《北齐书》卷四五《祖鸿勋传》:“敝精神于丘坟,尽心力于河汉。”《全唐文》卷一九一杨炯《王勃集序》:“或苟求虫篆,未尽力于丘坟;[②]或独徇波澜,不寻源于礼乐。”

据我们所知,“三坟”、“八索”最早可见于《左传》。《左传·昭公十二年》:“是能读《三坟》、《五典》、《八索》、《九丘》。”陆德明《释文》:“索,所白反,本又作素。”而这里作“八索”,又作“八素”,似乎表明“索”、“素”可互通。

先秦“索”、“素”的确可互通。先秦出土文献有“索”读为“素”的。如《辅师嫠㲃》:“㦰市索黄。”[③]又如郭店楚简本《老子》甲简二:“视索保仆(朴),少厶(私)须(寡)欲。”[④]此“索”马王堆帛书《老子》及王弼本均作“素”。[⑤]又有读“素”为“索”的。帛书乙六:“系之以素降。”[⑥]此“素”读为“索”。中古汉字亦有读“索”为“素”的。曾良指出:“‘索’的俗字作‘索’,与‘素’形似,二字古籍中易讹。”[⑦]

不过,就魏晋六朝的石刻文献来看,基本上都是作“八素”,而不是“八索”。《临辟雍碑》:“三坟五典,八素九丘。”《郑羲上碑》:“六藉孔精,百氏备究,八素九丘,靡不昭达。”《元天穆墓志》:“八素九区之理,靡不洞其幽源;三坟五典之书,故以极其宗致。”《王僧墓志》:“故童年志学,声播稚齿,游心八素,必以礼义为任,汪汪焉弗可量也。”《魏故镇远将军华州刺史杨(舒)君墓志铭》:“终朝章句,

---

① 《大词典》释为“传说中的古代典籍《九丘》、《三坟》的简称”。不确。当是“《三坟》、《五典》、《八索》、《九丘》”的简称,统称古代典籍。

② 按:原书“丘”作“邱”。

③ 中国社会科学院考古研究所:《殷周金文集成》第8册4286号,中华书局1987年。

④ 荆门市博物馆:《郭店楚墓竹简》,文物出版社1998年,页111。

⑤ 国家文物局古文献研究室:《马王堆汉墓帛书(壹)》,文物出版社1980年,页11。朱谦之《老子校释》,中华书局1984年,页75。

⑥ 饶宗颐、曾宪通:《楚帛书》,中华书局香港分局1985年,附录页11。

⑦ 《俗字及古籍文字通例研究》,百花洲文艺出版社2006年,页124。

旦夕典坟。渊才博赡，高志脱群。九流毕镜，八素咸分。”传世文献亦有作“八素”的。《全三国文》卷三〇下兰《赞述太子赋并上赋表》：“耽八素之秘奥，遵二仪于大猷。”《全晋文》卷一〇三陆云《与陆典书弖》：“潜居以娱其志，静处以育其神，游步《八素》之林，逍遥德化之囿。”

所以，从石刻作“坟素”、“八素”的证据来看，《三国志》应该是作“坟素”而不是“坟索”。

《左传·昭公十二年》：“是能读《三坟》、《五典》、《八索》、《九丘》。”杜预注：“皆古书名。”孔颖达疏引孔安国《书序》：“八卦之说，谓之八索，求其义也。”[①]又引贾逵云：“八索，八王之法。”《史记》卷三《殷本纪》：“或曰，伊尹处士，汤使人聘迎之，五反然后肯往从汤，言素王及九主之事。”《文选》卷一六潘岳《闲居赋》：“傲坟素之场圃，步先哲之高衢。”李善注：“《左氏传》，楚灵王曰：左史倚相能读《三坟》、《五典》、《八索》、《九丘》。贾逵曰：《三坟》，三皇之书。《五典》，五帝之典。《八索》，素王之法。《九丘》，亡国之戒。坟，大也，言三皇之大道。孔子作《春秋》，素王之文也。”如果这里所言“素王”之事不误，那么似乎作“八素”更有些道理。又，孔安国释“索”为“求”，大概至少在西汉已经有作“八索”的了。

【作者简介】 谢国剑，2011 年至 2013 年于复旦大学中国语言文学博士后流动站从事研究工作。现为广东韶关学院讲师。

---

① 见中华书局《十三经注疏·尚书序》，页(上/114b)。

致父亲

吴葆勤

亲爱的爸爸：

今天，我代表我的妈妈、我的弟弟吴葆雷，您的孙女吴静容，我的妻子孔潮丽和南京、连云港的诸位亲友，在这里为您送行。

今天，您应当快乐，也一定快乐。

您的爷爷，在中年时就走了，在极端贫困中走了；我的爷爷，在改革开放之前，就离开了人世；而您，日子比您的爷爷，我的爷爷，不知道要进步多少倍，您安息在诚挚的祝福声里，安息在我们永不止息的爱中，安详地走完了自己七十年的人生旅程，您怎么能不快乐！

您的父母亲不识字，而您在中学、大学时代，就以擅长写作，工于诗词让人羡慕，即使今天的文人雅士，也对您钦佩不已！您怎么能不快乐！

在上个世纪六七十年代，您在偏远的乡村中学任教，从没有荒废过一寸光阴，今天，我依然记得当年在报纸卷成的灯罩下，那暗淡的灯光映出您伏案读书的身影！您以自己不懈的努力，顽强地改变了被时代扭曲的命运，您怎么能不快乐！

在国家的前途走向光明之际，您有幸遍访名师，不倦探索，您的学术成果屡获大奖，在中古汉语研究，尤其在史汉之亚的《三国志》研究领域，您的影响力遍及海内外。独上高楼，望尽天涯路。您怎么能不快乐！

您在知晓天命之年，来到享誉世界的复旦大学。在这里，您的视野更加开阔，您的研究更加精深，而您培养的众多学子都已成为卓尔不群的学界精英。桃李不言，下自成蹊。您怎么能不快乐！

您的一生充满阳光，您飞扬的个性与生命的活力在多姿多彩的旅程中尽情释放。您挥洒酣畅淋漓的笔墨，穿行于传统与现代之间，表达从不掩饰的喜怒哀乐，抒写您对自由人性的追求，对现代文明的渴望。您的作品让我们知道，从事科学研究的人，并非没有独立的人格；理性人生的背后，同样蕴藏着火一样的激情。阅读您的文字，我们怎么能不快乐！

您的一生，是勤奋的一生，夜晚不灭的灯光可以证明；您的一生，是清白的一生，学生心目中最正面的导师形象可以证明；您的一生，是对学术研究有重大贡献的一生，今天来这里为您送行的学生、学界的友朋可以证明。比起先辈，您的成就足以让所有的人为您骄傲。看到这些，我们为您感到快乐！

爸爸，您安心走吧。我们永远怀念您。今天在场的有学校领导，学界朋友，及门弟子，两地至亲，我们在这里含着热泪为您送行，您一路走好！

葆勤

2013 年 6 月 4 日

【作者简介】 吴葆勤，文学博士，江苏教育出版社副编审，办公室主任。

他真的飞走了

张敏文

2013年6月2日凌晨50分，他带着胜利的喜悦走了。他走得很安祥，没有一丝一毫的痛苦，也来不及有一丝一毫的眷恋。他急着要去寻找国际乒乓球冠军庄则栋，向老庄讨教乒乓球球技了。他要去寻找撰写《三国志》的陈寿以及给《三国志》作注的裴松之，当面告诉他们《三国志》中所存在的许许多多讹误，并与他们共同切磋三国史。他要去寻找恩师徐复老和钱小云先生，进一步探讨研究古典文献学和汉魏六朝语言学中的新问题。他要去寻找人生旅途上的第二恩人——章培恒先生，与之继续开怀畅饮，谈古论今。他要去寻找自己的父母、姑妈、哥哥以及侄儿葆春，让他们与之一道去看望自己终生最最喜爱的爱犬——Gaos。

他一生中，经常梦见自己双脚踩水。不管水面有多宽，水底有多深，他始终一个人站在一望无际的水面上，两只脚稳稳当当，像剪刀似的一剪一剪交错向前行驶。但梦见次数最多的，还是他身上长了两只翅膀，沿着屋檐慢慢地飞起来，有时飞檐走壁，有时腾云驾雾，有时越飞越高，穿破云层。而这一次，他竟梦想成真，真的飞走了。他似乎就在我的眼面前飞走了。任凭我怎么千呼万唤，声嘶力竭，他还是不声不响义无返顾地飞往另一个世界了。

人生的旅途就是从地狱走向天堂路过人间，让你留在人间停一停，走一走，看一看，玩一玩。而他在人间停留70年，与我结伴走走看看想想玩玩长达42年，这其间演绎了许许多多大大小小喜怒哀乐悲欢离合的故事。如今他不声不响地飞走了，却给我留下了难以名状的悲痛和刻骨铭心的记忆，让我无论如何也挥之不去。

忘不了那天凌晨6时许，他起床了，我兴奋地告诉他：“今天5月31号，是我三周岁生日。”他顿时感到很愕然，问我为什么？我说：“今天是我术后三周年。”他这才恍然大悟，立即安慰我说：“噢！那好，那得好好过！”之后，他就下楼遛狗了。早饭后，他心血来潮地整理书房，将电脑桌上长期堆压得又高又乱的书和刊物统统归类整理上架，又将另一部分暂时不用的书摞到书橱顶上。这期间他喊了我两声，我怕他累，劝他不要爬高不要负重，等钟点工小郭来了再搞。可他非但不听，而且顺手从书橱顶上拿了一个电脑键盘，要我改日交给小郭，说是与上次送他的那个电脑显视器是配套的。就在这前一天，他还叮嘱我有机会还给他的助管周典富打印费二三百元。我说答辩时你顺便带过去，他不同意，执意要我还他。5月31日这一天，他一直在忙，整理过书刊就坐到电脑旁忙于核对电子资料，我除了喊他吃药吃饭，基本上没敢找他讲话。这一天，他忙得也没有心思逗小扁玩。晚饭后他又转身直奔书房，坐到电脑旁仍然做他自己的事。大约7点半左右，我在厅里与六妹视频聊天，只听他突然从书房出来，并高喊一声“打球了！”我同往常一样又追至门口，再三叮嘱他“打球少出汗，最多一小时就回来”。他也像平常一样，边下楼梯边回答我“知道，放心！”谁知道，这竟是我们最后的对话！这竟是我们最后的诀别！我竟然眼睁睁地看着他飞走了。

5月21日他应邀代表中文系参加复旦教工乒乓球比赛，打了个全胜，他欣喜若狂，觉得自己70岁老头还能敌过年轻人，说明身体还不错，对自己更充满了自信。30日博士生答辩后，晚上近10时多才回来，只见他满头是汗，口中微冒酒气，说是与王继如等老朋友喝酒了，与方向东、小施等席间谈得很开心。下午他独自将王继如和方向东二位先生送至火车站，回来又路过小区乒乓球室，与老杨打了5局，杨不服输硬拉着他又打了5局，结果杨还是全输。为此他兴奋不已。见他这般模样，我非常不放心，待休息一阵后给他量血压，结果还算正常，只是心跳72，比平时的56左右快了不少。可是他漫不经心地说：“因为打球了，心跳快一点属于正常。”看他喝了点酒，见了久别重逢的老朋友情绪又格外激动，所以这一晚我再三叮嘱他：“若感到不舒服就立即告诉我，儿子在家呢。”他回答：“我没有什么不舒服的，不舒服的是你不是我。”就这样夜间3点多钟我醒来后还是不放心，照例摸摸他的口和鼻，听听他的呼吸。

自从2010年7月下旬他第一次休克后，我就开始对他不放心。心里牢记弟弟告诫我的话“要好好注意他，他随时都有发生危险的可能性”。他每次去学校上课或偶尔出差在外，我总要与他本人或助管周典富电话联系，问这问那。2011年10月21日他去学校上课，回来路过黄兴公园，又发生了第二次休克。吓得我魂不附体，与邻居小曹一道逼迫带客的出租车司机将我们送至公园门口，我飞快地奔向救护车，然后祈求新华医院急诊室医生竭尽全力地抢救他。这一次，他在医院住了13天，但坚决拒绝医生为他再做心脏造影术，任凭我和两儿怎么劝说，他也不接受。这期间，我们还先后动员他的南京姐妹能来沪陪陪他，但终因姐姐身体欠安而没能如愿。出院后，我对他格外谨慎，每日早中晚看着他吃5次药。有时出去一会儿，担心他心不在焉吃过了又吃，干脆就把药收藏起来。他自己也从先前的两次休克中找到了教训：（一）彻底戒烟。（二）运动后不能立即坐下来休息。所以2012年他过得比较平安。但是今年5月份他既要忙于为外校博士生论文盲审，又要忙于自己两位博士生毕业答辩，期间既为某博士生论文盲审遭遇的厄运愤愤不平，又为参与论文盲审的某校教授水平低劣而义愤填膺。更促使他起五更睡半夜不知疲倦地每日坐在电脑旁的是忙于中华书局的《三国志》修订稿。因为白天坐了一天，晚上他会去小区乒乓球室活动一下身子，放松一下心情。5月31日晚间，恰逢小区对外乒乓球比赛，他赶上了比赛，并且又获全胜。他再次兴奋，竟然糊里糊涂地忘记了先前的教训又立即坐下来休息了，这就发生了他的第三次休克。谁知这一次休克后，他再也没有醒过来，这竟活活地要了他的70岁老命。如果感觉身体劳累疲倦，为什么还要硬撑着去打球甚至参加比赛呢？这究竟是本意还是天意？令我费解。那一刻，他既没有痛苦也没有忧伤，独自在胜利后的兴奋与喜悦中飞走了。可是那一刻，他却把人间最大的生离死别之痛及老来丧伴之苦实实在在地留给了我，让我叫天天不应，呼地地不灵。

6 月 2 日，在我撕心裂肺般的极度悲痛时，忽听他的助手劝我："师母不要太难过了，其实老师早有准备。他在 11 年 7 月 13 日就立下遗嘱了。"随即，便从他的电脑中找到了遗嘱并打印出来。霎时间，我百思不得其解。天啊！怎么会这样？我立刻联想到他的第二恩人章培恒先生，是在 2011 年 6 月 7 日凌晨 22 分走的。病危时他去华山医院陪伴章先生，临终又目送章先生被送进了太平间。章先生所患的高血压、糖尿病、心脏病，他都有。是否他看到了恩人的最后归宿便是自己的必由之路。可是在这茫茫人海中，彼此呼唤最多的，交往最深最长久的，与我朝夕相伴无话不谈的 42 年的老伴啊，你怎么就这般沉着镇静？近两年了，却一丝一毫也不露声色呢？假如我要知道你立下遗嘱，我一定会想方设法去化解你，我一定会千方百计去劝说你，让你别心急，等等我，等等我俩在人间度过金婚 50 年。我会拼了老命陪你一起去日本，去台湾，去新加坡走一走，看一看，实现你既定的旅游计划。我会告诉南京的儿子一家常来沪看看你，让你常开心，让你常尽兴。我会不惜一切代价动员你最喜爱最信赖的姐姐抽空来上海，陪你多聊聊，陪你多玩玩，陪你说说南京话。我会求助你的知心好友们，让大家共同安慰你，鼓励你，让你增强自信心，从人生终结的阴影中跳出来。可是，如今一切都晚了，你却不告而辞偷偷地飞走了，你让我上天无路入地无门。每当看一遍你的遗嘱，我都心如刀绞。我实实在在无法挽救你，我也实实在在无法唤回你，我只是毫无能耐地地眼睁睁地看着你从我眼前飞走了。

2013 年 7 月 3 日初稿，12 月 21 日修定

【作者简介】 张敏文，原复旦大学古籍整理研究所资料室馆员，现已退休。

张敏文致吴金华于冬至前夕

金华老伴：

从6月1日到今天，你已飞往天国204天了，我只有在梦中常常见到你。今天，我与儿子葆雷在思印、六妹及苏杰的陪同下，将你护送回南京了。我与两儿按照你的心愿，让你与父母、哥哥、姑妈及葆春团聚于普觉寺。这样你开心，我们也放心了。儿子葆勤为你选择了乾园这块不但地势好而且又向阳的宝地，你可以尽情地施展绝技：打乒乓、抖空竹、绘画、拉京胡、下围棋。闲暇时还可以去找徐老、钱老切磋学问，共同讨论六朝史学。

关于《三国志》修订稿，儿子葆勤已与中华书局商讨，由他帮你把没做完的部分做完。儿子除了干好本职工作，还要为你承担点校《三国志》的重任。望你在天国好好保佑儿子，让他健健康康，平平安安，顺顺利利地完成这件大事。

复旦古籍所将为你出版纪念文集，你的学生王华宝、何凌霞一直为此操劳。从一篇篇的纪念文章中，我看到了你的学界同仁及你的学生，对你的学术成就和高尚师德大加颂扬，大家公认你为当代最优秀的语言学家和文献学家之一，更公认你为当今研究《三国志》的顶尖人物。我为有你这样的丈夫而深感自豪，同时也为几十年间对你所做出的辛劳付出而无怨无悔。

我们在一起风雨同舟度过了四十二年，其间酸甜苦辣我们都共同尝过，我们在一起演绎了大大小小喜怒哀乐的人间故事。从相识到相知到相依，我深深体会到，你不仅是我的丈夫，更是我最信赖的老师。

你与你的父母一样，正直善良，给人的多，所得的少。几十年间，你对自己的生活从无过高要求，唯一的要求是满足你那强烈的读书欲。你历来视书如命，在任何情况下与书不离不弃。你所一向追求的是人生自由，你所一直酷爱的是乐观潇洒。勤奋读书，埋头做学问，善于发现，勇于创新，让你的一生乐在其中，也累在其中。你那顽强执着的拼博精神，严谨认真的治学态度，坚韧不拔的超群毅力，亲和慈祥的笑容永远铭刻在所有亲人、师友和广大学生的记忆中，也永远活在大家心中。

今天，除了我和两儿，还有何亚南、王华宝、吴新江、苏杰，以及南京、连云港的两地亲人，大家冒着寒冷来普觉寺为你举行葬礼，以异常沉痛的心情向你表示由衷的敬意和深深的怀念。

金华老伴，你放心吧，我会尽力为你守好这个家，陪伴好儿子和小扁。我衷心地祝愿你一路走好，在天国与你的父母哥哥团聚在一起，无忧无虑，天天快乐！

张敏文泣书

2013 年 12 月 20 日

附录

在语言的长河里遨游

蒋廷玉

“这些只是私下谈谈，还是不要写吧。”

结束对新近获中国社会科学院青年语言学家奖86年度二等奖的南师大教师吴金华的采访时，他又一次恳切地对记者说。

做学问的人，该是书卷气十足的吧，吴金华老师并不是这样，尽管他也戴着副眼镜，却给人一种敦厚之感。

或许是县城生活的陶冶？

他生长在南京，1966年从南师大中文系毕业后，被分配到赣榆县教书，在中学教学园地里辛勤地耕耘了十馀年。1978年，他考回母校，投在著名语言学家徐复先生的门下，攻读硕士研究生，钻研文字音训之学。

从那时起，他参加了汉语史的研究和古文献的整理工作。在研读大量古籍的过程中，他发现《三国志》在词义训释和校勘标点方面存在着问题，学术界至今尚未解决。于是，他在教学之馀，致力于《三国志》的研究。

这次，被推出参加评奖的三组论文中，第一组3篇分别刊登在《中国语文》和《中国语文通讯》上。徐复先生在推荐书上给这组论文写的评语是：作者从许多罕见的语言材料中，得出了确凿可信的结论，为古汉语被动句的研究填补了一项空白。

第二、第三两组论文共5篇，均是考释《三国志》中的一些疑难词语的。徐先生评价甚高，认为作者“多发前人所未发，所论大致可以信据”，说他“不蹈空虚，言之有物”，又说他“苦心钩稽，颇为精审”,“足为治古籍者生色”。

有人说,学海茫茫,勤勉是双棹,吴金华就是这样勤勉的人。他35岁考上研究生,这个年纪做学问,起步可算是较晚的了。他主攻的魏晋语言,是汉语史研究中的薄弱环节,可借鉴的东西少,这又给研究工作带来一定困难。但他凭着一股热情,着魔般地扎到书本里。研究生期间,他的时间安排,除了读书还是读书,读导师指定的书,也读未指定的书。1979年,他到南图读《大藏经》,早出晚归,中午误了吃饭时间,就吃烧饼喝白开水,就这样他在南图泡了将近一年。他从语言研究的角度研读《大藏经》,又以所得材料印证《三国志》的词语,取得丰硕成果。他的硕士论文《〈三国志〉解诂》1981年发表在《南京师院学报》上,获1985年省哲学社会科学优秀成果三等奖。至今,他已发表有关《三国志》的论文10馀万字,得到学术界的好评。

从1980年到现在,吴金华共发表论文40篇。1983年,他与另一位导师钱小云教授合著的《古汉语概要》一书出版。目前,他手头还有两本专著,《〈三国志〉校议》基本脱稿,《〈三国志〉词语通释》正在撰写中。他不仅在科研领域是佼佼者,在教学方面也取得了一定成绩。1985年,省电视台播放了他主讲的《古文字源流》。同年,他被评为省优秀教育工作者。现在,他是省语言学会理事、南师大古文献专业副主任。

这位年富力强的学者谈到今后的打算时说,他将转入古汉语史的研究,着手整理《王右军集》和《王大令集》。

(原载《新华日报》1986年11月22日第四版“人物专访”栏)

【附录】

中国社会科学院青年语言学家奖1986年度评选揭晓

新华社北京11月14日电　中国社会科学院青年语言学家奖1986年评选活动结束,共评出二等奖三个,四人获奖。

南京师范大学的吴金华考释了《三国志》中的一些疑难词语。专家认为,这些诠释大多精审可取,他因此得奖。

复旦大学的周振鹤、游汝杰二人的获奖著作是《湖南省方言区划及其历史背景》。他们结合历史上行政区划与人口的流动，提出了湖南省方言分区的意见。

北京大学的李零以《战国鸟书箴铭带钩考释》一书获奖。战国鸟书带钩铭文由于文字奇谲难识，长时间来无人了解。李零在文中释出“责”、“由”二字，使铭文的最后数句得以读通。

中国社会科学院青年语言学家奖是1983年设立的。这个奖授与对中国境内的某种或某些语言文字的现状或历史进行调查研究有成绩的中国青年学者。青年语言学家奖每年评选一次，获奖者的年龄限制在45岁以下。

（《新华日报》1986年11月15日第四版）

吴金华和他的老师

俞润生

“我去告诉老师……”

去年11月15日下午，我在南京师范大学见到吴金华同志。他四十开外，穿着一身中山装，言谈举止还带着一股青年人的朝气。我一把抓住他，向他祝贺。他怔住了，操着标准的南京话冲着我说：“别开玩笑……”

我赶紧找出当天的《南京日报》，翻到第四版，指着《青年语言学家评奖揭晓——南京师范大学榜上有名》给他看。他脸一红，“啊”了一声，从我手上夺过报纸，连说：“惭愧、惭愧！我去告诉老师，我去告诉徐老……”我们还没有来得及谈话，他就走了。

名师出高徒

吴金华所说的“徐老”，就是《中国现代语言学家》第五册有专文介绍的徐复教授。徐复教授是国学大师章太炎、黄侃的门生，专治文字、声韵、训诂之学，在学术上多所建树，久负盛名。

吴金华1966年从南京师范学院中文系毕业以后，被分配到赣榆县教书。1978年，他以优异成绩考上了徐复教授的古汉语专业硕士研究生。

徐老对研究生要求很严，他常说，青年要读书，做学问要扎实。

他常引孔子的话说:“学如不及,犹恐失之。”又常引荀子的话说:“驽马十驾,功在不舍。”吴金华就是按照徐老的指导,认真读书、刻苦钻研的。在撰写硕士论文期间,他经常到南京图书馆阅读《大藏经》等古籍,早出晚归,有时中午误了吃饭时间,就弄两块烧饼,喝几杯白开水了事。就这样,他获得了大量极有科研价值的古籍资料。

吴金华的硕士毕业论文是《三国志解诂》,这篇论文的油印件在1981年举行的全国训诂学会上就已赢得了专家的好评,后来其中一部分发表,曾获1985年度“江苏省哲学社会科学优秀成果三等奖”。

名师出高徒。徐老也为他的学生又一次“榜上有名”而高兴。可是,当我向徐老祝贺时,徐老却说:“吴金华两次得奖,是他自己勤奋努力的结果。”

吴金华现在想什么

吴金华荣获1986年度“青年语言学家二等奖”的主要作品是:《〈三国志〉校点拾遗八则》、《〈三国志〉拾诂》、《〈三国志〉词语札记》、《〈三国志〉考释》、《〈三国志〉解诂》。徐复教授在推荐这些论文时,曾这样写道:“余读陈寿书,每孳疑义,读作者所为诸文,遂焕然冰释。吴金华君教学认真,科研实事求是,其前途未可限量,故乐为推荐如上。”

吴金华深知老师的表扬是为了奖掖后进,他不止一次地讲:“这是老师对我的鼓励,没有老师的指点,我不可能……”我问他对两次获奖有何感想,他犹豫了一阵,从书桌里取出一张稿纸,上面有一首格律严整的五律:

寸草难为意,春风又一年。
植根长恨浅,依树不争妍。
宛转门墙外,崎岖峡谷前。

云峰望无极，更着祖生鞭。

这首诗表达了作者对导师的感激和自谦、奋进的心情。

我来到吴金华的小屋，看他还是在书堆、稿纸堆中忙个不停。我就开玩笑地说：你已是“青年语言学家”，也可罢手歇一歇了。他说：“回顾从前发表的论文，里面有些不成熟的东西，最近又发现其中还有错误，只怪那时看书太少，现在再不读书，就要闹大笑话了……”看来，吴金华在学术研究上永远是不会满足的。

（《新华日报》1987 年 1 月 18 日第四版）

我与吴金华老师

秋 子

不见吴老师已经三十二年了，最后在一起的时间还是1976年的秋天。

吴老师在门前的菜地里盖了一间防震棚，让我去装电灯。当时我还在公社当电工，手中有点小权，电线、灯具等材料是可以给找到的，无需吴老师自备。活不多，很快就装好了。吴老师和张老师硬是要留我吃饭，我怎么好意思呢？吴老师有恩于我，没有吴老师哪有我上高中的机会？区区小事，岂能让吴老师破费？

吴金华老师是南京人，南京师范大学中文系毕业，1968年调我们海头中学任教。1978年考上他母校的古汉语专业研究生，后留校任教，曾被评为“全国十大青年学者”，是知名的学者、教授。晚年一直在复旦大学任教。这些都是从同学那里听来的信息，支离破碎并不一定完全或正确，吴老师的经历和成就肯定远非这些。吴老师个不算高，一米七六左右；身体不粗壮，完全是南方城市人的那种干练，像他写的字一样，具有柳体的飘逸和骨感。吴老师白净净的扁柿子型脸，薄嘴唇，尖下巴，长着不重的络腮胡；眉细却浓，眼微陷，像山涧的一泓清泉；悬胆似的鼻子上架一副近视镜，有文化人的慧容却没有严师的那种威严；言和而声轻，温善可亲。

我不是吴老师的嫡系学生，下一届的高中才是他教语文。小师弟们对吴老师的语文课佩服得五体投地，说吴老师上的课那才叫“酷”。课堂上，他激情飞扬，才气横溢，从书内到书外，说古道今，侃侃而谈（从不需看教案），引人入胜。讲到精彩忘情处常来不及拿黑板擦子，直接用袖子擦黑板……讲到这，小师弟们都会忍不住笑，那种近似夸张的自豪与满足，常在我的心中溅起丝丝妒意。我与吴老师住在一个房间一年多，竟从未有幸听他一节课，这不能不说是一种遗憾。

吴老师能拉会唱，多才多艺，是学校毛泽东思想宣传队队长。京胡拉得最棒，调正音圆，很专业。每每在台上唱戏，只要吴老师在台下伴奏，我就信心十足，唱得有板有眼。吴老师拉胡时样子有些夸张，时而勾头时而昂起，非常投入，仿佛那清脆悦耳的琴声是从他心里流淌出来的。

吴老师乒乓球、篮球都“玩”得不错，有些道行。乒乓球以削球为主，打得耐心而沉稳。一旦对手失去耐心，露出破绽，他会突然起板抽杀，很少失手。打篮球，吴老师没有优势，但他步伐灵活，突破能力强，在人空里左突右闪，两个人都难以防范；在篮下，他弹跳高，突破上篮、抓篮板球也算得上好手。那时下午的课外活动，老师经常和学生打比赛，我们防不住吴老师就跟他要赖，在他身后又拉又拽。每逢此时，吴老师会笑着指着我们说，赖死了！赖死了！可并不发火，一派长者风度。

有一次比赛场间休息，我们几个学生在一起嘁嘁喳喳地交流攻防心得，说吴老师是“盯防”重点，一定要“把死”，防不住时就下下“黑手”。吴老师听了，在一旁笑着说，你们五个都上来。我若把你们全摔倒了，以后就不能再跟我玩赖。我们年轻气盛，自然不服，五个人真把吴老师团团抱住。两个抱腿，两个抱胳膊，一个抱腰。待我们抱牢，吴老师问好了吗？也不待我们回答，只听“嗨”了一声，不知吴老师何处借来了神力，一拧一转，竟把我们五个稀里糊涂、稀里哗啦地甩倒在地。这真真让我们吃惊不小，且引起我们对吴老师经历的“探秘”。

后来，我们慢慢地间接知道吴老师生在一个习武之家。解放前，家里以卖艺为生。解放时家庭成分划分偏高，估计该是中农或富农这样的档次吧。这样的成分在解放后是受社会歧视的阶层，家里境况自然不会好。为了省钱，吴老师才上了师范。“文革”前师范生的学费、生活费都是国家包着的。

我们上初中时学校就有宣传队。课外活动时宣传队队员们排戏,我们常趴在活动室的窗外看,跟着学唱。我一人能兼唱杨白劳和喜儿两角儿的唱段。喜儿的女高音我唱得一点也不吃力,声音响脆得常把吴老师的午休给搅和了。我们初二年级的教室在吴老师的宿舍前,就是因为我的“搅和”,吴老师才发现了我的唱歌“天赋”。不久,我就很风光地进了学校宣传队。事后,我从队里同学那里知道我这“风光”全是吴老师“慧眼识珠”的结果。

1970 年各校复课闹革命,停招四年的高中开始招生,且有普及的态势。海头中学也开设了两个高中班,学生是在 66—70 五届初中毕业生中推荐选拔的。我们村分了两个名额,村里已经酝酿好了名单,一位是革委会主任的弟弟,一位是国营造船厂工人阶级的后代。那时,尽管我的父亲已不再挨批斗,但毕竟是下台干部,我自然与被推荐上高中无缘。说起来该是我有上学的命,暑假期间,文教局组织全县中小学文艺会演,宣传教育革命的大好形势。我在学校宣传队唱主角,饰演革命现代京剧《沙家浜》剧中的郭建光。学校顺理成章地提前让我进了校,并自豪地成了海头中学的首届高中生。当然,我同样知道我的这个“自豪”是吴老师给的。

上高中不久,我住进吴老师的宿舍。我不识谱,吴老师要教我唱词,还要教我唱谱背谱,不然与乐队配合不到一起。整个唱段都是吴老师用毛笔一张一张抄在大白纸上的,在东山墙整整挂了一排。这样,吴老师可以早晚抽空教我。

吴老师工作很投入,生活卫生不免懈怠。衣着很随便,也不经常洗。袜子、袜垫脏了、湿了,放在褥子底下焐。等脚上的穿脏了,便抽出褥子底下焐干了的袜子、袜垫双手搓一搓、抖一抖换着穿。吴老师抖的时候尘土飞扬,我看了常往一边躲。吴老师会对着我笑,笑得有些尴尬,也有些天真。我那时常想:吴老师为什么还不成个家?印象中吴老师那时已经二十七八岁了,我私下里很为他着急。

大概是 1971 年的春天,吴老师终于恋爱了。吴老师的爱人是海头小学的张敏文老师,年轻漂亮,脸圆圆的,厚嘟嘟的性感嘴唇,配着两腮上桃花似的酒窝,笑起来亲切动人。

吴老师对张老师非常倾心的,午休躺不住,常去小学看张老师,表面理由是到小学找老师切磋球艺,打乒乓球玩。有时会带上我,让我去张老师的宿舍喊张老师。张老师与其他女老师同住一个宿舍,夏天,吴老师觉得自己去喊不方便。

中学前面有个麦场,农闲时就成了电影场。吴老师常在看电影的时候与张老师约会。晚上,吃过晚饭,我扛着一条双人凳随吴老师去电影场。等张老师和她的女伴们来了,吴老师便让我去通知张老师并告诉她约会的地点——场角有间场屋子,一位痴情郎正在那等着他心上的人。

当时的海头小学的领导不知是出于何种用心,竟对吴老师的恋爱进行了行政干预,还跑到海头中学找吴老师谈话。

那是一个深秋的晚上,月光凉凉地洒下一地清白,星星也仿佛怕冷似的躲得高高的,需仔细瞅才能发现。学校建校时栽的高大威武的法桐树叶子已经落尽,我也像星星似的躲在粗大的法桐树后听他们谈话。他们三个在高中部教室走廊东头,我只模模糊糊地听小学那位校长说:张老师还年轻,是我们学校的培养对象……狗屁逻辑,培养对象就不能谈恋爱?我真想冲上去把他们轰走。

吴老师就是那个寒假回去结婚的。春节过后,新学期开始了,我在井边的柳树下玩。柳树还没有发芽,但春天的温暖已在田野里返青,只是还没有覆盖田垄。吴老师在井台边递给我一包喜糖,一脸灿烂的笑,像春池的涟漪,漾出幸福与满足的快意。他说,秋子,请你吃喜糖。我拿着喜糖傻傻的不知所措,激动得竟没能说出一句祝福的话来——那是我一生中第一次感受到的有点"晕"的荣幸!

1977年,我进师范读书,从此再也没见到我的吴老师。后来,我也回到了母校教书,竟像有缘分似地住进吴老师曾经住过的宿舍。那时我已结婚3年,同样带着一个孩子,住进吴老师和张老师最先住的那个单间。那是一排1956年学校初建时的老房子,西屋，共12间，青砖青瓦，冬冷夏热，曾经是女生宿舍。房子的墙根处的砖已经开始风化，室内是混和土地面，一年到头很少有干燥的时候，湿漉漉的泛着盐碱。听邻居老师说，吴老师住的时候，孩子没人带，他和张老师上课去了，就把孩子锁在房内，为方便孩子大小便，在进门一米处掘了个坑当孩子的便池。有一次孩子滑倒在便池里，屁股、腿上满是尿和屎，趴在门缝上哭，嗓子都哭哑了。听邻居老师讲，我心里都酸。我有岳母给带孩子，祖孙三代四口住在一起，逼仄得透不过气来。但想想吴老师和张老师，也就不觉委屈多少了。

后来，学校又盖了一排教工宿舍，老师的住房稍微宽敞了一些，学校安排我到同一排的最北面的两间住。那两间房子恰巧也是吴老师走前住过的，房内从墙根至屋面顶棚全是吴老师留下的"墨宝"。吴老师考研的时候，为强化记忆，把外语单词全用毛笔蘸着墨汁或蓝水写在上面。就是说只要进了家，或吃饭、或睡前、或梦中醒来……只要目之所及就可在不同的角度、在不同的时间阅读。

搬家的时候，房子的后面那棵柿子树上小柿子像一盏盏小红灯笼一样挂在遒劲的树枝上，一片喜庆的景象。同事们说，搬家是喜事，你去请示一下让学校给重新粉刷一下。我没有去，说实话，心里也不想刷，而且在我再次搬家的五六年的时间里都没动——我不想掩盖对吴老师的记忆，看着吴老师的"墨宝"，就仿佛我敬佩的吴老师就在我的身边。更重要的是我把吴老师的"墨宝"当作思想教育的"基地"，用吴老师的治教治学精神，激励我和我的学生像吴老师那样去工作、去学习，去奋斗！

（摘自2009年7月18日互联网"苍梧晚报论坛情感驿站"）

【编者按】 秋子的《我与吴金华老师》向我们展示了吴先生年轻时候的风采。秋子文笔极佳，借他生花妙笔，我们对先生的了解又深了一层，钦慕之心不由地又添了几分。但毕竟是隔了三十多年的光阴去回望，记性再好者在细节的追忆上也不免会出现一些偏差。那些尘封的旧事，影影绰绰的，散落在各处，有些积灰太久，不易辨认了；有些几经辗转，变了最初的模样，如秋子从别处听来的“吴先生曾被评为‘全国十大青年学者’”一事，当指的是1995年3月28日《扬子晚报》所刊载的《我省有十人成为1994年度国家有突出贡献的中青年专家》这一则报道，具体内容为“经人事部批准，我省共有十人成为1994年度国家有突出贡献的中青年科学、技术、管理专家。他们是江苏省农科院邹江石、春兰(集团)公司陶建幸、南京无线电厂陆荣昌，常州化工研究所许关荣、扬州大学农学院张洪程，苏州大学谢惠民、钱培德，南京师范大学吴金华，江苏省林科所李晓储，泰兴市农科所鞠章网”。

吴先生《关于“秋子”的〈我与吴金华老师〉》一文试图拂去沾在旧事上的尘埃，今将全文附录于下：

关于“秋子”的《我与吴金华老师》

吴金华

前几天，南京凤凰出版社王华宝编审在电话中告诉我，他在网上看到一篇关于我的散文，题目叫《我与吴金华老师》，作者署名为“秋子”，内容是回忆三十多年前我在海头中学工作期间的旧事；这篇文章颇为有趣，但有些内容恐怕不见得符合事实。我说，这两天我正在赶写一篇稿子，没有时间上网，你能不能把那篇散文转发给我？

今天，我一边读着“秋子”的文章，一边哈哈大笑，每读一段，都忍不住大笑一场。笑什么呢？一是笑自己当年居然给同学留下了那么有趣的形象，二是笑当年的同学居然对我有那么多善意的“误解”。

下面就后一种笑话举几个例子：

一、“吴老师个不算高，一米七六左右”——说我“个不算高”是恰如其分的，但说我“一米七六左右”，却大大拔高了我的形象。去年我在新华医院体检过，身材只有一米六八，按照现代的审美标准，这种个头应属“二等残废”；现在我虽然年近七十，但腰还没有弯，背也没有驼，身高跟四十年前差不了一二公分。这样看来，原文的“一米七六”应当是“一米六七”的倒置。

二、“薄嘴唇，尖下巴”——其实我的嘴唇属于比较“厚”的一类，从小学到大学，从年青到现在，一系列照片都不容辩驳。过去我听老人说，“厚嘴唇”是愚蠢的象征，所以，我一直不敢“自作聪明”，不管从事什么工作都宁愿比别人多花时间、多费力气，不得不以“笨人”自居。在“秋子”看来，我大概是个非常聪明的青年教师，所以我的嘴唇在他的印象中就由“厚”变“薄”了。

三、“讲到精彩忘情处常来不及拿黑板擦子，直接用袖子擦黑板”——说我“直接用袖子擦黑板”，那完全是同学们看走了眼。当黑板上没有空当而我又急于板书的时候，我常常用食指和中指代替黑板擦子，这是事实；由于衣袖过长，因而常常出现袖口顺势被抹上一些粉笔灰的现象，这也是事实。听课的同学坐在下面，只注意到我的袖口上的粉笔灰，没有发现我的食指和中指才是临时性的黑板擦子，这岂不是看走了眼？

四、“后来，我们慢慢地间接知道吴老师生在一个习武之家。解放前，家里以卖艺为生。”——1968—1976 年，我在赣榆县城里中学、海头中学当语文教师期间，许多学生都善意地猜测我的文化背景。有的说，我的父亲是个著名的南京大学教授，因为“文革”一开始就受到冲击，所以我才被下放到赣榆；有的说，我的父亲是个武术大师，以前是旧政府的保镖，我就是因为家庭历史问题才离开南京的。看来“秋子”所据的是后一种说法。那时，这两种说法都曾经让我笑疼过肚子。我的父亲年轻时是六合县新集镇的贫民，因为穷得吃不上饭，只得到南京天青街给“老板”当“学徒”，所学的内容是织毛巾、做帽子。三年满师后，老板觉得我父亲不但手艺精通，而且为人厚道、勤奋，就主动资助他开了个“店面”。从此，我的奶奶、母亲、姑妈、舅父等才陆续离开农村，成为南京的“小手工业者”。我的父母没有读过书，父亲只会写自己的姓名，母亲能背诵几句《三字经》——那是小时候在田里插秧时，从别人那儿听来的。上世纪五十年代初期“公私合营”时，父亲、哥哥、嫂嫂、姐姐都成为南京毛巾厂的职工，母亲在家做饭、带孩子（哥哥、嫂嫂有三个孩子），只有我一个人在学校读书。我大学毕业的时候，是1966年夏季，适逢“文化大革命”爆发，直到1968年才分配工作。那时等待分配的毕业生约有150人，上面发来的分配方案是：（一）边远地区（如新疆、东北、湛江之类）需要10人左右；于是出身“最不好”的，或者是同班同学有“恋爱关系”需要分配在同一地区的，都被“充军”到这类地方。（二）省内外的重要部门（例如新华社、北京宣传部、山西煤炭部之类）需要20人左右，凡是“出身好”，特别是“文革”中得意的“头头”，都填补了这类肥缺。（三）南京郊区的10多个中学需要进人，于是出身于“工人”、“城市贫民”、“贫、下中农”“小手工业者”之类的同学经过一番明争暗斗，才有一部分人如愿以偿。（四）四川的农村中学需要20多人，于是让“出身不好”或者“平时表现不好”的一批同学顶了上去；五，除了以上四类地区分出60多人以外，其馀80多个“上不得台、下不到底”的角色都分散到江苏各地。在江苏各地中，最差的要数徐州、淮阴、盐城三个地区；我被分配到徐州地区后，又由地区的“革委会”分配到赣榆县，理由是“你是江南人，赣榆有大米吃”。就这样，我在赣榆度过了难忘的十年。记得我25岁离开南京时，自己很伤感，但父亲却不以为然。他说：“我24岁离开六合老家时，一个字不识，不知道到南京后能不能混口饭吃；你现在是个大学生，每月有40多块钱的工资，不管到哪里教书，我们都有体面，还怕个什么！”此后，我之所以无论到什么地方、也无论干什么工作都无忧无虑，就是因为有了上述家庭背景。

五、“袜子、袜垫脏了、湿了，放在褥子底下焐。”——在“放在褥子底下焐”一句的前面，照理应当有以下八个字：“他先洗干净了，然后”。文中说衣服“不经常洗”是真的，一是海头风大，晾衣服太麻烦；二是那时合身的衣服不多，不像如今有两三套可供替换。但袜子还是有好几双的，而且洗起来也简单。大概我的洗袜子速度比较快，“秋子”没有发现，就误以为我连袜子也懒得洗了。在个人卫生工作方面，我那时的表现确实不比别人出色，连出身部队的时守禄校长都对我嘟噜过什么“有点马虎”;但也只是“有点”而已,不至于“马虎”到那种难于想象的程度,秋子,不至于吧?

六、“场角有间场屋子,一位痴情郎正在那等着他心上的人。”——在这里,秋子要么是记错了,要么是无意中把他自己的在另一处的恋爱情景移植过来了;不然,“场角”哪里会“有间场屋子”?请问,1971 年之前生活在海头的人,还有谁见过这间“场屋子”?

七、“听邻居老师说,吴老师住的时候,孩子没人带,他和张老师上课去了,就把孩子锁在房内,为方便孩子大小便,在进门一米处掘了个坑当孩子的便池。有一次孩子滑倒在便池里,屁股、腿上满是尿和屎,趴在门缝上哭,嗓子都哭哑了。”——这个故事也是误植的。“邻居老师说”的这件伤心事,发生在“邱某某老师(也是语文教师)家”。邱老师家的习惯是,孩子大小便时,父母亲拄着铁锹耐心等待,等到孩子一起身,他们立即就地挖坑,最后用新土覆盖好表层,所以她家常备铁锹一把,门内门外或凸或凹的地面上没有一块不是新土。我们的孩子,是请了保姆的,每月付给保姆 10 元,这在当时是很高的报酬了,保姆也很尽心;如果保姆偶尔不在,我们就把孩子带在身边,上课时让孩子在教室门口玩耍,从来没有“把孩子锁在房内”的事情。“邱老师家”的故事,流传很广,不知怎么连我也沾了光。附带说一下,我不论住什么地方,地面都相当平实,宿舍从来不备铁锹,因为铁锹之类的东西,你能用它做工具,进门的贼人也能拿它当凶器,放在家里没有好处。

最后,我要说明的是,除了上述七例,尽管《我与吴金华老师》一文中还有某些细节似乎也不那么准确,但我还是非常感谢“秋子”的好意。四年前,《赣榆诗词集萃》的编者向我索稿,我抄寄了六首旧作[1]。现将回忆任教于赣榆的两段顺口溜及“编者注”抄录于下,算是对“秋子”的应和。

忆赣马文峰塔

二〇〇五年一月

赣马原为赣榆旧城。1968 年任教于赣马中学时,常常观望矗立于墙外的这座残塔。

汉瓦秦砖何处求，旧城遗迹入荒丘。

多情惟有塔前月，相伴无眠春共秋。

忆海头

二〇〇五年一月

1971 年至 1978 年，任教于海头。

韶光如水忆华年，千里风尘到海边。

敬业夜磨三寸笔，强身朝练五行拳。

杯深不怕陪豪饮，舞乱犹堪伴急弦。

自笑煎馍啖无厌，至今佳味在心田。

附注：

《赣榆诗词集萃》编者注："五行拳，形意拳的别名。""伴急弦，作者擅长京胡，在海头中学常常负责宣传队工作，不时为所在地举办的京剧演唱和歌舞活动伴奏。"

注释：

[1] 六首旧作：指旧体诗词《春草》、《贺新郎》、《忆赣马文峰塔》、《忆海头》、《唐咨歌》、《〈汉语重言词词典〉跋》。

2009 年 7 月 30 日

句读和育人

——记吴金华老师《文字音韵训诂》课

周　燕

子皮欲使尹何为邑子产曰少未知可否子皮曰愿吾爱之不吾叛也使夫往而学焉夫亦愈知治矣子产曰不可人之爱人求利之也今吾子爱人则以政犹未能操刀而使割也其伤实多……

就是这样长达三百多字的文章，我们点了四遍，读了六遍……随着阿拉伯数字的攀升，这篇古文的大意也逐渐清晰起来。每多读一遍，多花一分功夫，我们便会发现自己又多懂了一个词，多点对了一个地方，多明白了一个句子，对文意的理解就更加深入了一步！

从第一篇没有任何标点和注释的白文，到第二篇《十三经注疏》左传（晋杜预注、唐陆德明音义、孔颖达疏），第三篇《左传杜林合注》（晋杜预《集解》、宋林尧叟《春秋左传句解》），第四篇《金圣叹批才子古文·子产论尹何》，第五篇《古文观止》，第六篇《春秋左传注》（杨伯峻注），一直到吴老师《三国志整理研究长编》中对“大者远者”、“伤锦败驾”、“人心不同、各如其面”的独到见解——吴老师用一篇篇注释程度详略不同的讲义，为我们搭建了前进的阶梯。我们每向上多迈一个台阶，就离作者的真意更进一步，理解的境界更胜一筹！正是在这不断迈步，并不断品尝收获的激励下，我们如饥似渴地阅读！

对我而言，这是一种全新的古文学习方式。

这种独特的授课方式，俘虏了我们课堂上所有的学生，也是对传统教学方法的成功颠覆！

或许正是源于对这种授课方式的认同，吴老师的《文字音韵训诂》课上总是座无虚席。从最初对这门课程望而生畏，到最后自觉自愿地参与课堂、融入课堂、陶醉于课堂，应该说，吴老师的深厚学养和人格感召是更为关键的因素。

一学期下来，我有了一叠厚厚的散发着墨香的讲义。从二十世纪音韵学的梳理，到《左传》的经典篇目，更有吴老师倾注很多热情和心血的《公羊传》解读，这里既有大义的阐释，也有文本的细读和个案研究。从吴老师对《公羊传》的解读中，我们看到了历史的另一种真实！

翻阅着手中的讲义，几乎每一篇，每一页，都有吴老师严谨的"简析"、"简注"、及"助读"，而绝非简单地介绍古今学者的研究成果。

正如1994年徐复先生在《世说新语考释·序》中所说：吴老师"好学不倦。举凡哲学、宗教、历史、文学、语言学之书，莫不涉猎……"、"深明文字声韵训诂之学，发难析疑，多所创获……"

吴老师的学养不仅贯彻在他的论著里，更贯穿在他对一篇篇文章的诠释中，贯穿在他对时人时事率性而执着、严厉而中肯的批评中，贯穿在为我们精心准备的治学格言中——

> "读书人当以四海为量，以千载为心。凡古今名人学术之成，皆由辛苦，鲜由天才；其成就早者，不走错路而已。""学问最高者，语言最简。通一经一史，文成一体，亦可以为成人矣。"（黄季刚《论学杂著》）

> "理解是一种无限的过程。""我们必须努力成为文本所期待的直接读者，以便理解暗示的意思和把握比喻的精确含

义。”“解释的重要前提是，我们必须自觉脱离自己的意识。”（[德]弗里德希里·施莱尔马赫《诠释学箴言》）

“做学问要老实，老实不会吃亏，因为你的东西寿命长，声誉好。”“要避免无知，只有两个办法，一是全靠自己读书，二是请教老师和朋友。”“做学问，要讲究五个字：新，博，精，通，专。”（吴金华《师门记语》）

这是吴老师自律的准则，也是他教书育人的原则！

一学期的《文字音韵训诂》课虽然结束了，但是，从那段学习中所收获的种种感悟还有先生的谆谆教诲和鼓励，将会不断影响我今后的学习和研究。

2009 年 1 月 12 日

与人为善　以文为亲

——记古籍整理研究所吴金华先生

毛　娜

“与人为善、以文为亲”是吴先生所提倡的研究生导师行为准则，而实际上，吴先生自带研究生以来，一直都是按照这八个字所要求的来指导和教育每一位研究生。

先生与人为善，什么事都会从学生角度出发，为学生着想，先生总是根据实际情况尽可能地对学生给予支持，从不对学生提出超越他们基础和能力的要求。

记得刚进校不久，所里下发申请助管的通知。新生入学总是希望能多接近老师，一时申请助管的人选多了起来。办事人员询问先生助管选择的情况，大意是“不知老师这学期安排谁作助管？老师定了人选，请告诉我，我尽快安排他填表”之类云云。先生的答复是“助管人选，请根据固有程序决定”。办事人员告诉先生“申请做您助管的有某某、某某等四人，请老师确定一位”。先生一听为难了，说：“教师选择时，自主权有多少？如果同学们都想做，如果没有‘优先入选的条件’供我决定，那就只好让他们‘抓阄’。”办事人员回答先生：“助管人选完全由您来确定。”这时，先生一下替学生感到了不平衡，给办事人员发了一封很长的邮件，其中有几句话写到：“如果不向报名的同学交代，叫人报名就变成了‘开玩笑’了。早知是由‘导师’自选，那就不必麻烦同学们先‘报名’了。既然已经有些同学报名，我觉得就应当对他们有个交代。助管是事务性的工作，必然要花费许多时间和精力，客观上会影响自己的学业。我认为，这种事务性的工作，最好让‘业务上没有后顾之忧的同学'或'业务上压力显然比其他同学少一些的人'来做，这样，我这个被'助'的教员，也就可以心安理得地让这样的'助管'做一些事务性的工作。而且'助管'的待遇实在太低了。如果让一个当'助管'的同学耽误了学业，不能按时完成符合要求的'开题'、'中期考核'、'核心刊物上的论文'、'毕业论文'等等，那么，同学所遭受这种惨重损失，就不是助管的微薄待遇所能'弥补于万一'的了。"

仅在学生申请担任先生助管一事上就可以看出，先生首先考虑的不是自己如何让学生帮着处理事务，他心里所能想到的全部都是自己的学生。先生的第一个反应是要考虑申请助管一职的学生的感受，是要对所有报名的同学有个交代；第二个反应是担任助管的同学会因此影响自己的学业，所以不能让学业上有很大压力的同学再花费时间和精力来做这些事务性的工作；第三个反应是替即将担任助管工作的同学鸣不平，认为助管的待遇太低，与同学的顺利开题、顺利通过中期考核和顺利写出高水平的论文相比，助管的待遇尚不及其万一。

在先生的心里，学生总是占着比自己重要的位置，先生总是不顾各种条条框框和各方面的压力及自己的努力为学生争取利益。这一点从先生对硕士生奖学金的态度上也能看出来。每到学生评选奖学金的时候，先生总免不了为学生发愁。由于硕士生一直没有生活补助，先生认为硕士生奖学金的评选机制很不合理：有那么高比例的学生拿不到奖学金，他们就什么经济来源都没有，学校完全没有为这部分的学生考虑，他们要靠什么生活和搞研究，学生最后都要自己想着法子维持生计，那学习科研的时间和精力自然就少了。先生一直坚持认为，并且经常向奖学金评选小组反映：奖学金应该人人都有份，等级可以分，但一二三等的金额不要相差太多，这样就既能促进学生的上进心，又能保障学生的基本生活。先生常说，不管是谁的学生，如果一分钱都拿不到，心里不舒服不说，生活上肯定要遇到困难。在今天这样的社会和环境下，还能这样从学生的角度出发为学生考虑的老师，真的是很少见了。

先生总是尽力对学生给予支持，而从不对学生提出超越他们基础和能力的要求。在平常的科研或阅读中，先生总是很留心可供学生研究的课题和项目，每遇到有研究意义和研究空间的课题，先生都会立刻想到可以给某个学生试试。先生会问学生说某某书、某某专题你看看是否有兴趣，如果有兴趣你试试能不能搞出一两个个案研究的例子？先生会强调说"试一试"、"试一试"，研究不出来没关系，但其实这些专题都是先生已经自己先行试过的，一定是有研究意义的先生才会跟学生说。而先生之所以对学生说"试一试"，完全是不想让学生有压力，最好是学生自己也有兴趣，而不是勉强学生一定要按照先生的思路进行研究。又如果先生得知某个同学已经着手研究某个开题，先生就也会对这一课题加倍留心，一旦遇到与该课题有关的材料，便会第一时间发送给该同学。

在先生自己的科研项目中，先生也从不会要求学生为他自己的科研项目花费时间和精力。无论情况多么紧张、时间多么紧迫，除非是学生自愿帮忙的，先生绝不会命令或者要求学生为他服务，宁可自己违背医生的嘱托，天天带病工作到深夜（先生心血管装上了支架，医生嘱托要早睡早起）。在先生心里，学生都有自己的事情要做，学生的学习和研究任务也很重，怎么还可以要求学生来为自己的工作额外付出呢？

先生与人为善，但并不是说先生是老好人，没有原则，一心袒护自己的学生，和学生什么事都好商量的。相邻专业的老师和同学都知道，先生是出了名的是非分明、爱憎分明。

如果先生的学生中有谁胆敢与"剽窃"、"欺骗"沾上边，那他一定会遭到先生的"狂轰滥炸"，也就是会连续不断地收到先生的邮件，内容不外乎严厉深刻的批评教育和苦口婆心地劝说引导。直到这位同学清醒地认识到自己的错误，对已犯的错误做出相应的补救措施，并且尽力彻底终止已有的不良习惯，先生才会暂时停止发送教育邮件。但每隔一段时间，先生还是会对全体学生敲敲警钟，既对犯错的同学有警醒的作用，也让其他同学引以为戒。

但即使是遇到这种极端的情况，先生也不会采用极端的方法。

先生不会立刻放弃任何犯了错的学生，总是不惜花费自己几天几夜的时间，不停地发送邮件来批评教育学生。那是因为先生总还对学生抱有希望。先生会说“浪子回头金不换，亡羊补牢犹未晚”，还会举自己沾染吸烟的不良习惯而费力戒烟的例子，其目的就是希望晚辈的年轻人不能因一时的错误而自暴自弃、一条斜路走到头，先生希望年轻人永远不要沾染上恶习而屡教不改。

先生善意帮助的学生都要符合一定条件，那就是要“作风正派、诚实勤奋、专心治学、尽力而为”。笨不要紧，基础薄弱也不是致命缺点，昨天的“先天不足”，可以用今天和明天的努力来弥补。只要看清方向，振作精神，向着自己的既定目标，义无返顾地投入自己最宝贵的时间和精力，日积月累，必定水到渠成。用先生的话说，“作为研究生，只有将聪明才智花在本专业的科研上，才有可能早出科研成果。最忌讳的事情，莫大于心不静、思不专、学习上怕艰苦、科研上走邪路。最不好的状态，无非是思而不学、浅尝辄止，把大量的时间和精力投入到私生活的小圈子或没有什么积极意义的社交活动上。最不受欢迎的思想状态，莫大于混毕业、混学位、贪小利而忘大局。最糟糕的事情，莫大于企图写自欺欺人的文章，甚至因饥不择食而剽窃他人成果。总之，学术研究投入不足或无心投入的各种表现，做学问不肯踏踏实实的浮夸行为，无论你绞尽脑汁、挖空心思地说出多少理由，都无法得到指导教师的支持”。这就是先生与人为善的原则。

同样，先生的“以文为亲”也绝不是对所有的“文”都亲。混学分的、应付作业的，先生会坚决加以抵制，而以严肃、恭谨、勤奋的态度撰写的高质量学术论文，则一定能得到先生的肯定和推荐。

刚入学之初，吴先生发给我们每位同学一封《致新老同学》，其中有这样一段话：“新、老同学聚会的头一天就开展学术讨论，这是学科性质所决定的。大家既然成为古籍所中汉语言文字学学科的博士生、硕士生，当然志在学术研究；而学术研究的终极目标是有所创造、有所发明，我们在学术上的创造发明只能通过发表学术论文的方式贡献给社会，所以，凡是以严肃、恭谨、勤奋的态度撰写的学术论文,都是值得我们好好学习、认真讨论的对象。"这段话我们每个学生都谨记在心。

在先生看来,原创性科研成果是对祖国、对社会、对学校的回报与奉献,是先进思想、良好作风、奋斗精神的折射,是专业水平高、科研能力强的外在表现,对我们研究生来说,所有的先进表现最终都在这里体现。

先生常说,现在的博士生每年享有国家那么多的生活补贴,学校给研究生提供这么多优越的条件,如果再不埋头搞科研,多写出高水平的学术论文,就是尽不到博士生的义务,就是对不起祖国、社会、学校,也对不起自己在学校的三年宝贵时间。

先生对学生们认真撰写的并达到发表水平的学术论文,任何时候都认真审阅并且积极推荐。即使在先生自身任务十分繁重的时候,也一直将学生达到发表水平的文章挂在心上,千方百计地抽出时间赶往校园与学生讨论、修改文章。先生今年已是六十七的年龄,除固定地每周给学生讲课以外,只要有学生的文章需要讨论,先生都会不辞辛劳地从家中赶来参加,以他这样的年龄和地位,仍然对学生的文章这样上心的老师,除了吴先生,我没有见过第二个。先生总说,同学的论文一旦在权威刊物或核心刊物上发表出来,那就是尊师重教的最珍贵礼品,而实际上,在刊物上发表出来的高质量论文,先生付出的心血绝不比每一个学生的少。这些文章与其说是学生尊师重教的表现,不如说成是老师送给学生的珍贵礼品更贴切,学生从中感受到的写作态度、学到的写作技巧、收获的信心和激发的兴趣,是用什么都难以换来的。

为了鼓励学生多读、勤写学术论文,先生经常给学生们发送邮件。除每周一发的通讯以外,逢年过节先生会有献辞、寄语,新学期开始和学期结束学生们也都能收到简报和结语,内容都与撰写、发表科研论文相关。有时是温馨的散文,有时是巧妙的对联,有时就是振聋发聩的喝问。比如"让我们尽量丢开与学术研究无关的杂事杂念,总结昨天的收获,抓紧今天的耕耘,画好明天的蓝图"。"勤勤恳恳,生机勃勃;旭日临高楼,文思泉涌笔渐快。懒懒散散,死气沉沉；昏灯伴矮榻，武陵梦阑腹长空。”“本学期又要结束了，自己在科研上又有了哪些实实在在的进展？又积累了多少专题研究的学术资料？又做了几篇个案研究的学术笔记？又发表或撰成了几篇基本上达到发表水平的小型学术论文？”“暑假前后，能向学校、向社会奉献出一个在读研究生应有的阶段性研究成果吗？”这些都是先生用心良苦地写出发给我们每位同学的，读着先生的这些文字，分明可以体会到先生对我们的期望和着急，感受到先生时时刻刻惦记学生学习和科研的心情。

先生不只要求学生多写高质量的学术论文，他对自己的要求也非常严格。如果学生一年总共发表三篇，那么先生就会要求自己一年发表五篇，如果学生一年有五篇文章，那么先生就会把自己的目标定为八篇。

先生深深知道作为老师他对我们的影响有多深远，所以他从来都是以自己的实际行动为我们做榜样。用心如先生，负责如先生，除了用“好导师”三个字来概括，作为他的学生之一，我实在找不到其他可以更全面的概括先生品行的文字。而这“好导师”三字，所能反映的，又岂有先生真实的“好”的万分之一呢？

2010 年 11 月 29 日

《〈三国志〉论集》序

章培恒

我的同事、复旦大学特聘教授吴金华先生嘱我为他的大著《〈三国志〉论集》写篇序，我赶紧辞谢。因为他在《三国志》研究领域是蜚声国内外的、成就卓著的学者，目前既为“重新校点《二十四史》与《清史稿》工程”中的《三国志》校点的负责人，又应国际著名汉学家、挪威科学院院士、奥斯陆大学(University of Oslo)教授何莫邪(Christoph Harbsmeier)先生之邀，共同主持《〈三国志〉中英文对照译本》的科研项目。而我则对《三国志》的研究完全是门外汉，哪配为他的大著写序？但金华教授说，他的导师徐复先生已于几年前去世，他找不到别的年辈略长的人来撰写序言了。于是我明白了他正在经历着我前些时候的境遇：一夜之间——真好像是一夜之间——忽然发觉自己置身于本行业的年岁最长的人群之中；那是一种难以名状的悲慨。他的嘱我写序，或许也是由此导致的聊以自慰之举——借以显示本单位中还有更老的人在——罢！我便贸然接受了下来，虽然自知这是典型的班门弄斧，而且多年来为疾病所困，连斧头是否拿得起来也难说。

然则说什么好呢？列举此书的成就所在并不是我的能力所及；姑且挂一漏万地介绍一下我所了解的金华教授研究《三国志》的特点，那或许能对较年轻的学者有所帮助。

我想，金华教授在《三国志》研究方面之所以能取得如此重大的成就，首先是基于对目录、版本、校勘学和文字、音韵、训诂学的高度造诣及二者的相互结合。

自上世纪末以来，金华教授把主要精力用在《三国志》研究上，其中的一个重要方面就是校点，而且已经取得了很大成绩，岳麓书社出版的由他校点的《三国志》便是证明。不过，对他来说，这仅是初步成绩；即将由中华书局出版的他所主持的重新校点的《三国志》才是集大成之作——集古今研究者之大成，也集他自己的研究成果之大成。这部《论集》中的不少论文就都与此相关连。

清代曾有朴学家说过这样意思的话：古书必须经过校勘才能读。我以前不懂，后来却慢慢地懂得了：越是年代久远的古书，其中的问题和错误也就越多，所以越要校勘。以《史记》来说，现存各种版本中的《屈原贾生列传》都记载着“屈原者名平”，但那恐怕是“屈原者字平”之误（《学术月刊》今年第9期已发表黄毅教授与我合写的《“屈原名平”说证误》可参看）。即此一例，足概其馀。《三国志》在传写、刊刻中的错误和问题也非常多，同样需要经过仔细的校正。而在这一工作中，目前做得最好的就是金华教授。无论是其已由岳麓书社出版的《三国志》校点本抑或是这部《论集》中相关论文都足以证明这一点。

至其能够如此的前提，则是他在精通目录、版本、校勘学的基础上，对目前尚存于世的《三国志》的各种版本及其渊源、特色、优缺点都了如指掌，对收录《三国志》中的篇章和征引其片段、文句的时代较早的古籍及其珍贵版本的情况具有全面、深刻的了解，然后对《三国志》的各种重要版本和见于上述古籍中的出于《三国志》的文字进行认真仔细的校勘，发现彼此相异的所在，并决定取舍。

在决定取舍时，绝不能以通常的所谓是否通顺为依据来判断其正、误，而首先必须依靠文字、音韵、训诂学。限于篇幅，这里仅能举一个例子：宋本《三国志·魏书·梁习传》：“太祖为司空，辟召为漳长，累转乘氏、海西、下邳令，所在有治。”元本、西爽堂本、明代南监本、汲古阁本等末四字均同宋本，惟明代北监本“治”下有一“名”字，清代武英殿本、上世纪中华书局出版的陈乃乾校点本均从北监本，研究《三国志》的有名学者易培基、卢弼也均以为宋、元本于“治”下脱去了“名”字。如果按照现代人——甚或明清时人——

的阅读习惯,"所在有治"确不可通;北监本之在"治"下增一"名"字,其故大概也就在此。然而,金华教授却引《三国志·田豫传》、《王浚传》及《华阳国志·后贤志》的有关文字,证明"所在有治"为当时常语;又引郑玄为《周礼·天官·小宰》中"二曰以叙进其治"句所作之注:"治,功状也。"从而有力地证明了"所在有治"实为所在有治绩之意,毫无讹误;增一"名"字倒反而违背了原意,也证明了增加者对"治"字缺乏理解。这就非在训诂学上有高度造诣不可。

其次,金华教授在目录、版本、校勘学和文字、音韵、训诂学上始终处于学术的前沿,因而能高瞻远瞩,新见迭出。

目录、版本、校勘学和文字、音韵、训诂学都是中国的传统学问,在清代的乾、嘉时期更取得了空前的重大成就;因而有人甚至以乾、嘉为这两门学问的极盛时代。然而,乾、嘉以后这两门学问仍在发展,而且是具有重要意义的发展。如果一味以乾、嘉为圭臬,那就必然落得抱残守阙的结局。与此相反,金华教授在这方面不但与时俱进,并且走在前面。

以目录、版本、校勘学来说,乾、嘉学者为客观条件所限,就个人而论,一方面不可能看到许多当时国内尚存的宋、元善本,另一方面更不可能看到许多当时存于国外的中国古籍善本和国外学者的相关著作,像日本山井鼎撰、物观校勘的《七经孟子考文补遗》这样能传入中国并被收于《四库全书》的著作真可谓凤毛麟角;至于后来出土的许多不啻瑰宝的古写本与非纸质书本当然更非乾嘉学者所能寓目。所以,今天在目录、版本、校勘学方面能获得的资粮已远远超过乾嘉学者,研究者的视野自也应远远超过乾嘉学者乃至民国时期的学者。金华教授的《三国志》研究在目录、版本、校勘学方面正充分体现了该学科的最新成就。光就《三国志》的版本选择而言,如日本静嘉堂所藏(陆心源氏原藏)南宋初据北宋本翻刻的《吴志》,虽为士礼居旧藏,但因是私人藏书,在乾、嘉时并未被好好利用,其重要价值未能被较好认识,陆心源氏在《宋椠吴志跋》中虽举实例证明了此本的若干好处,但此本仍未受到应有的普遍重视。金华教授则充分利用了此本的优越性，所以有了许多新的发现。再如二十世纪出土的五个古写本，在金华教授以前一直未被全面利用，从金华教授开始才较好地改变了这种局面，因而金华教授在《三国志》的校勘上又有了许多新的成就。

再以文字、音训、训诂学来说，《三国志》的语言属于中古汉语。而中古汉语在以前一直很少有人从事专门的研究。从上世纪七十年代起，才有郭在贻教授等学者在这方面作了开创性的积极探索；虽然郭在贻教授英年早逝，但在其他学者的相继努力下，这一学科却日益壮大，今天已具有丰硕的成果，成为古代汉语研究中的学术前沿之一。金华教授也是这一新领域的先行者，并取得了重大的成就。他的关于《世说新语》的论著就是有力的证明。也正是由于对中古汉语的不懈的探讨和深厚造诣，他在《三国志》的解读和文字校正上才能左右逢源，极富创见。这里也只举一例：宋本《三国志·魏书·阮籍传》注引《魏氏春秋》："昶叹贵之。"明清版本《三国志》于此均作"昶叹赏之"；后来的校点本亦多仍之。金华教授却指出："叹贵"乃是中古汉语的常见词语，也可作"贵叹"，并分别引用《魏书·庞淯传》正文及《武帝纪》注引《续后汉书》相关文句以为例证，从而纠正了明清以来各种《三国志》版本中的上述错误。

第三，金华教授精熟三国史事及风俗，故于《三国志》的校读多所创获，这就不是只长于目录、版本、校勘学和文字、音韵、训诂学者所能办到的了。限于篇幅，也只各举一例。

《三国志·魏书·明帝纪》注引《魏略》："通引谷水过九龙前。"现存此书的宋、元、明本均同，但《资治通鉴》卷七十三述此事则于"九龙"作"九龙殿"，故《三国志》殿本亦依此句的"龙"下补一"殿"字。金华教授则据史实说明"通引谷水过九龙前"为魏明帝青龙元年事，建九龙殿则在青龙三年，此句显然不应有"殿"字。所以，他不仅纠正了《三国志》殿本之讹，也指出了《资治通鉴》此处的错误。

又，《三国志·魏书》卷九注引《魏略》述丁谧之父丁斐事，说道曹操曾对丁斐有这样的评价："我之有斐，譬如人家有盗狗而善捕鼠，盗虽有小损，而完我囊贮。"后人对此颇有质疑者，以为狗非捕鼠的动物,“狗”字应为“猫”之误。金华教授则引《吕氏春秋·士容论》中“齐有善相狗者,其邻假以买取鼠之狗”的记载和谢承《后汉书·李寿传》中“夫东家有犬,不忍见西家之有鼠”之语,以证明狗从先秦到东汉都具有捕鼠的作用,故曹操把丁斐比作“善捕鼠”的“盗狗”,正说明当时仍延续了以狗捕鼠的习俗。

第四,金华教授对《三国志》的体例深有研究,故对书中所记史事能有深邃的理解。如关于赤壁之战,刘备与孙权联军,大破曹兵。从《蜀书》来看,刘、孙联军是以刘备一方为主的,故《蜀书·关羽传》明确地说:“孙权遣兵佐先主、拒曹公。”但以《吴书》的《孙权传》和《周瑜传》来看,破曹的主力乃是属于孙权的吴军。金华教授则引《魏书·武帝纪》“公至赤壁,与备战不利,于是大疫,吏士多死者,乃引军还。备遂有荆州、江南诸郡”的记载,并说明陈寿作《三国志》的体例是根据魏、蜀、吴三国各自的档案材料来记载各国之事的,因而《蜀书》与《吴书》中各以赤壁破曹的主要功绩归于自己,但从《魏书》所反映的魏国的档案来看,曹魏实以刘备为赤壁之战的主要对手,并承认为其所败,可见《蜀书》所记较接近真实情况,而《吴书》所记则不免夸张孙吴的功绩。

在这里需要说明的是:在校勘、研究一书时必须明确此书的体例,乃是清代学者的优秀传统。金华教授正是继承和发扬了此一传统,使自己的《三国志》研究的成就更为宏大。

以上是我所认为的金华教授研治《三国志》的特点,也是其深厚学力的体现。由于我的外行,所举自不免挂一漏万之弊,殊为惶愧。

最后还想强调一点:金华教授这部论集不但对历史著作的《三国志》研究取得了很大突破,而且对文学名著《三国志通俗演义》的研究深有裨益。例如,他证据确凿地指出了《三国志通俗演义》的许多虚构乃是出于对《三国志》及相关材料的误解、误读,这是以前的文学史研究从未发现的。我想,这至少有两大贡献:一,由此可以进一步了解《三国志通俗演义》的主要创作者(通常认为是罗贯中)的真实文化程度,从而为了解他身份提供有力的旁证;二,误解、误读当然不是好事，但由此导致了一系列深具魅力的文学虚构，像吕蒙白衣渡江的种种描写，就是因不解“白衣”的真实含义而虚构出来的，因而此种误解、误读不仅没有降低历史小说的价值，反而加强了它的吸引力。深入地探讨此类现象的原因，将会在相关的文学理论领域取得若干新的突破。因而，文学史研究者对这方面的新的发现实在也应给予充分的重视。

2009 年 12 月

吴金华先生学术年谱简编

何凌霞

【说明】　本编主要载录吴金华先生学术论著的发表情况，附及吴先生的一些重要的学术活动。此外，编者在编辑年谱的过程中，又发现不少跟教研活动有关的诗文，在此亦酌情收录，以补《集外集选编》之阙。至于与《选编》篇目相关的一些资料，包括吕叔湘、蒋礼鸿、郭在贻等诸位先生与吴先生的往来书信，散存于吴先生的旧札中，容编者日后整理续补。吴先生为《三国志》研究名家，门下弟子的研究亦多与《三国志》有关。在先生的指导下，吴门弟子修成了不少《三国志》研究正果，如储泰松《〈三国志〉裴松之音注浅论》、季忠平所译《吐鲁番、敦煌发现的〈三国志〉写本残卷》(片山章雄撰)、陈健梅《裴松之年谱》、苏杰《〈三国志〉异文研究》、邓军《〈三国志〉代词研究》、王文晖《〈三国志〉成语研究》、崔泳准《中韩〈三国志〉今译与古汉语专题研究》、马丽《〈三国志〉称谓词研究》、阎玉文《〈三国志〉复音词研究》、倪永明《中日〈三国志〉今译与中古汉语词汇研究》、肖瑜《敦煌吐鲁番出土〈三国志〉古写本用字研究》、王彤伟《〈三国志〉同义词研究》、何凌霞《〈三国志〉专名研究》。吴先生学术视野开阔，治学不主一家，由古及今，自东徂西，兼收并蓄，善采众长。先生的治学理念亦贯串于弟子的学术成果中，如崔泳准对《三国志》韩译本的研究，倪永明对《三国志》日译本的研究，季忠平关于日本学者研究成果的译文，何凌霞关于《三国志》英译本的评介，肖瑜关于海内外《三国志》出土残卷研究成果的述评，在在见出先生的良苦用心。因本编收录的仅是先生个人的学术论著活动，上述成果在此附带提一下，不再编入年谱；又因编中所列论著发表的刊名、出版社、时间等，皆有《论著目录》可查，故一般从略。

1943年(癸未)　1岁

11月27日出生于江苏省南京市马巷50号吴家。

1950年(庚寅)　8岁

就读于南京砂珠巷小学。

1956年(丙申)　14岁

就读于南京第二十八中学初中部。

1959年(己亥)　17岁

就读于南京第三中学高中部。

1962年(壬寅)　20岁

考入南京师范学院中文系。

1966年(丙午)　24岁

6月　毕业于南京师范学院中文系，获文学学士学位。

1967 年(丁未) 25 岁

“文革”期间,在南京师范学院等待毕业分配。

1968 年(戊申) 26 岁

被分配至徐州地区赣榆县,历任赣马中学、海头中学语文教员。

1978 年(戊午) 36 岁

考取南京师范学院中文系首届研究生。

10 月 离开赣榆县海头中学,到南京师范学院,师从著名语言学家、古文献学专家徐复(号鸣谦)先生,攻读汉语史专业研究生。

1979 年(己未) 37 岁

攻读汉语史专业研究生学位课程。

协助导师查证《汉语大词典》编纂过程中所需要的资料卡片,在“斋舰”、“顾反”等语词研究方面受到称赞,导师在《读〈义府续貂〉识语》中曾提及一例。

1980 年(庚申) 38 岁

读完汉语史专业研究生学位课程。

8 月 发表《说“猖獗”》。

9 月 担任钱玄(小云)先生的助教,为中文系本科生辅导古代汉语课程。发表《“略无阙处”的“略”字该怎么理解》、《“好会”小议》、《文言文标点斟酌三例》。

10 月　发表《古文中的合叙》、《几个文言词语的特殊用法》。

1981 年（辛酉）　39 岁

完成研究生学位论文。

2 月　发表《中学古文疑难词语试释》、《中学课本〈桃花源记〉几条注释的商榷》、《文言文训释杂例》。

4 月　发表《〈石壕吏〉注释异议二则》、《略谈“变文避复”》。

5 月　发表《大学课本文言辨疑》。

6 月　发表《〈三国志〉解诂》。从南京师范学院毕业，获文学硕士学位。

7 月　留校工作，担任徐复先生的助教。发表《古诗文释词举例》。

9 月　为中文系本科生讲授《古代汉语》课程。发表《所见＝＝所》。

12 月　发表《〈屈原列传〉疑义释例》。

1982 年（壬戌）　40 岁

南京师范学院中文系汉语教研室教师。

4 月　发表《古诗文标点述议》。

6 月　发表《〈三国志〉标点献疑》。

8 月　发表《王羲之〈杂帖〉释文疑义辨析》。

9 月　发表《古诗文中的同义词连用》。

12 月　发表《“太阳”变为“日”的别名的时代》。常国武等编《中学语文教材析疑》由江苏人民出版社出版，收录《陈涉起义：守令皆不在》等九则短文。

1983年(癸亥)　41岁

中文系讲师。协助徐复先生筹备古文献专业。

2月　发表《“适耳目之观”浅说》、《古文中的“连类而及”》。

3月　发表《〈三国志·吴书〉“定”疑义释例》、《〈三国志〉考释》、《略谈汉魏六朝的词语》。

5月　发表《试论“R为A所见V”式》。

9月　古文献专业成立后,任专业秘书,负责专业的日常工作。

12月　与钱玄先生合撰的《古汉语概要》一书由江苏人民出版社出版。

1984年(甲子)　42岁

“南京师范学院”更名为“南京师范大学”。任古文献专业副主任。主持专业的具体工作。

1月　发表《〈试论“R为A所见V”式〉补正》。

7月　着手撰写《三国志校诂》,收集附录《三国志研究集锦》。

11月　应江苏电视台之邀,开设“汉字源流”系列讲座。发表《三国志校点拾疑》。

1985年(乙丑)　43岁

主持古文献专业的教学与研究。

3月　《三国志解诂》一文,获江苏省社科院首届哲学社会科学优秀成果奖三等奖。发表《新版〈三国志〉校记》。

4月　发表《南北朝以前的“为……之所”式》。

7月　发表《〈三国志〉臆断》。

8月　发表《〈三国志〉拾诂》。

9月　教师节获江苏省人民政府颁发的“优秀教育工作者”奖状、奖章。

1986年(丙寅)　44岁

2月　任古文献专业主任,兼任古籍所副所长。

3月　发表《“卒暴”、“部”义辨》、《〈三国志〉词语札记》。

5月　发表《古书勘误(十则)》。

7月　发表《“脚”有“足”义始于汉末》、《司马懿的脖子》。

9月　发表《老南京话的“胎咳”(taihai)》。

11月13日　中国社会科学院来函,内容为“本年度评奖工作已经完毕。您的著作‘有关三国志词语考释论文五篇’获得二等奖,谨此奉闻,并致祝贺。奖章和奖金800元另邮寄上。请给收据。原拟择定日期邀请获奖各位同志来北京会见并参加便宴,因据了解,各地来京以及由京返回,订购车票、机票都难保证日期,因而会见日期难于选择,只可暂不举行,并此奉告。此致敬礼。”

11月15日　《新华日报》报道获奖消息。《三国志解诂》、《三国志考释》、《三国志词语札记》、《三国志拾诂》、《三国志校点释疑8则》等系列论文,获中国社科院“青年语言学家”奖二等奖。中央台同时广播。

11月22日　《新华日报》刊登《在语言的长河里遨游》,记者蒋廷玉报道。

11月　编成《古文献研究文集》第1辑,以南京师大学报编辑部的名义作《编者的话》。内有新撰《〈三国志〉杂笺》。

12月　发表《“护前”不是“护短”》。

1987年(丁卯)　45岁

职称晋升为副教授。

1月18日　《新华日报》刊登《吴金华和他的老师》,俞润生撰写。

2月26日　接到江苏省高等学校教师高级职务评审委员会审查批准的“副教授任职资格通知书”。发表《〈三国志〉拾诂(续)》。

5月　发表《〈三国志〉述闻》。

9月　《三国志校诂》完稿,作《前言》,并请徐老作序。

10月　获省教委、团省委、省科委、省科办联合颁发的“优秀指导教师奖”奖章。

11月　发表《〈吊魏武帝文〉浅析》。

12月　编成《古文献研究文集》第2辑,以南京师大学报编辑部的名义作《编者的话》,内有新撰《晋写本〈魏志·臧洪传〉残卷初探》。

此前数年,应上海辞书出版社之邀,参加《辞海》修订工作,故列名于1987年版《辞海》(语词分册)“修订人”栏目。

1988年(戊辰)　46岁

硕士生导师。招收古文献专业硕士生。

被推举为江苏省第七届(1988—1992)人民代表大会代表。

11月　发表《“R为A见V”式述例》、《佛经译文中的汉魏六朝语词零拾》。

1989年(己巳)　47岁

招收汉语史专业硕士生。

1月　发表《“为……见”式两例商兑》。

3月　发表《“错”有错误义不晚于汉末》。

9月　讲义《古代汉语·训诂篇》由安徽教育出版社出版。

1990年(庚午) 48岁

南京师范大学教研骨干。

3月 发表《岳麓本〈三国志〉校点记》。

5月 发表《〈世说新语〉词语考释》。

7月 岳麓书社出版以百衲本为底本进行点校的《三国志》(上、下册)。

10月 《三国志校诂》由江苏古籍出版社出版。

12月 发表《〈三国志〉词语简释》。

1991年(辛未) 49岁

职称晋升为教授。

1月 参与编写的《全宋词典故考释辞典》一书由吉林文史出版社出版。

2月 发表《〈世说新语〉词语考释(续)》。

4月 根据古委会要求撰写《南京师大古文献专业》一文。

5月 指导的硕士生张琪敏完成论文《〈建康实录〉校点札记》(后来全文收入《古文献整理与古汉语研究续集》)。

6月 作为江苏人大《义务教育法》检查团成员,视察连云港市、赣榆县等地,作《贺新郎》,发表于28日《连云港日报》。

8月 应教育部全国高等院校古籍整理研究工作委员会之邀,在台湾刊物发表《南京师范大学古文献专业》。

9月 教师节作《采桑子·呈钱先生》,序曰:“钱小云(玄)先生年长徐鸣谦(复)先生二岁,钱师曰:‘徐先生有三高:德高,才高,寿高。’时钱师八十又二矣,隐居著述,传三礼之学,奖掖后进,授治学之方,名闻遐迩,益谦以待人。然则三高者,亦夫子自道也。”词曰:“浮云过眼任高下,风也飘飘,雨也飘飘,挺拔东南不自豪。
门墙桃李延荒外,德自高高,寿自高高,朴学文章继史骚。”

1992年(壬申)　50岁

被推举为江苏省第八届(1992—1996)人民代表大会代表。

因教育工作有突出贡献,获国务院颁发的政府特殊津贴证书。

9月　因学术研究有突出贡献,获“江苏省有突出贡献的中青年专家”称号。

11月　发表《古汉语被动句“为……见”式补说》。

1993年(癸酉)　51岁

南京师大中文系学术委员会主任、教育委员会主任,兼古文献专业主任。

4月1日至8月30日　应邀到香港大学访问讲学。

4月5日　在香港大学亚洲研究中心讲演,题目是《汉魏六朝音韵学与古籍疑义辨析》。

4月　作《〈吕氏春秋注译〉后记》。发表《谈谈〈古汉语〉自习和应考的几个问题》。

6月　作《七绝·夜登扯旗山》:“百里彩屏谁与同,晶光粲粲耀晴空。嫦娥失色群星暗,天际浮云脸也红。”后抄赠香港中文大学黄坤尧博士,被收入黄著《沙田集》。

7月　作《许韵谢别》:“跨过罗浮桥,世界大如许。海天何舒阔,腹中仅尔许。主人不我弃,勤勤谬推许。岂敢效井蛙,沾沾空自许。”

7月10日　应香港语言学会会长之邀,作题为《古汉语研究》的讲演。

9月　任中文系常务副主任,分管教学。

9月10日　教师节主持青年教师座谈会有感,作《乐道铭》:“言不求美,有道则灵。文不求多,有见则名。堂堂学府,师德惟馨。著述苦中苦,教学精益精。陋室随身小,新钱入手轻。可以比蜡烛，比园丁。无腐败之忧虑，无资产之牵萦。校徽能防盗，讲台足忘情。子贡云：'所乐非穷。'"

10 月　整理《世说新语》笔记。

11 月　主编的《古代汉语自学指导》由江苏古籍出版社出版。

1994 年(甲戌)　52 岁

因学术研究有突出贡献，获国家人事部颁发的"国家有突出贡献的中青年专家"称号的证书。

申请国家教委资助的科研项目《汉魏六朝佛典中的语词研究》获得通过。

岳麓书社初版(1990 年)《三国志》(点校本)修订重印。

1 月　《世说新语考释》完稿，作《后记》。发表《〈东观汉记校注〉拾遗》。

3 月　发表《〈世说新语〉笺疑》。

7 月　发表《〈世说新语〉杂说》。

8 月　书稿《世说新语考释》由安徽教育出版社出版。主编的《古代汉语自学指导》由江苏古籍出版社第 2 次印刷。

11 月　发表《〈世说新语〉词语考释(三)》。

1995 年(乙亥)　53 岁

调复旦大学古籍整理研究所。

主编的《古代汉语自学指导》(增补本)由江苏古籍出版社第 3 次印刷。

申请教育部古籍整理研究工作委员会资助的科研项目《三国志详注》获得通过。

2 月　作《〈后汉书〉校点志疑》，收入《古文献研究丛稿》。

3 月　发表《〈世说新语考释〉续稿》。

5 月　发表《〈搜神记〉校补》。

7月　据旧稿改定《“两绝”应作“雨绝”》，收入《古文献研究丛稿》。改定《〈三国志校诂〉外编》，收入《古文献研究丛稿》。协助夫人张敏文完成《〈三国志〉整理研究资料简编》（载《文教资料》1996年第3期）。

8月　编成《古文献研究丛稿》，作《题记》。发表《〈汉语大辞典〉书证商榷》。

9月　发表《〈襄阳耆旧记〉发疑》。《吕氏春秋》注译（第一作者），被收入《文白对照诸子集成》中册，由广西教育出版社、陕西人民出版社、广东人民出版社联合出版。

11月　发表《徐复先生学术纪年初稿》。书稿《古文献研究丛稿》由江苏教育出版社出版。《世说新语考释》（重印本）由安徽教育出版社出版。

1996年（丙子）　54岁

领衔招收复旦大学古籍研究所汉语史专业博士生。

任第四届全国高等院校古籍整理研究工作委员会委员。

继续任中国语言学会理事，中国训诂学会常务理事、学术指导委员会委员。

申请上海市社科基金资助的科研项目《三国志语言研究》获得通过。

2月　发表《〈汉书〉“正月赐羊酒”校议》。

3月　发表《〈三国志校诂〉订补》。

11月　发表《〈三国志校诂外编〉补正》。

1997年（丁丑）　55岁

1月　发表《〈后汉书〉标点献疑》。

2月　发表《〈汉语大辞典〉商补》。

7月28日　与南京师范大学签署聘书，被南师大聘为兼职教授。

9月　发表《〈后汉书〉标点献疑(续)》。

11月　发表《〈宋书〉校点本偶记》。

12月　发表《〈宋书〉校点献疑》。应《文教资料》编辑部之约，作《遥寄三祝》，刊于1998年第1期。

1998年(戊寅)　56岁

3月　发表《〈三国志〉待质录(一)》。

5月　发表《〈三国志〉待质录(二)》、《〈晋书〉点校献疑》、《〈宋书〉点校本志疑》。

5月11日至13日　出席"海峡两岸古籍整理与传统文化学术研讨会"，宣读论文《略论易氏〈三国志补注〉》，此文后发表于台北《孔孟学报》第76期。

7月　发表《〈三国志〉待质录(三)》。

8月　发表《〈后汉纪〉校读琐记》、《〈汉语大词典〉中有关文献考察的若干问题》。

1999年(己卯)　57岁

1月　发表《〈后汉纪〉校笺》、《〈三国志〉待质录(四)》。

3月　发表《〈三国志〉待质录(五)》。

4月16日　发表《开展钱学研究，推动学术发展》。

5月　发表《〈汉语大词典〉商订五题》(王宝刚协助整理)。

8月　修订旧稿《中华书局校点本〈三国志〉修订刍议》，收入《古文献整理与古汉语研究》。

9月　作《岳麓本〈三国志〉修订后记》。

12月　修订旧稿《〈三国志辞典〉商兑》，收入《古文献整理与古汉语研究》。

12月8日　获复旦大学1999年度优秀研究生导师奖。

岳麓书社出版的《三国志》(点校本)第一版(1990—1998年)印刷8次。至此全面修订,出第二版。

2000年(庚辰)　58岁

2月　发表《〈三国志〉斠议(上)》。

3月　《徐复先生学术纪年初稿》(修订稿)被收入《朴学之光——语言文字学家徐复》,此书由南京大学出版社出版。

3月30日　发表《地方文献整理的硕果》。

4月17日至20日　出席"徐复教授九十寿辰学术讨论会暨中国训诂学研究会年会",作两场报告,分别为《训诂学研究的回顾与前瞻》、《谈徐复先生的治学思想与学术成就》。

5月　作《〈三国志校诂〉及〈外编〉订补》,收入《三国志丛考》。发表《〈建康实录〉校议》(与季忠平合作)、《〈三国志〉斠议(下)》。

6月　从《长编》中整理出《〈三国志集解〉笺记》,收入《三国志丛考》。发表《〈三国志〉语词琐记》。

7月　修订旧稿《易氏〈三国志补注〉今证》,收入《三国志丛考》。发表《〈晋书〉辨疑》(与吴新江合作)。

8月　编成《三国志丛考》,作《弁言》。发表《〈三国志〉管窥》。

9月10日　获上海市教育委员会颁发的"从事教育工作三十年荣誉证书"。

10月14日至15日　出席"首届中古汉语国际学术研讨会",宣读论文《〈三国志〉四字格成语散记》,后收入《古文献整理与古汉语研究》。

11月　编成《古文献整理与古汉语研究》,作《弁言》。专著《三国志丛考》由上海古籍出版社出版。发表《易氏〈三国志补注〉述评》(与苏杰合作)、《"所到之处"句式源流考》(与王文晖合作)。

12月　编印《三国志整理研究长编》。完成1997年上海社科基金项目《〈三国志〉语言研究》。

12月26日　获复旦大学颁发的香港人赞助优异奖教金

证书。

2001 年(辛巳)　59 岁

3 月　发表《〈后汉纪〉校议》。

5 月　发表《〈后汉纪〉校读琐记(续)》。

6 月 28 日　发表《略谈论文写作》。

8 月　发表《略论汪维懋〈汉语重言词词典〉》(与韩国崔泳准合作)、《〈三国志〉斠议续例》。

9 月 25 日至 26 日　出席“第二届中古汉语国际学术研讨会”,宣读论文《〈三国志〉词语辨疑》,后发表于《汉语史学报》第 2 辑。

10 月　专著《古文献整理与古汉语研究》由江苏古籍出版社出版。

10 月 16 日至 23 日　出席“第二届汉语史国际学术研讨会”,宣读论文《〈三国志语言研究〉简论》。

10 月 26 日至 27 日　出席“古文字信息化处理国际学术研讨会”,宣读论文《略说〈三国志〉的奇字》。

11 月　发表《对〈三国志〉校勘问题的新思考》、《〈三国志整理研究长编〉摘录》。

2002 年(壬午)　60 岁

3 月　与张敏文获“2001 年复旦大学比翼双飞模范佳侣”光荣称号。发表《〈三国志辞典〉商正》。

5 月　发表《〈三国志〉语词辨疑》。

5 月 24 日至 28 日　出席“姜亮夫、蒋礼鸿、郭在贻先生纪念会暨汉语史、敦煌学国际学术研讨会”,宣读论文《读蒋礼鸿先生遗著〈三国志语词辑录〉》。

6 月 22 日至 23 日　出席“海峡两岸古典文献学学术研讨

会”，宣读论文《略谈日本古写本〈群书治要〉的文献学价值》，后收入教育部人文社科重点研究基地北京大学中国古文献研究中心等编《海峡两岸古典文献学学术研讨会论文集》。

8月 《三国志》校点本（修订本）由岳麓书社出版。

9月17日 在复旦大学作题为《进入网络时代的“中古汉语研究”》的讲座。

12月 参与点校的《全唐文》（共七册）由山西教育出版社出版。

2003年（癸未） 61岁

1月 发表《〈古文献整理与古汉语研究〉简介》。

7月 发表《略谈日本古写本〈群书治要〉的文献学价值》。原先指导的硕士生陈健梅的学位论文《裴松之年谱》获上海市教育委员会、学位委员会颁发的《上海市研究生优秀成果（学位论文）获奖证书》。

10月18日 在南京师范大学古文献专业成立二十周年庆祝大会上作题为《全球化视野中的古文献学》的讲演。会后，作《呈徐先生——母校古文献专业二十华诞志喜》，诗曰：“转眼栽植二十年，欣看桃李欲满园。吾师今年九十二，畅论今昔数千言。胜似《梅花》奏《三弄》，高山流水风雅颂。台上台下齐鼓掌，经久不息春雷动。花甲之年笑我忙，此心如旧鬓已苍。追随吾师不知倦，忘却儿孙来身旁。身旁诸生亦卓卓，置酒祝嘏难推却。君不见长江后浪追前浪，万里奔腾前程阔。”

12月 发表《〈三国志〉难字献疑》。获2003年度复旦大学“微阁中国语言科学奖教金”著作奖二等奖证书。

12月13日至14日 出席“中国历史汉字整理与研究国际学术研讨会”，提交论文《〈三国志〉通假字研究》。

2004年(甲申) 62岁

1月 《跨世纪的徐先生》被收入《朴学之路——徐复教授九十寿辰学术讨论会论文集》,此书由江苏教育出版社出版。

2月6日 应邀在韩国全北大学作学术报告,讲演的题目是:《本世纪三部大型汉语辞书的成就和局限》,副标题为《日本〈大汉和辞典〉、台湾〈中文大辞典〉、大陆〈汉语大词典〉评议》。

6月 发表《〈三国志〉标点琐议》(张巍协助搜集资料)。

8月 读《嘉庆海州直隶皱志》,撰《唐咨歌》,后收入《赣榆诗词集萃》。

2005年(乙酉) 63岁

2月1日 与挪威科学院院士、奥斯陆大学教授何莫邪合作,签定国际合作项目协议书。

6月 《春草》、《贺新郎》、《忆赣马文峰塔》、《忆海头》、《唐咨歌》、《〈汉语重言词词典〉跋》等六首诗词被收入《赣榆诗词集萃》。《〈汉语重言词词典〉跋》序曰:"赣榆老友汪维懋兄集二十馀年之心血所撰《汉语重言词词典》近三百万言,初稿完成于1988年。1993年,年过八旬之著名语言学家徐复先生以为此书非同凡响,欣然为之作序,并赋重言诗云:'恂恂维懋,《重言》是纂。穷日勤勤,批隙导款。新义频频,踌躇志满。余绎其书,乐也衎衎。'此书于1999年出版后,荣获国家级图书奖。鉴于此书不仅在汉语词典领域有填补空白之功,而且在学术研究方面亦多所发明,余曾与韩国学者崔泳准教授撰写《略论汪维懋〈汉语重言词词典〉》等文,发表于《中国人文科学》等海内外杂志。然汪兄之治学精神,《词典》之学术贡献,实非一二小文所能表述;余虽愧不能诗,亦欲步徐先生后尘而跋之以韵语矣。"诗曰:"浩瀚东海浪无边,夹谷遥望山摩天。赣榆自古多奇士,风物今朝更鲜妍。喜看万里展鹏翼,中有汪公旧相识。相识当年皆青年，镜中转眼成老革。惠而爱我老相赠，《重言》一部天地亘。煌煌巨制凝心血，莽莽辞林辟蹊径。上穷古典下撷新，书山墨海二十春。春雨秋风穿梭苦，灯前织就百万文。借问开卷何所见？满目缤纷花如霰。鸟瞰如登东岳顶。深入如论金华殿。借问读罢何所思？长吟徐老四言诗。中外学者咸称异，汉语富有重言词。重言词兮源流长，我中华兮日月光。弘扬学术不知倦，汪公建树不寻常。忆昔欢聚一杯酒，间来重逢为公寿。天道酬勤不我欺，乐莫乐兮书不朽。”

8月　发表《〈三国志〉称谓略说》(与马丽合作)。

9月　被评为2005年度复旦大学优秀研究生导师。作《〈章太炎新方言研究〉序》，后收入《古文献整理与古汉语研究续集》，略有修改。

9月21日至22日　出席“首届佛经音义研究国际学术研讨会”，宣读论文《中古文献音义研究杂议》。

10月　发表《〈三国志〉古写本残卷中值得注意的异文》(与肖瑜合作)。

11月　作《〈三国志异文研究〉序》。

11月11日至13日　出席“古文字工具书编纂国际学术研讨会”，提交论文《略论古写本〈文馆词林〉文字的校理》(与季忠平合作)。

11月26日　作为《辞海》语词分册分科主编，出席“2009年版《辞海》编纂工作动员大会”。

12月　《新世纪之初〈三国志〉校勘问题的思考》被收入《卿云集续编:复旦大学中文八十周年纪念文集》。获2005年度复旦大学“复华奖教金”证书。

12月3日　出席“《古汉语研究》杂志第二届编委会”。

2006年(丙戌)　64岁

3月　修订1991年旧稿《〈建康实录校点札记〉平议》，后收入

《古文献整理与古汉语研究续集》。

5月 发表《日藏弘仁本〈文馆词林〉整理研究刍议》、《〈建康实录〉十二题(上)》。

6月 写定《〈建康实录研究〉序》,后收入《续集》。

7月 作《〈宋书复音词研究〉序》。

7月24日 徐老逝世。撰挽联、祭文,应约撰《徐复》、《徐先生传略》。

8月 发表《祭导师徐复先生》。作《训诂学家的乐趣》。

9月 发表《古写本〈文馆词林〉文字问题三议》(与季忠平合作)、《〈建康实录〉十二题(下)》。

10月 作《关于〈我们的父亲母亲〉诗词方面的校理问题》。

2007年(丁亥) 65岁

5月 受聘主持由国家教育部、新闻出版署暨中华书局联合立项的"点校本《三国志》"的修订工程。发表《〈三国志〉双音节雅言词散论》。

5月25日 发表《〈三国志〉的叙事、评议与抒情》。

7月 作《〈三国志成语研究〉跋》。增订旧稿《〈文馆词林校证〉八议》。

8月12日 发表《曹操只有"狗论",没有"猫论"》。

9月 发表《简评〈扬雄方言校释汇证〉》。作《〈世说新语方位词研究〉序》。

9月14日至17日 出席"扬雄《方言》与古代语言学文献国际学术研讨会"。

10月 作《〈中日三国志今译与中古汉语词汇研究〉举要》。增订旧稿《〈嘉定钱大昕全集〉出版的现代意义》。编成《古文献整理与古汉语研究续集》,作《前言》。作《〈中古史书词汇论稿〉序》。

10月19日 发表《问题不止于"鹊之疆疆"》。

12月 专著《古文献整理与古汉语研究续集》由凤凰出版社

（原江苏古籍出版社）出版。

2008年（戊子）　66岁

2月　发表《略说古汉语复音词中的典故词》。

4月19日至21日　出席“第十八届《三国演义》与三国文化学术研讨会”，提交论文《曹操只有“狗论”，没有“猫论”》、《〈三国演义〉基于误读正史的虚构》。

7月2日　受聘为复旦大学特聘教授，复旦于此年始设特聘、校聘、系所聘教授。

7月13日　发表《赤壁之战一千八百年》。

8月7日　修订旧稿《中华本〈三国志〉修订意见》。

11月22日　在复旦大学作题为《〈春秋〉三传与现代阐释学》的讲座。

12月　作《〈古文献问学丛稿〉序》。

2009年（己丑）　67岁

3月20日至22日　出席前四史工作会议（在北京中苑宾馆博苑厅召开）。

4月4日　作《〈敦煌吐鲁番出土三国志古写本用字研究〉序》。

5月　发表《〈宋书〉校点续议》。作《〈宋书〉校点续议（下）》，寄《文史》。

6月12日　应北京师范大学民俗典籍文字研究中心之邀，在中心会议室作题为《再谈中古汉语复音词中的典故词》的学术报告。

7月24日　撰《〈纪念导师徐先生逝世三周年文集〉前言》。

8月20日至23日　出席“第四届汉语史研讨会暨第七届中古汉语国际学术研讨会”，作学术报告，题为《是语言学问题，还是文献学问题？——以中古汉语与〈宋书〉的整理研究为中心》。

10月　发表《历史学界误读的“五人三人”》。

11月　到母校南京师范大学南山宾馆参加中华书局审稿会，作《夜寻西山旧居》：“重到随园万绪纷，几多师友隔音尘。南山花草西山树，月色朦胧认旧痕。”

2010年(庚寅)　68岁

1月11日　发表《“曹操七十二疑冢”到底是怎么回事?》。

1月18日　接受《中国电视报》记者采访，文见1月21日《中国电视报》第3期《关于“曹操墓”答记者问:解读疑冢之惑》。

1月24日　发表《关于“曹操墓”热议的述评》。

2月1日至3日　出席前四史工作会议(在中华书局召开)。

3月　作《〈中古汉语同素逆序词演变研究〉序》。

5月10日　应《文献》编辑部之约，作《关于〈康熙字典引扬子方言考〉的审读意见》。

5月17日　发表《貂蝉究竟是怎样一个人》。

6月19日　发表《高陵1号墓墓主的第四种推测:曹冲》。

8月　发表《中古语词的异化与还原——以〈徐陵集校笺〉为例》。

12月12日　应香港中文大学中国文化研究所之约，作《关于〈从群书治要看三国志校勘及其版本问题〉的审读意见》

2011年(辛卯)　69岁

1月5日　作《〈三国志〉今译》前言。

5月10日　撰定《〈〈方言〉与两汉语言研究丛书〉序》。

7月9日　参加章培恒先生学术思想研讨会暨《中国文学史新著》增订本新版发布会。

9月　获复旦大学2011年度优秀研究生导师奖。

2012 年(壬辰)　70 岁

3 月 10 日　到母校南京师范大学南山宾馆参加徐复先生百年诞辰学术纪念会,发表讲话。发言稿后载于《南京师范大学文学院学报》2012 年第 2 期、《古文献研究集刊》2013 年第七辑。

5 月 25 日　参加复旦大学校庆学术报告会,作学术报告,题为《〈徐陵集校笺〉小议——兼谈古籍校释学中的"实证研究"》。

6 月　发表《〈徐陵集校笺〉献疑》。作《略谈汉译佛典的研究与中古文献的笺注》。

8 月　修订旧稿《吕岱不可能归葬海陵》,该文后载于复旦大学出土文献与古文字研究中心网站。

9 月—12 月　作《〈魏志·倭传〉助读》、《〈三国志〉发微》系列论文。

2013 年(癸巳)　71 岁

1 月—5 月　作《〈三国志〉发微》系列论文。

1 月 23 日　修订旧稿《陈寿详略之笔与〈三国志〉的繁简之处》。

2 月　发表《〈宋书〉校点续议(续一)》。

5 月　发表《〈宋书〉校点续议(续二)》。

吴金华先生论著目录

何凌霞

一　学术专著

《三国志校诂》,南京:江苏古籍出版社,1990 年。

《世说新语考释》,合肥:安徽教育出版社,1994 年初版,1995 年修订重印。

《古文献研究丛稿》,南京:江苏教育出版社,1995 年。

《三国志丛考》,上海:上海古籍出版社,2000 年。

《古文献整理与古汉语研究》,南京:江苏古籍出版社,2001 年。

《古文献整理与古汉语研究续集》,南京:凤凰出版社,2008 年。

二　合著、主编的教材

钱玄、吴金华著:《古汉语概要》,南京:江苏人民出版社,1983 年。

吴金华、何亚南著:《古代汉语·训诂篇》,合肥:安徽教育出版社,1989 年。

吴金华主编:《古代汉语自学指导》,南京:江苏古籍出版社,1993 年初版,1996 年第二版。

三　古籍整理与辞书编纂的成果

《〈三国志〉校点本》，长沙：岳麓书社，1990 年初版，94 年局部修订重印，至 1998 年第 8 次印刷；2002 年全面修订出第二版。

《辞海》（参与《语词分册》第二版修订），上海：上海辞书出版社，1987 年至 2001 年。

《全宋词典故考释词典》（部分条目编写，约 12 万字），长春：吉林文史出版社，1991 年。

《〈吕氏春秋〉注译》（与储道立合作），载许嘉璐主编《文白对照诸子集成》（中册），南宁：广西教育出版社、广东人民出版社、陕西人民出版社，1995 年。

《全唐文》（参与点校），太原：山西教育出版社，2002 年。

《新编古汉语学习词典》（吴金华主编），南京：江苏教育出版社，2011 年。

四　学术论文

1981 年

《〈三国志〉解诂》，原载《南京师院学报》（社会科学版）1981 年第 3 期，后收入王云路、方一新编《中古汉语研究》，北京：商务印书馆，2000 年。

《所见＝所》，《中国语文》1981 年第 5 期。

1982 年

《〈三国志〉标点献疑》，《中国语文通讯》1982 年第 3 期。

《王羲之〈杂帖〉释文疑义辨析》，《中华文史论丛》1982 年第 3 辑。

《“太阳”变为“日”的别名的时代》，《中国语文》1982 年第 6 期。

1983 年

《〈三国志〉考释》,《南京师院学报》1983 年第 1 期,后收入张越编《20 世纪二十四史研究丛书 · 第五卷——〈后汉书〉、〈三国志〉研究》,北京:中国大百科全书出版社,2009 年。

《〈三国志 · 吴书〉“定”字疑义释例》,《文史》第 18 辑,北京:中华书局,1983 年。

《试论“R 为 A 所见 V”式》,《中国语文》1983 年第 3 期。

1984 年

《三国志校点拾遗》,《中国史研究》1984 年第 4 期。

《〈试论“R 为 A 所见 V”式〉补正》,《中国语文》1984 年第 1 期。

1985 年

《新版〈三国志〉校记》,《文教资料简报》1985 年第 2 期。

《〈三国志〉臆断》,《文教资料简报》1985 年第 4 期。

《〈三国志〉拾诂》,《南京师大学报》1985 年第 3 期。

《南北朝以前的“为……之所”式》,《中国语文通讯》1985 年第 4 期。

1986 年

《“卒暴”、“部”义辩》,《中国语文》1986 年第 2 期。

《“护前”不是“护短”》,《疑难字词辨析集》,上海:上海辞书出版社,1986 年。

《〈三国志〉词语札记》,《语言研究集刊》第 1 辑,南京:江苏教育出版社,1986 年。

《〈三国志〉杂笺》,《古文献研究文集》第 1 辑,南京:《南京师大学报》编辑部 ,1986 年。

《古书勘误(十则)》,《文教资料》1986 年第 3 期。

《“脚”有“足”义始于汉末》,《中国语文》1986 年第 4 期。

1987 年

《〈三国志〉拾诂(续)》,《南京师大学报》1987 年第 1 期。

《〈三国志〉述闻》,《文教资料》1987 年第 3 期。

《晋写本〈魏志·臧洪传〉残卷初探》,《古文献研究文集》第2辑,南京:《南京师大学报》编辑部,1987年。

1988年

《"R为A见V"式述例》,《南京师大学报》1988年第4期。

《佛经译文中的汉魏六朝词语零拾》,《语言研究集刊》第2辑,南京:江苏教育出版社,1988年。

1989年

《晋写本〈魏志·臧洪传〉残卷初探》,《古文献研究文集》第2辑,南京:《南京师范大学学报》编辑部,1989年。

《"为……见"式两例商兑》,《中国语文》1989年第1期。

《"错"有"错误"义不晚于汉末》,《中国语文》1989年第2期。

1990年

《〈三国志〉词语简释》,《语言研究集刊》第3辑,南京:江苏教育出版社,1990年。

《岳麓本〈三国志〉校点记》,《文教资料》1990年第2期。

《〈世说新语〉词语考释》,《南京师大学报》1990年第2期。

1991年

《〈世说新语〉词语考释(续)》,《南京师大学报》1991年第1期。

《〈世说新语〉校议》,《古籍整理研究学刊》1991年第2期。

《南京师范大学中文系古文献专业》,《国文天地》第7卷第3期,台湾三民书局印行,1991年8月刊出。

1992年

《被动式"为……见"式补说》,《南京师大学报》1992年第3期。

1994年

《〈世说新语〉词语考释(三)》,《南京师大学报》1994年第4期。

《〈世说新语〉笺疑》,《古籍整理研究学刊》1994年第2期。

《〈东观汉记校注〉拾遗》,《文教资料》1994年第1期。

《〈世说新语〉杂说》,《文教资料》1994 年第 4 期。

1995 年

《〈世说新语考释〉续稿》,《文教资料》1995 年第 2 期。

《〈搜神记〉校补》,《文教资料》1995 年第 3 期。

《〈襄阳耆旧记〉发疑》,《文教资料》1995 年第 4、5 期。

《〈汉语大词典〉书证商榷》,《南京师大学报》1995 年第 3 期。

《徐复先生学术纪年初稿》,《文教资料》1995 年第 6 期。

1996 年

《〈汉书〉"正月赐羊酒"校议》,《中国典籍与文化》1996 年第 1 期。

《〈三国志校诂〉订补》,《文教资料》1996 年第 2 期。

《〈三国志校诂外编〉补正》,《文教资料》1996 年第 6 期。

1997 年

《〈汉语大词典〉商补》,《南京师大学报》1997 年第 1 期。

《〈后汉书〉标点献疑》,《古籍整理研究学刊》1997 年第 1 期。

《〈后汉书〉标点献疑(续)》,《古籍整理研究学刊》1997 年第 5 期。

《〈宋书〉校点本偶记》,《古籍研究》1997 年第 4 期。

《〈宋书〉校点献疑》,《古籍整理出版情况简报》1997 年第 12 期。

1998 年

《〈三国志〉待质录(一)》,《文教资料》1998 年第 2 期。

《〈三国志〉待质录(二)》,《文教资料》1998 年第 3 期。

《〈三国志〉待质录(三)》,《文教资料》1998 年第 4 期。

《〈汉语大词典〉中有关文献考察的若干问题》,《文献》1998 年第 3 期。

《〈后汉纪〉校读琐记》,《古籍研究》1998 年第 3 期。

《〈宋书〉点校本志疑》,《古籍整理研究学刊》1998 年第 3 期。

《〈晋书〉点校献疑》,《古籍整理出版情况简报》1998 年第 5 期。

1999 年

《〈三国志〉待质录(四)》,《文教资料》1999 年第 1 期。

《〈三国志〉待质录(五)》,《文教资料》1999 年第 2 期。

《略论易氏〈三国志补注〉》,《孔孟学报》第 76 期,台北:中华民国孔孟学会,1999 年。

《〈后汉纪〉校笺》,《古籍整理研究学刊》1999 年第 1 期。

《〈汉语大词典〉商订五题》,《辞书研究》1999 年第 3 期。

2000 年

《〈三国志〉语词琐记》,《中古近代汉语研究》第 1 辑,上海:上海教育出版社,2000 年。

《〈三国志〉斠议(上)》,《文史》2000 年第 1 辑(总第 50 辑)。

《〈三国志〉斠议(下)》,《文史》2000 年第 2 辑(总第 51 辑)。

《〈三國志〉管窺》,《中华文史论丛》2000 年第 3 期(总第 63 辑)。

《易氏〈三国志补注〉述评》(与苏杰合作),《复旦学报》2000 年 6 期。

《〈建康实录〉校议》(与季忠平合作),《古籍研究》2000 年第 3 期。

《〈晋书〉辨疑》(与吴新江合作),《古籍整理研究学刊》2000 年第 4 期。

《"所到之处"句式源流考》(与王文晖合作),《语言研究》2000 年第 4 期。

2001 年

《〈后汉纪〉校读琐记(续)》,《古籍研究》2001 年第 2 期。

《〈后汉纪〉校议》,《古籍整理研究学刊》2001 年第 2 期。

《〈三国志〉斠议续例》,《文史》2001 年第 3 期(总第 56 辑)。

《〈三国志整理研究长编〉摘录》,《文教资料》2001 年第 6 期。

《略论汪维懋〈汉语重言词词典〉》(与韩国崔泳准合作),载《南京师范大学文学院学报》2001 年第 3 期。

《对〈三国志〉校勘问题的新思考》,《中华文史论丛》2001 年第

4期(总第68辑)。

2002年

《〈三国志辞典〉商正》,《徐州师范大学学报》2002年第2期。

《〈三国志〉语词辨疑》,《汉语史学报》第2辑,上海:上海教育出版社,2002年。

2003年

《〈古文献整理与古汉语研究〉简介》,载周斌主编《新的起点——复旦大学文科学术年刊2001年卷》,上海:复旦大学出版社,2003年。

《〈三国志〉难字献疑》,《中国文字研究》第4辑。

《略谈日本古写本〈群书治要〉的文献学价值》,《文献》2003年第3期。上海古籍出版社2002年12月第1次印刷的《海峡两岸古典文献学学术研讨会论文集》亦收录此文。

2004年

《〈三国志〉标点琐议》(张巍协助搜集资料),韩国《中国人文科学》第28辑。

2005年

《新世纪之初〈三国志〉校勘问题的思考》,《卿云集续编:复旦大学中文八十周年纪念文集》(上),上海:上海古籍出版社,2005年。

《〈三国志〉古写本残卷中值得注意的异文》(与肖瑜合作),《中国文字研究》第6辑,后收入《复印报刊资料》(语言文字学)2006年第1期。

《〈三国志〉称谓略说》(与马丽合作),《语言研究集刊》第2辑,2005年。

2006年

《〈三国演义〉基于误读正史的虚构》,《中文自学指导》2006年第4期。

《〈建康实录〉十二题(上)》,《南京晓庄学院学报》2006年第3期。

《〈建康实录〉十二题(下)》,《南京晓庄学院学报》2006 年第 5 期。

《古写本〈文馆词林〉文字问题三议》(与季忠平合作),《中国文字研究》第 7 辑。

《日藏弘仁本〈文馆词林〉整理研究刍议》,《中国学研究》第 8 辑。

2007 年

《〈三国志〉双音节雅言词散论》,《古汉语研究》,2007 年第 2 期。

《简评〈扬雄方言校释汇证〉》,载《古籍整理出版情况简报》2007 年第 9 期。

《〈宋书〉校点本札逐》,载《古文献整理与古汉语研究续集》,南京:凤凰出版社,2007 年。

《〈文馆词林校证〉八议》,载《古文献整理与古汉语研究续集》,南京:凤凰出版社,2007 年。

《〈建康实录校点札记〉平议》,载《古文献整理与古汉语研究续集》,南京:凤凰出版社,2007 年。

《〈中日三国志今译与中古汉语词汇研究〉举要》,载《古文献整理与古汉语研究续集》,南京:凤凰出版社,2007 年。

《〈嘉定钱大昕全集〉出版的现代意义》,载《古文献整理与古汉语研究续集》,南京:凤凰出版社,2007 年。

2008 年

《略说古汉语复音词中的典故词》,《语言研究》2008 年第 1 期。

2009 年

《〈宋书〉校点续议》,《文史》2009 年第 2 期。

《历史学界误读的“五人三人”》,《语言研究集刊》第 6 辑,2009 年。

2010 年

《中古语词的异化与还原——以〈徐陵集校笺〉为例》,《汉语史学报》第 9 辑，2010 年。

2012 年

《徐复先生百年诞辰学术纪念会感言》，《南京师范大学文学院学报》2012 年第 2 期。

《〈徐陵集校笺〉献疑》，《复旦古籍所学报》第一辑。

2013 年

《〈宋书校点续议〉（续一）》，《文史》2013 年第 1 期。

《〈宋书校点续议〉（续二）》，《文史》2013 年第 3 期。

《陈寿详略之笔与〈三国志〉的繁简之处（上）》，《文史知识》2013 年第 5 期。

《陈寿详略之笔与〈三国志〉的繁简之处（下）》，《文史知识》2013 年第 6 期。

《易致误解的〈三国志〉"高简"之处》，《南京师范大学文学院学报》2013 年第 2 期。

《在徐复先生百年诞辰学术纪念会上的讲话》，《古文献研究集刊》2013 年第七辑。

五　教学研究论文

1980 年

《"略无阙处"的"略"字该怎么理解》，《教学与进修》（镇江师范专科学校）1980 年第 3 期。

《"好会"小议》，《四川师范学院学报》1980 年第 3 期。

《说"猖獗"》，《语文教学》（临沂师范专科学校）1980 年第 4 期。后收入常国武等所编《中学语文教材析疑》（江苏教育出版社 1982 年版）。

《文言文标点斟酌三例》，《教学与研究》（中学语文版）（浙江师院）1980 年 8、9 期合刊。

《古文中的合叙》，《语文学习》，1980 年第 10 期。

《几个文言词语的特殊用法》，《教学与研究》（南通师专）1980

年第 5 期。

1981 年

《中学古文疑难词语试释》,《教学与研究》(南通师专)1981 年第 1 期。

《文言文训释杂例》,临沂师范专科学校《语文教学》1981 年第 1 期。

《中学课本〈桃花源记〉几条注释的商榷》,《南师函授通讯》1981 年第 2 期(中文专业第 12 期)。

《略谈"变文避复"》,《语言文学》(内蒙师院)1981 年第 2 期。

《〈石壕吏〉注释异议二则》,《江苏教育》(中学版)1981 年第 4 期(发表时有些内容被删略)。

《大学课本文言辨疑》,《淮阴师专学报》增刊《活页文史丛刊》第 5 辑,1981 年。

《古诗文释词举例》,绍兴师范专科学校资料室《教学参考资料》1981 年第 7 期。

《〈屈原列传〉疑义释例》,临沂师范专科学校《语文教学》1981 年第 6 期。

1982 年

《古诗文标点述议》,《语文学习》1982 年第 4 期。

《古文中的同义词连用》,《语文学习》1982 年第 9 期。

《陈涉起义:守令皆不在》等九则短文,载《中学语文教材析疑》,1982 年。

1983 年

《"适耳目之观"浅说》,《语文学习》1983 年 2 期。

《古文中的"连类而及"》,《语文学习》1983 年第 2 期。

《略谈汉魏六朝的词语》,《语文学习》1983 年第 5 期。

1987 年

《〈吊魏武帝文〉浅析》,载《古文鉴赏辞典》,南京:江苏文艺出版社,1987 年。

1993 年

《谈谈〈古汉语〉自习和应考的几个问题》,《江苏自学考试》1993 年第 6 期。

六 报刊文章

上世纪

《司马懿的脖子》,《扬子晚报》1986 年 7 月 19 日。

《老南京话的“胎咳”(taihai)》,《扬子晚报》1986 年 9 月 15 日。

《开展钱学研究,推动学术发展》,《光明日报》1999 年 4 月 16 日第 11 版。

新世纪以来

2000 年

《地方文献整理的硕果》,《光明日报》2000 年 3 月 30 日第 11 版。

2001 年

《略谈论文写作》,《复旦研究生》第 2 期“导师寄语”专栏,2001 年 6 月 28 日。

2006 年

《祭导师徐复先生》,《金陵晚报》2006 年 8 月 11 日。

《徐复》,《财经》2006 年第 16 期“逝者”专栏,2006 年 8 月。

《训诂学家的乐事——徐复先生二三事》,《文汇读书周报》2006 年 9 月 1 日。

2007 年

《曹操是“宽宏大量的”吗——从叙事、评议与抒情看〈三国志〉的写作特色》,《文汇报》2007 年 5 月 25 日学林版。

《曹操只有“狗论”,没有“猫论”》,《文汇报》2007 年 8 月 12 日学林版。

《问题不止于“鹊之疆疆”》,《文汇读书周报》2007 年 10 月 19 日。

2008 年

《赤壁之战一千八百年》,《东方早报》2008 年 7 月 13 日特约稿,后收入《迟来的封赏》(《上海书评》第 1 辑),上海:上海书店出版社,2008 年。

2010 年

《关于"曹操七十二疑冢"的传说》,《解放日报》2010 年 1 月 11 日理论版,题目被改成《"曹操七十二疑冢"到底是怎么回事?》(答读者来信),后收入河南省文物考古研究所编《曹操高陵考古发现与研究》,北京:文物出版社,2010 年。

《关于"曹操墓"答记者问:解读疑冢之惑》,《中国电视报》2010 年 1 月 21 日第 3 期(总第 1516 期)。

《关于"曹操墓"热议的述评》,《文汇报》2010 年 1 月 24 日学林版。

《貂蝉》,《解放日报》2010 年 5 月 17 日理论版,题目被改成《貂蝉究竟是怎样一个人》(答读者来信)。

《高陵一号墓墓主的第四种推测:曹冲》,《文汇报》2010 年 6 月 19 日学林版。

七　序跋

《岳麓本〈三国志〉修订后记》,载《〈三国志〉校点本》(修订本),长沙:岳麓书社,2002 年。

《〈汉语重言词词典〉跋》,载《赣榆诗词集萃 · 现当代卷》,南京:江苏文艺出版社,2005 年。

《〈三国志异文研究〉序》,苏杰《〈三国志〉异文研究》,济南:齐鲁书社,2006 年。

《〈宋书复音词研究〉序》,万久富《〈宋书〉复音词研究》,南京:凤凰出版社,2006 年。

《〈章太炎新方言研究〉序》,孙毕《章太炎〈新方言〉研究》,上海:华东师范大学出版社,2006 年。

《〈三国志成语研究〉跋》,载《古文献整理与古汉语研究续集》,南京:凤凰出版社,2007年。

《〈建康实录研究〉序》,载《古文献整理与古汉语研究续集》,南京:凤凰出版社,2007年。

《〈中古史书词汇论稿〉序》,高明《中古史书词汇论稿》,天津:天津古籍出版社,2008年。

《〈世说新语方位词研究〉序》,蔡言胜《〈世说新语〉方位词研究》,天津:南开大学出版社,2008年。

《〈古文献问学丛稿〉序》,王华宝《古文献问学丛稿》,北京:中华书局,2009年;又载《古籍研究》2009卷(总第55—56期),合肥:安徽大学出版社,2010年。

《〈中古汉语同素逆序词演变研究〉序》,张巍《中古汉语同素逆序词演变研究》,上海:上海古籍出版社,2010年。

《〈敦煌吐鲁番出土三国志古写本用字研究〉序》,肖瑜《敦煌吐鲁番出土〈三国志〉古写本用字研究》,上海:上海教育出版社,2011年。

《〈〈方言〉与两汉语言研究丛书〉序》,华学诚主编《〈〈方言〉与两汉语言研究丛书》,北京:高等教育出版社,2011年。

八　会议报告

"海峡两岸古籍整理与传统文化学术研讨会"(北京,1998年5月11日至13日)报告:《略论易氏〈三国志补注〉》,后发表于《孔孟学报》第76期。

"徐复教授九十寿辰学术讨论会暨中国训诂学研究会年会"(南京,2000年4月17日至20日)报告:《训诂学研究的回顾与前瞻》、《谈徐复先生的治学思想与学术成就》。

"首届中古汉语研究学术研讨会"(北京,2000年10月14日至15日)报告:《〈三国志〉四字格成语散记》。

"第二届中古汉语国际学术研讨会"(杭州,2001年9月25日至26日)报告:《〈三国志〉词语辨疑》,后发表于《汉语史学报》第2辑。

"第二届汉语史国际学术研讨会"(成都,2001年10月16日至23日)报告:《〈三国志语言研究〉简论》。

"古文字信息化处理国际学术研讨会"(上海,2001年10月26日至27日)报告:《略说〈三国志〉的奇字》。

"姜亮夫、蒋礼鸿、郭在贻先生纪念会暨汉语史、敦煌学国际学术研讨会"(杭州,2002年5月24日至28日)报告:《读蒋礼鸿先生遗著〈三国志语词辑录〉》。

"海峡两岸古典文献学学术研讨会"(上海,2002年6月22日至23日)报告:《略谈日本古写本〈群书治要〉的文献学价值》,后收入教育部人文社科重点研究基地北京大学中国古文献研究中心等编《海峡两岸古典文献学学术研讨会论文集》,上海:上海古籍出版社,2002年。

"中国历史汉字整理与研究国际学术研讨会"(上海,2003年12月13日至14日)报告:《〈三国志〉通假字研究》。

"首届佛经音义研究国际学术研讨会"(上海,2005年9月21日至22日)报告:《中古文献音义研究杂议》。

"古文字工具书编纂国际学术研讨会"(上海,2005年11月11日至13日)报告:《略论古写本〈文馆词林〉文字的校理》(与季忠平合作)。

"第十八届《三国演义》与三国文化学术研讨会"(南充,2008年4月19日至21日)报告:《曹操只有"狗论",没有"猫论"》、《〈三国演义〉基于误读正史的虚构》。

"第四届汉语史研讨会暨第七届中古汉语国际学术研讨会"(北京,2009年8月20日至23日)报告:《是语言学问题,还是文献学问题?——以中古汉语与〈宋书〉的整理研究为中心》。

"中国辞书高层论坛——《辞书研究》创刊三十周年学术研讨会"(杭州,2009年10月20日至21日)报告:《〈宋书〉的版本升级与语言研究》。

吴金华先生遗嘱

年轻时，常听前辈说："七十不留宿，八十不留饭。"意思是七老八十的人随时有终结人生旅途的可能。因此，趁着体力尚可、思维清晰的时候，把经过深思熟虑的五条意见，预先向直系亲属作个交代，可以使自己今后的日子过得格外轻松愉快。

(1) 一旦气绝，烦直系亲属按照当时最简便的方法尽快处理。不通报，不收礼，不设灵堂，不开追悼会，更不须香火供奉、佛事超度之类的无益之举。简便的处理一结束，膀上的小黑布一除，万事大吉，日常生活一切照旧，言行没有任何拘束。以后，每年到了家家给祖宗烧纸的日子，顺带多烧一份即可。

(2) 郝昭通达。《魏志》卷三注引《魏略》载郝昭遗令戒其子凯曰："厚葬无益于死者也。汝必敛以时服。且人生有处所耳，死复何在耶？今去本墓远，东西南北，在汝而已。"每读郝昭的遗令，我都再三体味，赞叹不已。

(3) 本墓，亦即祖宗之坟茔，在南京普觉寺，碑上的"子辈"一栏有我的名字。每年清明前后，如果没有特殊的原因，照例当祭祖坟。我们的祖先原来在六合的村镇，为了摆脱贫苦不堪的命运，他们以诚实和勤奋在南京开辟了新的家园，为子孙辈的向前发展奠定了坚实的基础。普觉寺的祖坟，碑阴有赞云："正直、朴实、勤劳、善良，给人的多，所得的少，为社会奉献，为子孙造福。"永远记住他们，就能知足常乐。

(4) 我没有遗憾。我的哥哥只读完小学四年级，姐姐读到小学毕业就参加生产劳动，妹妹读到初中，而我则以研究生的资历成为高校的教员，这是终身从事“体力劳动”的祖宗连做梦也没有想到的美事。想到这点，我什么都不在乎，因此，遗著任人评议，履历任人评议。

(5) 遗产任凭直系亲属怎样处理。祖宗从六合进南京，目不识丁，无钱无势，若干年后才凭着双手在南京马巷建立了“吴永泰毛巾店”；我 35 岁从赣榆县挣扎着回到南京时，除了每月工资 50 元以外，一无所有，后来才有了上海的房产(房主是 3 人)及一部分房产变卖后所得的微薄资金。直系亲属之间，必须互相关心，互相爱护；只要自己崇尚仁义，不听任何人的出于私心的馊主意，什么事情都好办。

我挂念直系亲属和一切亲戚朋友。即使在那个世界，我也会为亲友过着平安与愉快的生活而经常祈祷，如果确实有天堂和上帝的话。THANK YOU & GOODBYE!

编后记

2013年6月2日零时50分，吴金华先生辞世。转眼间，吴先生已离开我们大半年了。这段时间里，我们陆续收到吴先生生前好友、学界同仁、学生的悼念文章，这些文字真实地记录了吴先生高尚的道德情操、先进的学术思想和严谨的治学态度。一篇篇情真意切的悼文向世人昭示着这样一个事实：吴先生其实并没有离开，他一直都与我们同在。本文集的主要组成部分，便是这些文章。

9月上旬，在复旦大学古籍整理研究所的支持下，我们开始启动本文集的组稿、编辑工作。征稿信于2013年9月16日发出，连同此前的文章，至2014年2月，共收到纪念文章40多篇。

本文集包括五个部分。一是吴金华先生学术生平简介。二是师友对吴先生治学之道的阐述以及与先生交往的点滴追忆。三是学生对吴先生的无尽怀念。四是家人对吴先生生活侧面的缕缕回忆。五是附录，收有报纸等媒体对吴先生的专访、吴先生学术年谱简编、论著目录、吴先生遗嘱等等。此外，书前还收有部分吴先生工作、生活照。

"三国学人仰东吴，一生儒侠望金华"，这是北京语言大学教授张猛先生敬挽吴先生的诗联。吴先生是古汉语与古文献研究专家，尤以《三国志》研究闻名于世。吴先生天资颖悟，才华横溢，为人热诚，治学踏实。做学问是吴先生的本行，填诗赋词、拉京胡、打乒乓、抖空竹、下棋等等只是吴先生的业余消遣，但无论是本行，还是忙中消遣，吴先生总能达到业内“顶尖级”水平。本文集正是汇拢了吴先生不同侧面的剪影，相信读者自可从中收获一些启示。

“凤鸣高冈”出于《诗经·大雅·卷阿》，原是鲁国尧先生悼念吴先生的文章的标题。文集初成之后，编者向鲁先生索序，鲁先生谦辞，后应允将文章作代序言，还建议编者最好给文集拟定一个主标题。编者觉得“凤鸣高冈”意思极好，便借来用作文集的标题。在此特别向鲁先生致以最诚挚的谢意！

《吴金华先生纪念文集》编委会由陈广宏、郑利华、钱振民、王华宝、苏杰、季忠平、何凌霞组成。感谢吴金华先生生前好友、学界同仁、学生对纪念文集组稿的积极响应。感谢复旦大学古籍整理研究所和凤凰出版社对文集编辑出版的大力支持！

《吴金华先生纪念文集》编委会

2014 年 2 月 6 日